新编

XINBIAN

SHICHANG YINGXIAOXUE

市场营销学

顾春梅 主编

浙江工商大学出版社

图书在版编目(CIP)数据

新编市场营销学 / 顾春梅主编. —杭州:浙江工商大学出版社,2009.8(2022.5 重印)

ISBN 978-7-81140-076-2

Ⅰ.新… Ⅱ.顾… Ⅲ.市场营销学 Ⅳ.F713.50

中国版本图书馆 CIP 数据核字(2009)第 142428 号

新编市场营销学

顾春梅　主编

责任编辑	王黎明
责任校对	张振华
封面设计	刘　韵
责任印制	包建辉
出版发行	浙江工商大学出版社
	(杭州市教工路 149 号　邮政编码 310012)
	(E-mail:zjgsupress@163.com)
	(网址:http://www.zjgsupress.com)
	电话:0571-88823703,88831806(传真)
排　版	杭州朝曦图文设计有限公司
印　刷	杭州宏雅印刷有限公司
开　本	787mm×960mm　1/16
印　张	26.75
字　数	510 千
版 印 次	2009 年 8 月第 1 版　2022 年 5 月第 15 次印刷
书　号	ISBN 978-7-81140-076-2
定　价	38.00 元

目 录

前　言

市场经济发展到今天,随着市场营销理论的普及和实践的深入,我们需要进一步思考:为什么还有企业和个人认为市场营销就是推销?为什么各种问题会困扰着企业的市场营销活动?为什么损害消费者利益的事时有发生?针对这些值得我们深思的问题,我们组织市场营销系的部分教师,重新编写了这本《新编市场营销学》教材。

浙江工商大学的市场营销学课程最早开设于1980年,经过三十多年的教学实践,在几代人的努力下,市场营销专业已成为浙江省首批优势特色专业,市场营销学课程已建设成为浙江省精品课程。浙江工商大学已经编著出版过4版《市场营销学》教材:1993年, 赵国柱 为主编,胡祖光、王俊豪为副主编的《当代市场营销学》(浙江大学出版社出版)成为浙江省最早也是影响最大的市场营销学教材,1995年该教材被评为国内贸易部优秀教材;1996年、1998年、2003年又先后编著出版了3版《市场营销学》。至今,由我校教师编著出版的《市场营销学》教材的发行量超过50万册。

本书正是在老一辈学者编著的《市场营销学》教材基础上进行编写的,由市场营销系10位主讲教师合作完成,其中教授5名,副教授4名,讲师1名,70%的教师拥有博士学位,所有教师都长期从事市场营销学的教学研究工作,积累了丰富的教学经验和大量的编写素材。其中顾春梅编写第一章、第七章、第八章、第九章,吕筱萍编写第二章、第四章,范钧编写第十一章,陈平编写第三章,李颖灏编写第五章、第十四章,王浦生编写第六章,肖亮编写第十章,鲁敏编写第十二章,楼天阳编写第十三章,易开刚编写第十五章,最后由顾春梅统纂。本书可作为各类高等院校本科生的市场营销学教材,也可供在各行各业从事营销活动的营销实战精英作为培训教材。

《新编市场营销学》内容分为六个部分,共15章。第一部分为市场营销导论,主要是让学生更好地了解市场营销学的发展历史,认识和理解市场及市场营销的内涵;第二部分主要对市场营销的宏观和微观环境进行研究,而微观环境部分又包括需求和竞争两个方面;第三部分为目标市场战略;第四部分为营销组合决策,这部分是市场营销的核心内容,主要研究如何针对目标市场的需求特点制定合适的营销组合策略;第五部分主要阐述如何加强对营销活动过程的规划、组织与控制;第六部分介绍市场营销的创新和发展,突出全球化、网络化时代的营销方式创新,尤其强调现代营销必须遵循营销伦理而开展社会营销。

《新编市场营销学》具有以下特点:

1. 系统性。系统介绍市场营销的基本原理,体系完整、结构合理、内容丰富,便于学生更好地理解和把握市场营销的理论与方法。

2. 实践性。在充分借鉴国内外市场营销学研究最新成果的基础上,结合中国企业市场营销的现实,通过更加本土化的案例分析阐述市场营销的基本概念、原理和方法,便于学生掌握、消化、吸收和应用。

3. 前瞻性。充分考虑目前市场营销环境的发展,阐述市场营销学的最新理论及其发展,充分认识现代社会给市场营销带来的机会和挑战。针对目前企业营销伦理观念淡薄、营销秩序混乱等问题,我们增加了道德营销等内容。随着全球化、数字化、网络化的发展,我们在原有营销理论基础上不断更新和补充了全球营销和网络营销的内容。

本书的编著出版要特别感谢 赵国柱 教授、胡祖光教授、王俊豪教授所构建的理论基础。在编写过程中,我们参阅了大量国内外市场营销方面的专著与教材,汲取了国内外市场营销学者的理论精华,恕不一一列出。在出版过程中,我们要感谢浙江工商大学出版社社长鲍观明和编辑部主任何海峰的大力支持。本书的出版还得到了浙江省重点专业(市场营销专业)建设基金、浙江省精品课程(市场营销学)建设基金的大力支持,在此一并表示感谢。

由于编者水平有限,书中难免存在不当和不足之处,敬请各位专家学者批评指正。

顾春梅

2013 年 1 月于浙江工商大学

第一章 市场营销学导论

我们所处的时代是一个无处可逃的营销时代。

——编者语

■本章学习目标

通过本章的学习,学生可以了解市场营销学的产生和发展,重点是对市场和市场营销的内涵有全面深入的认识,对企业的市场营销活动过程有一个基本的了解,为后面的学习奠定重要的基础。

■本章学习重点

市场与市场营销的内涵;市场营销观念及其演变;市场营销管理。

第一节 市场营销学的产生和发展

一、现代营销学的形成与发展

市场营销学起源于 20 世纪初的美国,20 世纪 50 年代后传播到西欧、日本等国家和地区,20 世纪 70 年代末 80 年代初传入我国。在 100 多年的发展历程中,市场营销学的形成和发展大致可分为以下三个阶段。

(一)萌芽期(19 世纪末—20 世纪初)

这是市场营销的初始阶段,以美国为代表的一些主要发达资本主义国家,市场经济发展十分迅速,需要相应的理论对实践进行指导,一些高校相继开设了广告学和销售技术等课程,1902 年,美国加利福尼亚大学等院校正式设置了市场营销学课程,把市场营销问题当做一门学科来研究。此后,美国的高等财经院校普遍重视研究市场营销学,哈佛大学于 1912 出版了赫杰特齐编写的《市场营销学》,使市场营销学从经济学中分离出来,成为一门独立的学科。

这一阶段市场营销学的研究特点是:(1)着重研究推销和广告的理论与技术,

尚未出现系统的市场营销理论;(2)研究活动基本上局限于大学课堂、讲坛,还没有引起社会的广泛重视;(3)市场营销学研究的主要内容是商业销售实务方面的问题,具有较强的实用性,但在理论上还没有形成完整的体系。

(二)成形期(20世纪30年代—第二次世界大战结束)

1929—1933年,西方资本主义国家爆发了有史以来最严重的经济危机,工厂停工减产,劳动者大量失业,需求水平下降,社会购买力急剧下降,商品相对过剩,销售困难,商店纷纷倒闭,市场极度萎缩。在这种形势下,市场营销受到了社会公众的重视,各种市场营销学理论相继进入应用领域,指导工商企业解决产品的实际销售问题,市场营销学的理论体系逐步建立。美国的高等院校与工商企业建立了各种合作关系,有力地推动了市场营销学的普及和发展。

这一阶段市场营销学的研究特点是:(1)没有脱离产品推销这一狭窄的概念;(2)在更深更广的基础上研究推销术和广告术等商业推销实务与技巧;(3)企业虽然引进了市场营销理论,但研究的内容仍局限于流通领域;(4)市场营销理论研究开始走向社会,为企业所重视。

(三)成熟期(20世纪50年代至今)

第二次世界大战结束后,世界各国由战时经济转入民用经济。战后经济的恢复及科学技术革命,促进了西方国家经济的迅速发展。劳动生产率随着战后科学技术的深入发展而大大提高,经济实力迅速增长,商品日益丰富,买方市场初步形成。在这种市场竞争日趋激烈的形势下,原来的市场营销学理论和实务已不能适应企业市场营销活动的需要。市场营销的理论取得了重大突破,形成了"以消费者为中心"的现代市场营销观念,现代市场营销学体系随之形成。

1. 20世纪60—70年代。1960年,尤金·麦卡锡的《基础市场学》一书问世,它对市场营销学的发展有着重要意义;20世纪70年代,市场营销学与应用科学相结合,发展成为一门新兴的综合性的应用科学,并先后传入日本、西欧、东欧等地,不断为世界各国所接受。

2. 20世纪80年代。20世纪80年代,市场营销学的概念有了新的突破。1986年,菲利普·科特勒在《哈佛商业评论》上发表了《论大市场营销》一文,提出"大市场营销"概念,即在原来的产品(product)、价格(price)、地点(place)、促销(promotion)"4P"组合基础上,增加政治力量(political power)和公共关系(public relations)两个"P",这一概念是80年代市场营销战略思想的新发展。

3. 20世纪90年代至今。20世纪90年代,世界政治、经济环境发生了重大变化,国际经济与贸易正日益呈现出全球化和一体化的趋势,世界市场向纵深开放与发展,国际竞争不仅空前激烈,企业所面临的挑战也空前严峻,全球营销管理理论在这样的时代背景下应运而生。

市场营销学在这一时期发展迅速,影响深广,因为它适应了社会化大生产和市场经济高度发展的客观需要,这也是市场营销学深受重视和迅速发展的根本原因。

这一阶段市场营销学的研究特点是:(1)以市场需求为导向的营销观念基本确立,"以需求为中心"成为市场营销的核心理念;(2)对市场营销的研究已逐渐从产品的研究、功能的研究和机构的研究转向管理的研究,使市场营销理论成为企业经营管理决策的重要依据;(3)市场营销的观念和策略已不局限于企业界,"大营销观念"形成。

二、市场营销学在我国的引进和发展

现代市场营销学引入中国,可以追溯到 1933 年,当时复旦大学的丁馨伯教授翻译了《市场学》教材。其实,早在 1897 年,上海交通大学的前身南洋公学就曾经设立过"商务学"课程,但它仅仅是一门教导如何做生意的课程,还算不上现代意义上的营销学。学术界一般把《市场学》的翻译出版作为现代意义上营销学引入中国的标志。然而,1949 年以后,我国大陆市场营销学的引进和研究工作整整中断了30 年。1978 年以后重新开始引进、推广和运用,自此以后,市场营销学在我国的引进和发展大致可分为五个阶段。

(一)引进与吸收阶段(1978—1982)

在商品经济发达的国家,市场营销学作为经济管理类的重要课程,在指导企业的经营活动、提高企业经营管理水平方面起到了重要作用。党的十一届三中全会以后,我国开始了改革开放的进程,市场营销学很快被国内学者所认识,通过引进、翻译或编译国外的市场营销学书籍以及委派专家学者出国访问、学习等途径,将市场营销学这门学科引进国内。但在引进、学习的过程中,由于当时国内学者长期处于封闭的计划经济体制中,且成员来自不同的学科领域(大多来自商品流通研究领域),对学科的发展背景不甚了解,因此,在学科引进之初,对于学科的命名、性质及一些基本概念等方面的认识均存在一定的分歧。

在学科命名方面,对于"市场营销学"的英文名"Marketing",在国内曾一度被译为"市场学""销售学""经营学""市场营销学"等不同的名称(见早期市场营销学各个版本的教材)。在学科性质的认识方面,主要分歧在于对市场营销学与商业经济学的关系的认识。一部分学者认为,市场营销学主要研究商品的销售问题,与商业经济学同属于商品流通领域,只不过商业经济学侧重于流通经济理论的研究,而市场营销学则侧重于商品流通实践的研究。因此,我国早期研究市场营销学的学者多为从事商业经济学研究的专家和学者。另一部分学者则认为,市场营销学是一门不同于商业经济学的新兴学科,市场营销学以企业的经营活动为研究对象,其研究领域不局限于流通领域,而是从生产前的市场需求研究开始。后来,通过多次讨论,到20世纪80年代中期以后,国内研究者对以上问题才取得了统一认识。

（二）传播与推广阶段(1983—1984)

1983年以后,国内开始建立市场营销方面的研究机构,将致力于研究市场营销学的专家、学者组织在一起,共同研究、推广市场营销学这门具有应用价值的学科。

1984年1月,中国高等院校市场学研究会(China Marketing Association of University,CMAU)成立,为我国市场营销理论和应用的发展奠定了组织基础。学会的主要成员为国内各个大专院校从事市场营销教学和研究的人员,也吸收少数企业界的人士参加。在学会的组织下,每年以年会的形式研究各个时期市场营销理论和实务的新发展、市场营销教学内容和方法的改革,为国家制定市场营销方面的宏观政策提出对策建议。

此后,各个省市、各个行业、各类市场营销团体纷纷成立,在搞好市场营销学术研究、学术交流和应用研究的同时,还通过举办培训班、研讨班和讲座等形式,开展了大量的市场营销知识推广与传播工作。各个综合大学、财经院校及经济管理干部学院也纷纷开设市场营销课程,一些有条件的院校还开始招收市场营销方向的硕士研究生。

（三）普及与应用阶段(1985—1992)

1985年以后,我国经济体制改革在各个领域全面开展,各项改革措施相继出台。在商品流通领域取消了统购包销的政策,将商品经营、采购的自主权交给了企业。这样,迫使一些生产企业不仅注重商品的生产,还注重商品的销售,尤其是适销对路问题,企业对掌握和应用市场营销知识的愿望愈来愈迫切。一些市场营销团体开始组织市场营销理论研究者深入企业,帮助企业解决市场营销中的困难与问题;一些企业也积极参与市场营销学会的活动,主动向市场营销理论研究者请教,邀请市场营销方面的专家、学者到企业中去出谋划策,解决企业营销中的问题。

1986年以后,经教育部(原国家教育委员会)批准,我国一些院校开始试点招收市场营销专业(或专门化)本科生。1992年,教育部(原国家教育委员会)公布的本科招收目录中首次增加了"市场营销专业",开始在全国招生,除综合大学、财经院校以外,很多理工院校、医学院校、农林学校及各类专业院校也纷纷开设了市场营销专业。

1991年,第二个市场营销方面的全国性组织"中国市场学会"在北京成立。学会由国内一些大型企业的主要负责人、市场营销理论研究者以及有关政府部门的负责人共同组成。该学会的主要工作是研究和解决企业市场营销中的有关问题,并为国家制定市场营销方面的宏观政策提供对策建议。中国市场学会的成立,进一步推动了市场营销实践和应用方面的发展。

(四)研究与发展阶段(1992—2000)

经过十多年的研究和应用,在早期从事市场营销学研究的老一辈学者的指导和培育下,通过与世界各国营销学界的广泛交流,我国已拥有了一大批高水平的市场营销专家和学者;开始关注市场营销学发展的国际动向,与世界同步研究市场营销学发展中的一些新的、前沿性的问题;出版了一大批市场营销方面的学术专著与教材。

(五)科学化与本土化阶段(2000年以后)

进入21世纪,营销的科学化与本土化日益受到我国营销界的重视。清华大学经济管理学院和北京大学光华管理学院联手创办的《营销科学学报》(JMS)的问世,象征着我国营销研究范式步入了一个与国际接轨的科学化的轨道。同时,以中山大学"中国营销研究中心"为代表的一批机构针对中国营销问题的研究,使营销研究步入了本土化的阶段。

三、市场营销学的发展趋势

早在2004年,美国市场营销学权威菲利普·科特勒就预言,新世纪初市场营销领域将出现十大新趋势:(1)电子商务的发展,使批发和零售之间出现实质性非居间化;(2)零售店交易量减少,它们更多是在推销"体验"而不是产品;(3)建立客户信息库,根据某客户的特别需要提供"定制商品"将成为公司时尚;(4)商家在通过富于想象力的方法来超过消费者期望方面做了出色的工作;(5)公司重视并对个别客户、产品和销售渠道进行利润核算;(6)许多公司进一步树立忠实于客户的远见;(7)公司的活动需要更多依赖外部资源及合作;(8)现场销售人员拥有更多的特许权限;(9)大量的电视、报纸、杂志商业广告消失,因特网商业广告兴起;(10)公司不可能长久地保持其竞争优势,除非他们具有尽快学习和跟上形势变化的能力。

与市场营销实践相联系,市场营销学在中国的发展呈现出六大趋势。

1.战略营销。市场营销学向"上"走。现在越来越多的中国企业在应用营销学时和战略挂钩。20世纪80年代后期,里斯和特劳特的《定位》在美国大受欢迎。战略营销理论传入中国后,中国企业在激烈的市场竞争中运用战略思维的方法、战略谋划的工具、战略实施的技术,突出了核心竞争力的提升,使市场营销学带上了浓重的战略色彩。

2.实战营销。市场营销学向"深"处走,立足于解决最基本的实际问题。随着信息技术的广泛应用,人们的购买行为更加明晰,消费者购买时留下的数据将给营销学研究提供很好的基础,在一定程度上可以揭开消费者购买行为的秘密。数据库营销使营销学从适应市场走向创造市场。

3.心理营销。市场营销学向"心"里走。心理学、行为科学的各种研究方法使营销学更加贴近消费者的实际,并从大量实证研究中发现规律来引导消费者。

4.定量营销。市场营销学向"量"的方向走。运用定量模型对营销问题进行研究成为一个潮流,使营销学不再靠宽泛的主观臆断行事,从而提升了营销学的科学性和精准性。

5.网络营销。市场营销学向"网"上走。营销传播不再是直线,也不是一些简单的联系,而是"病毒"式传播。除了博客以外,各种通过网络传播的营销手段层出不穷。

6.社会营销。社会营销是一种运用商业营销手段达到社会公益目的或者运用社会公益价值推广商业服务的解决方案。近年来,宏观营销、社会营销受到专家学者的重视和关注。

第二节　市场营销学的研究对象与方法

一、市场营销学的主要研究对象

(一)市场营销学的主要研究对象

市场营销学的研究对象主要是企业的营销活动及其规律性,主要研究卖主的产品或服务如何转移到消费者和用户手中的全过程;探讨在生产领域、流通领域和消费领域内如何运用一整套开发原理、方法、策略;不断拓展市场的全部营销活动以及相应的科学管理。

(二)现代市场营销学研究对象的变化

现代市场营销学的研究对象正从注重微观市场营销向重视宏观市场营销发展。

微观营销学从个体(个人和组织)交换层面研究营销问题。微观市场营销是指某一组织为了实现其目标而进行的这些活动:预测顾客的需要,并引导满足需要的货物和劳务从生产者流转到顾客手中。

宏观市场营销学从社会总体交换层面研究营销问题。它以社会整体利益为目标,研究营销系统的社会功能与效用,并通过这些系统引导产品和服务从生产进入消费,以满足社会需要。

二、市场营销学与相关学科

市场营销学是一门综合性学科,在其发展进程中,充分吸收了相关学科的理论和方法。1986 年,菲利普·科特勒在世界市场学会上形象地指出:市场营销学的父亲是经济学,母亲是行为科学;祖父是数学,祖母是哲学。市场营销学的发展史,就是一部相关学科对其不断渗透的历史。

(一)经济学与市场营销学

市场营销学脱胎于经济学,经济学为市场营销学的发展所提供的概念,比其他任何一门社会学科都多。这是因为一些早期的市场营销学家本身就是经济学家,十分熟悉当时流行的经济学思想,常常以经济学理论作为参考框架。他们大量使用经济学中有关企业的概念,用竞争结构解释完全竞争、垄断竞争、寡头竞争和完全垄断;用恩格尔定律为市场分析和解释消费者行为提供了概念;用产品差异化理论解释定价决策、品牌决策、广告决策和服务决策,把"边际效用"、"机会成本"、"主观价值和客观价值"及"理性主义"作为研究市场营销新领域的工具。随着研究的深入,后来的市场营销学家又把早期市场营销学家忽视的"使用价值"及"交换价值"利用起来,对市场营销理论作出解释。

经济学是一门研究资源的有效配置,指导人们如何进行抉择,以便使用稀缺资源来生产各种产品与服务,并把它们分配给不同的社会成员以供消费的科学;营销学则是一门研究企业市场营销活动过程及其规律性的学科。经济学研究的是整体与基础,营销学研究的是个体与变化。

(二)心理学与市场营销学

心理学对市场营销学的贡献仅次于经济学。心理学的基本任务是研究人的心理活动过程、心理特征以及他们各自的机制与相互间关系。市场营销学吸收了心理学的一些理论与研究方法,来分析研究消费者的购买动机和购买行为,进行市场调查和市场预测。市场营销学通过观察分析消费者的心理变化找出消费心理变化的规律,从而创造、引导、激发购买和消费的氛围。

(三)管理学与市场营销学

管理学是一门和市场营销学一样年轻的新兴科学,它的科学管理、职能化管理、简单化、标准化、多样化的概念被引进市场营销学,有效地提高了企业的生产效率,减少了浪费,增加了经济效益。随着管理导向的发展,市场营销学开始更多地运用管理学的理论与方法。

(四)社会学与市场营销学

社会学是从社会整体出发,通过社会关系和社会行为来研究社会的结构、功能、发生和发展规律的综合性学科。市场营销学者依据社会历史的变迁来解释市场营销的发展,并将对这些变迁的反应称作市场营销系统的"应变"。他们用社会心理、社会行为、社会群体、社会文化和社会互动等社会学理论研究消费者购买行为的变化。

除了以上学科外,市场营销学还吸收了数学、美学、运筹学、会计学、审计学和商品学等学科的理论,从而成为一门综合性的应用学科。

三、市场营销学的研究方法

(一)传统研究法

1.产品研究法。即按产品,如农产品、机电产品、纺织产品等分门别类研究的方法。这一方法的研究结果,形成了各大类产品的市场营销学,如农产品市场营销学,纺织品市场营销学,等等。产品研究法的优点是具体实用,针对性强,但缺点是有许多共同的方面出现重复。

2.机构研究法。机构研究法是对分销系统的各个环节(机构),如生产者、代理商、批发商、零售商等中间机构进行分别研究的方法,形成了批发学、零售学等学科。它侧重分析研究流通过程的这些环节或层次的市场营销问题。

3.职能研究法。即研究市场营销的各类职能以及在执行这些职能中所遇到的问题及解决方法。如将营销职能划分为交换职能、供给职能和便利职能三大类,并将之细分为购、销、运、存、信息等内容,专门和综合进行研究,形成商品采购管理、分销管理、储运管理、信息管理等。

(二)历史研究法

历史研究法是从发展变化过程来分析阐述市场营销问题的研究方法。如分析市场营销的含义及其变化,工商企业一百多年来营销管理哲学(观念)的演变过程,零售机构的生命周期现象等,从中找出其发展变化的原因和规律性。市场营销学者一般都重视研究历史演变过程,但并不把它作为唯一的研究方法。

（三）管理研究法

管理研究法是第二次世界大战后西方营销学界和企业界采用较多的一种研究方法，它从管理决策角度研究市场营销问题。其研究框架是将企业营销决策分为目标市场和营销组合两大部分，研究企业如何根据其"不可控因素"即市场环境因素的要求，结合自身资源条件（企业可控因素），进行合理的目标市场决策和市场营销组合决策。管理研究法广泛采用了现代决策论的理论，实现市场营销决策与管理问题具体化、科学化，对营销学科的发展和企业营销管理水平的提高起到了重要作用。

（四）系统研究法

系统研究法是一种将现代系统理论与方法运用于市场营销学研究的方法。企业市场营销管理系统是一个复杂系统，在这个系统中包含了许多相互影响、相互作用的因素，如企业（供应商）、渠道伙伴（中间商）、目标顾客（买主）、竞争者、社会公众、宏观环境力量等。一个真正面向市场的企业，必须对整个系统进行协调和"整合"，使企业"外部系统"和企业"内部系统"步调一致、密切配合，达到系统优化，产生"增效作用"，提高经济效益。

第三节 市场与市场营销的内涵

随着我国市场经济的发展，人们对于市场和市场营销这两个概念已经不再陌生，但究竟什么是市场，什么是市场营销，其内涵和实质是什么，这些问题还需要进行深入探讨。

一、市场的含义及分类

（一）市场的含义及其发展

市场是社会生产和社会分工的产物。随着生产力的发展和社会分工的扩大，人们对市场的认识是不断深化、充实和完善的。市场是商品经济的产物，哪里有社会分工和商品生产，哪里就有市场。如列宁所说："商品经济出现时，国内市场就出现了；国内市场是由这种商品经济的发展造成的。"[①]在不同的历史时期、不同的场合，市场具有不同的含义，它是随着商品经济的发展而不断发生变化的。

---

①《列宁选集》第1卷，人民出版社1995年版，第189页。

1.市场是指商品交易的场所。"市场"最初的含义是指商品交易的场所,这是市场最古老的定义。"市"就是买卖,"场"就是场所,"市场"即买卖双方在一定的时间聚集在一起进行交换的场所。由于生产力水平低下,人类最早的商品交换仅限于物物交换,这样就要求交换的双方必须在约定的时间和地点进行。约定的时间和地点为物物交换创造了条件,而这样的交换是有很大的局限性的。

2.市场是商品交换关系的总和。随着商品生产和商品交换的发展,市场的含义发生了变化。社会分工的发展使得生产者一方面为满足自己的需求而进行产品生产,同时也为他人的需求提供商品,从而出现了商品流通,这时的市场不仅是指具体的交易场所,而且是指所有卖者和买者实现商品让渡的交换关系的总和。马克思曾说:"生产劳动的分工,使它们各自的产品互相变成商品,互相成为等价物,使它们互相成为市场。"于是,市场演变为一定时间、一定地点条件下商品交换关系的总和。

3.市场是由那些具有特定需求或欲望的顾客构成的。随着科学技术的进步,社会分工更加精细,生产力进一步提高,货币职能进一步完善,商品交换突破了特定时空的限制,市场也就随之发生了根本性的变化。从宏观市场学观点看,市场是具有需求欲望和购买能力而进行交易活动的个人、企业和组织这一需求主体与商品所有者这一客体之间的关系。从微观市场学观点看,市场是由那些具有特定需求或欲望,愿意通过交换来满足这种需求或欲望的全部的潜在的顾客构成的。

(二)市场营销学对市场的界定

市场营销学是从卖者的角度来认识和理解市场的含义,它要研究的是如何采取有效的措施来满足买者的需求。在这里,我们将市场界定为商品和服务的所有现实和潜在的购买者。对这一概念的认识需要从源头开始。

1.市场源于需要。人类的需要和欲望是市场营销活动的出发点。需要(needs)是指没有得到的某种满足的心理状态;欲望(desire)是指想得到基本需要的具体满足物的愿望;需求(demand)是指人们有能力购买并且愿意购买某种产品的欲望。

2.需要通过交换来实现。一般来说,满足需要有以下四种途径:(1)自行生产;(2)强取;(3)乞讨;(4)交换。因为前三种途径是不可行和不可取的,因此真正能满足需要的途径是交换。

3.市场的核心内容是交换。交换(exchange)是指从他人那里得到所需之物,而以某些东西作为回报的一种行为。交换需要满足以下几个条件:(1)至少有交换的双方;(2)每一方都有对方认为有价值的东西;(3)每一方都能沟通信息和运送物品;(4)每一方都可以自由地接受或拒绝对方的产品;(5)双方都认为与对方交易是合适的或称心如意的。在现代市场交换过程中,买方处于主导地位。

4.市场是购买者所组成的群体。现代市场是买方市场,即由买主起主导和支配作用。因此,有没有市场取决于产品有没有购买者。由此,市场是由购买者所组成的群体,而购买者必须具备购买力或购买动机才可能形成真正的市场。这样我们可以通过公式来表达市场。

市场＝购买者＋购买力＋购买动机

式中,购买者是构成市场的基本因素,哪里有人、有购买者(顾客),哪里就有市场,购买者的多少是决定市场大小的前提;购买力是指人们支付货币购买商品或劳务的能力,购买者收入的多少决定了其购买力的高低;购买动机是指消费者购买商品的愿望和要求,它是消费者把潜在的购买愿望变为现实购买行为的重要条件,因而也是构成市场的基本要素。

如果有购买者,有购买力,而无购买欲望,或是有购买者和购买欲望,而无购买力,对卖主来说,都无法形成现实有效的市场,只能构成潜在的市场。因此,市场是由商品和服务的所有现实和潜在的购买者构成的。这是指市场除了有购买力和购买欲望的现实购买者外,还包括暂时没有购买力,或是暂时没有购买欲望的潜在购买者。这些潜在购买者,一旦其条件有了变化,是可以转化成现实有效的市场的。

(三)现代市场体系及其类型

在市场经济条件下,构成市场的各种要素以各种方式组合在一起,形成若干不同意义上的相对独立的市场,而各个独立市场之间又在某种程度上相互关联、相互制约,这样就形成了功能较为齐全、联系纷繁复杂且多样化的现代市场体系(见图1-1)。

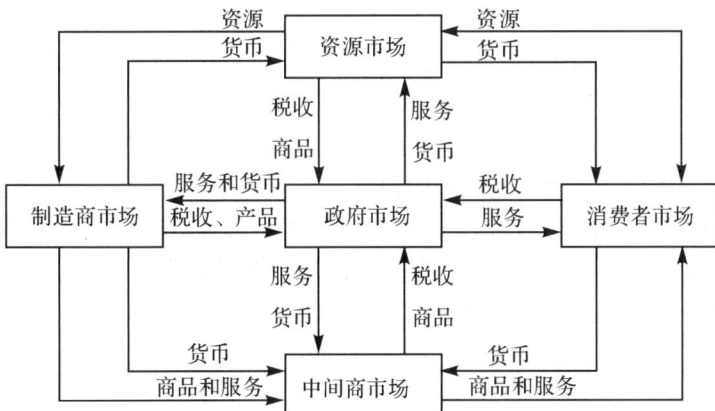

图 1-1　现代交换经济的流程结构[1]

①[美]菲利普·科特勒等著,梅清豪译:《营销管理》,上海人民出版社 2006 年版,第6—10 页。

随着互联网的发展,网络交易发展迅速,市场的概念从传统的物理概念转变为数字概念,这也是现代市场体系中极其重要的一部分。

现代市场体系是多层次、多要素、全方位的有机系统,其实质是各种经济关系的具体体现和综合反映。为了更加全面地了解现代市场体系,我们从不同角度对市场进行分类。

1.按构成市场交易对象的商品形态分类

(1)商品市场,传统意义上的商品通常是指生活消费品、生产资料等有形的物质产品市场。

(2)资金市场,指货币资金的借贷、有价证券的发行和交易以及外汇和黄金的买卖活动所形成的市场。

(3)技术市场,是将技术成果作为商品进行交换的场所,是技术流通的领域,也是反映商品化的技术经济关系的总和。

(4)信息市场,是进行信息商品交换的场所,是促进信息产品在信息生产者、经营者和信息用户之间有偿交流的市场领域。

(5)服务市场,是利用一定的场所、设备和工具,为消费者提供"在服务形式上存在的消费品"的一种特殊商品市场。

2.按竞争程度分类

(1)完全竞争市场,是指市场价格由众多卖者和买者共同决定,任何单个的卖方和买方都只能是价格的承受者的市场。

(2)垄断竞争市场,又称"不完全竞争市场",这样的市场有着较多的彼此竞争的卖者,每个卖者的产品均具有自己的特色和优势,对价格产生一定的影响,价值规律起着较大作用。

(3)寡头垄断市场,是指为数不多但却占有相当大份额的卖者所构成的市场。这些卖者对市场价格具有很大的影响力。

(4)完全垄断市场,是指只有一个买者或卖者,因而这唯一的买者或卖者能完全控制价格的市场,所以这个垄断者又被称为"价格制定者"。

3.按照市场的地理位置或空间范围分类

(1)国内市场,是指一国范围内商品或劳务发生交换的场所,是一定时期内国内商品交换关系的总和。

(2)国际市场,商品和劳务在国与国之间流通所达成的国际间的交易构成了国际市场,国际市场是国际经济分工的产物与客观要求。

4.按商品流通的交易形式分类

(1)现货市场,指买卖的商品、有价证券及外汇等实物均收取现金,并当即实现实物转移的交易市场。根据交易方式的不同,商品现货市场还可以进一步划分为批发市场和零售市场。

(2)期货市场,是指买卖商品或金融工具的期货或期权合约的场所,主要由交易和清算场所、交易活动当事人及交易对象三部分构成。

5.按照购买者需求内容和目的分类

(1)消费者市场,是指消费者为满足个人或家庭生活消费需要而购买生活资料或劳务的市场,又称生活资料市场。

(2)生产者市场,是指生产者为满足生产活动需要而购买生产资料的市场,又称生产资料市场。

(3)中间商市场又称转卖者市场,它是由以营利为目的、购买商品后再转卖或出租给别人的所有组织和个人所组成的市场。

(4)非营利组织市场是指国家机关、事业单位和团体组织,使用财政性资金采购货物、工程和服务的市场。

二、市场营销及其内涵

(一)市场营销的相关界定

对于市场营销,西方学者已下过上百种定义,其中较具代表性的有:

1.美国市场营销协会(American Marketing Association,AMA)在 1960 年给市场营销下的定义是:"市场营销是引导产品及劳务从生产者到达消费者或使用者手中的一切企业经营活动。"AMA 在 1985 年对市场营销下了更完整和全面的定义,认为营销是"计划并执行关于商品、服务和创意的观念、定价促销和分销,以创造符合个人和组织目标的交换的一种过程"。

2.麦卡锡认为:"市场营销是引导商品和服务从生产者到消费者或使用者的企业活动,以满足顾客并实现企业的目标。"这一定义显然比 AMA 的定义前进了一步,指出了企业的经营目标,即满足顾客需求和实现企业赢利。

3.英国市场营销协会曾指出:"一个企业如果要生存、发展和赢利,就必须有意识地根据用户和消费者的需要来安排生产。"这一论述把市场营销与生产经营决策直接联系起来,对以往的认识有了明显的突破。

4.市场营销学权威菲利普·科特勒给市场营销下的定义是:"营销是个人和集体通过创造,提供出售,并同别人自由交换产品和价值,以获得其所欲之物的一种社会过程。"

(二)本书对市场营销的界定

本书认为市场营销是通过为现实的和潜在的顾客创造价值而实现组织和个人价值的活动过程。因此,创造价值、传递价值和实现价值是市场营销的主要内容。

理解市场营销的内涵可以从以下三个方面入手。

1.市场营销的目标是实现组织与个人的价值。但实现组织与个人价值的前提是为顾客提供价值,满足其需求和欲望。脱离了为顾客创造价值这一前提,企业的价值也难以体现和实现。

2.为顾客创造价值,必须了解现实和潜在顾客的需求,并设身处地为顾客开发、设计产品或服务,进行分销和促销,为顾客创造价值、传递价值,以满足顾客的需要。

3.双方价值实现的过程是一个交换过程。交换过程能否顺利进行,取决于营销者创造的产品和价值满足顾客需要的程度和交换过程管理水平的高低。

(三)市场营销的实质是为顾客创造价值

许多书上将需要、欲望、需求、产品、效用、价值、满足、交换、交易、关系等作为市场营销的核心概念,笔者认为,这些概念无疑是在市场营销过程中要重点关注和探讨的概念,但是真正能够反映市场营销的核心内涵的概念是顾客价值。为此,本书的重点是:什么是顾客价值,为什么要为顾客创造价值和怎样为顾客创造价值。

1.什么是顾客价值

顾客价值在这里指顾客认知价值,顾客认知价值(CPV)是指预期顾客评价一个产品和服务的总价值与总成本之差,如图 1-2 所示。总顾客价值是顾客从某一特定产品和服务中期望得到的利益或价值,包括产品价值、服务价值、人员价值和形象价值。总顾客成本是在获得和使用某产品或服务时所引起的一系列支出,包括货币、时间、精力和体力等。顾客认知价值也即顾客让渡价值,企业让渡给顾客的价值越多,则顾客满意度就越大,顾客的忠诚度也就随之提高。

顾客满意是一种心理活动,一个人通过对一个产品或服务的可感知的效果(或结果)与其期望值相比较后,所形成的愉悦或失望的感觉状态,包括三种状况:(1)可感知效果低于期望,则不满意,即使有更好的产品,依然会很容易地更换供应商;(2)可感知效果与期望匹配,则满意,从而口头传颂,一般不会更换供应商;(3)可感知效果超越期望,则满意或欣喜,创造了一种对品牌的情感上的共鸣,而不仅仅是一种理性偏好,正是这种共鸣创造了顾客的高度忠诚。

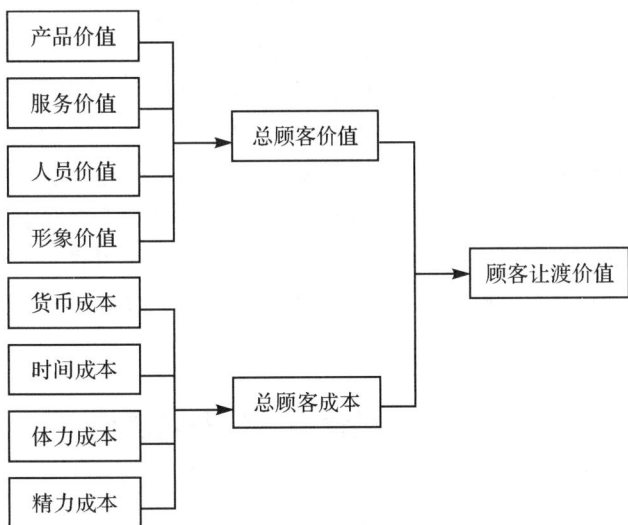

图 1-2　顾客让渡价值的决定因素

2.为什么要为顾客创造价值

提高顾客满意度,为顾客创造价值,可以说是绝大多数现代企业的经营导向,世界著名企业在此方面做出的努力足以看出他们的重视程度。

以营利为目的的企业为什么要为顾客创造价值? 菲利普·科特勒认为,因为顾客是最重要的人:"顾客是本公司最重要的人,不论是亲临或邮购;不是顾客依靠我们,而是我们依靠顾客;顾客不是我们工作的障碍,他们是我们工作的目标。我们不是通过为他们服务而给他们恩惠,而是顾客因给了我们为其服务的机会而给了我们恩惠;顾客不是我们要争辩和斗智的人,从未有人会取得同顾客争辩的胜利;顾客是把他们的欲望带给我们的人。我们的工作是为其服务,使他们和我们都得益。实际上最关键的一点是为顾客创造价值,满足顾客的需要才能实现企业的价值和目标。"①

3.怎样为顾客创造价值

为顾客创造价值,首先必须考虑什么样的顾客才是有利可图的,这个顾客被称为利益顾客,即能不断产生收入流的个人或组织,其收入应超过企业吸引、销售和服务于该顾客所花费的可接受范围内的成本。必须注意的是,这里强调的是长期收入和成本,而不是某一笔交易所产生的成本和利润。其次,要衡量顾客终身价值,顾客终身价值(CLV)指的是每个购买者在未来可能为企业带来的收益总和,描

---

① [美]菲利普·科特勒著,梅清豪译:《营销管理》,中国人民大学出版社 2001 年版,第 7 页。

述了基于顾客终身价值预期的未来利润产生的价值,通过预期收入减去用来吸引和服务顾客以及销售所花费的预期成本来计算。

最后通过一系列具体方法为顾客创造价值:(1)研究并熟悉顾客的需求及消费行为(购买行为和使用行为),从而判断顾客的"理想产品"标准,向顾客提供优于竞争对手的高顾客价值的产品;(2)做好对顾客的售前、售中和售后服务工作;(3)及时、妥善地处理顾客的投诉、批评及纠纷;(4)便于顾客获得产品信息、购买产品,降低顾客获得产品过程中的精神心理负担,减轻顾客为获得产品所付出的代价;(5)顾客需求会不断变化,顾客满意水平也会随之发生变化,应定期开展调查,征求顾客的意见与建议。

第四节　市场营销观念及其发展

一、树立正确营销观念的重要性

(一)观念的含义和作用

1.观念的含义。《辞海》(1989)对"观念"一词的解释有两条,一是"看法、思想。思维活动的结果";二是"观念(希腊文 idea),通常指思想,有时亦指表象或客观事物在人脑里留下的概括的形象"。"观念"的英文对应词有:concept、conception、idea、notion、thought、impression 等。在市场营销学权威菲利普·科特勒的原著中,所使用的是 concept 和 orientation,被译为导向、观念和理念。

无论是汉语,还是英语,"观念"实际上是指我们对某种事物的观点、看法和信念。在很多情况下,理念和观念都是可以互用的。

2.观念支配行为。观念是人的大脑对客观环境的正确反映,它是人类支配行为的主观意识。观念的产生与所处的客观环境关系密切,人类的行为都是受行为执行者的观念支配的。

"观念决定行动,思路决定出路",观念正确与否直接影响到行为结果的好坏。只有树立正确的观念,才可能有正确的行动,产生良好的结果。

(二)营销观念的重要性

1.营销观念是企业经营的指导思想。市场营销作为一种有意识的经营活动,是在一定的经营思想指导下进行的。这种经营思想也可称之为"营销管理哲学",它是企业经营活动的一种导向和一种理念。市场营销指导思想的正确与否对企业经营的成败兴衰具有决定性的意义。

2.营销观念决定了企业经营活动的重点。指导思想决定了企业在经营活动中的重点,以及处理经营活动中各种矛盾的原则。例如在推销观念阶段,企业的经营重点是加强产品的推销和促销工作,企业的经营活动都是围绕着这一重心进行的;而在营销观念阶段,企业则将满足消费需要作为经营活动的重心。

3.营销观念决定了企业的经营目标及实现目标的手段。企业在经营活动中有相应的经营目标,在不同的营销观念下,不仅企业的经营目标各不相同,实现经营目标的手段也是千差万别的。在生产观念指导下,企业实现经营目标的重要手段是扩大生产、降低成本;而在产品观念指导下,企业实现经营目标的手段则是提高产品品质,赢得顾客。

二、营销观念的演变

企业的营销观念并不是一成不变的,它在一定的经济基础上产生和形成,并随着社会经济的发展和市场供求关系的变化而发展变化。树立什么样的营销观念是由生产力水平及市场供求条件决定的,它会随生产力的发展而改变。根据国内外企业的营销实践,企业的营销观念主要经历了以下五个演变阶段。

(一)生产观念

1.生产观念形成的背景

生产观念是指导企业生产和销售行为的最古老的观念之一,这种观念产生于20世纪20年代之前。当时的生产发展不能满足需求的增长,多数商品都处于供不应求的状态,在这种卖方市场下,只要有商品,质量过关、价格合理,就不愁在市场上找不到销路,正所谓"皇帝的女儿不愁嫁"。在这种观念的指导下,企业以产定销,通过扩大生产、降低成本来获取更多利润。在企业的经营管理中具体地表现为"生产什么,就销售什么"。

当时美国福特汽车公司生产的某款小轿车非常畅销,为了扩大生产获得最高利润,他们不需要考虑顾客对小轿车颜色、款式的兴趣和偏好,只要大批量生产就能达到目的。亨利·福特曾宣称:"不管顾客需要什么颜色的汽车,我只有一种黑色的。"

2.生产观念的特点

(1)这种观念是在卖方市场的态势下产生的,此时产品供不应求。

(2)生产活动是企业生产经营的中心和基本出发点。

(3)提高产量、降低成本是企业生产经营活动的宗旨。

(4)以企业为中心,生产什么就销售什么。

(二)产品观念

1.产品观念的形成背景

产品观念也是指导企业市场营销活动的一种古老的思想,产生于20世纪30年代以前。这种观念认为,消费者总是喜欢那些高质量、多功能和有特色的产品,因而在产品导向型企业中,营销管理者总致力于生产高价值产品,并不断地改进产品,使之日臻完美。

"酒香不怕巷子深"是这种观念的形象说明。持这种观念的企业将注意力集中在现有产品上,集中主要的技术、资源进行产品的研究和大规模生产。它与生产观念的区别是重视产品的质量而非产量。

2.产品观念的特点

(1)产品供不应求,此时是卖方市场。

(2)企业生产活动以产品为中心。

(3)企业努力提高产品质量,生产优质产品。

(4)营销活动忽视消费者的需求,忽视市场的存在。

3.产品观念易使企业患"营销近视症"

产品观念的奉行,曾使许多企业患有"营销近视症"。所谓"营销近视症",是指企业不适当地把注意力放在产品上,而不是放在消费者的需求上。这些企业将自己的注意力集中在现有产品上,集中主要的技术、资源进行产品的研究和大规模生产,他们看不到消费者需求的不断发展变化以及对产品提出的新要求,看不到新的需求带来了产品的更新换代,看不到在新的市场形势下营销策略应随市场情况的变化而变化,以为只要有好的产品就不怕顾客不上门,以产品之不变去应市场之万变,因而不能随顾客需求的变化以及市场形势的发展去及早地预测和顺应这种变化,树立新的市场营销观念和策略,最终导致企业经营的挫折和失败。

(三)推销观念

1.推销观念的形成背景

推销观念(或销售观念)出现在20世纪20年代末至50年代,是当时许多企业所奉行的一种市场观念,表现为"企业生产什么就努力推销什么"。这种观念认为,如果缺乏必要的刺激,消费者就不会自觉自愿来购买企业的产品或大量购买产品,因此,企业必须积极推销和进行大量促销活动。

这种观念虽然比前两种观念前进了一步,开始重视广告术及推销术,但从根本上来说,由于推销导向型企业只是努力将自己生产的产品推销出去,而不考虑这些产品能否满足消费者的需要以及销售以后顾客的意见,所以,推销观念仍属于以产定销的企业经营观念。

2.推销观念的特点

(1)产品供过于求,此时是买方市场。

(2)加强促销宣传,努力推销产品。

(3)忽视消费者的需求,重视现有产品的推销。

(4)营销工作的中心思想是"把生产出来的产品想方设法卖出去"。

(四)营销观念

1.营销观念的形成背景

营销观念的形成是经营观念的一次"革命",它认为实现企业诸目标的关键在于正确确定目标市场的需求和欲望,并且比竞争对手更有效、更有利地传送目标市场所期望得到的东西。

营销观念的形成,使企业经营哲学从以产定销转变为以销定产,第一次摆正了企业与顾客之间的位置关系,企业的一切活动都必须以顾客需求为中心,满足顾客需求是企业的责任,"顾客需要什么,企业就生产什么"。

2.营销观念与推销观念的区别

营销观念的出现,使企业经营观念发生了根本性变化,市场营销观念与推销观念相比具有很大的差别(见表1-1)。

表1-1 营销观念与推销观念的比较

	出 发 点	中 心	手段和方法	目 的
推销观念	工厂	现有产品	推销、促销	通过销售获得利润
营销观念	目标市场	顾客需求	整合营销	通过顾客满意获得利润

营销观念以目标顾客及他们的需求、欲望为中心,通过整合那些影响消费者满意程度的营销活动,来赢得顾客和保持顾客的满意度,使顾客感知价值最大化,从而获取利润。

3.营销观念的特点

(1)企业的经营以满足顾客的需求为中心。

(2)企业注重长远发展和战略目标的实现。

(3)企业通过各种营销策略及各部门的整合营销来实现自己的目标。

【案例1-1】 美国皮尔斯堡面粉公司成立于1869年,从成立到20世纪20年代以前,这家公司提出"本公司旨在制造面粉"的口号。因为在那个年代,人们的消费水平很低,面粉公司无须太多宣传,只要保持面粉质量,降低成本与售价,销量就会大增,利润也会增加,而不必研究市场需求特点和推销方法。1930年前后,皮尔斯堡公司发现,竞争加剧,销量开始下降。为扭转这一局面,公司第一次在内部成立商情调研部门,并选派大量推销员,扩大销售,同时把口号变为"本公司旨在推销面粉",更加注意推销技巧,进行大量广告宣传,甚至开始硬性兜售。然而随着人们生活水平的提高,各种强力推销未能满足顾客变化的新需求,这迫使面粉公司从满足顾客心理实际需求的角度出发,对市场进行分析研究。1950年前后公司根据第二次世界大战后美国人的生活需要开始生产和推销各种成品和半成品的食品,使销量迅速上升。

(五)社会营销观念

1.社会营销观念的形成背景

社会营销观念(societal marketing concept)是1971年杰拉尔德·蔡尔曼和菲利普·科特勒提出的。它是指企业在制定市场营销管理决策时,在满足消费者的欲望和需求的前提下,既要使企业获得理想的利润,又要使企业在经营发展中符合社会的长远利益。

社会营销观念是对市场营销观念的修正和补充,它产生于20世纪70年代。由于第四次中东战争爆发,西方国家能源短缺,再加上经济危机出现,物价飞涨,失业增加,企业在生产经营过程中既损害了消费者的利益,又严重污染了环境。为了保护消费者的利益,美国等一些国家陆续成立了消费者联盟,保护消费者权益运动兴起,人们也对市场营销观念进行了反思。社会营销观念提倡企业在生产经营过程中兼顾企业、消费者和社会三者利益。

2.社会营销观念的特点

社会营销观念要求企业在制定营销决策时权衡三方面的利益,即企业利润的实现、消费者需要的满足和社会利益的保证(如图1-3所示)。实践证明,协调好三者之间的关系,不仅有利于企业发挥特长,还有利于在满足消费者需求的基础上获取经济效益,且符合整个社会的利益,因而具有强大的生命力。

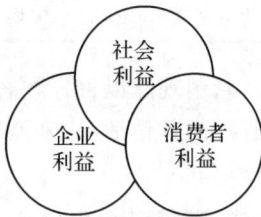

图 1-3 社会营销观念下企业营销范围示意图

3.当前企业树立社会营销观念的意义

(1)树立社会营销观念是保障消费者利益的基础。不少企业为了最大限度地获取利润,以次充好,夸大宣传,牟取暴利,损害了消费者的权益;还有的企业为迎合消费者,而不顾对消费者利益的损害。例如,一些化妆品虽然短期内能美容,但有害元素含量过高,不利于消费者健康;汉堡包、炸鸡等快餐食品虽然方便、可口,但由于油脂含量过高而不利于顾客的长期健康。企业树立社会营销观念,不仅可以保证消费者的基本利益得到满足,而且可以引导健康消费,使消费者得到真正的利益。

(2)树立社会营销观念有利于促进社会持续发展。不少企业为了最大限度地获取利润,采用各种方式扩大生产和经营,不顾及社会整体利益。企业只顾生产而忽视环境保护,使环境恶化、资源短缺等问题变得相当突出。例如,清洁剂满足了人们洗涤衣服的需要,但同时却严重污染了江河,大量杀伤鱼类,危及生态平衡。因此,树立社会营销观念,企业在不损害社会整体利益的情况下开展生产经营活动,有利于社会的持续发展。

(3)树立社会营销观念有利于企业长期利益的实现。某些企业以为消费者利益、社会利益和企业利益是矛盾的。事实上这三者是相辅相成的,只有符合社会整体利益,满足消费者的利益,企业的利益才能实现,企业才能持续健康发展。反之,只关注短期利益,忽视消费者利益和社会利益,企业即使能在短期内取得利益,长期也难以发展。例如,"三鹿"奶粉事件不仅损害了广大消费者的利益,造成了极大的社会危害,也将三鹿集团带进破产境地。

【案例 1-2】 石家庄三鹿集团股份有限公司(简称三鹿集团)是一家位于中国河北石家庄的中外合资企业,主要业务为奶牛饲养、乳品加工生产,主要经营产品为奶粉,其控股方是持股 56% 的石家庄三鹿有限公司,合资方为新西兰恒天然集团,持股 43%。三鹿集团的前身是 1956 年 2 月 16 日成立的"幸福乳业生产合作社",经过五十多年的发展后成为中国最大奶粉制造商之一,其奶粉产销量连续 15 年居全国第一。

2007 年底,三鹿收到多宗消费者投诉,指称食用该公司奶粉的婴儿的尿液中出现红色沉淀物。2008 年初,三鹿集团内部会议曾要求调查此事。2008 年 5 月 17 日,公司组成问题奶粉处理小组,一方面继续追查问题源头,另一方面利用公关手段处理投诉。经查,三鹿奶粉中"非乳蛋白态氮"过高,即三聚氰胺含量过高。2008 年 7 月,公司开始回收产品并控制舆论,对事件保密。2008 年 9 月,三鹿奶粉问题事件曝光,震惊整个中国。2008 年 9 月 15 日,三鹿集团发表声明,对产品给消费者带来的影响和伤害表示歉意,并承诺对于 2008 年 8 月 6 日以前生产的产品,会全部收回,对 8 月 6 日以后生产的产品,如果消费者有异议、不放心,也将收回。2008 年 9 月 17 日,三鹿集团原董事长、总经理田文华被刑事拘留。第二天,国家质量监督检验检疫总局因此次污染事件宣布取消食品业的国家免检制度。2009 年 2 月 12 日,石家庄中级人民法院宣布三鹿集团正式破产。

三、营销观念的发展

市场营销环境不断变化,企业的营销观念也不断随之发展。近年来随着市场全球化、竞争白热化、信息网络化时代的到来,企业需要重新考虑如何在新的竞争环境中求生存谋发展,市场营销人员应该更清醒地认识到超越传统营销观念的重要性。

根据国内外营销专家的总结,企业的营销观念将向全面营销观念发展,包括关系营销、整合营销、内部营销和社会责任营销等观念正在确立(见图 1-4)。

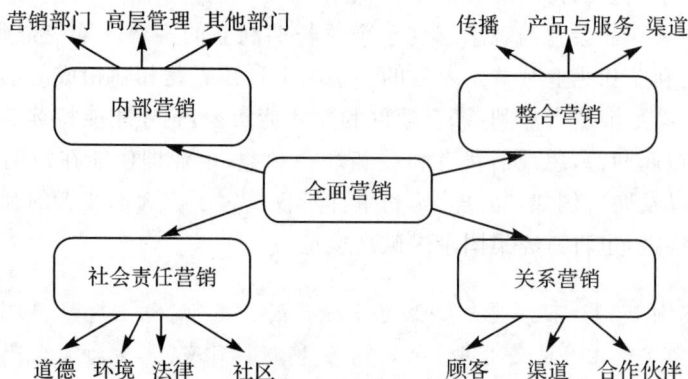

图 1-4 全面营销维度[1]

1.关系营销。关系营销旨在与经营活动中的利益相关者(顾客、供应商、分销商和其他合作伙伴)建立令人满意的长期相互合作关系,不只是与顾客建立关系,也和其他利益相关者建立良好的关系以赢得和维系业务。其最终结果是与利益相关者建立有效的关系网络而获取源源不断的利润。随着市场经营活动的宽广度和复杂性的日益显著,关系营销的重要性也日益显现。

2.整合营销。为顾客创造、传播和传递价值是企业的任务,营销者要设计营销活动和整合全部营销计划。营销组合是企业用来从目标市场寻求其营销目标的一整套

---

① [美]菲利普·科特勒等著,梅清豪译:《营销管理》,上海人民出版社 2006 年版,第 6—18 页。

营销工具,麦卡锡将这套工具分为四类,称之为"4P":产品、价格、地点和促销(见表1-2),每个"P"下面有特定的变量(见图1-5)。"4P"以企业为导向,所以营销就是在适当的地点以适当的价格,运用适当的促销方式,将适当的产品传递给适当的消费者。

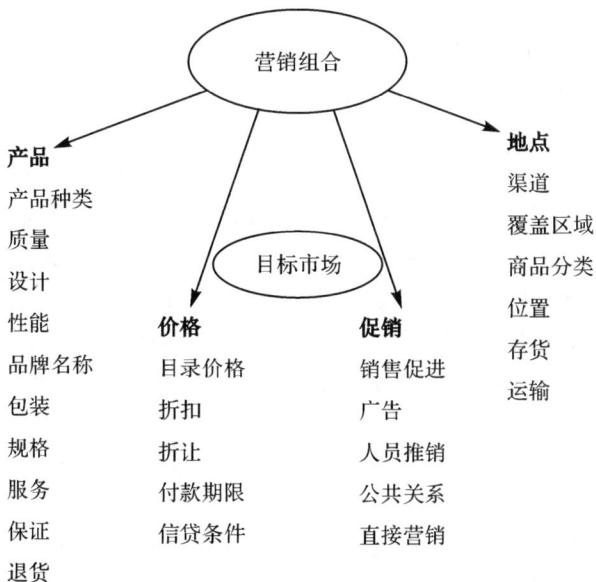

图 1-5 营销组合的"4P"图[①]

"4P"代表了营销者的观点,即营销工具可以用于影响买方。罗伯特·劳特伯恩于 1990 年提出了与之相对应的"4C"理论(见表 1-2),从关注"4P"转变到注重"4C",是许多大企业全面调整市场营销战略的发展趋势。与产品导向的"4P"理论相比,"4C"理论有了很大的进步和发展,它以顾客为导向,以追求顾客满意为目标,这实际上是当今消费者在营销中越来越居主导地位的市场对企业的必然要求。

表 1-2 营销组合及其演变

4P	Product(产品)	Price(价格)	Place(地点)	Promotion(促销)
4C	Customer solution（顾客问题解决）	Customer Cost（顾客成本）	Convenience（便利）	Communication（沟通）
4R	Relevance(关联)	Reaction(反应)	Relationship(关系)	Reward(回报)
4V	Variation(差异化)	Versatility(功能化)	Value(附加价值)	Vibration(共鸣)

---

①[美]菲利普·科特勒等著,梅清豪译:《营销管理》,上海人民出版社 2006 年版,第 6—19 页。

"4R"理论是由美国学者唐·舒尔茨在"4C"营销理论的基础上提出的新营销理论。"4R"分别指代关联、反应、关系和回报(见表1-2),该理论认为,随着市场的发展,企业需要从更高层次上以更有效的方式在企业与顾客之间建立起有别于传统的新型关系。

随着高科技产业的迅速崛起,高科技企业、高技术产品与服务不断涌现,营销观念、营销方式也不断丰富与发展,并形成独具风格的新型理念,在此基础上,国内的学者综合性地提出了"4V"营销理论(见表1-2)。"4V"营销组合理念不仅是典型的系统和社会营销理论,它既兼顾社会和消费者的利益,又兼顾企业主、企业与员工的利益,更为重要的是,通过对"4V"营销的展开,可以培养和构建企业的核心竞争力。

3.内部营销。内部营销是确保组织中每个人有适当的营销准则,尤其是高级管理人员。他们的主要任务是雇用、培养、激励那些能服务好顾客的员工。培养企业员工的忠诚度和主人翁意识是非常重要的,它甚至在某种程度上超越了企业的外部营销。内部营销主要发生在两个层次:一是各种不同营销职能需要协调工作;二是营销需要其他部门的支持。

4.社会责任营销。一个十分出色的企业是否一定完全符合或满足广大顾客的长期利益需求呢?答案自然是否定的。冰箱生产企业在为人们带来方便的同时也可能给人类赖以生存的地球带来破坏,食品生产企业使用的色素等物质很可能影响人们的健康,当健康和环保等问题日益凸显的时候,社会责任营销观念越来越受重视,企业的任务是确定诸目标市场的需要、欲望和利益,并以保护或提高消费者的社会福利的方式,比竞争者更有效、更有力地向目标市场提供所期待的满足。社会责任营销有助于理解伦理、环境、法律同社会营销活动和计划的结合作用,此时营销已经超越了企业同顾客的范畴,它要求营销者认真正确地看待自己以及自己的营销活动在社会中的作用。

第五节　市场营销管理

一、市场营销管理的含义与实质

(一)管理导向的市场营销学

第二次世界大战结束后,在美国市场营销界有着鲜明的"管理导向",即着重从市场营销管理角度研究企业的市场营销问题。从此以后,美国市场营销学发展为企业市场营销管理学。1957年,约翰·霍华德(John R. Howard)的《市场营销管理:分析和决策》问世,这是第一本书名为"市场营销管理"的市场营销学教科书。

市场营销管理的核心理论与市场营销观念的发展过程是并行的、一致的,市场营销管理就是将市场营销观念付诸实施的过程。

(二)市场营销管理的含义

市场营销管理是企业为实现其目标,创造、建立并保持与目标市场之间的互利交换关系而进行的分析、计划、执行和控制的过程。

市场营销管理是一个过程,包括分析、规划、执行和控制。企业根据对目标市场需求的分析来制定产品计划,采取适当的定价方法、有效的促销手段,去激发和满足目标市场的需求。

二、市场营销管理过程

市场营销管理过程是企业发现、分析、选择和利用市场机会以实现企业任务和目标的管理过程。具体包括以下步骤。

(一)分析市场机会

发现和评价市场机会是市场营销人员的主要任务。市场营销人员在进行市场机会分析时,需要区别环境机会和企业机会,因为并不是所有的环境机会都是企业机会,只有那些能使企业在同行业获得"差别利益"的环境机会才是企业机会。分析市场机会的内容我们将在第二章、第三章、第四章、第五章中加以讨论。

(二)选择目标市场和进行市场定位

市场营销人员在寻找分析评价市场机会的基础上,需要通过市场细分,以确定企业的目标市场,并进行市场定位。所谓目标市场,就是企业决定进入的细分市场,市场定位就是按照目标市场消费者的喜好塑造本企业产品与众不同的个性或者形象的活动。我们将在第七章加以深入讨论。

(三)制定市场营销组合决策

市场营销组合(marketing mix)是企业为了有效地满足目标市场需求而对产品、价格、营销渠道和促销这些企业可控因素的综合运用。市场营销组合是市场营销管理的重要内容,是企业制定营销战略的基础,是系统工程理论在营销活动中的具体运用。我们将在第八章、第九章、第十章和第十一章分别加以研究。

(四)制定和执行市场营销计划

市场营销计划是为达到企业目标而采取的行动和方法,是指导、协调市场营销活动的依据,它包括企业的营销战略规划和营销具体计划的制订、执行和控制等。

1.市场营销计划的制订。企业的市场营销计划包括战略与战术两个层面,企业必须在对市场营销机会和内外部环境进行评估、分析的基础上制定适合企业发展的市场营销计划。

2.市场营销计划执行。市场营销计划的执行,涉及制定行动方案、调整组织结构、形成规章制度和协调各种关系等相互联系的内容。为了保证营销计划顺利完成,实现企业目标,企业要建设市场营销组织。市场营销组织是制订和实施市场营销计划的职能部门,它的设立必须遵循一定的原则,并根据环境的变化不断调整。

3.市场营销控制。市场营销控制是指对企业营销活动进行经常性的监督、评估和调整。它包括年度计划控制、赢利控制、效率控制和战略控制四方面。

以上具体内容我们将在第十二章"战略规划与营销管理"中进行分析研究。

三、市场营销管理的任务

(一)面向市场需求的营销管理任务

一般来讲,企业在开展市场营销的过程中,都会对市场需求有一个预期交易目标,但实际需求有时会高于预期需求或低于预期需求,有时还可能是无需求。营销管理的基本任务是为促进企业目标的实现而调节需求的水平、时机和性质,因此市场营销管理的实质是需求管理。企业要针对不同的需求状态制定出不同的市场营销任务,以便有效地开展市场营销活动。

根据需求的规模、时间和性质不同,市场营销管理的任务也不同,具体来讲有以下几种。

1.负需求—改变需求—改换性营销

负需求是指大多数消费者不喜欢或厌恶某种产品,甚至愿意多花钱回避它的一种需求状态。例如,中国人大多不愿意接受保险,因为保险是出险后的补偿,在大多数中国人眼里不太吉利。在这种需求状态下,市场营销的任务是改变需求,改变营销。企业要深入研究消费者排斥该产品的原因,采取积极有效的促销措施引导消费者重新认识产品,变负需求为正需求。如转变顾客的理念,强调保险是建立一种保障,是为了防患于未然。

2.无需求—激发需求—刺激性营销

无需求是指目标市场的消费者对产品不感兴趣或漠不关心的一种需求状态。在无需求的市场状态下,市场营销的任务是激发需求,开展刺激性营销。企业可以采取有力促销手段,努力使产品所能提供的利益同消费者的需求和兴趣结合起来,变无需求为有需求。通常消费者对其认为没有价值的产品或不熟悉的产品不感兴趣,企业要通过一定的营销刺激,使消费者了解并接受该产品。例如目前人们对于减肥产品的需求大多是在刺激性营销下产生的。

3.潜在需求—现实需求—开发性营销

潜在需求是指有相当一部分消费者对某种产品有强烈的需求欲望,而现有的产品又无法满足这种需求的状态。在这种需求状态下,市场营销的任务是变潜在需求为现实需求,实行开发性营销,即评估潜在市场的需求量,进而开发符合潜在市场需求的产品,以满足消费者的需求。例如针对顾客遨游太空的梦想,有些企业正在设计太空旅行的方案。

4.下降需求—重振需求—重振性营销

下降需求是指市场对一种或几种产品的需求呈下降趋势的需求状态。在这种需求状态下,市场营销的任务是重振市场营销,即分析造成市场需求下降的原因,或是开拓新市场,或是采取有效的促销措施重新刺激需求,或是对老产品进行更新改造,使其发挥新的生命力,从而达到扭转需求下降的趋势。

5.不规则需求—协调需求—协调性营销

不规则需求是指人们对产品或劳务的需求因时间的不同而产生上下波动的状态。在这种需求状态下,市场营销的任务是协调需求,实行同步营销。企业可以通过价格调节、促销手段的变化以及其他激励措施使供需在时间上协调一致。如我国大部分地区实施峰谷电价,在消费高峰和低谷制定不同的价格,协调电力供求的矛盾;我国"春运"市场由于人员流动量大、时间集中,铁路部门、航空部门纷纷提价,以缓解运力紧张。

6.充分需求—维持需求—维护性营销

充分需求也称饱和需求,是指产品或服务供需平衡的一种需求状态,这是一种最理想的需求状态,在实际生活中一般不太可能出现。在这种需求状态下,市场营销的任务是维持需求,开展维护性营销,即千方百计保持当前这种供需状态,及时跟踪消费者的需求变化,保持和改进产品质量和服务质量。

7.过度需求—降低需求—抑止性营销

过度需求是指某种产品或服务的市场需求超过了企业所能供给或愿意供给的一种需求状态。在这种需求状态下,市场营销的任务是降低需求,减少营销,即通过提高价格等手段减少顾客让渡价值,抑止过旺的市场需求水平。如在我国"五一""十一"和"春节"这三个假期,各个旅行社都提高旅游的价格,交通部门也涨价,旅游景点的门票也上涨,其目的是减少在这三个时期外出旅游的消费者人数,使外出旅游的人员在时间上分散开来。

8.有害需求—否定需求—抵制性营销

有害需求是指市场对某些有害产品或服务的需求。在这种需求状态下,市场营销的任务是否定需求,抵制营销,即通过宣传、劝说喜欢有害产品或服务的消费者放弃这种需求,或者采取提高价格,加大税收力度,甚至停止生产等各种措施降低需求、取消需求。如吸烟对人的健康有害,国家通过各种形式宣传吸烟的危害性,劝说人们禁烟,并在香烟盒上标明"吸烟有害健康"。世界各国都禁止销售毒品,并用法律制裁生产者、销售者和购买者。有害需求不同于过度需求,前者是采取措施消灭需求,后者是采取措施减少需求。

(二)未来营销管理的趋势和任务

1.未来营销发展的趋势

未来的社会是瞬息万变的,企业营销面临着严峻的挑战。它不仅要求企业有把握时机的敏锐性以及运筹帷幄、正确决策的能力,更要求企业有洞察环境、预测未来的前瞻性,只有这样才能适应不断变化发展的世界。表1-3是菲利普·科特勒教授提出的21世纪市场营销发展趋势的14项转变。

表1-3　21世纪市场营销的转变趋势[①]

现　　在	未　　来
营销人员从事营销活动	人人都关注营销
以产品为单位的组织	以客户群为单位的组织
自力更生	业务外包
使用许多供应商	与少数供应商"合作"
维系过去地位	不断创新
强调有形资产	重视无形资产
通过广告建立品牌	通过业绩建立品牌
店面销售	网络销售
向每个人销售	向最佳目标市场销售
关注营利性交易	关注顾客终身价值

[①][美]菲利普·科特勒等著,梅清豪译:《营销管理》,上海人民出版社2006年版,第6—11页。

续　表

现　　在	未　　来
关注市场份额	关注客户份额
本地化	全球本地化
仅仅关注财务状况	关注营销状况
关注股东	关注所有利益关系方

2.未来的营销管理任务

根据菲利普·科特勒教授的观点,现代企业的营销管理任务主要表现为以下几个方面:

(1)设计营销战略与计划。企业需要根据其经营条件和市场环境的变化,制定相应的营销战略与规划。

(2)聚焦营销视野。通过企业的信息系统,分析监测营销环境及其变化,收集、评价购买者的需求和行为,衡量未来市场的容量和潜量。

(3)联结顾客。企业必须明确其目标市场,并为特定的目标顾客创造价值。

(4)建立强势品牌。企业必须通过一系列竞争手段来建立品牌竞争力。

(5)塑造市场供应品。企业必须为目标顾客提供更加完善的产品,包括有形物体和无形服务,并制定合适的价格策略,使产品质价相符,赢得市场。

(6)提供价值。企业必须通过高效、畅通的营销渠道来为顾客提供价值。

(7)传播价值。企业还必须将其产品和服务的信息传递给目标顾客,直接或间接地说服顾客购买本企业的产品。

(8)创造企业的长期成长。企业必须用长远的眼光来保持企业利润和品牌竞争力的持续增长。企业需要对其营销资源进行组织,通过执行和控制并调整营销计划,保证企业长远目标的实现。

无论是以上八大任务,还是一般营销管理的四大环节,都从理论上勾画了企业的市场营销活动过程,也描绘了本书后面章节展开的路线。

▶ 本章小结

市场是指某种产品的现实购买者与潜在购买者所组成的群体,由购买者、购买力、购买动机三个要素构成。市场营销是通过为顾客创造价值而实现个人和组织价值的过程。个人和组织需要通过预测、诱导、提供方便,协调生产与消费以满足顾客和社会公众对产品、服务及其他供应的需求。即市场营销是企业围绕满足消费者需求和获得最大利润而开展的经营和销售活动,其核心是交换。

市场营销观念是指企业在开展市场营销管理的过程中,在处理企业内部的生产、销售等任务以及外部的企业、社会和消费者三者利益方面所持的指导思想、态度和方法。它也是企业的商业哲学,属于上层建筑,是一种意识形态。随着企业生产经营环境的不断变化,市场营销观念也在不断地进化,经历了生产观念、产品观念、推销观念、市场营销观念、社会营销观念五个阶段。随着营销环境的变化,关系营销、整合营销、内部营销、社会责任营销等理念正在兴起。此外,全球营销、绿色营销、道德营销也已渗透到企业的营销实践全过程。市场营销管理是企业为实现其目标,创造、建立并保持与目标市场之间的互补交换关系而进行的分析、计划、执行和控制的过程,其核心是需求管理,具体表现为对市场营销整个过程的协调。

▶ 案例阅读与分析

【案例】 香港迪斯尼为何难以实现目标?

香港迪斯尼位于大屿山竹篙湾临海地段,占地 126 公顷,耗资 35 亿美元,于 2005 年 9 月开园,是迪斯尼在全球的第五个乐园。香港迪斯尼乐园以加州迪斯尼乐园为蓝本,为游客提供乐趣无穷的娱乐体验,具有多个主题表演及刺激的游戏,园内设有店铺、餐厅以及宾客服务设施。

香港迪斯尼早在开园前就因为经济、土地、风水等问题争议不断,开园后又因种种不公平条约遭到游客反对,2006 年春节,香港迪斯尼因人满为患而关门拒客,形象更是大打折扣。

到 2006 年 9 月,香港迪斯尼乐园仅实现客流量 500 多万人次,未能完成首年 560 万人次的预定目标。

2007 年 9 月,开园 2 周年,根据统计,香港迪斯尼第二年的入场人次只有 400 万人次。

2008 年 9 月,香港迪斯尼开幕 3 周年,没有相关消息。此间媒体报道,迪斯尼"终于"有机会达到游客 560 万人次。不过,与当年定下的第三年目标 620 万人次,仍有很大距离。研究者估计香港迪斯尼亏损约 15 亿港币。

2009—2012 年,香港迪斯尼的经营状况也不甚理想。

【讨论】

1. 你认为香港迪斯尼的主要问题出在哪里?

2. 假如你是香港迪斯尼的经营管理者,你会采取哪些措施以扩大市场?

3. 上海迪斯尼如果建成,对香港迪斯尼是更大的挑战还是更多的机会?上海迪斯尼会不会步香港迪斯尼的后尘?

思考题

1.市场营销学是怎样产生和发展的？市场营销学的发展趋势如何？

2.什么是市场？根据"市场＝购买者＋购买力＋购买动机"分析某一市场的特点。

3.什么是市场营销？举例说明市场营销的核心内涵。

4.企业的营销观念演变经历了哪几个阶段？现代营销观念与传统营销观念有何区别？

5.当前企业为何必须树立社会营销观念？举例说明企业应该如何在营销实践中贯彻落实这一观念。

第二章　市场营销环境研究

　　适者生存。

——查尔斯·罗伯特·达尔文

■本章学习目标

　　通过本章学习,了解市场营销环境对市场营销活动的影响与作用,掌握微观环境和宏观环境的主要构成及其变化特征,理解市场机会与环境威胁的基本分析方法以及企业面对市场营销环境变化所应采取的对策。

■本章学习重点

　　市场营销环境的含义及特点;宏观环境的构成因素及对企业营销的影响;环境机会与环境威胁的分析方法。

第一节　市场营销环境概述

　　任何一个企业都是在一定的环境下开展经营活动的,企业面临的环境因素有两类:宏观环境因素和微观环境因素。因企业营销的微观环境各因素在后面章节中将分别详细阐述,在本章中只作简单介绍,本章将重点分析企业营销的宏观环境及其对市场营销活动的影响。

一、市场营销环境内涵

　　市场营销环境泛指一切影响和制约企业营销决策及实施的内部条件与外部环境的总和。市场营销环境包括宏观市场营销环境和微观市场营销环境两大类。

　　宏观市场营销环境是指企业无法直接控制的因素,是通过影响微观环境来影响企业营销能力和效率的一系列巨大的社会力量,它包括人口、经济、政治法律、科学技术、社会文化及自然生态等因素。由于这些环境因素对企业的营销活动起着间接的影响,所以又称间接营销环境。微观市场营销环境和宏观市场营销环境之间不是并列关系,而是主从关系,微观市场营销环境受制于宏观市场营销环境,微观市场营销环境中的各因素均受到宏观市场营销环境中各种力量和因素的影响。

微观市场营销环境是指与企业紧密相连、直接影响企业营销能力和效率的各种力量和因素的总和,主要包括企业自身、供应商、营销中介、消费者、竞争者及社会公众。由于这些环境因素对企业的营销活动有着直接的影响,所以又称直接营销环境。

二、市场营销环境的特点

1. 客观性。企业总是在特定的社会、市场环境中生存、发展的。这种环境并不以营销者的意志为转移,具有强制性与不可控制性的特点。也就是说,企业营销管理者虽然能认识、利用营销环境,但无法摆脱环境的制约,也无法控制营销环境,特别是间接的社会力量,更难以把握。

2. 差异性。由于所处的国家或地域在人口、经济、政治、文化等方面存有很大差异性,企业营销活动必然要针对环境的差异性,制定不同的营销策略;而且同一种环境因素对不同企业的影响程度也是不同的,如海湾危机,造成国际石油市场的极大波动,对石化及其关联行业影响巨大,而对那些非石化关联行业影响则较小。

3. 多变性。即市场营销环境是一个多变的动态环境。

4. 相关性。营销环境的相关性是指各环境因素间的相互影响和相互制约。这种相关性表现在两个方面:其一,某一环境因素的变化会引起其他因素的互动变化;其二,企业营销活动受多种环境因素的共同制约。企业的营销活动不仅仅受单一环境因素的影响,而是受多个环境因素共同制约的。如企业的产品开发,就要受制于国家环保政策、技术标准、消费者需求特点、竞争者产品、替代品等多种因素的制约,如果不考虑这些外在的因素,生产出来的产品能否进入市场是难以把握的。

第二节　市场营销宏观环境研究

一、企业研究宏观环境的意义和作用

任何企业及其所处的微观环境因素都受控于某一宏观环境因素力量之下,因此企业适应环境生存发展的前提是了解和研究宏观环境,并努力争取使外部市场环境与企业内部条件和营销策略之间互相适应,从而增强企业应变能力,实现其营销目标。具体来说,企业研究宏观环境的重要意义和作用主要体现在以下两方面。

（一）研究宏观环境是开展市场营销活动的前提

企业的市场营销活动主要围绕两个中心工作展开：其一是企业通过寻找、评价市场机会来选择目标市场；其二是企业确定目标市场后，应科学地制定和实施市场营销组合决策，以满足目标市场消费者的特定需求，从而实现企业目标。事实上，市场营销的这两个中心工作都离不开对企业宏观环境的研究。

1.企业对目标市场的分析和选择，必须建立在对市场营销宏观环境分析的基础上。企业对宏观环境的深入研究，会使企业发现许多良好的市场机会。企业进一步对顾客需求、竞争状况以及企业内部资源条件等因素的分析，有利于最终确定企业的目标市场。例如，信息科学技术的高速发展，为企业提供了发展机会，使一些有开发能力的企业找到了新的市场切入点，从而选择新的目标市场。

2.企业确定了目标市场后，就应科学地制定市场营销组合决策去满足目标市场消费者的特定需要，但企业在制定和运用市场营销组合决策时，总是受各种环境因素的影响和制约。例如，企业开发新产品受技术环境的影响，消费者对商品的需求受人口、经济等环境的综合影响，企业的所有活动都受政治法律环境的制约。企业的目标市场、市场营销组合和宏观环境的关系如图 2-1 所示。

在图 2-1 中，我们用三个椭圆分别表示目标市场、市场营销组合和宏观环境。企业不论是在选择目标市场，还是在制定和运用产品、价格、渠道、促销这四项市场营销组合决策时，均受到宏观环境的影响，因此，对宏观环境的研究是企业科学、有效地开展市场营销活动的前提和基础。

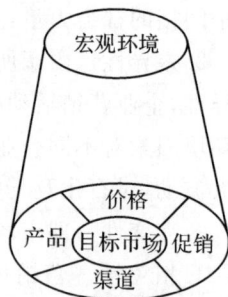

图 2-1　目标市场、市场营销组合和宏观环境的关系

（二）研究宏观环境是企业生存和发展的重要保证

企业是属于社会经济这个宏观环境大系统中的一分子，它的生存和发展依赖于它与宏观环境的适应度。由于宏观环境具有动态变化的特征，因此，企业营销活动与宏观环境的适应也总是处于动态平衡之中。一旦宏观营销环境发生变化，企业就必须及时调整其市场营销组合决策，有时甚至还需调整目标市场，以适应市场营销环境的变化。只有这样，企业才能生存和发展。通常所说的企业应变能力，也称适应能力，实质上就是指企业适应市场营销环境变化而自我调整其以市场营销组合决策为核心的企业经营管理决策，以保持同变化着的市场营销环境相适应的能力。因此，研究市场营销环境的目的是增强企业的应变能力。

随着我国市场经济体制的逐步建立和完善,经济的稳步发展,科学技术的日新月异,企业之间竞争的不断加剧,人们的价值观念、消费方式不断更新,国家加强对企业的宏观经济调节和法律干预,这些趋势表明,中国企业面临的宏观环境正在发生急剧的变化。这一方面为企业的发展创造了良好的环境机会,如随着经济的不断增长,消费者购买力的提高,为企业扩大商品销售和经营中、高档商品创造了有利条件;整个社会科学技术的进步,促使企业提高劳动生产率,降低单位产品成本,为企业提高经济效益提供了有利条件。但另一方面宏观环境的变化也会对企业形成种种影响,产生不利因素。如欧盟规定,从 2005 年 8 月 13 日起,包括玩具在内的电子垃圾回收费用必须由生产方承担;从 2006 年 7 月 1 日起,所有在欧盟市场上出售的玩具不得使用 6 种有害物质,即铅、汞、镉、六价铬、聚溴二苯醚(PBDE)和聚溴联苯(PBB),只有符合环保和无害的物质才可以用于生产。有业内人士估计,为此每吨原料成本要增加 3000 多元,这无疑大大提高了我国玩具出口的成本。又如技术的进步会引起企业原有固定资产的加速贬值,客观上要求企业职工更新技术知识,不断提高技术水平。环境变化会对企业产生有利条件和不利条件,在有利条件下会存在某些不利因素,在不利条件下又会潜伏着某种机会。任何企业如果能把握环境变化的脉搏,顺应其变化趋势,就能避免环境的不利因素可能对企业造成的危害,而及时抓住能发挥企业优势的有利变化,就能不断发现企业发展的新机会,扩大企业的经营规模;反之,如果企业不能适应宏观环境的变化,往往会对企业造成致命的危害。可见,在宏观环境瞬息万变的今天,客观上要求每一个企业充分重视研究宏观环境的变化,善于发现和把握企业发展的机会,这是关系企业生存和发展的一项重要工作。

二、宏观环境因素及其对企业营销的影响

以下主要对我国宏观环境的特点、发展趋势及其对企业市场营销活动、企业相应的营销策略的制定等方面的内容进行分析。

(一)人口环境分析

市场是由人组成的,人是市场营销活动中所需研究的最重要的部分。不同的人口特征环境中的消费者对商品和服务的需求是不同的,对企业的市场营销活动也会产生不同的影响。企业研究人口环境主要包括人口的数量、人口的自然增长状况、人口结构、家庭结构状况、人口的文化教育结构和地理分布状况等。

1.人口数量及自然增长状况

人口数量与市场容量有着密切的关系,尤其是企业开展市场营销活动的目标市场人口总量对企业的经营规模起着决定作用。在收入一定的情况下,人口越多,则对食物、衣着、日用品等生活必需品的需求量也就越大;反之,需求量则越小。除人口总量以外,企业营销人员还要注意人口的自然增长状况。人口的增长会产生两方面的影响:一方面,新增人口带来了社会基本生存需求的扩大,不仅是吃、穿、住等物质方面的基本需求,还会连带产生教育、医疗等多方面的需求,从而为企业营销带来新的市场机会;另一方面,人口增长速度过快将会限制经济的发展,限制人均国民收入的提高,导致某些市场的吸引力下降。

我国虽然实施人口控制政策多年,但仍属人口大国,且农村人口占较大比例。这一人口特征给我们的营销人员三个方面的启示:一是国内市场是一个很大、很有潜力的市场,只要重视市场研究,及时捕捉各种市场信息,抓住市场机会,企业就大有作为。二是国内的巨大市场潜力给经营生活必需品的企业采取"薄利多销"创造了条件。尽管一些企业的利润率较低,但由于"薄利"而吸引了大量的顾客,实现了较大的销售额,从而获得了较好的经济效益。如连续多年位居我国批发专业市场榜首的义乌小商品城 2008 年成交额达 381.81 亿元,在全球经济危机的特殊时期仍逆势增长 9.6%[①],就是采用"薄利多销"这种营销战略而获得巨大成功的。三是我国农村人口多这一特征,为企业提供了一个巨大的潜在市场。据对现阶段我国农村的实际收入水平和大件耐用消费品拥有量的统计资料分析,农村居民的高档耐用消费品正进入消费热潮。尤其 2009 年我国政府为了拉动内需,出台了一系列促进农村家电消费的优惠政策,这对我国众多的家电企业来说是一个很好的市场机会,企业应充分重视开发农村这个广阔的市场,设计和提供适合农村需求特点和消费环境的产品,并在价格、渠道和促销等方面适应农村市场的特点。

2.人口结构

人口结构主要是指人口的年龄构成和性别构成等。不同年龄层和不同的性别结构,客观上存在着生理和心理上的差别,因此,所需的产品和服务也不尽相同,对同一事件的评价角度、价值观等也会存在很大的差别。如青年人消费喜欢求"新",老年人一般喜欢求"实"、求"廉";又如生产化妆品的企业一般多以女性为主要目标市场。目前我国人口结构变化对企业营销产生较明显影响的有以下几个方面。

(1)年龄结构及趋势。不同年龄的消费者对商品和服务的需求是不同的。人口年龄结构决定市场需求的结构。目前我国人口年龄结构呈现两个趋势。

一是人口结构老龄化,"银色市场"形成规模。随着物质生活水平的提高和医疗卫生事业的发展,人口死亡率下降,我国老龄人口(65 岁及以上)的比例逐渐增

---

① 董碧水:《义乌小商品市场逆市飘红》,载《中国青年报》,2009 年 2 月 10 日。

大。据统计,2009年全国60岁及以上人口达到16714万人,占总人口的12.5%；65岁及以上人口达到11309万人,占总人口的8.5%[①]。这一变化特征表明,今后我国老年市场将会逐步扩大,预示着对老年保健食品和滋补品、老年医疗卫生用品(如药物、眼镜、助听器等)、老年健身运动器材、老年服装、老年娱乐用品和老年社区服务(敬老院、养老院)等需求将逐步上升,日渐兴旺。这就为经营和开发老年人商品提供了良好的营销机会。原来经营老年人产品的企业要针对当前及今后老年人市场的特点及时开发新产品,调整价格、渠道、促销及策略,以满足老年人市场的特殊需求；原来并不经营老年人产品,但有条件经营的企业要把握机会,适时地进入老年人市场。

二是儿童及少年人口比重下降,消费档次不断提高。1990年、2000年、2007年和2010年统计资料显示,浙江省儿童及少年人口(14岁以下)占总人口的比例分别为23.2%、18.07%、17.9%[②]和13.21%[③],呈明显下降趋势。这一特征对经营儿童及少年商品的行业和企业的营销活动将产生较大的影响。一方面,这一年龄层比例的下降,对经营这一年龄层商品及服务的企业进一步发展产生不利影响,促使其改变经营战略。但另一方面,由于经济的发展,收入水平的提高,独生子女增多,出现追求高质量生活的趋势,因而对高档次、高质量的儿童商品的需求日趋强烈。目前消费者普遍重视孩子身体素质的提高和智力开发,与此相关的消费需求将快速增长,这一切又为有关企业的发展提供了良好的市场机会。

(2)性别结构及趋势。性别差异会给人们的消费需求带来显著的差别,反映在市场上就会出现男性用品市场和女性用品市场,两大市场的需求不同,购买习惯也不同。近年来,我国女性消费市场呈现快速增长的发展趋势。随着生活逐渐富裕,妇女将把越来越多的钱投入到自身美的建设上,凡是对个人美有改善、保护的领域,都有广阔的市场,包括时装、化妆品、首饰、发型、美容、减肥健美等。此外,过去主要是男性消费的市场,女性也成为消费的主角,如轿车市场的众多企业专为女性设计各种款式、色彩丰富的家庭轿车,获得了很好的回报。因此,企业应针对不同性别的需求差异,生产合适的产品,制定有效的营销策略,以开发更大的市场。

3.家庭结构状况

家庭是商品购买和消费的基本单位。家庭单位的多少和家庭平均人数直接影

①国家统计局:《"十一五"经济社会发展成就系列报告之三:人口总量平稳增长 就业形势保持稳定》,参见 http://www.stats.gov.cn/tjfx/ztfx/sywcj/t20110302_402706838.htm。

②参见《中国统计年鉴》,中国统计出版社2008年版。

③浙江省统计局:《2010年浙江省国民经济和社会发展统计公报》,参见 http://www.zj.stats.gov.cn/art/2011/2/10/art_164_181.html。

响到某些消费品的需求数量。家庭结构主要有以下几种类型:独生家庭(未婚、离异无子女、丧偶无子女),同居家庭(未婚),夫妻家庭(未生育、空巢),核心家庭(夫妇、子女),主干家庭(完整、残缺),单亲家庭(离婚有子女、未婚有子女)。婚姻状况与家庭的数量、规模在很大程度上会影响以家庭为消费单位的各类商品,如家庭耐用消费品及其他生活日用品等。我国家庭结构发展趋势中最显著的特征是家庭小型化。据我国第六次全国人口普查显示,我国平均每个家庭户的人口为3.10人,比2000年减少0.34人,家庭户规模继续缩小。[①] 这一变化趋势,要求企业在产品设计和包装制作时必须考虑到如何使产品更适应小家庭的需要。例如食品应采用较小包装,对于炊具、家庭住宅的面积等均须充分考虑这一重要变化趋势。同时,由于大家庭裂变成小家庭,必然会使家庭户数迅速增加,这使得以家庭为消费对象的电视机、组合音响、电冰箱、洗衣机、电脑、家具、餐具等家庭用品的需求量大大增加,对经营这些产品的企业是个有利的机会。

4.文化教育结构

一个国家或地区的教育发展水平的高低,直接影响国民素质,影响着人们对商品价值、功能及款式的评价与选择,从而影响着企业的营销活动。我国目前人口文化教育结构的特征是全民文化素质不断提高,但各地区发展不平衡。企业营销人员应充分重视地区之间的文化水平差异,有针对性地开展市场营销活动。对于经营高档文具用品(如打印机、袖珍计算器、电子词典、个人计算机等)及其配件的企业,教育普及水平较低的地区在一定时期内不会有很大市场。不同文化水平地区的消费者,对商品的包装、附加功能和服务的要求也有差异,通常文化素质高的要求商品包装典雅华贵,对附加功能有要求。此外,企业在选择促销方式时,也应考虑目标市场的文化水平状况,如企业在受教育状况较差的地区经销产品则不仅需要文字说明及配以简明图示,必要时要派专人现场操作示范;企业在利用广告媒体传播商品信息时,也应注意文化水平的差异,如在教育普及程度低的地区,尽量少用报纸杂志做广告,而代之以电视、广播等形式。总之,企业无论在选择目标市场,还是在营销商品的设计以及促销方式的选择等方面,都应充分考虑其营销对象的受教育程度,这对企业营销成败将产生重大影响。

5.人口的地理分布状况

人口地理分布状况对企业营销的影响主要表现在三个方面。一是不同的地理环境、地理位置,人口的分布是不同的。如城市人口密度比农村高,同是城市,不同地区人口密度也不同。我国的人口分布主要集中在东南沿海一带,人口密度向西北逐渐

[①] 资料来源:http://www.ce.cn/xwzx/shgj/gdxw/201104/28/t20110428_22390689.shtml。

递减。人口密度的高低在一定程度上决定了市场规模的大小,对于不同人口密度的地区开展营销活动应采取不同的措施。二是人们往往会因其所处的地理位置、气候条件的差异,而产生消费需求和购买行为上的明显差异。例如,北方干燥地区的消费者容易产生对加湿器的需求,而南方湿热地区的消费者会考虑购买除湿机或具有同样功能的产品。又如,我国不同地区的食物结构及口味等方面也有很大区别。三是人口地理分布的动态变化对企业营销活动也会产生一定的影响。

我国目前人口地理分布变动主要存在三大趋势。一是农村人口城市化。据统计,2009 年我国城镇人口达 62186 万人,占全国总人口的比重为 46.6%,比 2005 年提高 3.6 个百分点[①]。人口城市化意味着城镇人口的迅速增加,城镇人口密度增大,这为企业增加商业网点,扩大城市市场提供了良好的机会。二是市区人口向市郊转移。这使得大都市周围人口密集,形成所谓的"空心化"现象。三是跨地域的人口流动逐渐上升。我国流动人口的流向呈现多元化特点:从过去农村向城市单向流动,现在则扩展为城市间及城市与乡村间的双向流动;内地人口迁往沿海经济发达地区,尤其是 2000 年以来,这种流动一直保持着很高的增量。据统计资料显示,2005 年我国流动人口规模为 1.47 亿,占全国总人口的 11.3%,2009 年我国流动人口规模达 1.8 亿,占全国总人口的 13.5%,四年间流动人口增加了 3300 万人,平均每年增加 825 万人[②]。由于劳动力增多,加剧了就业问题、行业竞争问题,也使得当地的消费结构发生了一定的变化,从而也给当地企业带来更多的市场份额。

(二)经济环境分析

经济环境是指企业市场营销活动所面临的经济条件,它是企业开展市场营销活动的基础。企业从事市场营销活动的前提是市场的存在,而市场是由购买者、购买力和购买意愿三大要素组成的,市场的三要素实质上又都是直接受经济环境变化的影响。因此,经济环境对企业营销活动具有更为直接的影响力。对经济环境的研究主要包括经济制度和产业结构、经济发展周期、收入状况、居民储蓄状况及消费结构状况等方面。

1.经济制度和产业结构

随着我国市场经济体制的建立和不断完善,市场机制已经成为资源配置的主要手段。市场通过价格的变动引起供给和需求以及生产和消费的变动,进而引起各种资源的流向发生变化。这就要求企业根据供求关系、价值规律来开展营销活

---

①②国家统计局:《"十一五"经济社会发展成就系列报告之三:人口总量平稳增长　就业形势保持稳定》,参见 http://www.stats.gov.cn/tjfx/ztfx/sywcj/t20110302_402706838.htm。

动。同时,市场经济的形成,使企业成为市场的主体,这就要求企业必须自主地做出经营决策并独立承担决策与经营的风险。这种经济大环境的变化,深刻地影响着企业的行为,为企业营销带来新的发展机遇和挑战。这要求企业转变营销观念,调整营销管理方式和营销策略,以适应经济大环境的变化。

一个国家的产业结构直接受到经济发展水平和国家产业政策的影响,但产业结构同时又对企业营销活动产生影响。世界工业发达国家第三产业的比重都超过了第一、第二产业。我国的产业结构也正在发生重大变化,第一产业所占的比重从2005年的12.1%下降到2010年的10.2%,下降了1.9个百分点;第二产业所占比重由47.4%下降为46.8%,下降了0.6个百分点;第三产业所占比重由40.5%上升为43.0%,上升2.5个百分点①,这给服务及相关产业带来了良好的发展机遇。我国的企业营销人员应十分注意我国的产业变动趋势,抓住产业结构调整的契机,及时调整产品结构和开拓新市场。

2. 经济周期

市场经济的发展历程表明,经济发展具有周期性,完整的周期通常由衰退、停滞、复苏、繁荣四个阶段组成。衰退阶段,市场行情恶化,产品销售困难,价格下跌,库存增加,大量企业倒闭。停滞阶段,市场低迷,销售不旺,整个经济处于不景气状态,产品库存逐渐消散,价格相对稳定于低水平。复苏阶段,整个经济开始逐渐活跃,企业利用危机时期形成的价格水平恢复生产,首先表现为渡过难关的企业开始提高产量,然后是新产品的开发和生产,带来对初级产品和固定资产的需求,商业开始活跃,价格开始回升。繁荣阶段,生产指数越过危险前的最高点后继续攀升,市场日渐旺盛,导致大量投资建设新厂,价格也同时攀升,经济又到了新的危急关头。

在经济发展的周期中,最令人关心的就是经济繁荣期和经济衰退期。经济繁荣期中的通货膨胀兼有压抑和刺激消费的双重效应,在通货膨胀情况下,生产和购买产品、服务的成本会随着物价的上涨而迅速上涨。从市场营销的角度看,如果物价的上涨快于消费者收入的增长,消费者购买的商品数量就会减少。这种关系在很多方面表现很明显。通货紧缩也是宏观经济环境中令人关心的因素之一。在紧缩的情况下物价指数连续走低,市场销售全面疲软,商品大多供大于求。产品库存不断增多,流动资金被占压,生产能力大量闲置,企业生产经营困难重重。对于企业营销工作者而言,应认清所处的经济发展的不同阶段,有针对性地制定营销组合

---

① 国家统计局:《"十一五"经济社会发展成就系列报告之十六:我国经济结构调整取得重要进展》,参见 http://www.stats.gov.cn/tjfx/ztfx/sywcj/t20110311_402709772.htm。

策略,以顺应经济周期变化的趋势与特点。

【案例 2-1】　中国经济在 2009 年一季度触底后快速回升,进入复苏阶段,新一轮经济周期随之展开。1998—2008 年我国经济波动性加速下降。

对 20 世纪 80 年代中期以来全球经济波动性的趋缓,国外学界有三种解释:一是经济运行出现了结构性变革,提高了经济吸收冲击的能力;二是宏观经济政策特别是货币政策有了明显改善;三是经济系统遭受冲击的力度和频率显著降低。

中国经济波动性放缓的原因如下:第一,外部环境趋势是波动性下降的重要因素。中国经济的波动性从 1988 年开始出现新一轮显著下降,正好处于中国全面融入全球化和全球经济大缓和时期。第二,第三产业对国民经济波动的影响越来越大。第三产业的波动性在 2004 年以后明显上升,从贡献度看,第三产业是经济波动的最大来源,平均贡献度超过 50%。第三,支出结构变化显著影响着经济波动性。经济运行的另一变化在于支出结构的变化。第四,存货变动不是经济波动放缓的原因。第五,稳健的货币信贷政策抑制了经济波动性。首先,货币政策对通胀率的控制减缓了经济波动性;其次,信贷波动性的趋缓减缓了经济波动性。

中外经济波动性下降原因的差异主要有:第一,在宏观经济运行机制的变化方面,欧美国家主要体现在金融创新、信息技术发展、国际资本流动滚动以及存货管理等方面。而中国经济仍处于市场化进程中,产业结构和支出结构的变化是经济结构变革的最主要内容。第二,在宏观政策方面,中国与欧美经济体一致,对通货膨胀的有效控制抑制了产业的波动。相比成熟经济体,信贷波动性的下降对于中国经济波动性的放缓发挥了更显著的作用。

当前一轮经济周期有若干特点:在强力政策刺激下,国民经济从 2009 年二季度开始展开 V 型反弹,新一轮经济周期由此开始。物价上升成为这轮经济周期的主要风险。当前这轮物价上涨有以下三个突出特点:一是经济未过热而物价温和持续上涨;二是粮食和猪肉供给保障好于此前通胀期;三是发达经济体面临通货紧缩风险,通胀输入压力小于 2007—2008 年。[①]

3. 收入状况

收入水平实质上反映了实际购买力的大小,在人数一定的情况下,收入水平很大程度上决定了市场规模和容量的大小。收入状况的分析,主要可以从分析年人均国民收入、居民年人均收入以及可任意支配收入等统计指标着手。

---

① 顾铭德、刘斌、傅勇:《中国经济周期嬗变与货币政策选择》,载《宏观经济》2011 年第 1 期,第 36—39 页。

(1)年人均国民收入指标。它大体上反映了一个国家和地区的经济发展水平。根据不同人均收入水平,可以推测其对高档耐用消费品(如住房、汽车、高档家电等)或服务的需求状况。例如,据有关统计调查分析,当轿车价格与年人均国民收入之比达到 2∶1 或 3∶1 时,小轿车开始进入家庭消费;当达到 1.4∶1 左右时,轿车需求进入迅速发展期,开始出现普及型小轿车消费。但在比较时,要注意时间差、空间差和文化差所造成的消费规律性的差异。加强这方面的研究,对企业发展新产品、开拓新市场、制订长远战略规划具有重要意义。

(2)居民年人均收入。这一指标反映了居民的平均购买力水平,年人均收入的高低很大程度上决定了居民对生活必需品(如食品、衣服、住房等)的需求质量。据有关资料:"十一五"期间,我国农村居民人均纯收入由 2005 年的 3255 元提高到 2010 年的 5919 元,增加 2664 元,名义增长 81.8%,年均增长 12.7%;扣除价格因素后,实际年均增长 8.9%,比"十五"期间农村居民收入年均实际增长速度高 3.6 个百分点[①]。上述统计数据表明,近年来我国居民收入有了很大的提高,从而使消费水平和消费层次有了较大的提高。这一变化趋势,为企业开展市场营销活动提供了更广阔的舞台,企业应及时捕捉市场的物质和文化新需求。同时,由于我国居民的总体收入水平还比较低,企业在从事市场营销活动中应充分考虑这一国情,而不能一味地追求消费高档化。

(3)可任意支配收入。这是指消费者个人收入中扣除生活必要支出、储蓄和税金的余额。这部分是消费需求变化中最活跃的部分,它对需求弹性较大的消费有很大的影响,如文化娱乐、旅游消费、居室消费、健康消费等。企业应十分注意这一特征,抓住企业发展的机遇。此外,企业还应注意收入的分配状况,根据不同收入阶层的比例来确定不同档次产品的比例。在分析上述消费者收入状况时,还要结合价格变动情况进行分析调整,因为价格会直接影响消费者的实际收入。对价格变动情况的分析,不仅对分析消费者的实际收入具有意义,而且这种变动还直接影响着消费者的购买行为和货币投向。如连续的通货膨胀,导致抢购风潮,这又会加剧通货膨胀,从而给企业输入大量的虚假市场信息,增加企业未来的风险。企业市场营销人员必须掌握这方面的信息,及时调整市场营销组合,争取主动。

(4)居民储蓄与信贷状况。居民储蓄实质上是一种潜在的购买力,最终还是要用于消费的。在收入水平一定的情况下,储蓄额越大,相对而言现实购买力会减少,这会对企业营销活动产生一定的影响。一般来说,居民储蓄额的增加,对高档

---

① 国家统计局:《"十一五"经济社会发展成就系列报告之八:农村居民收入增速加快 生活水平明显提高》,参见 http://www.stats.gov.cn/tjfx/ztfx/sywcj/t20110307_402708354.htm。

耐用消费品(商品住宅、轿车、高档电器等)的需求以及其他中长期消费会产生有利影响。

据资料统计,2010年城镇居民净储蓄率为11.1%,比2005年上升7.6个百分点。"十一五"时期,除2009年受经济危机的影响,净储蓄率略有下降,其余4年净储蓄率均逐年攀升[1]。储蓄快速增长的原因是多方面的,除了由于经济发展伴随着人们收入提高的原因外,其中一个很重要的原因是我国目前正处于社会保障制度改革时期,在国家对教育体制、医疗保险、居民住房、劳动就业和养老保险等社会保障制度改革措施陆续实施以后,我国居民尤其是城镇居民的远期消费心理大为增强,除考虑即期消费外,把相当一部分即期消费转向远期消费。据国家统计局对居民储蓄相关调查发现,居民储蓄的目的前几项依次为:子女教育(36.5%)、养老(31.5%)、防病(10.1%)、购买住房(7.2%)[2]。居民的远期消费目标为教育产业、保险业等服务性行业提供了有利的发展机会。

(5)消费结构状况。消费结构是指消费者在各种消费支出中的比例关系。消费结构与国家的经济发展水平、收入水平等密切相关。随着我国经济的发展,我国基本实现了小康目标。其消费结构的变化出现了以下特点:第一,我国人均生活水平与发达国家相比差距较大,决定了我国当前的支出模式依然以吃穿为主;第二,随着住房制度改革,购买商品房的家庭较多,用于住房购买和装潢上的开支大幅度增长;第三,医疗制度改革,增加了卫生保健方面的开支;第四,用于子女上学、培训方面的开支上升较快;第五,非物质性消费如旅游、交通、娱乐性活动的开支增加。企业应根据我国消费结构变化的特点和趋势,适时适量地调整经营产品的结构、档次,逐步重视生产和经营中高档产品以及能满足精神享受、文化娱乐、教育等方面的产品。同时,企业在进行市场营销活动中还应注意引导消费。

(三)政治法律环境分析

政治法律环境是指那些对企业经济行为产生强制或制约的各项方针政策、法律法规、政府机构和有影响力的团体。政治和法律密切相关,政治在许多场合往往通过法律来体现,因此应把政治与法律环境融为一体来分析。企业研究政治法律环境主要从下面三个方面进行分析。

1.国家的有关方针和政策。随着我国市场经济的建立和完善,国家的宏观间

---

[1] 国家统计局:《"十一五"经济社会发展成就系列报告之九:全国城镇居民收支持续增长 生活质量显著改善》,参见 http://www.stats.gov.cn/tjfx/ztfx/sywcj/t20110307_402708357.htm。

[2] 国家统计局:《居民储蓄目的调查结果》,http://www.okokok.com.cn/Htmls/GenCharts/090202/14873.html。

接调控成为政府的主要经济职能。国家通过制定有关的方针政策,从宏观上调控市场,又由市场来引导企业,因此,企业的营销活动也受到了国家各项方针政策的影响。如国家于2008年9月1日和2009年1月20日新出台的汽车消费税政策规定:提高大排量乘用车的消费税税率,排气量在3.0升—4.0升的乘用车,税率由15%上调至25%,排气量在4.0升以上的乘用车,税率由20%上调至40%;降低小排量乘用车的消费税税率,排气量在1.6升(含1.6升)以下的乘用车,税率由10%下调至5%,排气量在1.0升(含1.0升)以下的乘用车,税率由3%下调至1%。这项政策旨在促进节能环保,鼓励小排量车消费,通过引导汽车消费来达到环保减排的目的。这一新政策实施后,将对许多相关汽车生产企业产生较大影响。因此企业应十分注意不同时期国家的有关方针、政策以及相应的条令、决议等,深刻领会其实质,及时调整企业营销活动,并从中发现开拓市场的新机遇。

2.国家的有关法规法令。从一定意义上来说,市场经济就是法制经济。这是因为,市场经济是发达的商品经济,需要法律的调整,政府需要依靠法律这种较为稳定的方式进行宏观调控以维护市场的秩序。国家制定相关法律干预企业主要有三个方面的目的:一是维护企业之间的正常利益,限制和防止不平等竞争,保障市场经济秩序,规范市场主体等。这方面的法律主要有:《反不正当竞争法》《广告法》《企业法》《公司法》《经济合同法》《企业破产法》《专利法》和《商标法》等。二是保护消费者的利益。由于企业与消费者在获取和实际拥有市场信息中存在的不对称性,政府颁布有关法律要求企业向消费者提供合格的产品,发布真实的产品信息,确定合理的价格。这方面的法律有:《消费者权益保护法》《产品责任法》《反暴利法》《食品卫生法》和《产品质量法》等。三是维护社会长远总体利益。如《环境保护法》《水法》《节约能源法》等,这类法律主要用以制止企业发生污染环境等有损于社会长远整体利益的行为。国家强化法制建设,一方面会进一步约束企业行为,减少企业的"自由度";另一方面也为企业营销活动树立了"路标",向企业提出了更高的要求。

【案例2-2】 2010年7月23日,国家发改委发布《关于完善农林生物质发电价格政策的通知》中,将全国农林生物质发电执行的上网电价,全国统一调高为每千瓦时0.75元(含税)。上网电价,这个困扰生物质发电产业发展的核心问题,终于有了明确的政策支持。2010年8月10日,国家发改委《关于生物质发电项目建设管理的通知》下发。影响生物质发电厂产业发展的另一个核心问题——重复建设、争夺燃料等问题,也从政策上有了明确指引。

从中国第一座生物质电厂——山东单县国能生物质电厂建成算起,中国生物质发电产业已经走过了 7 年的历程。从无到有,从"舶来品"变成中国制造,从苦苦挣扎到赢利的曙光乍现。如今,无论是技术装备,还是全流程管理,不少生物质发电企业都已积累了成熟的经验;适合不同地域、不同气候环境的生物质电厂的赢利样本也开始涌现,贴近中国农村实际的生物质发电商业模式也正在积极实践。

　　作为承载着更多社会效益和生态效益的生物质发电产业,从一开始就受到各方的关注。可喜的是,国家有关部门积极听取各方意见,站在历史的高度,从《可再生能源中长期发展规划》,一直到最近的《关于完善农林生物质发电价格政策的通知》和《关于生物质发电项目建设管理的通知》,这一系列有关可再生能源政策的推出,不仅使生物质发电产业在国家战略性新兴产业中占有了一席之地,而且从实际来看,符合中国农村实际的政策,犹如一股强劲的东风,引导着中国生物质发电产业从混沌走向有序。生物质发电产业正显露着勃勃生机,整个产业正待起飞。[①]

　　3.公众利益组织及团体。公众利益组织主要是指为维护公众利益(如消费者利益、社会长远利益)而形成的一些群众性组织。公众利益组织的主要功能有:宣传国家有关的方针政策,调查消费者对商品及服务的要求和建议;接受消费者对商品和服务的质量、价格、安全、卫生、规格、计量、说明、包装、商标和广告等方面的投诉;协助政府制定保护消费者权益的立法;开展商品的检验、比较试验工作;组织商品质量跟踪和群众性商品与服务质量评议等。由此可见,公众利益组织对企业市场营销活动的影响是直接的,它实际上对企业营销活动起着社会监督的作用。公众利益组织的监督活动常与新闻媒体结合,对企业的营销活动有时会产生巨大的影响。在我国,对企业市场营销活动有直接影响的主要公众利益组织是消费者协会等。我国从 1984 年国务院批准成立中国消费者协会以来,全国各地的消费者协会如雨后春笋蓬勃发展,以后又相继成立了中国质量管理协会用户委员会等。这些组织在接受和处理消费者投诉以及企业产品和服务质量跟踪及评议等方面做了大量的工作,是企业不可忽视的社会组织。企业的营销人员在从事经营活动过程中要处理好与消费者及消费者协会等群众组织的关系,这对企业的发展是非常重要的。

　　(四)自然生态环境的分析

　　企业的营销活动在一定程度上会受到自然生态环境变化的影响,有时这种影响会对企业的生存和发展起决定性作用,这是因为企业所进行的经营活动必须以一定的物质资源为保证,而物质资源的供应状况同自然生态环境有密切的联系,同

---

①国际新能源网:《"十二五"规划纲要解读:新能源产业发展正当时》,参见 http://newenergy.in—en.com/html/newenergy—1422142277989817.html,2011 年 4 月 20 日。

时企业的经营活动在一定程度上又会影响生态平衡,因此企业应重视对自然生态环境的分析。分析自然生态环境的主要内容包括自然资源的可供及利用状况以及自然生态环境污染及保护状况。

1. 自然资源的可供及利用状况。我国目前可供利用的自然资源相对不足,是世界人均占有资源的"小国"。据有关资料统计,我国森林面积居世界第 5 位,森林蓄积量列第 7 位。但我国的森林覆盖率只相当于世界森林覆盖率的 61.3%,全国人均占有森林面积相当于世界人均占有量的 21.3%,人均森林蓄积量只有世界人均蓄积量的 1/8。水资源总量占世界水资源总量的 7%,居第 6 位,但人均占有量仅有 2400m³,为世界人均水量的 25%,居世界第 119 位,是全球 13 个贫水国之一。我国煤的储藏量达 6000 亿吨,居世界第 3 位,但人均储藏量约 462 吨,远远低于世界平均水平[①]。随着改革开放的深入,我国将从依靠高消耗资源的粗放型经济增长模式转变为资源开发与节约并举的集约型经济增长模式,国家将强化资源管理,制定和完善资源政策及法令法规,如《关于开发资源综合利用若干问题的暂行规定》等。此外,由于资源的匮乏以及资源开发成本的提高,将使资源价格上涨。所有这些对企业都将产生一定的不利影响,如产品成本提高,效益下降等。与此同时,由于资源的紧缺,也给一些行业和企业带来新的机会,如水的短缺在许多工业城市表现严重,给节水、循环用水设备的开发与生产提供了广阔的市场。又如,由于主要来源于矿产品的能源供应日趋紧张,从而诞生了大量的节能产品,许多企业由此而获得了巨大的经济效益。

2. 自然生态环境的污染及保护状况。现代科学技术的进步,促使现代工业迅速发展,为人类的生活提供了丰富的物质条件,然而许多工业生产活动都不可避免地污染和破坏了自然环境,如工业的废气、污水的外排、各种工业废料的不适当处理以及一些无法自然分解的玻璃制品、塑料制品和其他包装物等,都会污染生态环境。我国目前中小企业发展迅猛,然而相当部分的中小企业技术落后,不能合理地处理废气污水,以致严重地污染了周围的环境。这不仅使自然环境遭到了严重的污染和破坏,也危害着人类的健康和生命。因此,环境保护问题已成为世界各国公众日益严重关注的问题。为了有效地保护自然界的生态平衡、限制环境污染,我国已将保护环境、促进发展列为长期的基本国策,并相应地采取了大量的措施,包括运用立法、经济、行政干预和舆论监督等手段。如我国已颁布了《水污染防治法》《环境保护法》等。国家技术监督局发布了等同国际标准的环境管理系列国家标准。通过实施环境管理系列标准,可以帮助企业和社会团体等各类组织实现从产

---

① 佚名:《警钟长鸣——我国的资源现状》,载《管理与财富》,2007 年第 3 期。

品设计到产品消亡全过程每个可能产生环境污染的环节进行控制;实现资源的合理利用,减少人类活动对环境的影响等。与此同时,社会公众的环境保护意识日趋增强,人们越来越关心自己生存的环境质量,这一方面给企业造成压力;另一方面也为有关企业创造了营销机会,它为控制污染的设备和产品创造了市场,也为那些不破坏生态环境的新产品和新包装材料创造了良好的营销机会。如绿色营销已成为现代市场营销的新趋势,人们呼吁绿色产品、绿色包装、绿色技术和绿色市场的诞生。作为企业,它们要顺应市场营销的这种发展趋势:一方面,企业要认真执行国家的有关法规,了解国家对资源使用的限制和对污染治理的具体措施,积极采取措施,承担治理污染的责任,充分认识污染对自然环境造成的破坏和给企业营销活动带来的影响;另一方面,企业应积极研究开发绿色产品,如绿色食品、绿色汽车、绿色家电、绿色日化用品等,为企业的发展寻找一片绿色的新天地。

(五)科学技术环境分析

科学技术是人类社会发展的第一生产力。科学技术的发展变化对企业的市场营销活动产生的影响力是巨大的,它直接影响着企业的生存发展,影响着企业的经营效率,乃至企业营销内容、营销方式等各方面。因此,每一个企业都应该十分重视研究技术环境的变化。科学技术环境对企业营销的影响主要包括三个方面的内容。

1.科学技术发展对企业的生存与发展的影响。新的科学技术发展对企业的生存和发展来说,既是一种"创造性力量",又是一种"毁灭性力量"。如静电复印机替代了普通复印机、电视机冲击了电影业、数码式相机取代胶卷式相机。我们这个时代主要面临着以信息技术、新材料技术、新能源技术、空间技术、海洋技术、生物技术为主要内容的高新技术的发展和高新技术产业化的迅速形成,这些技术的发展使企业面临着新的机遇和挑战。一方面,这些新技术为生产具有巨大商业价值和市场潜力的新产品开辟了广阔的道路,给处于这些领域中的企业带来了发展机会。另一方面,这种变化也给传统产业的生存和发展带来新的威胁,面临新的挑战:或者是积极适应这种变化,利用高新技术对企业进行改造,形成新的技术创新方向,从而获得新的市场机会,促进企业的发展;或者是不能适应这种变化,随着传统市场的衰退而不断缩小或转移,致使企业生存受到威胁。这表明科学技术环境的变化往往能引起企业经营方向、经营目标和经营战略的转移。因此,企业应密切关注已出现和可能出现的新技术,重点分析新技术可能对企业造成的直接或间接的冲击以及可能对企业发展带来的契机,了解和学习新技术,采用新技术,开发新产品或转入新行业,以求生存和发展。

2.科学技术发展对企业营销管理的影响。科学技术革命向营销管理提出了新课题、新要求,又为企业改善经营管理,提高营销管理效率提供了物质基础。新技术的发展,要求企业职工具有更高的知识及技术方面的素质及能力,要求企业的设备不断更新以适应技术环境的变化。与此同时,科学技术的进步使劳动者的素质提高,人们的思维、生活、工作方式也将发生根本性变革,这就需要改变传统的管理模式,以调动企业员工的积极性。科学技术的进步,使计算机、互联网、电子扫描装置、光纤通讯等现代设备日益普及,从根本上改变了企业营销管理的方式和手段,极大地提高了管理工作效率。此外,新技术、新产业也使劳动密集型部门的劳动力日趋过剩,如何合理有效安排、使用本企业劳动者将是企业管理决策者的新课题。这一切变化都要求企业营销管理者认清形势、把握时机,及时调整营销管理方式,提高企业营销管理水平。

3.科学技术发展对营销手段与方法的影响。科学技术的迅猛发展,对企业市场营销的观念、结构、内容、方式等方面的调整与变革产生了深远的影响。一方面科技进步使产品更新速度越来越快,迫使企业花费更多的科研费用去开发新产品以及对老产品进行技术革新,努力推进产品研制、开发、生产和销售一体化。另一方面科技进步对推进企业的营销起着积极的促进作用,尤其是信息技术革命使企业营销活动发生深刻变化。首先,现代信息技术的发展,为企业提供了计算机辅助设计系统(CAD)、计算机辅助制造系统(CAM)以及决策支持系统(DSS)等。这些系统能为企业提供多套产品开发、设计方案,不仅在产品外观、质量、性能和结构上更能满足消费者、用户的复杂多变、个性化需求,而且大大缩短设计开发周期,降低设计成本,使企业更具竞争力。第二,电子商务以其交易费用更低廉、覆盖面更广、功能更全面、使用更灵活等优势而应用于企业对消费者、企业对企业、企业对政府等领域。这在很大范围内改变了传统的交易方式。第三,信息技术的发展使企业的营销渠道发生了新的变化,出现了新的零售业态——虚拟商店,又称网络商店,这种商店不需要店面、装潢、货架、服务人员,且有成本低、无库存、全天候服务以及全球化经营等特点。第四,互联网发展也使网上营销的概念进入营销学领域。互联网给营销提供了越来越多的手段和工具,使企业以更有感染力的方式向顾客介绍自己的企业和产品,更有针对性地和更多的顾客进行更有效的沟通。最后,包括电子订货系统、商业电子数据交换系统、信用卡系统(POS系统)等在内的管理信息系统(MIS)的广泛应用,极大地提高了企业总体运作水平和管理水平,加速企业经济效益的增长及规模的扩张。这一切都需要企业充分利用科学技术带来的有利机会,及时调整市场营销活动,以顺应科技革命的发展。

(六)社会文化环境分析

社会文化环境是指人们在一定的社会环境中成长和生活,久而久之所形成的某种特定的信仰、价值观、审美观和生活准则。它制约和影响着人们的消费动机、消费行为和消费方式,以及对商品价值的理解、对企业营销活动的反应。如在经济发达地区,人们的时间价值观念很强,"时间就是金钱"已成为人们生活的行为准则。因此像快餐、速煮食品、成衣、各种快捷的交通通讯工具等节约时间的商品和服务需求十分旺盛。又如一个国家、一个地区、一个民族的审美观总是与它的文化背景相联系的,若不注意消费者的审美观,其产品及促销就很难符合消费者的口味。因此,企业必须重视对其目标市场消费者所处的社会文化环境的研究。一般来说,处于不同的社会文化群体中,其对商品的需求和评价会有很大的差别。企业应注意不同社会文化群体的差异。社会文化群体可分为民族亚文化群、宗教亚文化群、种族亚文化群和地理亚文化群四个亚文化群。

1.民族亚文化群。我国是一个拥有 56 个民族的多民族国家,不同的民族亚文化群有不同的风俗习惯、文化传统。如各民族在婚丧、礼仪、社交、服饰、建筑风格、食物及庆贺节日等方面有各自的形式与特点,由此产生了对商品和服务的不同要求。企业营销人员必须了解目标市场的民族亚文化群的特点,以便有针对性地开展营销活动。

2.宗教亚文化群。我国居民中有一部分人信教,主要有基督教、天主教、佛教、伊斯兰教等,而不同的宗教有其独特的清规戒律,制约着教徒的消费内容和消费方式。如伊斯兰教食牛羊肉,忌猪肉、酒;佛教徒不杀生,须素食;基督教重视圣诞节日,推崇节俭勤劳等。因此,企业营销人员要了解目标市场消费者的宗教信仰状况,重视不同宗教的"信"与"禁",从而有效地开展营销活动。

3.种族亚文化群。世界上有黄种人、白种人、黑种人等种族,每一种族的人群有各自的价值观、生活规范等,对商品的需求和评价也有很大差异。随着对外开放的深入,不同种族的人们纷纷来中国旅游、观光和经商。企业应根据不同种族的需求特色开展营销活动,才能取得成功。

4.地理亚文化群。我国不仅是个人口大国,同时还是一个地域大国。各地由于自然条件不同,气候差异很大,经济发展不平衡,文化传统和习惯也有一定差异,因而导致各地在生活方式和消费需求上有较大的差异。企业应注重研究地理亚文化群的特点,选择有效的目标细分市场,制定科学的市场营销决策。

企业在分析上述社会文化环境时还须注意三个问题。一是不同时期人们价值观的变化及社会热点,如 20 世纪 80 年代初出现了"文凭热",以后陆续出现"经商热""出国热""股票热""投资热"和现在的"创投热",这些社会热点会影响人们的价值观,从而影响消费需求的变化。二是上述四个亚文化群不是一成不变的。随着社会的发展和经济条件的改善,人们的需求在发生变化,导致了各亚文化群消费意识的改变。三是不同社会的文化以及不同的亚文化群之间的相互影响,也会促进亚文化群在一定程度上的变化和渗透。这种社会文化环境的转变将在某些方面改变人们的消费观念、消费行为和消费方式。我们正处于一个多元文化交融与并茂的时代,社会文化因素对企业市场营销具有越来越重要的意义。

【案例2-3】 世界上许多国家的人口是由多民族构成的,如我国就有56个民族。由于国家和民族不同,人们有各自的思维逻辑、价值观念、道德准则、行为规范,其风俗习惯与审美观念也就有很大差异,会有一些独特的喜爱和忌讳。因此,从事市场营销必须重视对目标市场的风俗习惯与审美观念的研究。

例如为西方民族所宠爱的狗,却为泰国、阿富汗、北非伊斯兰国家所禁忌;大象在美国、英国及某些英联邦地区被认为是无用之物,是令人生厌的东西,而印度、斯里兰卡则视大象为庄严的象征等。审美观念与一个国家、地区、民族的爱好与习俗有关,也与物质文化水平、教育水平相联系。从国际市场营销学的角度来看,企业要了解的是各国消费者关于颜色、线条、图形、标志与符号的偏好是什么,他们偏爱或忌讳的动物、植物有哪些,针对这些不同的爱好,企业需以不同的产品设计、不同的包装及不同的商标和广告设计来满足。[①]

三、企业对宏观环境应变能力的提升途径

企业的宏观环境总是处在不断的变化之中,企业必须根据宏观环境的变化,及时调整其市场营销组合策略,才能在激烈的竞争中生存和发展。因此,对企业而言,因宏观环境变化而自我调整的应变能力反映了企业的生存与发展能力,是一个企业所应具备的最重要的能力之一。对企业而言,提高企业应变能力是一个系统工程,它不仅要求企业各部门的人员重视、参与这项工作,而且应把这项工作作为企业的常规工作,任何时候都不松懈,从而在人员上、时间上、工作程序上形成一个工作保证体系。国外许多著名的企业都设有专门的环境监测系统,随时监测宏观环境的变化,搜集各种信息,以便决策者对宏观环境变化作出相应反应,及时调整市场营销策略。具体来说,提高宏观环境的应变能力主要途径是企业内部需要形成一个系统,即企业宏观环境自适应系统。这个系统可以是有形的(如由有关人员以及计算机系统构成),也可以是无形的。该系统由三个子系统组成:环境监测预警系统、分析评估系统和决策支持系统(参见图2-2)。

(一)监测预警系统

企业要适应宏观环境变化,最基本的前提是能及时了解宏观环境的变化,为此

---

① 凌继尧:《亚文化群的消费特征和审美趣味》,载《江苏行政学院学报》,2009年第1期。

企业需要建立一个宏观环境监测预警系统,该系统实质上是一个信息收集系统,其主要功能是能够动态地收集和贮存有关企业宏观环境方面的各种数据和信息,并预报可能发生或正在发生的环境变化。宏观环境监测预警系统中的信息主要来源于企业的营销人员,如在营销活动中,了解居民的需求及消费结构变化趋势,获得有关竞争对手的各种信息等;同时,也可从统计资料以及国家法规条例的颁布中获得有关人口环境和政治法律环境变化的趋势和特点。

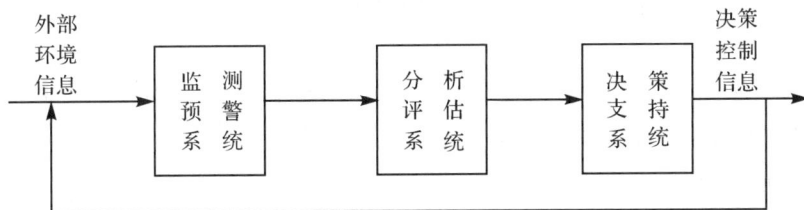

图 2-2　企业宏观环境自适应系统框图

(二)分析评估系统

分析评估系统的主要功能是企业在获得有关宏观环境变化的信息后,及时、准确地对各种环境的变化进行分析、评价,并在此基础上评估和推测各种环境变化可能对企业营销产生的现实影响和潜在影响,为企业调整营销决策提供依据。为了有效实现该子系统的基本功能,要求企业营销人员必须具备对环境变化做出分析评估的能力以及掌握一定的分析方法,如环境机会与环境威胁分析法等。

环境变化的趋势可分为两大类:一类表现为环境威胁,即出现对企业发展不利的变化趋势,这对企业是一种挑战;另一类表现为环境机会,即对企业未来的营销活动提供发展优势。企业营销人员应全面分析每一宏观环境变化可能给企业带来的环境威胁和环境机会,并在此基础上对一系列环境威胁和环境机会进行综合评价,以便寻找出对企业影响最大的环境威胁和环境机会。

1.环境威胁分析

所谓环境威胁,是指营销环境中对企业营销不利的各项因素的总和。营销环境威胁意味着环境的变化可能形成对企业现有营销的冲击和挑战,其中有些冲击和影响是共性的,任何企业都身在其中,如金融危机、能源危机等;而有些影响是局部的,如某种化纤原料涨价等。企业面对环境威胁,如果不能果断地采取措施避免威胁,其不利的环境趋势势必伤害企业的发展,甚至使企业陷入窘境。由于行业的不同,企业面对威胁的具体内容会有一定差异,但是,即使是同处一个行业、同一营销环境中,由于不同企业的抗风险能力存在差异,所受的影响程度也不尽相同。

图 2-3 是环境威胁分类图,其横轴为环境威胁的"出现率",纵轴为环境威胁对企业影响的"严重性",通过定量化,分别把两个指标二等分。这样,可以把企业面临的所有环境威胁分为四类,其中第Ⅱ类环境威胁给企业造成的不利影响是最大的,是企业决策调整的重点;第Ⅲ类环境威胁的"严重性"和"出现率"都较小,企业可暂不考虑;而面对第Ⅰ类和第Ⅳ类威胁,企业应分别剖析其是否有提高"出现率"和"严重性"的趋势,从而转化为企业主要威胁的可能。营销者对环境威胁进行分析,目的在于采取对策,避免不利环境因素带来的危害。

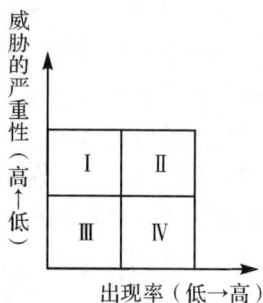

图 2-3 环境威胁分类图

2.环境机会分析

所谓环境机会,是指营销环境中对企业市场营销有利的各项因素的总和。环境机会对不同企业产生影响的程度有所差异,企业在每一特定的市场机会上取得成功的概率取决于企业的优势,即企业是否具备实现营销目标所需的资源,企业是否比竞争对手在利用同一市场机会上有较大的差别利益。有效捕捉和利用市场机会,是企业营销和发展的前提。企业只有密切注视营销环境变化带来的市场机会,适时作出适当评价,并结合企业自身的资源和能力,及时将市场机会转化为企业机会,才能开拓市场,扩大销售,提高企业产品的市场占有率。

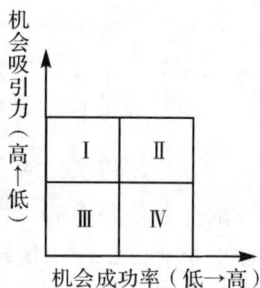

图 2-4 环境机会分类图

图 2-4 是环境机会分类图,它把环境机会分为四类,其中第Ⅱ类环境机会的"吸引力"和"成功率"都很大,是企业面临的最佳环境机会,企业应根据自己的资源和经营目标,把握其中的一种和几种环境机会,发展和壮大企业;对于第Ⅲ类环境机会企业不必考虑;而对第Ⅰ类和第Ⅳ类,企业应密切注意它们的变化趋势,从而确定企业的决策。

3.环境综合分析

在实际面临的客观环境中,单纯的威胁环境或机会环境是少有的。营销环境带来的对企业的威胁和机会是并存的,威胁中有机会,机会中有挑战。在一定的条件下,两者是可以转化的。根据综合环境中威胁水平和机会水平的不同,形成图 2-5 所示的矩阵。

在图 2-5 中,第Ⅰ类属理想营销。此时营销机会水平高,威胁水平低,利益大于风险,是企业难得遇上的好环境,企业必须抓住机遇,开拓经营。理想营销对企业最有利,但是这样的情况很少。

第Ⅱ类为冒险营销。此时机会与威胁同在,利益与风险并存,在有很高利益的同时存在很大的风险。冒险营销对企业有较大的吸引力,企业应抓住这个机会充分利用,进行全面分析,发挥专业优势,制定避免风险的对策。

第Ⅲ类属保险营销。此时机会水平和威胁水平都很低,说明企业发展的机会很少,自身发展的潜力也很低,可作为企业的常规业务,用以维持企业的正常运转,并为开展理想业务和冒险业务准备必要的条件。

图 2-5 环境综合分析图

第Ⅳ类属艰难营销。此时营销面临较大的环境威胁与较少的环境机会。企业面对困难环境,必须想方设法扭转局面。如果大势已无法扭转,则必须果断地采取措施,撤出该环境下的经营。

(三)决策支持系统

决策支持系统的主要功能是根据对环境变化的分析评估结果,迅速及时地调整有关营销决策,使企业营销活动与客观环境保持动态平衡。决策支持系统的主体往往是企业的各级管理者,它要求企业决策人员对营销决策的调整是迅速的、及时的,以免跟不上环境变化的节拍。

1. 应对环境威胁的营销对策

企业面对环境威胁时,一般采取三种对策。

(1)转化策略,即将不利的环境变化向有利的方向转化。

(2)减轻策略,即调整市场策略来适应或改善环境,以减轻环境威胁的影响程度。在企业无条件或不准备放弃目前主要产品经营时,可以通过加强管理、提高效率、降低成本,以尽可能地减少威胁。

(3)转移策略,即对于长远的、无法对抗和减轻的威胁,可以采取转移到其他可以占领并且效益较高的经营领域或停止经营的方式。转移包括三种方式:产品转移、市场转移和行业转移。

2. 应对环境机会的营销对策

企业面对有利的环境机会,应根据自身的资源与优势,充分利用环境机会,具体有三种策略可以选择。

(1)及时利用策略。当市场机会与企业的战略目标一致,企业又具备市场资源时,企业应抓住机遇,及时调整自己的营销策略,充分利用市场机会发展壮大自己。

(2)待机利用策略。在一些市场机会比较稳定,短期不会发生太大变化,而一

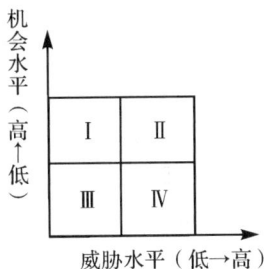

些必要条件企业暂时不具备时,可以积极准备、创造条件,等待机会的成熟。

(3)果断放弃策略。对于某些市场机会吸引力很大,但是考虑到企业的现实情况,缺乏必要条件,无法加以利用的,这时,企业应果断做出放弃决策,而去探寻其他适合自身企业发展的机会。

总之,任何企业的成败很大程度上取决于企业能否把资源运用与环境变化创造性地结合起来,从而使环境威胁转化为企业机会,变压力为动力,这是企业兴旺发达的关键所在。

第三节　市场营销微观环境研究

微观市场营销环境是指与企业紧密相连、直接影响企业营销能力和效率的各种力量与因素的总和,主要包括企业自身、供应商、营销中介、顾客、竞争者及社会公众。这些因素与企业有着双向的互动关系,在一定程度上,企业可以对其进行控制或施加影响。由于企业的各微观环境因素在后续章节中将分别作详细阐述,故本节仅作简单介绍。

一、企业自身

企业自身主要包括企业市场营销管理部门、其他职能部门和最高管理层。市场营销部门一般由负责市场营销的副总经理、销售经理、销售人员、广告经理、营销研究经理、营销计划经理、定价专家等职员组成。企业为开展营销活动,必须依赖其他部门的配合和支持。营销部门与企业其他部门之间有多方面的合作,但也会与生产、技术、财务等部门发生矛盾。由于各部门各自的工作重点不同,有些矛盾往往难以协调。如生产部门关注的是长期生产的定型产品,要求品种规格少、批量大、标准订单、较稳定的质量管理,而营销部门注重的是能适应市场变化、满足目标消费者需求的"短、平、快"产品,则要求多品种规格、少批量、个性化订单、特殊的质量管理。所以,企业在制定营销计划,开展营销活动时,必须协调和处理好各部门之间的矛盾和关系。这就要求进行有效沟通,协调、处理好各部门的关系,营造良好的企业内部环境,从而更好地实现营销目标。

二、供应商

供应商是指对企业进行生产所需而提供特定的原材料、辅助材料、设备、能源、劳务、资金等资源的供应单位。这些资源的变化直接影响到企业产品的产量、质量以及利润水平,从而影响企业营销计划和营销目标的完成。供应商对企业营销的影响具体表现在三个方面。

1.供应的及时性和稳定性。原材料、零部件、能源及机器设备等货源的保证供应,是企业营销活动顺利进行的前提。如棉纺厂不仅需要棉花等原料来进行加工,还需要设备、能源作为生产手段与要素,任何一个环节在供应上出现了问题,都会导致企业的生产活动无法正常开展。为此,企业为了在时间上和连续性上保证货源的供应,必须和供应商保持良好的关系,必须及时了解和掌握供应商的情况,分析其状况和变化。

2.供应货物的价格变化。供应货物的价格变动会直接影响企业产品的成本。如果供应商提高原材料价格,必然会带来企业的产品成本上升,生产企业如提高产品价格,就会影响市场销路;可以使价格不变,但会减少企业的利润。为此,企业必须密切关注和分析供应商的货物价格变动趋势,使企业应变自如,早做准备,积极应对。

3.供货的质量保证。供应商能否供应质量有保证的生产资料直接影响到企业能否实现产品的质量,进一步会影响到销售量、利润及企业信誉。例如,劣质葡萄难以生产优质葡萄酒,劣质建筑材料难以保证建筑物的百年大计。为此,企业必须了解供应商的产品,分析其产品的质量标准,从而保证自己产品的质量,赢得消费者,赢得市场。

三、营销中介

营销中介是指为企业融通资金、销售产品给最终购买者而提供各种有利于营销服务的机构,包括中间商、实体分配公司(物流公司、仓储公司等)、营销服务机构(调研公司、广告公司、咨询公司等)、金融中介机构(银行、信托公司、保险公司等),它们是企业进行营销活动不可缺少的中间环节,企业的营销活动需要它们的协助才能顺利进行。

1.中间商。是指协助企业寻找消费者或直接与消费者进行交易的商业企业,包括代理中间商和经销中间商。代理中间商不拥有商品所有权,专门介绍客户或与客户洽谈签订合同,包括代理商、经纪人和生产商代表。经销中间商购买商品并拥有商品所有权,主要有批发商和零售商。

2.实体分配公司。主要是指协助生产企业储存产品并将产品从原产地运往销售目的地的仓储物流公司。他们承担着包装、运输、仓储、装卸、库存控制和订单处理等职能,提高商品的时间和空间效用,以利适时、适地、适量地将商品传递至消费者。

3.营销服务机构。主要是指为生产企业提供市场调研、市场定位、促销产品、营销咨询等方面的营销服务,包括市场调研公司、广告公司、传媒机构及市场营销咨询公司等。

4.金融中介机构。主要包括银行、信贷公司、保险公司以及其他对货物购销提供融资或保险的各种金融机构。企业的营销活动因贷款成本的上升或信贷来源的限制而受到严重的影响。

四、顾客

顾客是企业服务的对象,也是营销活动的出发点和归宿,它是企业最重要的环境因素。按照顾客的购买动机,可将顾客市场分为消费者市场、生产者市场、中间商市场、政府市场和非营利组织市场五种类型。这五类市场的顾客需求各不相同,要求企业以不同的方式提供产品或服务,它们的需求、欲望和偏好也直接影响企业营销目标的实现。为此,企业要注重对顾客的研究,分析顾客的需求规模、需求结构、需求心理以及购买特点,这是企业营销活动的起点和前提。

五、竞争者

竞争者是指与企业存在利益争夺关系的其他经济主体。竞争是商品经济的必然现象。在商品经济条件下,任何企业在目标市场进行营销活动时,不可避免地会遇到竞争对手的挑战。即使某个市场只有一个企业在提供产品或服务,没有"显在"的对手,也很难断定在这个市场上没有潜在的竞争企业。因此,企业必须识别各种不同的竞争者,并采取不同的竞争策略。竞争者包括愿望竞争者、一般竞争者、品牌竞争者。一般来说,企业在营销活动中需要了解和分析竞争对手的内容包括五个方面:竞争对手的数量和类型,竞争对手的规模大小和能力强弱,竞争对手对竞争产品的依赖程度,竞争对手所采取的营销策略及对其他企业竞争策略的反应模式,竞争对手能够获取优势的特殊来源及供应渠道。

六、公众

公众是指对企业实现营销目标有实际或潜在利害关系和影响力的组织或个人。企业所面临的公众主要有以下几种。

1.融资公众。是指影响企业融资能力的金融机构,如银行、投资公司、证券经纪公司、保险公司等。

2.媒介公众。是指报纸、杂志、广播、电视、网络等大众传播媒介,它们对企业的形象及声誉的建立具有举足轻重的作用。

3.政府公众。是指对企业营销活动有关的政府组织机构,如工商行政部门、税务部门、技术监督部门、环保部门等。企业在制订营销计划和实施营销方案时,应充分考虑政府的政策,研究政府颁布的有关法规和条例。

4.社团公众。是指保护消费者权益的组织、环保组织及其他群众团体等。企业营销活动关系到社会各方面的切身利益,必须密切注意并及时处理来自社团公众的批评和意见。

5. 社区公众。是指企业所在地附近的居民和社区组织。

6. 一般公众。是指上述各种公众之外的社会公众。一般公众虽然不会有组织地对企业采取行动,但企业形象会影响他们的惠顾意愿。

7. 内部公众。是指企业内部的公众,包括董事会、经理、企业员工等。

所有这些公众,均对企业的营销活动有着直接或间接的影响,处理好与广大公众的关系,是企业营销管理的一项极其重要的任务。

▶ 本章小结

企业处于复杂和动态的环境之中。市场营销环境是企业营销职能外部的因素和力量,是影响企业营销活动及其目标实现的外部条件。环境的基本特征有:客观性、差异性、多变性和相关性。它是企业营销活动的制约因素,营销管理者应采取积极、主动的态度能动地去适应营销环境。企业的市场营销环境包括宏观市场营销环境和微观市场营销环境两大类。宏观市场营销环境包括人口、经济、自然、政治法律、科学技术、社会文化环境。按其对企业营销活动的影响,可分为威胁环境与机会环境,前者指对企业营销活动不利的各项因素的总和,后者指对企业营销活动有利的各项因素的总和,企业需要通过环境分析评估环境威胁与环境机会,趋利避害,争取比竞争者利用同一市场机会获得较大的效益。微观市场营销环境包括企业自身、供应商、营销中介、顾客、竞争者和公众等方面。

▶ 案例阅读与分析

【案例】 中国自行车行业宏观环境分析

中国号称“自行车王国”,是自行车消费大国和自行车生产强国。据不完全统计,目前全世界的自行车拥有量大约为 9 亿辆,其中我国的拥有量超过 4 亿辆。

1. 人口环境。从人口环境来看,中国拥有 13 亿人口,这为自行车消费提供了庞大的市场容量;我国地域广阔,地形复杂,气候差别大,城乡消费者需求各异,适合发展不同类型的自行车。但是,由于城乡居民居住条件的限制,很多消费者住高层住宅,不易存放、搬运自行车,造成自行车露天存放,加剧了自行车的自然磨损,这也是消费者不愿购买新车、高档自行车和名牌自行车的原因之一。

2. 经济环境。首先,从我国人均国民收入来看,目前轿车普遍进入家庭尚不现实。因此,自行车作为工薪阶层的代步工具,在一定时期内将不会有大的变化。其次,从家庭收入看,将家庭收入的短期积累用于购买自行车,已不再是城乡居民家庭的为难之举,自行车已从耐用消费品逐渐转为选购品。第三,从个人收入分析,即使是工薪族,普通自行车的价格也在其月收入可支付的范围内。

3.科技环境。现阶段,由于我国城市交通问题日益突出,在一定程度上限制了汽车工业的发展,"四个轮子"不如"两个轮子"的现象经常发生,因而自行车工业面临转机。但是,随着地铁新线路的开通、出租车和公共汽车的发展,作为代步工具的自行车,它的时间和效率问题相对突出,人们希望节省体力的要求随之而来。另外,由于无自行车专用车道,电动车抢道的现象时有发生,影响了骑车人的安全。还有,自行车目前尚不具备防风、防雨、防尘、防冻、防暑等功能,所以骑车的环境相对恶劣,给自行车消费者带来诸多不便。这就要求自行车生产企业在功能、质量、款式、品牌等方面下功夫,开发出更适合现代消费者需求的新型自行车。

4.自然环境和社会文化环境。随着人们环保意识的增强,自行车已成为人们心目中理想的绿色产品。在自行车的生产过程中,既无须消耗大量的自然资源,又不用浪费宝贵的能源。经过较简单的机械加工就可以形成产品,且生产规模极易扩大。纵观自行车的消费过程,自行车的普遍使用有利于节约能源和保护环境。自行车完全是靠人力驱动的,不须消耗任何燃料。因此无废渣、废气、废液排出,是真正意义上的绿色交通工具。由于城乡人民生活的提高和消费者更注意自身的生活质量,自行车除作为代步工具外,还大量用于健身、旅游、娱乐和收藏。自行车比赛作为体育运动项目,为企业开辟了新的市场。我国虽然是自行车大国,但自行车运动水平却较低。不过,经过各界人士多年的努力,群众性的自行车运动已有了良好的开端。

通过以上分析可以看出,在中国自行车的市场营销环境中,既有有利于自行车企业发展的因素,又有限制自行车行业发展的不利因素;既受微观市场营销的直接影响,又受宏观市场营销的间接影响。如何抓住机遇大力发展,是我国自行车企业必须重视的问题。①

【讨论】

1.根据案例资料,试分析中国自行车市场营销环境的主要特点及对企业的影响。

2.自行车生产企业应该采取何种策略应对市场营销环境的变化?

▶▶▶ 思考题

1.企业为什么必须重视研究营销环境?

---

① 参见 http://wenwen.soso.com/z/q113657786.htm。

2.试分析我国目前的宏观营销环境的主要特点及变化趋势。

3.什么是应变能力？怎样理解环境机会和环境威胁？

4.竞争者和消费者对企业营销活动会产生怎样的影响？

5.联系实际分析目前经济环境的主要特点及对企业营销有何影响。

6.企业对宏观环境一般是不可控的,但可以在一定程度上施加影响,试举例说明。

第三章 消费者市场与购买行为分析

最重要的事情是预测消费者的行踪,并且能走在他们前面。

——菲利普·科特勒

■ 本章学习目标

通过本章学习,了解消费者市场的含义及特点,掌握影响消费者购买行为的文化、社会、个人、心理四大因素,了解消费者购买决策过程,并能够结合实际,综合应用以上理论来分析消费者购买决策活动。

■ 本章学习重点

消费者市场的含义及特点;影响消费者购买行为的因素;消费者购买决策过程。

第一节 消费者市场与购买行为

一、消费者市场的含义和特点

消费者市场是指所有为了个人消费而购买产品或服务的个人和家庭所构成的市场。它是一切市场的基础,也是产品的最终市场。其他市场,如生产者市场、中间商市场等,其最终服务对象都是消费者市场。一切企业,无论其是否直接为消费者服务,都要研究消费者市场;即使从来不与消费者直接交易的企业,也必须认真研究最终消费者的需要,并依据其需要和偏好来制订营销方案。例如,纺织厂生产的产品一般不直接卖给最终消费者,而以服装厂或中间商为主要市场,但该纺织厂也必须认真研究最终消费者的需要,以最终消费者的需要为依据来制订营销方案。因此,消费者市场是一切市场的基础,是最终起决定作用的市场。我们必须深入研究消费者市场的特点,以期识别出本企业可满足的消费者群。

消费者市场的特点主要表现在如下方面。

1.购买者多而分散。消费购买涉及每一个人和每个家庭,购买者数量多而分散。因此,消费者市场是一个人数众多、地域分布广阔的市场。由于消费者所处的地理位置各不相同,闲暇时间不一致,造成购买地点和购买时间的分散性。

2.购买量少,多次购买。由于购买目的是满足生活需要,而家庭消费量有限,加之家庭缺乏商品储存和保管条件,从经济角度出发,消费者每次购买商品的数量少,具有零散性。然而消费品中大多是一次性消耗和使用寿命较短的商品,消费者为了保证自身实际消费需要,往往购买批量小、批次多,购买频率高。

3.购买的差异性大。这种差异的体现是多方面的。由于消费者在年龄、性别、职业、收入、地域、受教育程度、价值观念、生活习惯、兴趣爱好等方面存在着不同程度的差异,因此,他们对消费品的需求及其购买行为的表现,存在着相当大的差别。而且随着社会经济的发展,消费者消费习惯、消费观念、消费心理不断发生变化,从而导致消费者购买的差异性越来越明显。

4.非专家购买。大多数消费者缺乏专门的商品知识,对消费品的性能、特点、使用、保养和维修等方面很少有专门研究,对消费品的购买表现出很强的情感性和可诱导性。购物时很容易受广告、包装、品牌、服务、商品的新奇、降价、商店的营业氛围、营业员的推荐等外在因素的影响,导致冲动性购买。

5.购买的流动性大。消费者购买必然慎重选择,加之在市场经济比较发达的今天,人口在地区间的流动性较大,因而导致消费购买的流动性很大,消费者经常在不同产品、不同地区及不同企业之间流动购买。如春节、"十一"黄金周大量消费者外出旅游购物,将购买力带到旅游城市和景区。

6.购买的周期性。有些商品需要常年购买、均衡消费,如食品、副食品等生活必需商品;有些商品则需要在特定季节或节日购买,如一些时令服装、蔬菜水果和节日消费品;有些商品需要等其使用价值基本消费完毕后才会重新购买,如电话机与家用电器。从中可见消费者购买有一定的周期性可循。

7.购买的发展性。随着社会的发展和人民生活水平的提高,消费需求也在不断向前推进。过去只要能买到商品就行了,现在追求名牌;过去不敢问津的高档商品如汽车等,现在购买者越来越多了;过去自己承担的劳务现在由专业劳务从业人员承担了,等等。这种新的需求不断产生,而且永无止境,使消费者购买具有发展性特点。

此外消费者购买还会受到时代精神的导向,如 APEC 会议以后,唐装成为时代的风尚,随之流行起来。

认清消费者购买的特点意义是十分重大的,它有助于企业根据消费者购买特征来制定营销策略,规划企业经营活动,为市场提供消费者满意的商品或劳务,更好地开展市场营销活动。

【案例 3-1】 杭州"狗不理"包子店是天津狗不理集团在杭州开设的分店,地处商业黄金地段。正宗的"狗不理"以其鲜明的特色(薄皮、水馅、滋味鲜美、咬一口汁水横流)而享誉神州。但正当杭州南方大酒店创下日销包子万余只的纪录时,杭州的"狗不理"包子店却将楼下1/2的营业面积租让给服装企业,依然"门前冷落车马稀"。

当"狗不理"一再强调其鲜明的产品特色时,却忽视了消费者是否接受这一"特色",那么受挫于杭州也是势所必然了。首先,"狗不理"包子馅比较油腻,不合喜爱清淡食物的杭州市民的口味。其次,"狗不理"包子不符合杭州人的生活习惯。杭州市民将包子作为便捷快餐对待,往往边走边吃。而"狗不理"包子由于薄皮、水馅、容易流汁,不能拿在手上吃,只有坐下用筷子慢慢享用。再次,"狗不理"包子馅多半是蒜一类的辛辣刺激物,这与杭州这个南方城市的传统口味也相悖。[1]

二、消费者购买行为

(一)购买行为分析的基本内容

消费者因为个性、经历、需求等不同呈现出迥异的购买行为,分析起来相当困难。为此,营销学者归纳出了 7 个主要问题来描述消费者购买行为的完整过程。这 7 个问题是:

1. 消费者市场由谁构成(Who)——购买者(Occupants)。
2. 消费者购买什么(What)——购买对象(Objects)。
3. 消费者为什么购买(Why)——购买目的(Objectives)。
4. 哪些人参与了购买过程(Who)——购买组织(Organizations)。
5. 消费者怎样购买(How)——购买方式(Operations)。
6. 消费者于何时购买(When)——购买时间(Occasions)。
7. 消费者在何地购买(Where)——购买地点(Outlets)。

由于后 7 个英文字母的开头都是"O",所以上述方法又被称为"7O"研究法。这一方法可以帮助企业在市场调研中较为准确地分析消费者行为,并据此制定相应的营销组合。

(二)购买行为分析的难点——"暗箱"分析

购买行为的七大基本内容的分析难易程度大不相同。其中对"为什么购买"的分析就具有相当难度。它是隐蔽的、错综复杂的和难以捉摸的。对企业营销者来

---

①吴健安:《市场营销学习指南与练习》,高等教育出版社 2007 年版。

讲,就像照相机的"暗箱"一样,明明知道里面运转不停,但却看不见。购买决策的过程与购买行为的最终发生都是这一暗箱运转的结果,对企业营销者来说是个谜。

许多学者、企业营销人员都设想在这个"暗箱"内建立一套机械性的理论模式,以解决企业最想知道的"消费者为什么购买"的问题,于是各种不同的解释"暗箱"这个消费者心理活动的模式被设计出来了。把消费者的购买心理视作一个充满问题的"暗箱",在此基础上来研究种种已知的外部影响因素和最终消费者反应之间的关系,这是购买行为分析的难点所在。

(三)购买行为分析的重点——"刺激-反应"模式

随着对购买者行为研究的深入,企业营销人员认识到可以利用行为心理学提出的"刺激-反应"理论(Stimulus-Response Model),从各种各样的外部刺激对购买者行为所产生的反应中,推断出"暗箱"中购买行为产生的动机。企业的许多营销活动都可以被视作对购买者行为的刺激,如产品、价格、渠道选择、各种促销方式等。我们称之为"市场营销刺激",是企业有意安排的。同时,购买者还时时受到各种营销宏观因素的刺激,如经济、政治、文化和技术因素等。所有这些刺激,进入了购买者的"暗箱"后,经过了一系列的心理活动,产生了人们看得到的购买者反应:购买还是拒绝,或是表现出需要更多的信息。如购买者一旦决定购买,其反应便表现在具体购买选择上,包括产品的选择、品牌选择、购物商店选择、购买时间选择和购买数量选择。这一关系,可用图 3-1 表示。

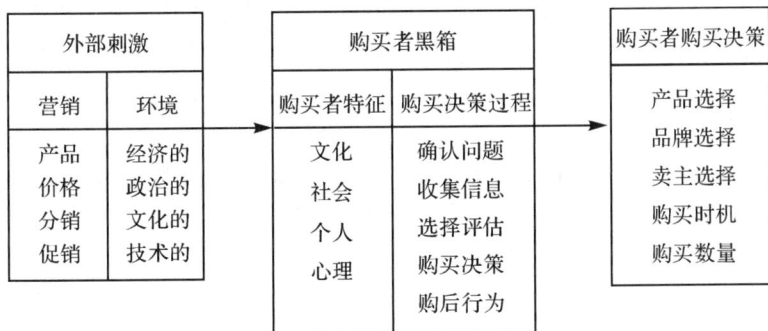

外部刺激		购买者黑箱		购买者购买决策
营销	环境	购买者特征	购买决策过程	产品选择
产品	经济的	文化	确认问题	品牌选择
价格	政治的	社会	收集信息	卖主选择
分销	文化的	个人	选择评估	购买时机
促销	技术的	心理	购买决策	购买数量
			购后行为	

图 3-1　消费者购买的"刺激-反应"模式

尽管购买者的心理是复杂的,难以捉摸的,但是可以利用"刺激-反应"模式进行研究分析。营销人员可以从影响购买者行为的诸多因素中找出普遍性的因素,进一步探究购买行为的形成过程,并在能够预料购买者的反应的情形下,自如地运用外部刺激手段,达到特定的营销目标。

第二节　影响消费者购买行为的因素

消费者的购买行为受到诸多因素的影响,有来自消费者自身的,也有来自外部环境的。透彻地把握消费者的购买行为,有效地开展市场营销活动,必须分析与消费者购买行为有关的因素。那么,影响消费者购买行为的因素有哪些呢?一般可以归纳为文化、社会、个人和心理四个方面。

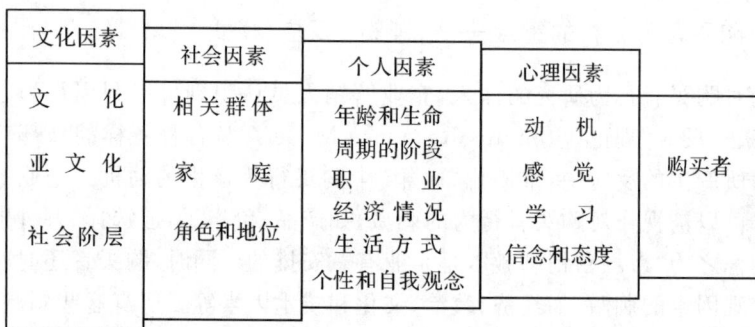

文化因素	社会因素	个人因素	心理因素	
文　化	相关群体	年龄和生命周期的阶段	动　机	购买者
亚文化	家　庭	职　业 经济情况	感　觉 学　习	
社会阶层	角色和地位	生活方式 个性和自我观念	信念和态度	

图 3-2　影响消费者购买行为的主要因素

一、文化因素

文化因素对于消费者的购买行为有着最广泛和最深远的影响。以下从消费者的文化、亚文化和社会阶层三个方面对购买行为所起的重要作用进行分析。

(一)文化

文化通常是指人类在长期生活实践中建立起来的价值观念、道德观念以及其他行为准则和生活习俗。若不研究、不了解消费者所处的文化背景,往往会导致营销活动的失败。具体而言,一个人在社会中成长,受到家庭、环境及社会潜移默化的影响,学到一套基本的价值观、风俗习惯和审美观,形成一定的偏好和行为模式。价值观是指对社会生活中各种事物的态度和看法。风俗习惯则是人们根据自己的生活内容、生活方式和自然环境,在一定的社会物质生产条件下长期形成,世代相传,成为约束人们思想、行为的规范。在饮食、服饰、居住、婚丧、信仰、节日、人际交往各个方面,都表现出独特的心理特征并影响购买行为。而审美观通常是指人们对事物的好坏、美丑、善恶的评价,受社会舆论、思想观念等影响,并制约欲望和需求取向。以上的这些文化构成因素都会影响购买者的消费观念和消费行为。例如,中国文化有敬老的优良传统,逢年过节年轻人往往会购买营养保健品孝敬老人,从而使中国保健品市场需要远远大于老年人的实际收入水平。又如中国文化崇尚"吃",形成了博大精深的美食文化,而请客吃饭在人际交往中被赋予了许多特殊的含义,促使餐饮消费水平的不断提高。

(二)亚文化

文化由多种亚文化构成。在一个较大的文化群体中,具有更为具体的认同感和社会化等共同特色的较小群体称为亚文化群。不同的亚文化群在价值观、风俗习惯及审美观等方面表现出不同的特征,成为营销人员进行市场细分的重要依据。

人类社会的亚文化群体可分为国籍群体、民族群体、宗教群体、种族群体和地域群体等。因为,不同国家或地区有其不同的历史、政治法律制度、占统治地位的意识形态等,因而形成了不同国家或地区民众的不同信念群体、宗教群体和地域群体等。亚文化具有变易性、渗透性、交汇性。因此,价值、观念、习俗和习惯对消费者行为的影响也具有易变性、渗透性和交汇性。主要的亚文化群体包括以下几类。

1.民族亚文化。各个民族在宗教信仰、节日、爱好、图腾禁忌和生活习惯方面,有其独特之处,并对消费行为产生深刻影响。例如我国朝鲜族人喜欢吃狗肉、辣椒,偏好色彩鲜艳的服装;蒙古族人则习惯穿蒙古袍,住帐篷,吃牛羊肉,喝烈酒。

2.宗教亚文化。不同宗教有不同的文化倾向和戒律,影响人们认识事物的方式、对客观生活的态度、行为准则和价值观,从而影响消费行为。每种宗教都有其主要流行地区和鲜明的特点。例如,伊斯兰教对于饮食有明确规定和严格要求。

3.地理亚文化。不同的地区有不同的风俗习惯和爱好,使消费行为带有明显的地方色彩。例如,南方人喜欢吃甜的,做菜放糖比较多;北方人口味偏咸,做菜盐放得较多;四川、湖南人爱吃辣,菜里少不了辣椒;山西人喜欢吃酸的,做菜离不开醋。我国不同地区过节的娱乐习俗也不一样,如陕西人过节举行高跷会,内蒙古人举行隆重的赛马会,南方许多地区举行龙舟赛等。

(三)社会阶层

社会阶层是具有相对的同质性和持久性的群体,通常按等级排列,每一阶层的成员具有类似的价值观、兴趣爱好和行为方式。一个人的社会阶层,通常是职业、收入、教育和价值观等多种因素作用的结果。同一社会阶层的人,要比来自两个社会阶层的人行为更加相似。因此,社会阶层不仅是影响消费者行为的重要因素,而且被用作细分消费者市场的重要依据。不同社会阶层的消费者的价值观念、生活方式、购买模式都是不一样的,从营销角度分析,社会阶层有三个特性。

1.在同一社会阶层内,人们的行为差不多,往往会构成一个细分市场。

2.人们以社会阶层决定其社会地位,即社会地位和社会阶层之间具有关联性。

3.人们在社会阶层中的位置并不是由某个单一的因素决定的,而是由他们的收入、职业、学历、价值观等多种因素决定的。各种因素的权数是不一样的,西方国家最主要的影响因素是经济收入,而我国主要依靠的是权力和地位。

营销活动必须具有针对性。根据社会阶层进行分析,某一阶层必定会购买显示该阶层特征的商品。处于较高阶层的消费者,由于经济宽裕,生活悠闲,因此他们一般是高档奢侈品的主要购买者;相反,处于社会底层的人士,只能购买维持基本生存的产品。

二、社会因素

在社会生活中,人与人形成各种各样的关系,这些关系对人的消费行为产生了很大影响。

(一)相关群体

相关群体指的是能够影响他人行为和态度、意见,并且与之产生相互作用的群体。相关群体对消费者的影响主要通过三个途径表现。首先,相关群体为每一个消费者提供了各种可供选择的消费行为或生活方式的模式。也就是说,每一相关群体就是生活方式的模式,即一个细分市场,进入哪一个群体,即接受哪一种生活模式。其次,引起人们的仿效欲望,从而影响人们对某种事物或商品的态度,起到牵引作用。再次,使人们的行为趋于某种一致性,从而影响人们对某种商品花色品种或品牌的选择。

相关群体又分为成员群体和非成员群体。成员群体是指直接接触到人们生活的群体,包括首要群体和次要群体。首要群体是联系最紧密的群体,如家人、亲戚、好友、同学、同事、邻居等。这些相关群体是消费者经常接触,关系较为密切的一些人。由于经常在一起学习、工作、聊天等,使消费者在购买商品时,往往受到这些人对商品评价的影响,有时甚至是决定性的影响。次要群体是联系不是非常紧密,但通过某种要素联系起来,一般都是较为正式的组织,如班级、俱乐部、所参加的社会团体。这类群体对消费者的影响程度次于首要群体。

如果消费者本身不是成员群体的一员,这种相关群体就称为非成员群体。非成员群体根据其对消费者购买行为的影响作用又可以分为两种,一种是消费者希望去从属,渴望成为其成员的群体,称为崇拜性群体。消费者会对这种崇拜性群体的行为进行模仿和学习,从市场营销的角度看,这种崇拜性群体会对其崇拜者的购买行为起积极的促进作用。如歌星是歌迷的崇拜群体,球星是球迷的崇拜群体。另一种是被消费者所拒绝的群体,称为隔离群体。消费者对这种群体的行为和价值持反对、否定的态度。如一些老年人可能会看不惯新潮歌星的行为和做派。从市场营销的角度看,这种隔离群体对其反对者的购买行为是起负面影响的。

相关群体对消费者购买行为的影响作用在品牌的选择和具体产品的选择上是不一样的。一般来说,对于价值比较大的耐用消费品,相关群体在品牌的选择和具体产品的选择上的影响作用都比较大;对于价值比较低的一般消费品,相关群体在具体产品的选择上的影响作用比较小;对于各企业生产的产品差异性不大,但品牌的知名度对消费者的心理满足作用比较大的商品,相关群体在品牌选择上的影响作用比较大。

（二）家庭

一家一户组成了购买单位,我国现有近3亿个家庭,在企业营销中应关注家庭对购买行为的重要影响。研究家庭中不同购买角色的作用,可以利用有效营销策略,使企业的促销措施引起消费者的注意,解除顾虑,建立购买信心。

在消费者生活中可区分为两种家庭类型:自身所出的家庭,包括父母兄弟姐妹等,每个人从双亲那里,养成许多倾向性;后来新建的家庭,包括配偶和子女。家庭对购买行为产生更直接的影响,并形成一个消费者的"购买组织"。

一个家庭中男女性成员在不同商品购买中的决策角色也有很大的不同。据调查显示,在城市,负责购买食品及日常家庭用品的家庭成员主要是女性。例如,在北京,女性中有76%在其家庭负责食品及日常家庭用品的购买,而男性的相应比例只有24%。同样,家庭事务也主要由女性承担。在郑州,女性中有79%负责家庭事务,而男性的相应比例只有21%。尽管女性在家庭食品及家庭日用品购买和家庭事务承担方面付出很多,但在家用电器等耐用消费品购买决策方面的发言权则相对要小一些。在上海,这样的购买决策中,有60%由男性作出,而由女性作出的只占40%。之所以有这样的格局,可能与家庭收入来源相关。在北京,家庭收入主要来源为男性成员的家庭占70%。

（三）角色与地位

角色是个体在特定社会或群体中占有的位置和被社会或群体所规定的行为模式。虽然角色直接与社会的人相联系,而且必须由处于一定社会地位的人来承担,但它是建立在位置或地位的基础上。对于特定的角色,不论由谁来承担,人们对其行为都有相同或类似的期待。

一个人充当的角色不同,其购买行为也表现出差异性。比如当你大学毕业后,走上工作岗位时,你会发现很多原来非常适合你的产品如服装、手表、手机等,很可能需要重新购置。新的角色会在穿着打扮、行为举止等多个方面对你提出新的要求,从而使你感到适合学生角色的那些产品,很多不适应于新的职场角色。这无疑为企业提供了很好的营销机会。

角色与地位是相匹配的,它反映了社会对个体的评价和期望。消费者也总是会购买与本身地位相符的产品和服务,否则就会给外界一种不协调的印象。比如人们看到总经理秘书开的汽车比总经理本人的汽车还要高档的时候,就会感到难以理解。营销人员应当善于分析总结不同社会角色下人们的消费行为特征,以找到与人们期待的产品标志意义相一致的产品特征,达到满足消费者需求的目的。

三、个人因素

除了文化和社会的差异外,消费者个人因素也在购买决策中起着重要作用。在相同的社会文化背景下,消费者的购买行为会表现出很大的差异性。比如同一个办公室里年龄、收入相仿的同事,有的花钱大方,有的却很节俭,由此可见消费者个人因素对购买决策影响的独立和显著的作用。这些因素包括年龄与家庭生命周期、生活方式、个性与自我概念、职业、性别、经济状况等。

(一)年龄与家庭生命周期

消费者的欲望和行为,因年龄不同而发生变化。比如,三个月、六个月和一岁的婴儿,对玩具的要求会不一样;同一消费者年轻时与步入中老年阶段,对食物的胃口、服装的爱好也会不同。年龄又和家庭生命周期具有较强的关联性,家庭生命周期是指消费者从青年独立生活开始,到年老后鳏寡直至死亡所经历的所有阶段。在不同阶段,同一消费者及家庭的购买力、兴趣和对产品的偏好会有较大的差别。我国的消费者家庭生命周期大致划分为六个阶段:(1)单身期:这一阶段的消费者一般比较年轻,几乎没有经济负担,消费观念紧跟潮流,注重文体教育产品和基本生活用品的消费。(2)新婚期:从结婚到生育前,经济状况较好,具有比较大的需求量和比较强的购买力,耐用消费品的购买量高于家庭生命周期其他阶段。(3)育儿期:从孩子出生到上小学,处于这一阶段的消费者往往需要购买住房和大量的生活必需品,常常感到购买力不足。(4)教育期:从孩子上小学到孩子独立,处于这一阶段的消费者经济状况尚可,消费习惯稳定,可能购买富余的耐用消费品。(5)空巢期:子女相继离家独立生活,处于这一阶段的消费者经济状况最好,可能购买娱乐休闲产品,对新产品不感兴趣,也很少受到广告的影响,倾向于购买有益健康的产品。(6)孤老期:夫妻中只剩一人直至该家庭生命周期终结,经济状况较差,消费量减少,集中于生活必需品和医疗保健的消费。

(二)生活方式

生活方式是指人们如何生活、花费时间和金钱方式的总称,是人们展现出的关于自身活动、兴趣和看法的模式。每个人都有自己认同和向往的生活方式。有的人喜欢自由奔放和无拘无束,有的人喜欢豪华与尊贵,有的人喜欢挑战和冒险,有的人喜欢恬淡与安逸,等等,可以说,消费者是通过生活方式与市场联系起来的。生活方式主要由下述三个方面决定:

1.活动。消费者经常从事或喜欢的行为,尽管可以通过观察,但其行为原因却不能直接度量。

2.兴趣。对所注意的对象、事件或主题的兴奋或关注程度。

3.观点。对问题的解释、期望和评价,如对社会问题的评论和看法。

例如,年龄在25—30岁之间的知识女性是户外运动、自我形象与自我发展等营销项目的主要消费者。而且学历越高,收入越多,越追求时尚,消费也越主动。要从生活方式的角度开发满足与实现她们的需求与欲望的项目才能有商机。如近年来兴起的健身热、瘦身热、美容热以及新知识的学习活动等项目,正说明了这一类女性群体对这些方面的需求与渴望。有调查还表明,年轻知识女性在选择商品时,一般来说影响她们消费的因素依次是品牌、自我形象(体验)、质量、价格,而其他阶层的女性正好相反。

针对生活方式的营销,要求营销人员对生活方式趋势有敏锐的洞察力,最好本身就能够成为新生活方式的创造者和推动者。营销人员可通过举办活动、利用偶像、改变或诉诸社会典范,为顾客塑造一种不同凡响的生活方式体验。

(三)个性与自我概念

个性指个人特有的心理特征,导致人对所处环境做出相对一致和持续的反应。个性一般通过自信、支配、自主、顺从、交际、保守和适应等性格特征表现出来。不同个性的消费者具有不同的购买行为:刚强的消费者在购买中表现出大胆自信,而懦弱的消费者在挑选商品时往往缩手缩脚。依据个性因素,可以更好赋予品牌个性,以期与消费者适应。如美国学者发现,敞篷汽车的买主与非敞篷汽车的买主之间,存在一些个性差别——前者表现较为主动、激进和喜欢社交。

与个性相关的是自我概念,也称自我形象,是指个人对自己的能力、气质、性格等个性特征的感知、态度和自我评价。这一概念以潜在的、稳定的形式参与到行为活动中,对人们的行为产生极为深刻的影响。同样的,自我概念也渗透到消费者的消费活动中。自我概念是个人在社会化过程中通过与他人交往以及与环境发生联系,对自己的行为进行反观自照而形成的。自我概念作为影响个人行为的深层个性因素,同样存在于消费者的心理活动中,并对其消费行为有着深刻的影响作用。

商品和劳务作为人类物质文明的产物,除具有使用价值外,还具有某些社会象征意义。不同档次、质地、品牌的商品往往蕴涵着特定的社会意义,代表着不同的文化、品位和风格。通过对这些商品或劳务的消费,可以显示出消费者与众不同的个性特征,加强和突出个人的自我形象,从而帮助消费者有效地表达自我概念,并促进实际的自我向理想的自我转化。运用自我概念的理论,可以清楚地解释消费者购买动机和购买行为中的某些微妙现象,并揭示这些现象背后的深层原因。

大量实践证明,消费者在选购商品时,不仅仅以质量优劣、价格高低、实用性能强弱为依据,而且把商品品牌特性是否符合自我概念作为重要的选择标准,即判断商品是否有助于"使我成为我想象或期望的人"以及"我希望他人如何看待我"。如果能够从商品中找到与自我印象或评价一致(相似)之处,消费者就会倾向于购买该商品。例如,一个自认为气质不凡、情趣高雅、具有较高欣赏品位的消费者购买服装时,会倾心于那些款式新颖、色调柔和、质地精良、做工考究、设计独特的服装,而不喜欢大众化、一般化的服装。由此可以得出结论,消费者购买某种品牌的商品与他们的自我概念是比较一致的。对消费者的自我概念作深层研究,可以进一步得出结论,消费者购买某种商品,不仅是为了满足特定的物质或精神需要,同时还出于维护和增强自我概念的意愿。在这一意义上,购买商品成为加强自我概念的手段,自我概念则成为控制购买行为的中心要素。

(四)职业、性别和经济状况

一个人的职业也影响其消费行为与方式,因为职业实际上是多种社会因素在个人身上的集中反映。不同职业的消费者,对于商品的需求与爱好往往不尽一致。一个从事教师职业的消费者,一般会较多地购买书报杂志等文化商品;而对于时装模特儿来说,漂亮的服饰和高雅的化妆品则更为需要。营销人员往往希望找出对其产品和服务特别感兴趣的职业群体。例如,电脑软件公司会为销售人员、工程师、律师、医生和教师分别开发设计不同的产品,满足其不同的职业需要。

不同性别的消费者,其购买行为有很大差异。烟酒类产品较多为男性消费者购买,而女性消费者则喜欢购买时装、首饰和化妆品等。长期以来,性别一直是影响人们购买服装、鞋帽等商品的重要因素。现在"男女有别"已经延伸到其他不少领域。如有的企业推出女性香烟,从风味、包装乃至广告各方面着力迎合女性消费者。

消费要"量入而出",依据条件消费和购买。人们的经济状况包括可供其消费的收入(收入水平、稳定性和时间形态)、储蓄与财产,借债能力和对花钱与储蓄的态度。收入高的消费者求新、求美、求名等动机强烈,而收入低的消费者则求廉、求实、求利动机强烈。研究发现,低收入消费者往往对无包装的零售食品以及削价、积压、滞销而处理的商品较感兴趣。还有更令人惊奇的是,在一些比较富裕的农村,有不少农民购买钢琴,年轻一代农民也想欣赏肖邦和李斯特的作品。钢琴早已有之,但以前谁敢想象钢琴在农村竟有市场,只有当农民的经济收入和文化水平提高以后,消费钢琴的需要才有可能实现。由此可见,经济状况对消费者选购商品的出发点及目标具有显著影响。

【案例3-2】　苹果电脑自己也没有想到iPod会如此热卖,一家电脑公司的主要利润却是来自非主营产品,市场再次不按规矩出牌。消费心理的变化主宰了市场的变化。你可以问问身边买iPod的朋友,他们认为iPod与其他mp3播放器在功能上有什么差异?我想绝大多数的人并不清楚这些产品间的差异性,但是他们却决定以较高的价位购买iPod产品。这就是现在的青春一族消费者——典型的"直感族"。这个族群的消费观念重视价值超过价格,凭借购物时的感觉来决定是否交易,对他们来说"性价比"不再是重点。这个族群的诞生和不断扩大,说明我们已经进入了感性消费的时代。在感性消费时代,"直感族"购买的不是什么东西,购买的是感觉;"直感族"购买的不是什么质量,购买的是对质量的感觉。"直感族"购买是他们自我实现的过程,他们看重整个购买过程的愉悦感受。"直感族"的心声:注意我!请承认并欣赏我的个性、我的需要和我的自我表现欲望。我会做出反应的,那就是购买你的产品,更加详细地向你讲述我自己,以便你更好地为我服务。所以生活方式对"直感族"来说,是很重要的课题,他们认为能够以与众不同的方式过生活,就有高人一等的感觉。这是一种消费趋势——青春一族的消费者正在越来越多地变成"直感族"。

由于"直感族"对于价格的敏锐度低,能为企业带来大量的利润,因此越来越多的厂商们特别关注此一族群,但是企业主也发现这个族群的人有点难以捉摸,现在的购买不代表未来会购买,客户忠诚度极难掌控。

所以,所谓"直感族"的特点就是:重视感觉,价格敏感度低,价值观是要在消费中证明"我是谁",不仅认同产品,更多的是认同品牌倡导的生活方式。①

四、心理因素

消费者心理是消费者在满足需要活动中的思想意识,它支配着消费者的购买行为。影响消费者购买的心理因素有动机、知觉、学习、信念与态度等。

①李羿锋:《新新人类——"直感族"的消费心理解析》,载中国营销传播网,2006年4月14日。

（一）动机

需要是人们对于某种事物的要求或欲望。就消费者而言,需要表现为获取各种物质需要和精神需要。马斯洛的"需要五层次"理论,即生理需要、安全需要、社会需要、尊重需要和自我实现的需要。需要产生动机,消费者购买动机是消费者内在需要与外界刺激相结合使主体产生一种动力而形成的。

动机是为了使个人需要满足的一种驱动和冲动。消费者购买动机是指消费者为了满足某种需要,产生购买商品的欲望和意念。购买动机可分为两类:

1.生理性购买动机。生理性购买动机指由人们因生理需要而产生的购买动机,如饥思食、渴思饮、寒思衣,又称本能动机。生理动机具有经常性、习惯性和稳定性的特点。

2.心理性购买动机。心理性购买动机是指人们由于心理需要而产生的购买动机。根据对人们心理活动的认识以及对情感、意志等心理活动过程的研究,可将心理动机归纳为以下三类:

（1）感情动机。指由于个人的情绪和情感心理方面的因素而引起的购买动机。根据感情不同的侧重点,可以将其分为三种消费心理倾向:求新、求美、求荣。如人们为了爱美而购买化妆品,为了友谊而购买礼品,或购买能够显示自己经济能力和身份、威望的商品等等。

（2）理智动机。指建立在对商品的客观认识的基础上,经过充分的分析比较后产生的购买动机。理智动机具有客观性、周密性的特点。在购买中表现为求实、求廉、求安全的心理。在理智动机驱使下的购买,比较注重商品的设计和品质,讲究实用、可靠、便宜、方便和效率等等。

（3）惠顾动机。指对特定的商品或特定的商店产生特殊的信任和偏好而形成的习惯重复光顾的购买动机。这种动机具有经常性和习惯性特点,表现为嗜好心理。据社会学家研究:比利时人最爱养猫,平均每四户人家有一只猫咪;爱尔兰人则是最大的狗迷,40％的家庭养狗;德国人是消费啤酒和香肠的冠军,他们有1456种香肠;而法国人喝葡萄酒无人可以之匹敌,人均每年消费75升。

人们的购买动机不同,购买行为必然是多样的、多变的。要求企业营销深入细致地分析消费者的各种需求和动机,针对不同的需求层次和购买动机设计不同的产品和服务,制定有效的营销策略,获得营销成功。

（二）感觉和知觉

所谓感觉,就是人们通过感官对外界的刺激物或情境的反应或印象。感觉使消费者获得对商品的第一印象,在消费者购物活动中有着很重要的先导作用。第一印象的好与坏,深与浅,直接影响着消费者购物态度和行为。对商品的生产商和销售商来讲,要有"先入为主"的意识和行为,在色彩、大小、形状、质地、价格等方面精心策划自己的新产品和商品,第一次推出就能牢牢抓住消费者的眼光和感受。今天,大多数商场能运用"感觉"进行销售活动,例如,给消费者创造优雅的购物环境,用灯光、音响、色彩、气味来刺激消费者,从而达到招徕顾客和促销的目的。

随着感觉的深入,各种感觉到的信息在头脑中被联系起来进行初步的分析综合,形成对刺激物或情境的整体反映,就是知觉。知觉对消费者的购买决策、购买行为影响较大。在刺激物或情境相同的情况下,消费者有不同的知觉,他们的购买决策、购买行为就截然不同。因为消费者知觉是一个有选择性的心理过程。不同的人对同一刺激物会产生不同的知觉,是因为知觉会经历三种过程,即选择性注意、选择性扭曲和选择性保留。

1. 选择性注意。指在众多信息中,人们易于接受对自己有意义的信息以及与其他信息相比有明显差别的信息。比如,一个打算购买轿车的消费者会十分留心有关轿车的信息而对摩托车信息并不在意,消费者会注意构思新奇的广告而忽视那些平淡的广告。

2. 选择性扭曲。指人们将信息加以扭曲使之符合自己原有的认识,然后加以接受。由于存在选择性扭曲,消费者所接受的信息不一定与信息的本来面貌相一致。比如,某人偏爱长虹彩电,当别人向他介绍其他品牌电视机的优点时,他总是设法挑出毛病或加以贬低,以维持自己固有的"长虹彩电最好"这种认识。

3. 选择性记忆。指人们易于记住与自己的态度和信念一致的信息,忘记与自己的态度和信念不一致的信息。比如,某人对自己使用的诺基亚手机非常欣赏,听到别人谈论诺基亚手机的优点时会记得很清楚,而当别人谈论他不欣赏的其他品牌手机优点时则容易忘记。

分析知觉对消费者购买影响的目的是要求企业营销掌握这一规律,充分利用营销策略,引起消费者的注意,加深消费者的记忆,正确理解广告,影响其购买。

(三)学习

学习是指由于经验引起的个人行为的改变。即消费者在购买和使用商品的实践中,逐步获得和积累经验,并根据经验调整自己购买行为的过程。学习是通过驱策力、刺激物、提示物、反应和强化的相互影响、相互作用而进行的。

"驱策力"是诱发人们行动的内在刺激力量。例如,某消费者重视身份地位,尊重需要就是一种驱策力。这种驱策力被引向某种刺激物(如高级名牌西服)时,驱策力就变为动机。在动机支配下,消费者需要做出购买名牌西服的反应。但购买行为发生往往取决于周围的"提示物"的刺激,如看了有关电视广告、商品陈列。他就会完成购买。如果穿着很满意的话,他对这一商品的反应就会加强,以后如果再遇到相同的诱因时,就会产生相同的反应,即采取购买行为。如反应被反复强化,久之,就成为购买习惯了。这就是消费者的学习过程。

企业营销要注重消费者购买行为中"学习"这一因素的作用,通过各种途径给消费者提供信息,如重复广告,目的是达到加强诱因,将人们的驱策力激发到马上行动的地步。同时,企业商品和提供服务要始终保持优质,消费者才有可能通过学习建立对企业品牌的偏爱,养成购买本企业产品的习惯。

(四)态度

态度通常指个人对事物所持有的喜欢与否的评价、情感上的感受和行动上的倾向。态度对消费者的购买行为有着很大的影响。企业营销人员应该注重对消费者态度的研究。消费者态度来源于:与商品的直接接触;受他人直接、间接的影响;家庭教育与本人经历。消费者态度包含信念、情感和意向,它们对购买行为有着影响作用。

1.信念是指人们认为确定和真实的事物。在实际生活中,消费者不是根据知识,而常常是根据见解和信任作为他们购买的依据。

2.情感是指商品和服务在消费者情绪上的反应,如对商品或广告喜欢还是厌恶。情感往往受消费者本人的心理特征与社会规范影响。

3.意向是指消费者采取某种方式行动的倾向,是倾向于采取购买行动,还是倾向于拒绝购买。消费者态度最终落实在购买的意向上。

态度导致人们对某一事物产生或好或坏、或亲近或疏远的感情。态度使人对相似的事物产生相当一致的行为,因为人们通常不会对每一事物都建立新的态度或作出新的解释和反应,按照已有态度对所接触到的事物做出反应和解释能够节省时间和精力。例如,某人对服装的态度是:生活严谨和有事业心的人都穿庄重的服装,不穿花里胡哨的服装,"伟健"牌服装是庄重的服装,"新洋"牌服装是花里胡哨的服装。基于这种态度,他总是购买"伟健"牌而拒绝"新洋"牌。由于人们的态度呈现为稳定一致的模式,所以改变一种态度是十分困难的。企业最好使自己的产品、服务和营销策略符合消费者的既有态度,而不是试图去改变它。如果改变一种态度带来的利润大于为此而耗费的成本,则值得尝试。

第三节　购买决策过程

影响消费者购买行为的因素众多,每种因素的影响力又因人而异,所以消费者行为研究特别关注对消费者反应心理过程的研究,包括参与购买决策的角色,购买行为的类型和购买决策过程三大部分。

一、参与购买决策的角色

消费者市场的消费虽然是以一个家庭为单位,但参与购买决策的通常并非一个家庭的全体成员,许多时候是一个家庭的某个成员或某几个成员,其各自扮演的角色是有区别的。人们在一项购买决策过程中可能充当以下几种角色。

1.发起者:首先想到或提议购买某种产品或服务的人。

2.影响者:其看法或意见对最终决策具有直接或间接影响的人。

3.决策者:能够对买不买、买什么、买多少、何时买、何处买等问题作出全部或部分的最后决定的人。

4.购买者:实际执行购买决策的人。比如与卖方商谈交易条件,带上现金去商店选购等等。

5.使用者:直接消费或使用所购商品或劳务的人。

消费者以个人为单位进行购买时,5种角色可能同时由一人担任;以家庭为购买单位时,5种角色往往由家庭不同成员分别担任。例如,一个家庭要购买一台复读机,发起者可能是孩子,他认为有助于提高自己学习英语的效率。影响者可能是爷爷,他表示赞成。决策者可能是母亲,她认为孩子确实需要,根据家庭目前经济状况也有能力购买。购买者可能是父亲,他有些电器知识,带上现金去各商店选购。使用者是孩子。

在以上5种角色中,营销人员最关心决策者是谁。某些产品和服务很容易辨认购买决策者,比如,男性一般是烟酒的购买决策者,女性一般是化妆品的购买决策者,高档耐用消费品的购买决定往往由多人协商作出。有些产品不易找出购买决策者,则要分析家庭不同成员的影响力,而这种影响力有时很微妙。有学者曾对家庭购买新轿车的情况进行研究,发现在买与不买的问题上,主要由夫妻双方共同决定。但在不同的决策阶段,角色扮演有所变化。"何时买车"的决策,68%的家庭是男主人决定,只有3%的家庭由女主人决定,29%的家庭是共同决定。"买什么颜色的车",夫妻一方单独决定的各占25%,50%的家庭共同决定。许多产品的购买还存在着"名义决策者"和"实际决策者"之分。例如,一位男士以为购买空调是自己做出的决策,实际上却是他的妻子起了决定作用。妻子可能是用直接的命令、要求、劝告或威胁,也可能是用含蓄的语言、表情或体态语言表达了自己的要求,操纵了购买决策,丈夫只是"名义决策者"。辨认购买决策者,有助于将营销活动有效地指向目标顾客,制定正确的促销战略。辨认谁是商品的实际购买者也很重要,因为他往往有权部分更改购买决策,如买什么品牌,买多少,何时与何地购买等,企业应据此开展商品陈列和广告宣传活动。

二、购买行为的类型

不同消费者购买过程的复杂程度不同,究其原因,最主要的是购买介入程度和品牌差异大小。购买介入程度指消费者购买风险大小或消费者对购买活动的关注程度。如果产品价格昂贵,消费者缺乏产品知识和购买经验,购买具有较大的风险性,则这类购买行为称为高度介入购买行为,这类消费者称为高度介入购买者;如果产品价格低或消费者具有产品知识和购买经验,购买无风险,则称为低度介入购买行为,这类消费者称为低度介入购买者。同类产品不同品牌之间的差异大小也决定着消费者购买行为的复杂性,差异小,无须在不同品牌之间精心选择,购买行为就简单。因此,同类产品不同品牌之间的差异越大,产品价格越昂贵,消费者越是缺乏产品知识和购买经验,感受到的风险越大,购买过程就越复杂。比如,牙膏、火柴与电脑、轿车之间的购买复杂程度显然是不同的。阿萨尔(Assael)根据购买者的购买介入程度和产品品牌差异程度区分出四种复杂程度不同的购买类型(见表 3-1)。

表 3-1　消费者购买行为类型表

购买介入程度 品牌差异程度	高	低
大	复杂购买行为	多样性购买行为
小	减少失调感购买行为	习惯性购买行为

(一)复杂的购买行为

消费者对花钱多且品牌差异大的商品,在购买时都非常仔细。一般说来,消费者对商品的品牌、类型、属性了解较少,需要大量学习。在购买前和购买过程中,会向其他人进行咨询和请教。复杂的购买行为指消费者购买过程完整,要经历大量的信息收集、全面的产品评估、慎重的购买决策和认真的购后评价等各个阶段。比如,笔记本电脑价格昂贵,不同品牌之间差异大,某人若想购买,但又不了解硬盘、内存、主板、中央处理器、液晶屏分辨率、电池耐用性等相关知识,对于不同品牌之间的性能、质量、价格等也无法判断。贸然购买有极大的风险。他必然要广泛收集资料,研究各品牌的差异,做到货比三家,然后逐步建立对某一产品的信念,转变成态度,最后才会作出谨慎的购买决定。

对于复杂的购买行为,营销者应制定策略帮助消费者掌握产品知识,运用印刷媒体、电子媒体和销售人员宣传本品牌的优点,发动商店营业员和购买者的亲友影响最终购买决定,简化购买过程。

（二）减少失调感的购买行为

如果消费者属于高度介入,但是并不认为各品牌之间有显著差异,则会产生减少失调感的购买行为。减少失调感的购买行为指消费者并不广泛收集产品信息,并不精心挑选品牌,购买过程迅速而简单,在购买以后会认为自己所买产品具有某些缺陷或其他同类产品有更多的优点而产生失调感,怀疑原先购买决策的正确性。地毯、室内装饰材料、首饰、家具等商品的购买大多属于减少失调感的购买行为。此类产品价值高,人们不常购买,消费者看不出或不认为某一价格范围内的不同品牌有什么差别,不需在不同品牌之间精心比较和选择,购买过程迅速,可能会受到与产品质量和功能无关的其他因素的影响,如因价格便宜、销售地点近而决定购买。购买之后,会因使用过程中发现产品的缺陷或听到其他同类产品的优点而产生失调感。为了追求心理的平衡,消费者广泛地收集各种对已购产品的有利信息,以证明自己购买决定的正确性。

对于这类购买行为,营销者要提供完善的售后服务,通过各种途径经常提供有利于本企业和产品的信息,使顾客相信自己的购买决定是正确的。

（三）多样性的购买行为

如果一个消费者购买的商品品牌间差异虽大,但可供选择的品牌很多时,他们并不花太多的时间选择品牌,而且也不专注于某一产品,而是经常变换品种。比如购买饼干,他们上次买的是巧克力夹心,而这次想购买奶油夹心。这种品种的更换并不是对上次购买的饼干不满意,而只是想换换口味,寻找生活的多样性体验。

面对多样性的购买行为,当企业处于市场优势地位时,应注意以充足的货源占据货架的有利位置,并通过提醒性的广告促成消费者建立习惯性购买行为;而当企业处于非市场优势地位时,则应以降低产品价格、免费试用、介绍新产品的独特优势等方式,鼓励消费者进行多种品种的选择和新产品的试用。

（四）习惯性的购买行为

消费者有时购买某一商品,并不是因为特别偏爱某一品牌,而是出于习惯。比如醋,这是一种价格低廉、品牌间差异不大的商品,消费者购买它时,大多不会关心品牌,而是靠多次购买和多次使用而形成的习惯去选定某一品牌。

针对这种购买行为,企业要善于利用价格与促销吸引消费者试用。由于产品本身与同类其他品牌相比难以找出独特优点以引起顾客的兴趣,就只能依靠合理价格与优惠、展销、示范、赠送、有奖销售等促销手段吸引顾客试用。一旦顾客了解和熟悉产品,就可能经常购买以致形成购买习惯。其次,还要开展大量重复性广告以加深消费者印象。在低度介入和品牌差异小的情况下,消费者并不主动收集品牌信息,也不评估品牌,只是被动地接受包括广告在内的各种途径传播的信息,根据这些信息所形成的对不同品牌的熟悉程度来决定选择。消费者选购某种品牌不一定是被广告所打动或对该品牌有忠诚的态度,只是熟悉而已。因此,企业必须开展大量广告使顾客通过被动地接受广告信息而产生对品牌的熟悉。为了提高效果,广告信息应简短有力且不断重复,只强调少数几个重要卖点,突出视觉符号与视觉形象。

三、购买决策过程

不同购买类型反映了消费者购买过程的差异性或特殊性,但是消费者的购买过程也有其共同性或一般性,西方营销学者对消费者购买决策的一般过程作了深入研究,提出若干模式,采用较多的是5阶段模式(如图3-3所示)。

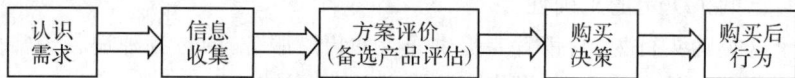

认识需求 → 信息收集 → 方案评价(备选产品评估) → 购买决策 → 购买后行为

图3-3 消费者购买决策过程

这个购买过程模式适用于分析复杂的购买行为,因为复杂的购买行为是最完整、最有代表性的购买类型,其他几种购买类型是越过其中某些阶段后形成的,是复杂购买行为的简化形式。模式表明,消费者的购买过程早在实际购买以前就已开始,并延伸到实际购买以后,这就要求营销人员注意购买过程的各个阶段而不是仅仅注意销售。

(一)认识需求

认识需求是消费者购买决策过程的起点。当消费者在现实生活中感觉到或意识到实际与其需求之间有一定差距,并产生了要解决这一问题的要求时,购买的决策便开始了。消费者这种需求的产生,既可以是人体内机能的感受所引发的,如因饥饿而引发购买食品、因口渴而引发购买饮料,又可以是由外部条件刺激所诱生的,如看见电视中的手机广告而打算自己买一台、路过水果店看到新鲜的水果而决定购买等。当然,有时候消费者的某种需求可能是内、外原因同时作用的结果。

市场营销人员应注意识别引起消费者某种需要和兴趣的环境,并充分注意两方面的问题:一是注意了解那些与本企业的产品实际上或潜在的有关联的驱使力;二是消费者对某种产品的需求强度,会随着时间的推移而变化,并且被一些诱因所触发。在此基础上,企业还要善于安排诱因,促使消费者对企业产品产生强烈的需求,并立即采取购买行动,如可以通过广告来激发人们对 3G 移动通信产品的需求,从而使他们放弃那些老旧过时的 2G 产品。

（二）信息收集

当消费者产生了购买动机之后,便会开始进行与购买动机相关联的活动。如果想要购买的物品就在附近,他便会实施购买活动,从而满足需求。但是当所需购买的物品不易买到或者比较昂贵复杂难以决策,总之是需求不能马上得到满足时,他便会把这种需求存入记忆中,并注意收集与需求相关和密切联系的信息,以便进行决策。

消费者信息的来源主要有四个方面:

1.商业来源。这是消费者获取信息的主要来源,其中包括广告、推销人员的介绍、商店的陈列、商品包装、产品说明书等提供的信息。这一信息源是企业可以控制的。不过这些途径的信息对消费者来讲有时会有先天性的偏差,消费者常持有怀疑的态度。

2.公共来源。公共来源的范围较广,可以是政府或其他组织的评奖,也可以是报纸或杂志中关于产品的评论与介绍,还可以是广播电台或电视台组织的有关商品的节目以及网上专业机构的产品评测。这类信息因为具有一定的独立性,可信性通常高于商业来源。

3.个人来源。家庭成员、亲戚、朋友、同学和同事是典型的外部个人来源,在与他们的个人交往中,人们会获得关于商品的知识和信息,并且有相当一部分的消费者喜欢接受别人的建议及购物指南。

4.经验来源。消费者从自己亲身接触、使用商品的过程中得到的信息。“百闻不如一见”,消费者可以亲自到产品体验店进行试用,获得第一手感性认识。

一般来说,消费者经由商业来源获得的信息量多,其次为公共来源和个人来源,最后是经验来源。但是从消费者对信息的信任程度看,经验来源和个人来源最高,其次是公共来源,最后是商业来源。研究认为,商业来源的信息在影响消费者购买决定时只起“告知”作用,而“个人来源”则起评价作用。比如,消费者购买数码相机,他从广告中得知有哪些品牌,而评价不同品牌优劣时,就向朋友和熟人打听。营销人员应通过市场调查了解消费者的信息来源以及何种来源的信息最有决定作用。

（三）选择评估

当消费者从不同的渠道取得有关信息后,便对可供选择的品牌进行分析和比较,并对各种品牌的产品做出评价,最后决定购买。

消费者对收集到的信息中的各种产品的评价主要从以下几个方面进行。

1.分析产品属性。产品属性即产品能够满足消费者需要的特性。消费者一般将某一种产品看成一系列属性的集合,对一些熟知的产品,他们关心的属性有:

(1)数码相机:照片质量、液晶屏尺寸、重量、体积、价格。

(2)个人电脑:信息存储量、显示器大小、运行速度、软件适用性。

(3)牙膏:洁齿美白、防治牙病、香型。

(4)轮胎:安全性、胎面弹性、行驶质量。

(5)手表:准确性、式样、耐用性。

这些都是消费者感兴趣的产品属性,但消费者不一定对产品的所有属性都视为同等重要。市场营销人员应分析本企业产品具备哪些属性以及不同类型的消费者分别对哪些属性感兴趣,以便进行市场细分,对不同需求的消费者提供具有不同属性的产品,既满足顾客的需求,又最大限度地减少因生产不必要的属性所造成的资金、劳动力和时间的耗费。

2.建立属性等级。即消费者对产品有关属性所赋予的不同的重要性。如对数码相机而言,照片成像质量一般最为重要,因此权重最大,其次依次可能是液晶屏尺寸、重量、体积、价格这几个属性。营销人员应特别关心产品属性在消费者心中的不同权重,重点展示对消费者最重要的几种产品的属性。

3.确定品牌信念。消费者会根据各品牌的属性及各属性的参数,建立对各个品牌的不同信念,比如确认哪种品牌在哪一属性上占优势,哪一属性相对较差。如在几大手机品牌中,一般公认诺基亚手机质量出众,功能全面;三星手机外观出色;索爱手机音质较好,卖点明确。

4.形成"理想产品"。消费者的需求只有通过购买才能得到满足,而他们所期望的从产品中得到的满足,是随产品每一种属性的不同而变化的,这种满足程度与产品属性的关系,可用效用函数描述。效用函数,即描述消费者所期望的产品满足感随产品属性的不同而有所变化的函数关系。它与品牌信念的联系是,品牌信念指消费者对某品牌的某一属性已达到何种水平的评价,而效用函数则表明消费者要求该属性达到何种水平他才会接受。每一消费者对不同产品属性的满足程度不同,形成了不同的效用函数。比如,某一消费者欲购买一台数码摄像机的满足,会随着功能的齐全、图像的清晰、操作的方便等得以实现,但也会因价格的上升而使满足感减少。把效用的各最高点连接起来,便成为消费者最理想的摄像机效用函数。

5.做出最后评价。消费者从众多可供选择的品牌中,通过一定的评价方法,对各种品牌进行评价,从而形成对它们的态度和对某种品牌的偏好。在这一评价过程中,大多数的消费者总是将实际产品与自己的理想产品进行比较,最终从几种待选方案中确定最为理想的选择。

(四)决定购买

在对 100 名声称年内要购买 A 牌家用电器的消费者进行追踪研究以后发现,真正购买的消费者只有 30 名。因此,只让消费者对某一品牌产生好感和购买意向是不够的,真正将购买意向转为购买行动,其间还会受到两个方面的影响(见图 3-4)。

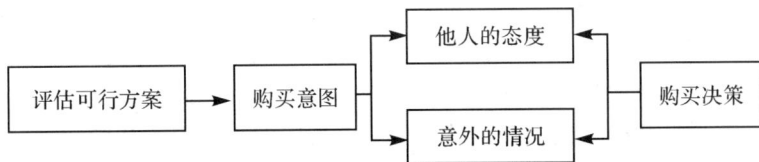

图 3-4　消费者最终购买决策的形成

1.他人的态度。消费者的购买意图,会因他人的态度而增强或减弱。他人态度对消费意图影响力的强度取决于他人态度的强弱及他人与消费者的关系。一般说来,他人的态度越强、与消费者的关系越密切,其影响就越大。例如丈夫想买一台昂贵的专业数码单反相机,而妻子坚决反对,丈夫就极有可能改变或放弃购买意图。

2.意外的情况。消费者购买意向的形成,总是与预期收入、预期价格和期望从产品中得到的好处等因素密切相关的。但是当他欲采取购买行动时,发生了一些意外的情况,诸如因失业而减少收入,因产品涨价而无力购买,或者有其他更需要购买的东西等等,这一切都将会使他改变或放弃原有的购买意图。

顾客一旦最后做出购买的决定,还须做出以下决策:(1)产品种类决策,即在资金有限的情况下优先购买哪一类产品;(2)产品品牌决策,即在诸多同类产品中购买哪一品牌;(3)经销商决策,即到哪一家商店购买;(4)时间决策,即在什么时间购买;(5)数量决策,即买多少。

(五)购后行为

消费者购买商品以后会通过商品使用过程检验自己购买决策的正确性,确认满意程度,作为以后类似购买活动的参考。消费者的购后评价不仅取决于产品质量和性能发挥状况,心理因素也具有重大影响。分析消费者购后评价行为主要是应用预期满意理论。这种理论认为,消费者购买产品以后的满意程度取决于购前期望得到实现的程度。如果感受到的产品效用达到或超过购前期望,就会感到满意,超出越多,满意感越大;如果感受到的产品效用未达到购前期望,就感到不满意,差距越大,不满意感就越大。可用函数式表示为:

$$S = f(E, P)$$

式中,S 表示消费者满意程度,E 表示消费者对产品的期望,P 表示产品可觉察性能。消费者根据自己从卖主、熟人及其他来源所获得的信息形成产品期望 E,购买产品以后的使用过程形成对产品可觉察性能 P 的认识。如果 $P=E$,则消费者会感到满意;如果 $P>E$,则消费者会非常满意;如果 $P<E$,则消费者会不满意,差距越大就越不满意。根据这一理论,营销企业如果希望实现顾客购后满意,在商品宣传上应实事求是,不能夸大其词,以免造成顾客购前期望高于可觉察性能。

消费者对产品满意与否直接决定着他们是否实施后续购买及其他关联行为(见图 3-5)。如果感到满意,则反应大体相同,即重复购买或带动他人购买该品牌。如果感到不满意,则会尽量减少或消除失调感,因为人的心理机制中存在着一种建立协调性、恢复平衡的驱使力。消费者消除失调感的方式各不相同,第一种方式是寻找能够表明该产品具有高价值的信息或避免能够表明该产品具有低价值的信息,证实自己原先的选择是正确的。消除失调感的第二种方式是讨回损失或补偿损失,比如要求企业退货、调换、维修或补偿在购买和消费过程造成的物质和精神损失等。如果遭到拒绝,就可能向政府部门、法院、消费者组织和舆论界投诉,力求依靠法律和舆论的力量讨回和补偿损失;还有可能采取各种抵制活动,比如不再购买或带动他人拒买等,通过发泄不满来恢复心理平衡。

企业应当采取有效措施减少或消除消费者的购后失调感。比如,有的电脑销售部门在产品售出以后,请顾客留下姓名、地址、电话等,定期与顾客联系,寄贺信,祝贺他们买了一台理想电脑,通报本企业电脑的质量、服务和获奖情况,提供适用软件,指导顾客正确使用产品,征询改进意见等,还建立良好的沟通渠道处理消费者意见并迅速赔偿消费者所遭受的不公平损失。事实证明,与消费者进行购后沟通可减少退货和取消订货的情况,如果让消费者的不满发展到向有关部门投诉或抵制产品的程度,企业将遭受更大的损失。

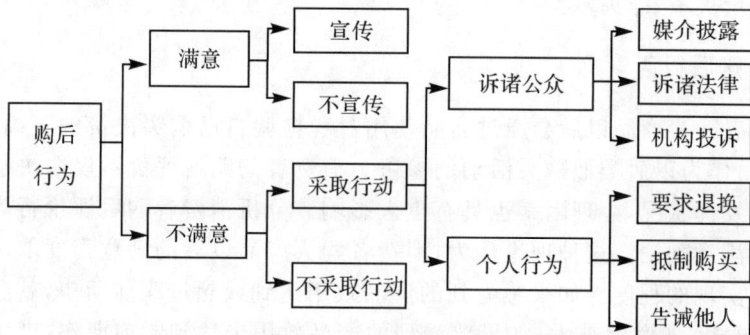

图 3-5　消费者购后行为

总之,研究和了解消费者的需求及其购买过程,是市场营销成功的基础。市场营销人员通过了解购买者如何经历认识需求、信息收集、选择评估、决定购买和购后行为的全过程,就可以获得许多有助于满足消费者需求的有用线索;通过了解购买过程的各种参与者及其对购买行为的影响,就可以为目标市场设计有效的市场营销策划。

本章小结

消费者市场是指所有为了个人消费而购买产品或服务的个人和家庭所构成的市场。消费者市场具有与组织市场完全不同的鲜明特点。购买行为分析可以采用"7O"研究法,运用"刺激—反应"模式对购买者的心理进行"暗箱"分析。消费者的行为受到诸多因素的影响,通常可以归纳为文化、社会、个人和心理四个方面。文化因素对于消费者的购买行为有着最广泛和最深远的影响,主要包括消费者的文化、亚文化和社会阶层;社会因素对消费行为也具有很大的影响,具体包括相关群体、家庭、角色与地位等;个人因素也在购买决策中起着重要作用,包括消费者的年龄与家庭生命周期、生活方式、个性与自我概念、职业、性别、经济状况等;心理因素支配着消费者的购买行为,主要有动机、知觉、学习、信念与态度等。在各种内外部因素影响下,消费者最终做出购买决策。参与消费者购买决策的角色有发起者、影响者、决策者、购买者和使用者。消费者购买行为的类型包括复杂的购买行为、减少失调感的购买行为、多样性购买行为和习惯性购买行为。购买决策过程一般包括认识需求、信息收集、选择评估、决定购买和购后行为五个步骤。研究和了解消费者的需求及其购买过程,是成功营销的基础。

案例阅读与分析

【案例】 三大德系豪车品牌,如何选择?

小张,男,32岁,某跨国公司部门经理,年薪50万元人民币,三年前结婚,并在婚后买了一套商品房。因为在房子上面花了大笔资金,因此在买车的时候只买了一部十万元的车作为代步工具,对于两口子日常使用来说,汽车空间还算宽敞。

去年,小张的孩子出生,小张将自己的父母接了过来帮忙照看孩子,一家五口顿时让车子变得十分拥挤,小张的妻子和父母劝说小张换一部空间更大、更好的车子。小张自己也觉得,作为一个大公司的部门经理,一直开着十万元的车子也不免让别人笑话,小张的朋友也一直劝小张换部上档次的车。另外这几年小两口省吃俭用,手头上也有五六十万元闲钱,小张就萌生了买一部好车的想法。

小张上网查了一下四五十万元能买到的豪华品牌,奔驰、宝马、奥迪、雷克萨斯、英菲尼迪、讴歌、沃尔沃、凯迪拉克等出现在他的眼前。出于对日本品牌的抵制,雷克萨斯、英菲尼迪和讴歌在第一轮就惨遭淘汰;而凯迪拉克属于美国车,油耗较欧洲车来说更高,在油价不断上升的情况下,小张更喜欢油耗低的车,况且凯迪拉克属于全进口车型,维修保养费用也是居高不下;沃尔沃来自北欧,虽然是全球最安全的车,但是在中国的品牌知名度不如奔驰、宝马、奥迪。经过初步筛选,小张决定在奔驰、宝马、奥迪这德国三大豪车品牌中进行选择。

梅赛德斯—奔驰(Mercedes-Benz)是世界知名的德国汽车品牌。126 年来,汽车发明者梅赛德斯—奔驰始终秉承"The best or nothing(惟有最好)"的品牌精神,以高屋建瓴的领袖责任、永不停息的创新精神和对完美品质的苛求,缔造了不胜枚举的魅力车型,书写了汽车工业的经典传奇。

宝马(BMW),全称为巴伐利亚机械制造厂股份公司,是德国一家世界知名的高档汽车和摩托车制造商。BMW 集团拥有 BMW、MINI 和劳斯莱斯三个品牌,这些品牌占据了从小型车到顶级豪华轿车各个细分市场的高端。

奥迪(AUDI)同样是一个国际著名豪华汽车品牌,其代表的高技术水平、质量标准、创新能力以及经典车型款式让奥迪成为世界上最成功的汽车品牌之一。奥迪公司总部设在德国的英戈尔施塔特。

在中国,奔驰、宝马、奥迪这三大德国豪车品牌,是最为大众所知的好车的代表,作为德国汽车工业的象征,不仅品质过硬,品牌价值高,开出去也绝对有面子,符合小张的身份和要求。

由于小张资金有限,圈定这三个品牌之后,小张的目光聚焦在奔驰 C200 时尚型、宝马 320Li 豪华版、奥迪 A4L 35TFSI 豪华型这三款车型上面。首先,这三部车的价格都在 40 万元左右,在小张的预算之内。其次,这几款车属于国产车型,并且都为了中国市场的消费者进行了加长,空间较为宽敞。另外,这几款车属于年轻人车型,适合小张这一年龄段的人开,同时也不会太张扬,比较成熟稳重。

小张在自己心中有数的情况下,咨询了父母和妻子的意见,父母和妻子对小张的选择表示支持;小张也咨询了一下身边懂车的朋友,朋友告诉小张这几款车都不错,买哪部都不会买亏,差别并不是特别大,主要就是看小张和家人更喜欢哪部车的外观和乘坐感受,并让小张自己到 4S 店进行试乘试驾。于是小张在周末带着妻子和父母来到三家 4S 店分别进行了试乘试驾,三部车感觉都很不错。在具体选择哪部车的问题上面,小张一家人出现了分歧,小张觉得宝马 320Li 开起来操控性最好,小张的父母则觉得奔驰 C200 坐起来最为舒适,而小张的妻子对奥迪 A4L 的外观更加偏爱。

家人的意见无法达成一致,小张只好从理性的角度去比较这三部车,希望通过一系列比较和权衡,选择一部性价比最高的车。作为家用兼商务车,小张看重汽车的空间(主要是轴距长短)、发动机性能、燃油经济性、安全性、舒适性和便捷性(主要是配置丰富程度),因此小张就从以上几个方面对三款车进行了比较。

奔驰 C 级车是奔驰家族中销量最大的车型,也是奔驰所有车系中车型最全的一种,同时 C 级轿车也是奔驰最年轻的车系之一,它问世不过 20 年,至今才发展到第三代。奔驰 C 级轿车集舒适、精致、实用、安全于一体,是一款亲民的"大奔"。

宝马 3 系是宝马最成功也是销量最大的车系。作为宝马的当家花旦,3 系以卓越的性能,特有的驾驶乐趣,得到了"真正的世界车"的美誉,被认为是全球紧凑级豪华轿车执牛耳者,而其真实表现也无愧于这个称号。

奥迪 A4L 是国内第一款国际豪华品牌的 B 级轿车,也是奥迪品牌销量最大的车型,受到年轻人的喜爱,依靠奥迪的卓越品质和加长的轴距和车身,证明了"只有加长,才有销量"这一中国汽车市场公认的真理。

安全性方面,汽车基本的安全配置包括安全气囊、安全带设施、安全头枕、倒车雷达以及一些电子控制系统如 ABS 防抱死系统、ESP 电控稳定系统、TCS 牵引力控制系统等,这些基本配置在这三部车上全都有。这三款车也全部获得了欧洲碰撞试验的 5 星成绩,因此在安全性方面难分伯仲。

配置方面,像中国消费者比较喜欢的电动车窗、电动座椅调节、导航、DVD 系统、无钥匙启动、定速巡航等,奔驰 C200 时尚型相比之下稍逊。因此,三款车型的对比,主要在于空间、性能和燃油经济性方面。

经过一番客观、理性的比较,得益于其超长的达到 2920mm、接近宝马 5 系的轴距,良好的操控性能和燃油经济性,宝马 3 系能够提供更大的空间和更动感的驾驶感受,从而赢得了小张的青睐。小张的父母和妻子最终也支持小张购买宝马 320Li 豪华版。

新车提回家一个月,小张有了自己的感受。小张觉得宝马 3 系的外观整体看起来漂亮优雅,前脸设计较为阳刚,有肌肉感;车身宽度较好,车内空间够大,但储物空间较少,尤其是储物格少,不太方便;不过操控性能表现十分突出,操控感强,方向精准,底盘扎实,路感清晰。

总的来说,小张对这次购买过程是十分满意的,销售人员热情周到,服务贴心,车子开起来也很顺手,空间大让一家人出行不会再有拥挤的感觉,在朋友面前也很有面子。小张打算努力赚钱,四五年后再换部更好的车。

【讨论】

1.试运用消费者决策过程的五阶段模型分析小张买车所经历的相关阶段。

2.根据小张买车的过程分析中国消费者购买大型耐用消费品时从哪些渠道搜集信息?哪些信息来源影响大?

3.试根据影响消费者购买行为的四大因素分析影响小张买车的主要因素。

4.小张买车属于哪一种类型的购买行为,有什么特点?

思考题

1.什么是消费者市场？它有哪些特点？

2.影响消费者购买行为的主要因素有哪些？

3.相关群体是如何影响消费者行为的？请举例分析。

4.社会阶层是如何影响消费者行为的？请举例分析。

5.说明复杂的购买行为、减少失调感的购买行为、多样性购买行为和习惯性购买行为的产生条件和相应的营销策略。

6.消费者购买的决策过程是怎样的？

7.假如消费者要购买一台数码相机,他(她)应当如何收集信息？不同信息来源对他(她)会产生何种影响？

第四章　组织市场及购买行为分析

营销学不仅适用于产品与服务,也适用于组织与人,所有的组织不管是否进行货币交易,事实上都需要营销。

——菲利普·科特勒

■本章学习目标

通过本章的学习,了解组织市场的基本类型、特征;理解生产者市场购买决策的主要影响因素和购买决策过程;中间商市场的产品经营战略及营销策略;了解非营利组织的基本类型和购买特点以及政府采购的特点、影响因素和主要方式。

■本章学习重点

组织市场的类型及特征;生产者市场购买决策的影响因素和购买决策过程;中间商市场的产品经营战略及营销策略。

企业的市场营销对象不仅包括广大的消费者,还包括生产企业、中间商、政府机构等各类组织机构,这些组织机构形成了市场营销中的组织市场,他们是原材料、零部件、机械设备、供给品和企业服务的购买者。与消费者市场相比较,组织机构市场的需求和购买者的购买行为有明显的区别。本章重点对组织市场中的生产者市场、中间商市场、非营利组织与政府市场的特征及购买行为进行分析。

第一节　组织市场类型及特征

组织市场是指企业为从事生产、销售等业务活动以及政府部门和非营利组织为履行职责而购买产品和服务所构成的市场。该市场体系主要包括以生产资料和各项生产要素(资金、劳动力、信息、技术、房地产等)为交易对象的组织市场,也包括少部分以组织消费为特征的组织市场。由于组织市场在交易对象的特性、经济运行的规律和购买行为的实现等方面都有明显的区别,从而构成市场营销学研究细分化的各个领域。

一、组织市场的类型

组织市场主要包含生产者市场、中间商市场、非营利组织市场和政府市场四大类。

生产者市场是指购买产品和服务的目的不是满足自己的消费需要,而是用来生产其他的产品或服务,以供出售或租赁。生产者市场涉及的范围很广,包括农林牧渔业、采矿业、制造业、建筑业、运输业、通讯业、公共事业、银行金融和保险业、旅游业、服务业和其他一些行业。

中间商市场又称转卖者市场,它是由以赢利为目的、购买商品后再转卖或出租给别人的所有组织和个人所组成的一种市场。

非营利组织市场是指为维持正常运作和履行职能而购买产品与服务的非营利组织所构成的市场。非营利组织既不同于企业,也不同于政府机构,它是具有稳定的组织形式和固定的成员,独立运作,发挥特定社会功能,以推进社会公益而不以营利为宗旨的事业单位与民间团体。

政府市场也称政府采购市场,是指因政府消费而形成的一种特殊市场,是国内市场的一个重要组成部分。政府采购市场不同于民间市场,它有特定的采购主体,采购资金为政府财政性资金,采购的目的是为履行政府管理职能提供消费品或为社会提供公共品,没有营利动机,不具有商业性,它是一种特殊的非营利组织市场。

二、组织市场的特征

与消费者市场相比,组织市场的需求和购买行为有明显的区别,主要包括以下特征。

1.购买者较少,购买数量较大。因为在消费者市场上购买商品是以为数众多的个人或家庭为单位的,这就表现为购买者众多、购买数量较少。但在组织市场上,购买活动是以组织为单位的,而且购买的产品和服务是被用来大批量地生产其他产品或组织消费,这就必然表现为购买者较少,而购买量较大。因此,产品和服务的供应商应与购买量较多的用户保持直接的联系,以稳定购销业务关系。

2.购销双方关系密切。因组织市场购买者人数较少,而大宗产品的购买者对供应商来说具有十分重要的意义,所以组织市场上购销双方一般会建立起紧密的关系。购买者总希望供应商按自己的要求提供产品,供应商也希望有稳定可靠的客户,所以,双方总是愿意在产品的技术规格和交货要求上密切合作,配合默契,建立起长期的协作关系。

3.组织市场的购买者多为专业人员。在消费者市场上,购买者通常不具备充分的专业知识,而组织市场的购买者多为专业人员。这是因为对于生产者市场而言,采购的生产资料重要性越高,参与决策的人员就越多,通常会由工程技术专家和高层管理人员共同组成采购小组,负责制定采购决策。而负责实际采购的人员一般都经过专业培训,对所采购产品的技术细节有充分的了解;对于政府市场和非营利组织市场来说,因其购买数量大、交易额高、购买责任重,通常也由专业的采购人员购买。因此,在组织市场上更强调人员推销的重要性,且要求销售人员精通专业知识,具有较高的业务水平。

4.直接采购和招标采购是主要的采购方式。由于组织市场购买数量多,对产品和服务的使用又要求有专业技术知识,所以一般采用短渠道流通,由购买者直接向供应商采购。招标采购近年来成为众多组织购买者的重要采购方式。招标采购是指生产企业对于所需采购的物品通过招标的方式,购买到价格、质量等较为优选的物品。这种购买方式具有平等性、有限性、开放性和竞争性等特点。

第二节 生产者市场的购买行为

一、生产者市场的特征

生产者市场除具有组织市场的一般特征外,还具有以下一些特殊的方面。

1.购买者地理分布相对集中。由于自然资源的分布、生产力的布局以及产业的集聚等因素所致,某些行业往往密布于一定地理位置上,从而使这些行业的生产资料购买者在地理位置上也相对集中。例如,我国的林业主要集中在东北三省,煤炭业主要集中于黄河以北,这必然使林业和生产煤炭所需要的生产资料的购买者也分别集中在东北三省和黄河以北。又如,苏浙两省盛产丝绸,因此,生产丝绸所需要的生产资料的购买者也相对集中在苏浙一带。所以,生产资料供应商在选择目标市场时应注意其用户主要集中的地区,以便把产品打入用户较多的地区。

2.生产者市场的需求具有派生性。某种生产资料需求量的大小归根到底是由利用这种生产资料生产出来的消费品的需求量所决定的,因而具有派生性。例如,棉花这种生产资料的需求量是由棉制品的需求量决定的,如果消费者对棉制品的需求量较大,必然会引起对棉花的较大需求。反之,如果消费者减少了对棉制品的需求量,生产者对棉花的需求也会随之减少。因此,生产资料供应商在进行市场调查和预测时,首先要了解与本企业生产资料有关的消费品需求量的变化情况。

3.生产者市场的需求属于"硬性"需求。生产资料的需求量受价格的影响较小,系"缺乏价格弹性"的需求,因为生产者资料是生产的必备要素,为了使生产过程连续进行,生产者必然要根据一定的生产定额不断购买、补充生产资料,在一般情况下,它受价格波动因素的影响较小,即价格弹性系数较小。所以,对生产资料的需求属于"硬性"需求。

4.生产者市场的波动性较大。许多消费品的生产往往需要通过多道工艺完成,在社会分工条件下,通常由多家企业共同完成产品的生产过程。如衬衫的生产要通过棉花或蚕丝生产、纺织、印染和服装加工等厂家的共同合作,而所有这些生产者和厂家的关系都是商品买卖关系,最终产品的形成往往要通过生产资料市场的多次购销,使生产者市场的交易额大大超过消费者市场的交易额。同时,组织市场的需求又具有派生性质,因此,一定比例的消费品需求的增长会引起更大比例的对生产资料需求的增长;同样,对消费品需求的一定比例的下降,也会导致对生产资料需求更大比例的下降,西方经济学家称这种现象为"加速原理"。而生产者市场的需求是经常变化的,从而使组织市场的需求具有较大的波动性。

5.互购和租赁是重要的采购补充方式。生产者市场除采用一般组织市场常用的直接采购和招标采购方式外,还运用互购、租赁等重要的采购方式作为补充。

互购是一种常见的形式。购买者和供应商之间经常相互提供产品,如造纸厂需要化工原料,而化工企业也需要一些纸制包装物,双方就可以建立稳定的购销关系,并互相提供优惠条件,实行"互惠交易"。

租赁是生产者市场上的另一重要交易方式。购买者采用租赁方式取得一定时期内设备的使用权,既可以缓解资金短缺压力,在不追加大量投资的情况下实现设备技术更新,也可以避免设备折旧的风险。而出租者通过出租设备取得收益,提高其利用率,降低其无形损耗,使双方各有收益。

二、生产资料购买决策的参与者

为了有针对性地制定市场营销决策,生产资料经营者不仅要了解组织市场的特点,而且更要了解谁参与生产资料的购买决策过程,这些参与者在整个购买决策过程中担任什么角色,能起多大的作用。根据在购买决策过程中的不同作用,生产资料购买决策的参与者可以分为以下几种类型:

1.使用者,即使用将要采购的生产资料的人。在许多情况下,使用者往往首先提出购买某种生产资料的建议,并在决定购买具体品种、规格时起着一定作用。

2.影响者,即所有影响购买决策的人。他们往往参与决定购买何种规格和品种的产品,并为评价替代物(可以相互替代的生产资料)提供信息。企业的技术人员通常是主要的影响者。

3.决策者,即有权选择或决定生产资料供应商的人。在常规型采购决策中,采购者往往就是决策者,在新的、复杂的采购决策中,决策者往往是相关业务主管。

4.采购者,即在选择生产资料供应商和安排具体采购业务中具有一定权力的人。他们协助决策者确定采购产品的规格,并在选择供应商和商务谈判中起着一定作用。在复杂的、重要的采购业务中,采购者还包括参与商务谈判的企业高层管理者。

5.信息控制者,即控制有关生产资料信息流的人。例如,西方企业的采购代理商为了承揽业务,获得较多的佣金,往往有意控制生产资料供应商的推销人员访问生产资料采购业务的使用者和决策者。又如,采购企业的某些人员(如技术人员、采购者、决策者等)为了选择最为合适的供应商,往往对企业所需要的生产资料数量、愿意接受的价格幅度等信息保密,不向外人吐露。这些人也可称为信息控制者。

值得一提的是,并非任何企业采购任何生产资料都必然会有上面的五种人员参与决策过程。由于所采购的生产资料类型不同,参与者的数量和参与程度也不同,如购买机器润滑油的企业,可能只有使用者和采购者参与购买决策过程,采购者往往就是决策者;而在采购技术性强、价格昂贵的生产资料时,有可能以上五类成员都不同程度地参与购买决策。因此,更有必要摸清谁是本企业经营生产资料的最关键的购买决策者,并力求掌握这些决策者对生产资料的评价标准,以便采取措施,对其施加影响。

三、影响生产者购买行为的主要因素

生产资料购买者在制定购买决策时往往受多种因素的影响。有学者认为,最重要的影响因素是经济因素。因为生产者采购生产资料的目的主要是在保证产品质量要求的前提下,尽可能降低成本,获得较多的利润,因此,生产资料采购人员总是选择那些提供价格较低、产品较优、服务较好的生产资料供应商,这就意味着生产资料经营者应考虑通过自己的活动为购买者提供尽可能多的经济利益。另一种观点认为,生产资料采购人员也是社会人,他们除了受经济因素影响外,还受其他非经济方面因素的影响,如个人爱好、感觉或冒险精神等。事实上,生产资料购买者既要考虑经济因素,同时也要考虑非经济因素,只是在不同的情况下,侧重点不同而已。例如,当许多生产资料供应商所提供的产品在质量、价格和服务等方面条件基本相同时,生产资料采购人员购买任何一家供应商的产品都能满足本企业的采购目标,这时,采购人员的个人因素就会起较大的作用。

市场营销学家菲利普·科特勒把影响生产资料购买者行为的主要因素划分为四大类:即环境因素、组织因素、人际因素和个人因素(见图4-1)。这一理论对我国营销实践有重要借鉴作用。

环境因素				
市场需求水平	组织因素			
经济前景		人事因素		
利率	企业目标	利益	个人因素	
技术变化速度	企业政策	职权	年龄 文化	
政治和法律趋势	经管程序	地位	教育 职务	购买者
竞争趋势	组织结构	志趣	个性	
社会责任心	管理制度	说服力	冒险精神	

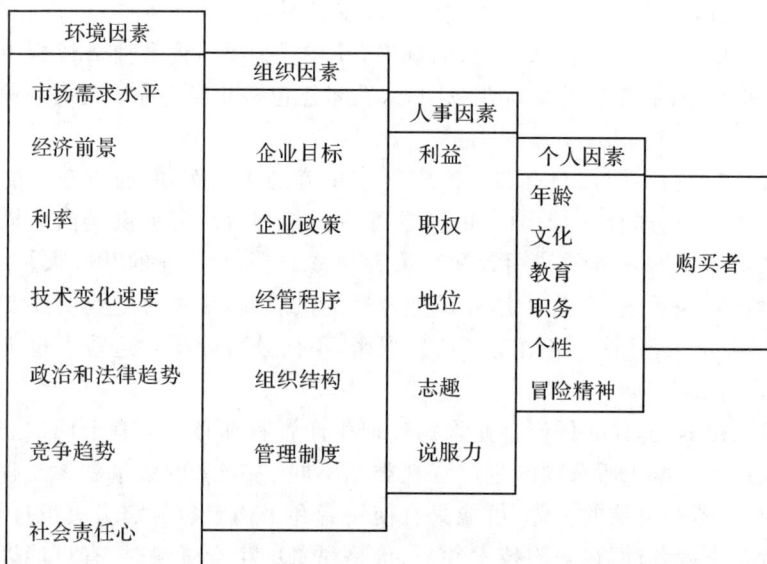

4-1 影响生产资料购买行为的主要因素

(一)环境因素

所谓环境因素,是指企业不可控制的外部力量。生产资料购买深受当前的和预期的经济环境因素(基本的市场需求、经济前景和利率水平等)的影响,如在经济萧条时,生产资料购买者往往会缩减对企业和设备的投资,减少生产资料的采购量和库存量,在这种环境下,生产资料经营者很难刺激需求者的购买欲望。又如,在生产资料供应不足的情况下,许多企业因担心主要生产资料发生短缺,往往愿意购买和储存较多的生产资料,并愿意同生产资料供应商签订长期合同,以保证原材料的稳定供应。生产资料购买者还受政治、法律和竞争环境的影响,特别是受技术环境的影响。因此,生产资料经营者必须密切注视所有这些环境因素的变化情况,并采取积极主动的措施去影响生产资料购买者。

(二)组织因素

组织因素在生产者购买决策制定中具有特殊及重要的作用。每个购买生产资料的企业都有自己特有的目标、政策、经营活动程序、组织结构和管理体制,生产资料经营者必须尽可能了解这些情况,特别要重视以下问题:多少人参与购买决策;他们是谁;他们的评价标准是什么;企业的政策对采购人员有什么约束力,等等。生产资料经营者只有弄清了这些问题,才能采取适当的措施,对采购人员产生影响。

近几年来,国外的生产资料采购企业的组织因素具有以下发展趋势:

1.提高采购部门的地位。过去,企业的采购部门在企业的整个层次中通常处于低层次的地位。但由于近年来通货膨胀加剧和生产资料短缺,许多企业提高其采购部门的地位。如美国一些大公司甚至把采购部门的领导人提升到公司副总裁的位置;一些公司还把采购、库存控制、生产作业过程和运输等职能合并成一个高层次的职能,称为"原材料管理";更多的公司则设法物色聪明灵活、受过高等教育的人从事采购工作,并给予较高的酬金。这意味着生产资料经营者必须相应地提高企业推销人员的业务水平,以应付新的、能力较强的采购人员。

2.采取集中采购的方式。在多部门的企业中,过去由于各部门的需要不同,生产资料通常由各部门自己负责采购。但近年来,许多西方企业为了降低成本,达成更有利的交易条件,多采取集中采购的方式。对生产资料经营者来说,这种发展趋势意味着企业将面临数量较少但层次较高的采购人员,这就要求经营者必须配备较高素质的推销人员,制定更周密的市场营销计划。

3.签订长期合同。生产资料采购企业越来越愿意与供应商签订长期合同,以保证生产资料的不断供应。而签订长期合同,要求买卖双方具有较高的谈判技巧,培训专门的商务谈判人员。

4.重视对采购实绩的考评。许多西方企业建立了经济刺激制度,对采购工作成绩优异的人员进行奖励,促使采购人员努力寻找对企业最有利的供应商。

(三)人事因素

如前所述,每个企业往往有许多人以不同的身份参与购买决策过程,这些人在企业中具有不同的地位、职权、志趣和说服力,这些人事因素必然会影响购买决策。因此,生产资料经营者应努力了解生产资料采购企业的这些人事因素。

(四)个人因素

每个参与生产资料购买决策过程的人都有不同的动机、感觉和偏爱等特征,并在购买决策过程中始终起着一定的作用,而这些特征往往由参与者的年龄、教育水平、职务、个性以及对风险的态度等因素所决定的。生产资料营销人员应努力了解采购人员的这些个人因素,同他们处理好关系,以有利于开展业务。

四、生产资料购买活动的主要类型

生产资料的购买活动可分为以下三种主要类型。

1.纯粹续购型。这是一种最简单的购买活动,它是用户根据常规的生产需要和过去的供销关系进行重复性采购,根据以往的业务关系,选择最令人满意的供应商,并按常规与之签订供销合同,基本上不需要制定新的决策。对于这种类型的购买活动,与采购企业已经建立业务关系的生产资料供应商应努力维护原有的产品质量和服务质量。为了留住常客,这些供应商应提出自动续购的办法,定期订货,以便节省采购人员续订合同的时间;而对于一些尚未与供应商建立业务关系的采购企业,供应商应设法向他们提供一些质量更好、价格更低的产品和更多的服务,促使采购单位与其建立长期购销关系。在策略上,这些供应商可先设法同采购单位达成小额交易,取得他们的信任后,再逐步扩大交易额。

2. 更改续购型。指采购企业因生产所需或为了提高采购工作质量,部分地改变采购产品的规格、可接受的价格以及其他的供货条件或供应商。更改续购型比纯粹续购型复杂得多,因此,往往有较多的人参与购买决策过程。这种购买活动类型对已经与采购企业建立了业务关系的生产资料供应商往往会带来一定的威胁,应特别谨慎,要设法使原有的顾客继续购买本公司的产品,维持既得的有利地位;而对于尚未同采购企业建立业务关系的供应商来说,这是一种"有孔可入"的机会,应向采购者提供质量更优、价格较低和服务较好的产品,以争取新顾客。

3. 新任务购买型。一些企业生产新产品或添置新的机器设备,往往需要采购新的生产资料,新任务购买型是指采购企业首次购买某种生产资料的活动。购买者所购买的生产资料的成本越高,风险越大,则参与购买决策的人就越多,需要寻求的信息也越多,这类购买活动,生产资料经营者应充分考虑在购买决策中起关键性作用的影响因素,对其采取相应的措施,并尽力向购买者提供有用的信息和帮助。由于这类购买活动最为复杂,许多供货企业往往将最优秀的推销人员组成小组,向购买者推销产品。

在以上三种购买活动类型中,纯粹续购型需要制定的购买决策最少,而新任务购买型需要制定的购买决策最多,在新任务购买型中,购买者一般要作出以下主要细分决策:即产品规格、价格幅度、交货条件和时间、服务条件、付款方式、订货数量、可考虑的供应商和最后选定的供应商等,而且不同的决策参与者对每一个细分决策均会产生不同的影响。

五、生产资料购买决策过程

生产资料购买决策过程一般包括八个阶段,当然,不同类型的购买活动所需的购买阶段并不相同(参见表4-1)。由此表可知,新任务购买型必须通过所有八个购买阶段,而更改型购买和纯粹续购型可能只需要经过其中几个阶段。

下面将着重分析典型的新任务购买型的购买决策过程中所经历的八个阶段的主要内容。

表 4-1 生产资料购买过程各阶段与购买类型的关系

购买活动类型　　购买过程各阶段	新任务购买型	更改续购型	纯粹续购型
1. 认识需要	需要	可能需要	不需要
2. 阐明总体要求	需要	可能需要	不需要
3. 确定产品规格	需要	需　要	需　要
4. 寻找供应商	需要	可能需要	不需要
5. 征求供应商意见	需要	可能需要	不需要
6. 选择供应商	需要	可能需要	不需要
7. 确定订货	需要	可能需要	不需要
8. 评价合同执行情况	需要	需　要	需　要

(一)认识需要

生产资料采购企业的购买过程起始于企业认识到某种需要的存在,并能通过购买某种产品和服务而得到满足。认识需要往往是由企业的内部刺激或外部刺激引起的。就内部刺激而言,往往有以下几种情况:(1)企业决定生产某种新产品,因而需要购买相应的新生产设备和原料;(2)原有的机器设备已陈旧或破损,需要更新或购买新的部件进行维修;(3)发现某些已购进的原材料不能完全符合生产需要,需要购买新的原材料;(4)采购人员发现价格更低或质量更优的生产资料。就外部刺激而言,采购人员可以通过参加展销会、产品广告或从某个推销人员那里得到信息,了解到企业能采购质量较优、价格较低的生产资料,从而产生了购买的新设想。在此阶段,生产资料经营者要通过广告、上门推销或其他方式刺激生产资料购买者产生购买欲望。

(二)阐明总体要求

采购企业认识到需求后,就要着手决定所需的生产资料的大致特征(如机器设备的功率、精确度、安全性等)及其数量。如果企业购买的是标准件,就不存在复杂性,采购人员可以单独作出决策。如果企业要购买的生产资料比较复杂,采购人员就需要同工程技术人员、使用者和其他有关人员一起决定所购买产品的大体特征,倾听他们对所购买的生产资料的可靠性、耐久性、价格和其他特征提出的要求,并按其重要性进行排列,以确定优先考虑的因素。

采购人员通常不太了解不同产品特征的价值,因此在这一阶段,生产资料经营者应对采购人员确定其所需生产资料的特征和数量等方面提供帮助。

(三)确定产品规格

明确总体要求后,采购企业就要决定所购生产资料的技术指标,为此,企业可成立一个由专业人员组成的小组,运用"价值分析法"进行分析。这种方法是美国通用电气公司在 20 世纪 40 年代末首创的,是在不降低产品功能的前提下,通过降低成本以提高产品价值。产品功能、成本和价值的关系是:V(价值)=F(功能)/C(成本)。在进行价值分析时,这个由专业人员组成的小组,着重审查在特定产品中只占零件部分 20%、但占产品总成本 80% 的那些零部件,并设法在保证产品功能的前提下,通过使用价格较低的零部件,以降低产品的成本。通过价值分析,这个专业人员小组要写出书面材料,确定产品的具体规格和其他技术指标,使得采购人员所购买的生产资料符合预期。

作为生产资料的经营者,他们同样可运用"价值分析法",向采购人员演示用本企业的生产资料能更好地达到采购企业的生产目标,取得更大的经济效益,从而吸引采购企业购买本企业的生产资料。

(四)寻找供应商

在这一阶段,采购人员努力寻找最合适的生产资料供应商。采购人员可以通过查阅工商企业名录、其他企业的推荐资料以及广告等寻找供应商。一些较小的生产资料供应商会因无法满足较大的采购数量而不能同购买者成交,也有一些供货企业因在交货和服务方面声誉不好而不被购买者考虑。最后,采购人员可列出一张"合格"供应商的名单,采购任务越新,所购产品越复杂和昂贵,采购人员用来寻找"合格者"的时间就越多。可见,生产资料供应商应力求将本企业列入工商企业名录,加强广告等促销活动,并努力在市场上建立良好的信誉。

(五)征求供应商意见

在这一阶段,采购企业将邀请符合采购标准的供应商提供有关意见与建议(包括产品使用说明、价目表、质量标准等)。一些供应商可能只交给采购者一份商品目录或派来一个推销人员提供建议,如果采购企业所需要的生产资料是复杂的和价值高的,采购企业往往会要求每个潜在供应商提供详细的书面建议。因此,生产资料经营者必须善于研究和提出建议。其建议不仅包括技术方面的,而且还包括市场营销方面的,并努力取得买主的信任,以压倒竞争对手。

(六)选择供应商

在此阶段,购买决策参与者对每个供应商的建议进行评议,在此基础上选择最终的供应商。他们不仅要考虑各个供应商在产品技术方面的可信度,而且要考虑供应商按时交货和提供必要服务的能力。采购企业通常会拟定一张理想的供应商所具有的特征和各特征相对重要性的单子。例如,某个选择化工产品供应商的采购企业,按重要性排列出供应商应具有的各项特征:(1)技术服务水平;(2)交货速度;(3)对顾客需要的反应;(4)产品质量;(5)供应商声誉;(6)产品价格;(7)产品项目的完整性;(8)推销人员的能力;(9)信贷范围;(10)人际关系等。该采购企业即按上述特征评价供应商,并选择有吸引力的供应商。

【案例4-1】　2010年是家有购物进入快速发展的黄金时期,产品甄选、节目制作、销售配送、后期服务等一系列工作都保持与业务发展同步提升,实现了与供应商共同成长进步的企业愿景,这都得益于家有购物与供应商之间务实灵活的合作精神。

家有购物在所秉持的创新与合作理念下,创新性地推出了多种供应商合作模式。

1.品线深度合作:与专业厂商就其极具优势的一类产品开展全线、长期合作。

2."旗舰店"时段合作:家有购物每周开辟固定时段,销售一个供应商或某一品牌的商品,双方共同策划,家有提供节目策划、呼叫中心、客户服务和物流配送等专业服务。

3.新品开发协助:家有购物全力协助供应商提高新商品成功率,甚至参与企业的新品开发过程。此外,还有新品开发协助,新品开发风险分担,供应链深度合作和阳光伙伴等多种合作模式。

与家有购物已经建立长期联系的一些品牌供应商表示,作为家庭购物行业的供应商需要稳定、和谐、活力的合作发展环境,需要与家有企业进行更为深入的互动交流,充分了解企业发展动态与目标,进而提供更适合中国消费者的电视购物产品。而家有购物此次诚意拳拳的营业报告与目标展望定位准确、明晰有据,为供应商与家有进一步建立长期的互动性战略合作关系奠定了信心基础。[①]

西方一些采购企业还常以某种供应商评价模式为手段选择供应商(参见表4-2)。

---

①《家有购物2010年供应商大会在京隆重举行》,参见 http://post.news.tom.com/s/E4000AEB2255.html。

表 4-2　供应商评价模式示例

供应商特征	评分等级				
	不能接受(0)	差(1)	一般(2)	好(3)	优秀(4)
技术和生产能力					＊
财务能力			＊		
产品质量					＊
交货及时性			＊		
服务能力					＊
总　　分:4＋2＋4＋2＋4＝16 平均分:16÷5＝3.2					

由此例可见,被评价的供应商除财务能力和交货及时性一般外,其他三个特征都是优秀的,采购者要考虑这两个表现一般的特征。另一种分析方法是对不同的特征给予不同的重要性权数加以分析。

通过分析,采购企业便着手同有吸引力的供应商就产品价格和其他条件进行谈判,以作出最终的选择。最后,采购企业可能只选择一个供应商或少数几个供应商。而许多精明的采购企业往往宁愿保持多条产品供应渠道,以避免在只依靠一个供应商的情况下可能会对采购企业带来的不利,同时,这也有利于对几个不同供应商的供货条件进行比较。在方法上,采购者可以向一个主要的供应商订购大量的货物,而向其他供应商只订购少量的货物。例如,某采购者最后选定三个供应商,他向一个主要供应商订购 60％的所需货物,向其他两个供应商则分别订购30％和10％的货物。这样,主要供应商就会努力做好供应,以保证其有利地位;而次要供应商则会积极工作,力求扩大其供应份额;而对于未同采购企业发生业务关系的供货者来说,可以通过向采购企业提供优惠价格和其他优惠条件,争取同采购企业建立业务关系。

(七)确定订货

在此阶段,采购企业就要把订货单发给选中的供应商,在订单上列明产品的技术规格、订货数量、交货时间、产品保证和其他事项。目前,许多采购企业日益趋向于同供货企业签订"一揽子合同",以取代原来的"周期性采购订货"。因为采购企业发出的订单越少,每次订货量越大,就意味着采购企业的生产资料的库存就越多,而采购企业同供货者签订"一揽子合同",双方建立长期的购销关系,则当采购企业需要生产资料时,供应商就会按照事先商定的价格(一般是在一个特定的时期内保持不变)随时供货。这实际上有利于采购企业降低库存。所以,"一揽子合同"又被称为"无库存采购计划"。"一揽子合同"必然导致采购企业多向单一的供货者采购生产资料,买卖双方的关系更为密切,除非购买者对原有供应商的价格和服务等感到十分不满,否则新的供货者很难进入。

(八)评价合同执行情况

在这个阶段,采购人员往往同生产资料使用者取得联系,要求他们根据产品使用的结果,作出满意程度的评价,并对供应商履行合同的总体情况(如交货及时性、服务质量等)作出评价。采购人员的评价工作可能导致其继续同供应商保持业务,也可能增加或减少同该供应商的业务量,如果评价结果表明供应商没有较好地履约,采购企业也可能从此断绝同该供应商的联系。因此,生产资料供应商应注重采购企业对自己的评价,并努力使采购企业感到满意。

以上以新任务购买型为背景,描述了购买过程的八个阶段,而在更改续购型或纯粹续购型的情况下,某些阶段往往可以省略。同时,从以上分析可知,每个阶段都趋向于逐步减少可供选择的供应商数量。生产资料经营者首先要使自己成为采购企业前几个阶段的考虑对象,继而成为采购企业最后选定的对象。可见,生产资料市场营销是一个具有挑战性的领域,生产资料经营者最关键的一步是要了解顾客的需要,谁参与购买决策过程等问题,只有掌握这些情况后,才有可能设计出科学的市场营销计划,促使用户购买本企业的产品。

第三节　中间商市场的购买行为

中间商市场又称转卖者市场,它是由以营利为目的、购买商品后再转卖或出租给别人的所有组织和个人所组成的一个市场。这些组织和个人可分为两类:一是批发商,它们主要向生产者或其他批发商进货,然后把商品主要转卖给零售商、工业用户和其他营利性企业(如旅馆、饭店等)以及机关团体;二是零售商,它们主要向批发商进货或直接向生产企业进货,然后把商品卖给最终消费者。

中间商购买大量的商品以转卖给他人,从中赢利,同时他们也购买部分商品以供自身营业的需要(如办公用品、货架等)。我们在此只讨论中间商购买商品为了转卖这一情况。

在地理分布上,中间商市场比产业市场较为分散,但比消费者市场较为集中;同时,中间商经营着各种各样的商品,事实上,除了少数体大物重、技术复杂的产品由生产者直接卖给最终用户外,绝大多数商品都通过中间商卖给最终消费者。可见,中间商在商品流通中起着十分重要的作用。

一、中间商的产品经营战略和购买过程

(一)中间商的产品经营战略

中间商在采购产品时必须做以下的购买决策:经营什么产品? 向哪些卖主购买? 达到什么样的价格和其他供货条件? 在以上三种决策中,产品决策是首要的,它决定某个中间商的市场地位。中间商可以从以下四种产品经营战略中进行选择。

1.独家产品战略。即中间商只经营一家企业的产品,如某家电商店只经营海尔公司的海尔系列冰箱,以求得较好的优惠条件。这只为规模较小的企业所采用,而且采用这种战略的企业并不多。

2.多家产品战略。即中间商同时经营几家企业的同类产品,如某中间商除了经营海尔系列冰箱外,还经营西门子、松下、华日等品牌的电冰箱。采取这种战略,能使顾客在购买某种产品时有一定的选择余地,从而吸引较多的顾客前来购买,但由于经营单一的产品,还是存在较大的经营风险。

3.多种产品战略。即中间商在经营范围内经营多种相关产品。如某中间商除了经营电冰箱外,还经营电视机、洗衣机等家用电器。采取这种战略,能使顾客买到相关产品,同时也使企业具有一定的经营范围。

4.混杂产品战略。即中间商经营互不关联的产品,如某中间商既经营家用电器,又经营服装、食品等其他不相关联的产品。这种战略能使中间商减少经营风险,但要求企业有较雄厚的实力。

这样,一个家电商场可能只经营海尔品牌的电冰箱(采取独家产品战略),也可能经营多种品牌的电冰箱(采取多家产品战略),也可能经营电冰箱、洗衣机等相关产品(采取多种产品战略),还有可能另外经营服装、食品等不相关产品(采取混杂产品战略)。中间商选择产品经营战略是十分重要的,因为这会直接影响中间商的顾客组合、市场营销组合和供货者组合。

(二)中间商的购买过程

中间商除了要做出产品经营战略的选择外,在其购买过程中还会面临以下三类不同的购买决策。

1.购买新产品。在这种状况下,卖主向中间商提供某种新产品,中间商需要做出接受或不接受的选择,这取决于这一产品的销路以及能否带来一定的利润。这同生产者的新任务购买型是不同的,因为生产者为了满足生产的需要,必须向某一

供货者购买所需的生产资料。面对新产品的购买抉择,中间商会做出不同的反应。如果中间商估计该新产品有较好的销路,就会决定购买较大的数量,如果对销路没有把握,中间商可以采取小批量进货的办法,一旦发现销路较好,可以马上追加订货;如果销路不好,对企业也不会造成太大的损失。对于中间商的供货者来说,可以通过多种手段促使中间商采购新产品,如向中间商说明新产品比老产品有较大的相对优势,能满足顾客的新需要,也可以采取对首次购买者享受优惠价的办法,还可以采取售后付款等手段。

2. 选择最佳供应者。中间商需要购买某种产品,而经营这种产品的供应商很多,这时,中间商就要选择最佳的供应商。中间商往往从产品价格、质量、售后服务、信贷、交货及时等方面来评价供应商。因此,供应商应努力了解特定的中间商最关键的评价标准是什么,以便采取相应措施吸引中间商购买本企业的产品。

3. 谋求更好的供货条件。许多中间商往往同供应商建立了一定的业务关系,在一般情况下,中间商是不会轻易更换供应者的。但中间商往往会向现有的供货者谋求更好的供货条件,索求优惠的待遇,如更多的服务、更好的条件和较大的价格折扣等。供应者为了同中间商保持和增进业务关系,首先应了解其他供应商向该中间商提供的供货条件,然后以较有吸引力的供货条件促使中间商增加对本企业产品的采购份额。

【案例 4-2】 汽车制造业是典型的装配行业。30%的质量问题和 80%的产品交货期问题是由供应商引起的。在供应市场上,采购者根据采购零部件的价值、重要性以及采购方受到的重视度、信赖性,将供应商划分为若干群体。供应商分类原则:(1)企业发展战略。它是关于企业发展的谋略,包括企业发展、竞争、营销和技术开发多种方面。发展就需要资源,所以选择合理的供应商作为配套资源尤为重要。(2)供应商重要性。根据帕累托 80/20 原则,将供应商分为重要和普通两级。占采购物资价值 80%的供应商中的 20%为重点供应商,他们的提供品是企业产品的关键部件,比如发动机和变速器。对重点供应商应投入 80%的时间和精力进行管理和改进。(3)供应商战略。对于整车厂来说,供应商担当如战略伙伴、普通交易、转移成本压力的对象等角色。在我国,汽车零部件供应商有两种类型:一是直属于整车厂,二是独立经营。(4)供应商业绩。随着供应关系的建立,供应商的产品实物质量和管理水平将影响供应品的保障能力。依据供应商业绩优劣,确定供应商等级和分类,能够促进其质量改进的积极性,有利于本企业产品质量的提升。

供应商分类:(1)战略同盟型。指双方从长远利益出发,相互配合,以提高产品质量水平和降低成本为共同目标。此类供应商能充分满足整车厂需要,对整车厂的效益有重大影响。整车厂会对供应商提供必要的技术和资金支持,供应商的技术创新和发展也会促进采购方的产品改进。(2)合作伙伴型。指双方具有比较紧密的合作关系,供应商的提供品能够满足企业生产需要。但具有一定的可替代性。由于成本、地域限制,整车厂不会轻易更改此类供应商的合作关系,从而使双方保持良好的协作关系。(3)短暂交易型。指双方停留在短期的交易合同上。主要是通过谈判争取最大的利润。此类供应商能够保证提供标准化的产品和服务,保证每一笔交易的信誉,双方关系随买卖关系结束而终止。[①]

二、中间商采购人员的类型和影响中间商购买的因素

小型企业的经理通常都直接从事商品采购活动,而在规模较大的企业,采购活动是一种专门的职能,由专职人员负责。但在不同的批发企业和零售企业,采购商品的方式存在着较大的差异性。例如,有的百货商场由企业采购人员统一进货,这有利于集中装运商品,享受较大的价格折扣以及其他的优惠条件;而有的百货商场由各柜组负责进货,因为柜组对自己所经营的商品最为了解,这有利于确定合理的采购数量,提高产品的试销率;还有一些商店综合以上两种采购方式,企业的专职采购人员负责向原地的供应者采购商店各柜组所需要的商品,统一储运,统一决定供货条件,而商店各柜组负责采购当地产品。因此,供应者必须了解谁参与了中间商的采购过程,他们对供应商的评价标准、内容和程序是什么。

在今天的网络时代,电子商务已成为一种重要的交易方式,网络中间商以其独特的角色存在于供需双方的交易中,并起着重要的作用(参见案例4-3)。

【案例4-3】 电子市场的造市者组织电子市场的目的是提高交易的效率,节约交易的成本。它是一种新型的、基于因特网的电子中间商。目前市场上运营的电子市场有三种:一是由卖方控制的电子市场;二是由买方控制的电子市场;三是由独立的第三方中介建立并控制的电子市场。

电子市场中间商存在的理由主要有以下几点:首先,交易成本原因,电子商务的发展提高了市场的交易效率,大大降低了买卖双方之间的协调成本,但这个成本并不会降低到零。其次,电子市场作为中间商对于控制交易风险是有必要的。此外,搜索成本、隐私保护的缺失、不对称信息、合约的风险、价格等原因,使得电子中间商有存在的必要。

---

①徐飞云、成艾国:《浅析汽车零部件供应商的选择》,载《机电产品开发与创新》,2010年第3期,第37—38页。

　　电子商务的兴起与发展促使了电子市场中间商的产生。电子市场中间商与传统中间商的职能在本质上并没有不同,其存在的目的都是提高市场交易的效率。而电子市场借助发达的信息技术,为市场交易双方带来更多、更透明的信息,降低了交易成本,提高了市场的交易效率。由于从海量信息中获得有效信息的成本增加,电子市场信息不对称现象加剧。此外,电子市场价值的不平衡性也影响着电子市场中间商作用的有效发挥。因此,好的电子市场的设计应考虑到这些情况,以消除电子市场对供应商和采购商可能产生的价值不平衡性。同时,在充分利用电子市场使信息更为透明之外,还应尽可能采取有效的措施避免电子市场上的信息不对称现象加剧。[①]

三、中间商采购决策的制定

　　中间商的采购决策因其所采购的商品的不同而有区别,当中间商的库存降到一定水平时,就会重新向供应商订货,只要中间商感到供应者的产品、供货条件和服务是比较满意的,一般不会变换供应商,只有中间商的费用和成本增加,影响其利润时,才会同供应商重新协商价格。

　　中间商在续购产品时有两种决策可供选择。一是进货次数较少,每次进货数量较大。这可以减少进货的手续和进货费用(如搬运费等),并能享受较大的数量折扣,但同时会使中间商的库存量增大,不利于资金周转;二是进货的次数较多,每次进货的数量较小。即采取"勤进快销"的方法,这有利于减少库存量,加速资金周转,但会增加进货工作量和进货成本,不利于享受优惠的价格折扣。不同的中间商可采取不同的决策。一般来说,第一种决策多为批发商所采用,因为批发商有较多的流动现金,有相当的仓储条件,有较大的销售额;而零售商多采取第二种决策,因为零售商的流动资金有限,库存较小,有的零售商甚至没有正式的仓库。对于不同的供货商,中间商也会采取不同的决策,如对于外地的供应商,中间商就倾向于第一种决策,而对于当地的供应商则倾向于第二种决策。同时,中间商的购买决策还受供应商所提供的价格折扣幅度的影响,如供应商所提供的数量折扣幅度较大,就能吸引中间商大批量进货;反之,中间商就会缩减进货批量。中间商无论倾向于哪一种决策,都必须遵循"以销定进"的原则,即根据对下一期销售额(量)的预测值和本期期末库存水平决定进货批量。

---

① 胡宏力:《电子市场中间商:存在的理由与缺陷》,载《山西大学学报(哲学社会科学版)》,2010
　年第4期,第89—92页。

四、中间商市场的营销策略

随着我国买方市场的形成以及中间商的采购决策水平不断提高,许多中间商重视市场需求的调查和预测、库存控制、空间利用和商品陈列等经营管理活动,一些中间商还利用计算机来控制库存额,计算经济采购批量,以明确企业经营某一特定的产品能否为企业带来满意的利润。这些情况说明,中间商的供应者正面临着中间商日益复杂的购买行为,这也部分地说明了购销主动权正由生产者转向中间商。供应者应了解中间商不断变化的需求,向他们提供有吸引力的商品和服务并采用以下市场营销策略来吸引中间商。

(一)产品策略

中间商以转售商品获得利润,所以其采购商品时应特别注重产品的试销性。产品在同类产品中的技术创新水平、品牌的市场效应等应是中间商采购时特别重视的方面。同时由于中间商把服务作为主要的经营手段,因此,产品功能和质量的稳定性以及产品供应商能否提供完善的售后服务,也是影响中间商购买的重要因素。

(二)价格策略

1.运用数量折扣刺激中间商大批量购买。供应商应根据中间商采购数量的大小给予不同的折扣,中间商采购的数量越大,享受的折扣率越高,从而刺激中间商向供应商大批量进货。若实行累计数量折扣,供应商还能刺激中间商不断向本企业采购产品,以便在一定时期内达到较大的累计采购额,享受更多的优惠。

2.实行延期付款。对于流动资金比较短缺的中间商,供货者实行延期付款的方法,从资金信贷上给予优惠,刺激中间商购买本企业的产品。

(三)渠道策略

供应者若通过中间商经销或代理,则应注重对销售网络的管理和控制;建立规范的管理体系和制度,加强双向沟通,在双方利益共同提高的基础上进行合作,具体可应用以下策略:(1)提供"无库存采购"服务,以较短的时间间隔向中间商送货。当市场需求产生变化,中间商需要减少销售时,供应商可为中间商承担部分或全部损失。(2)实行移库代销,供应商将部分库存商品交由中间商保管代销,中间商根据销售额取得一定比例的代销金。(3)供应商可为中间商提供津贴等。

（四）促销策略

供应商应充分利用中间商的销售场所进行广告宣传（即 POP 广告活动），如在销售场所统一设立有企业标记、标准色彩的本企业产品专用陈列柜、室内灯箱广告、招贴广告等。同时，供应商应替中间商为产品所做的广告承担部分或全部的广告费用，提供有关产品的宣传资料，撰写广告文稿等。供应商还可配合中间商进行销售促进活动，如派出专业人员进行现场演示、现场咨询活动，举办主题产品展销等。

第四节　非营利组织与政府市场

一、非营利组织的购买行为

所谓非营利组织泛指一切不从事营利性活动，即不以创造利润为根本目的的机构团体。不同的非营利组织，有其不同的工作目标和任务。非营利组织的市场购买行为是指国家机关、事业单位和团体组织，使用财政性资金采购依法制定的集中采购目录以内的或者采购限额标准以上的货物、工程和服务的行为。

（一）非营利组织市场的类型

1.公益性组织。通常以国家或社会整体利益为目标，服务于全社会。这类非营利组织，有各级政府和有关部门，还有军队、公安等。

2.互益性组织。如职业、业余团体、宗教组织，学会和协会。较重视内部成员利益和共同目的，看重对成员的吸引力。

3.服务性组织。以满足某些公众的特定需要为目标或使命。常见的有学校、医院、新闻机构、图书馆、博物馆及文艺团体、红十字会、福利和慈善机构。

（二）非营利组织的购买特点

1.限定总额。许多非营利组织的资金都来自外界捐款，从某种意义上说，不能无限制地随意购买，需要尽量做到总的购买经费最低，对购买总额的限定也便于管理。所以一般情况下要求限定购买总额。

2.价格低廉、质量保证。由于经费的限制，在采购中必须要求商品价格低廉，而其采购的商品是为了履行组织职能。所以，在价格低廉的条件下必须保证采购商品的质量和性能。

3.受到较多控制且程序复杂。与政府采购一样，非营利组织采购的参与者众多,做出一个购买决策常常需要很多人参与,这些参与者包括管理者、专业人员甚至外部咨询顾问。为了更好地发挥非营利组织资金的效用,购买决策需要按照各项规定,进行严格的评估。

二、政府市场购买行为分析

(一)政府市场概述

政府采购市场是指因政府消费而形成的一个特殊市场,是国内市场的一个重要组成部分。政府采购市场的规模为政府财政支出中政府消费和政府投资的总和。政府采购的目的是履行政府管理职能,提供消费品或向社会提供公共品,没有营利动机,不具有商业性。它是一种特殊的非营利组织市场。

我国的政府采购市场是一个新兴市场,交易规则和管理体制尚不完善,市场意识普遍不强,市场处于分割状态。主要表现:一是搞地区分割。一些地区规定采购人必须购买当地供应商提供的货物,工程和服务项目要由当地供应商提供,将外地产品和供应商排除在外。二是实行行业垄断。一些行业主管部门对进入本行业的产品或供应商作出限制性规定,限制其他产品和供应商的进入。三是人为干预。按照个人偏好确定产品或供应商。这种局面不利于全国性政府采购市场的形成,限制了生产要素的自由流动,不能形成充分竞争,难以实现政府采购制度的目的。

(二)政府采购的特点

1.由于其采购决策要受到公众监督,因此它们经常要求供应商提供大量的书面材料,而且决策程序繁琐,效率很低。

2.经常要求供应商竞价投标。在多数情况下它们选择报价最低者,有时也选择那些能提供优质产品或具有及时履约信誉的供应商。

3.往往倾向于照顾本国的公司。因此,许多跨国企业总是与东道国的供应商联合投标。

基于多种原因,许多面向政府部门销售的公司并没有表现出市场营销的倾向。政府部门在采购政策中已强调了价格标准,并会引导供应商在降低成本方面作出努力。另外,由于产品的各项特征已被严格设定,因而产品差异也不是市场营销可利用的因素,甚至广告和人员推销也起不了太大作用。

(三)影响政府采购的主要因素

政府采购的独特之处在于它受到外界公众的密切注视。政府采购者除受到环境、组织、人际和个人等一般因素的影响外,还受到其他一些因素的影响。

1.受到社会公众的监督。政府采购的监督者包括:国家权力机关和政治协商会议、行政管理和预算办公室、传播媒体、公民和民间团体等。国家的采购资金为政府财政性资金,主要来自国家预算资金(纳税人缴纳的税金),按照财政收入取之于民、用之于民的原则,政府采购活动必须公开、公正、公平地开展,这些监督者将代表人民对国家的采购行为进行监督。

2.受到国际国内政治形势的影响。政府的采购参与者分为两类:行政部门的购买组织和军事部门的购买组织。在国际政治形势紧张导致国内安全受到威胁时,政府部门对军事采购的需求就会增多。如果国际形势和国内政局比较稳定的时候,政府采购将增大国家建设方面的支出。

3.受到国际国内经济形势的影响。经济形势的好坏对政府采购有着重大的影响,继而影响到国家的财政收入和财政支出。目前在全球性金融危机的影响下,国际经济明显处于低迷时期,受此影响,我国经济发展速度明显减缓,国家将大量投资于基础设施的建设,以此来拉动国内经济增长。

4.受到自然因素的影响。如果自然灾害发生频率比较高,国家的财政支出比例中对抗灾物资采购的比重将加大。

(四)政府采购主要方式

政府采购方式主要有公开招标采购、协议合同采购和日常采购等。

1.公开招标采购。这种采购方式是指政府采购部门邀请合格的供应商对政府仔细描述的商品品目进行投标。一般来说,获得合同的是出价较低的供应商,供应商必须考虑能否满足产品的各种规格及接受的条件,就日用品和标准品来说,各种规格并不是障碍,但是,对非标准品来说,这也许是个障碍,政府采购部门通常被要求以胜利者得到一切为基础,把订货合同给予报价较低的投标人。在有些情况下,政府采购部门会因为供应商的产品优越或完成合同的信誉而给予一些折让。

2.协议合同采购。政府采购部门同一家或几家公司接触,并就项目和交易条件与其中一家公司进行直接谈判。这种采购类型主要发生在与复杂项目有关的交易中,经常涉及巨大的研究与开发费用,或发生在缺乏有效竞争的场合。合同中的定价方式有多种,如成本加成定价法、固定价格法、固定价格和奖励法(供应商如果把成本降低,就可以赚得更多),当供应商的利润显得过高时,则合同履行情况可公开复审或重新谈判。

3.日常性采购。这是政府采购部门为了维持日常办公和组织运行的需要而进行的经常性采购。其采购金额小,交款和交货方式常为即期交付。类似于生产者市场的"直接重购";有时像中间商市场的"最佳卖主选择",或"谋求更好的交易条件"类型。

▶ 本章小结

组织市场由生产者市场、中间商市场和非营利组织市场构成。组织市场与消费者市场相比,具有购买量大、购买者数量少、供需双方关系密切、购买者多属专业人员、多采用直接采购和招标采购方式等特点。生产者市场的决策受环境、组织、人际、个人等因素的影响。生产者市场的典型购买决策过程分为认识需求、阐明总体要求、确定产品规格、寻找供应商、征求报价、选择供应商、确定订货和购后评价八个阶段。中间商的四种产品经营战略为独家产品战略、多家产品战略、多种产品战略、混杂产品战略,其购买过程中的主要决策为购买新产品、选择最佳供应商、谋求更好的供货条件。中间商的类别不同,购买决策的参与者也不同,其购买决策过程与生产者市场相似。非营利性组织市场是近年来我国发展较快的组织市场,它可分为公益性组织、互益性组织和服务性组织三种类型,政府市场是一种特殊的非营利性组织市场。政府采购方式主要有公开招标采购、协议合同采购和日常采购。其采购具有因采购程序复杂而决策效率较低、经常要求供应商竞价投标、倾向于照顾本国公司等三大特点。

▶ 案例阅读与分析

【案例】 "零供"关系生死大考验

一波未平一波又起,家乐福自与康师傅闹纠纷后,2011 年 1 月 19 日又传来与中粮因采购合同发生摩擦的消息,零供关系"吃紧",矛盾激化,但短时间又难以互相舍弃,恩怨何时了? 零售商与供养商的不对等关系是必然存在的! 表面上看这两家都是平等的商家,背后的本质是,零售商是老板,供应商是打工的,地位上有天壤之别。

在国内,大多数供应商是从"代工"脱胎出来的,是处在产业链"U"型结构的最底端;而作为终端的零售商,是"U"型结构尽头的高端位置。终端零售商所占据的是"有限资源",而供应商多是代表生产加工型的"无限资源",两者根本不具备对等地位,话事权都在零售商这里,供应商只能等零售商开恩发慈悲才有活路。

供应商分两种,一种是品牌供应商,另一种是产品供应商,品牌供应商是跟消费者有亲密关系的,所以品牌供应商可以从"上帝"那里获取足够的支持,来跟终端零售商讨价还价。平时只听见供应商哭诉零售商的万恶,其实,一切的残忍,都来源于懦弱!

零售商对供应商可以指手画脚,但对同业竞争者,它们却亦步亦趋、战战兢兢。

说直接点,零售商之所以"残忍",一部分原因是缘于人性本恶,另一部分原因是被同类给逼的。看看零售商的赢利模式,它们是靠什么过活的。零售商一般有三个获利途径:一是在价差中赢利——从零售商品价差那里获利;二是流转率赢利——从资金流转效率那里赢利;三是从上游获利——向供应商们索要进场费。

传统零售商以往的赢利途径,往往是通过"价差赢利",稍微进步一点的是通过"价差赢利＋流转率赢利"两种途径获利的。但现在这两种赢利模式显然不灵了,因为来了更强劲的对手,以沃尔玛、好又多为代表的大型综超出现了,这些巨无霸整合了上游的供应商,大大降低了商品的进货成本和物流成本,继而以更优惠的价格造福消费者,这样"价差赢利"和"流转率赢利"一下子被这些巨无霸抢走了,传统零售商已经无法从这两个途径获利了。这些国外的零售巨无霸,就是高效整合上游,优惠消费者,挤兑同业零售商,继而挤垮供应商。

其实商业模式的原理很简单,只有两种,第一种是"加法",第二种是"减法"。沃尔玛的商业模式就是典型的"加法"模式,除了终端是自己的,配送中心是自己的,物流也是自己的,司机是自己的,搬运工也是自己的,终端还有很多自有品牌。因而,沃尔玛和自己的供应商是高度合作产生效率。在定位思考模型上,"减法"是有价值的,而在商业模型上,"加法"才最有价值。

零售商占据的是"有限资源",地段、旺铺毕竟不可多得,而多如牛毛的加工厂相比之下是"无限资源",最终的价值体现在"稀缺性"上,供应商如果仍停留在"代工"的产品供应,停留在"U"型产业链底端,迟早会被挤垮!供应商要想冲出陷阱,必须让自己变成"稀缺性"物资。具体有两种方法:第一,掌握核心生产技术,放弃"山寨"商业思路,创造发展自己的核心技术,通过技术专利变成有价值的生产,而不是仅仅仰赖压缩成本的"山寨式"的生产加工。但中国企业在这方面还极不成熟,首先是缺乏创新思维的文化环境,其次是缺乏过程管理的技术积累,所以还有很长的路要走,我们担心很多企业熬不到那一天!第二,品牌化的经营思路,抢占消费心智的"稀缺资源",冲出产业夹击的封锁,我们发现外资企业通常在"稀缺资源"或"有限资源"上大做文章,例如终端、专利、矿藏等等,都是有限的、稀有的资源,这还仅仅是在具体有形的资源面上的抢夺,而在无形的资源面,消费者心智也是有限资源,外资品牌不忘先入为主,用品牌去抢占消费者的心智资源,消费者的记忆力是有限的,物以稀为贵,有限的资源一定是最有价值的。

国内供应商的出路,就在于打破固有的思维模式,想方设法与消费者建立关系,仰赖所谓的"上帝"来指点迷津,只有这个"上帝"撑腰,供应商才能真正在终端零售商面前挺起腰板做回自己![1]

【讨论】

　　1.试分析目前"零供"关系的特点,并阐述这一关系形成的原因。

　　2.我国的零售商应采取何种策略应对这一局面,请举例说明。

▶ 思考题

　　1.与消费者市场相比较,组织市场具有哪些特点?

　　2.不同的生产资料购买类型对企业营销会产生怎样的影响?

　　3.以新任务购买型为例,分析生产者的购买决策过程。

　　4.中间商的产品经营战略有哪些类型?

　　5.供应者可采用哪些营销策略促使中间商产生购买行为?

　　7.非营利组织的类型及购买特点是什么?

　　8.政府采购具有哪些主要特点、影响因素及主要方式?

---

[1] 孙鹏、杨江涛:《"零供"关系生死大考》,参见中国营销传播网,http://www.emkt.com.cn/article/511/51145.html,2011 年 4 月 14 日。

第五章 市场竞争分析

知彼知己,百战不殆;不知彼而知己,一胜一负;不知彼,不知己,每战必殆。

——孙 武

■本章学习目标

通过本章学习,了解不同层次的竞争者,并从行业结构与市场视角对竞争者进行识别,分析竞争者的战略目标、优劣势及其反应模式,掌握企业的一般性竞争战略和竞争性营销战略的内容,了解如何进行竞争战略的实施与管理,理解市场导向与战略联盟等超越竞争的竞争新思维。

■本章学习重点

竞争者的识别与分析;一般性竞争战略;竞争性营销战略;市场导向的内涵。

竞争是市场经济的基本特性。市场竞争所形成的优胜劣汰,是推动市场经济运行的强制力量。随着市场经济及经济全球化的发展,市场竞争日益激烈和复杂,竞争者的竞争行为对企业营销活动产生深刻的影响。因此,营销者必须识别竞争者的特点,认真研究竞争者的优势与劣势、竞争者的战略和策略,明确自己在竞争中的地位,有的放矢地制定竞争战略,才能在激烈竞争中求得生存和发展。

本章主要从行业及市场视角研究竞争者,对竞争者的特点和类型进行分析和识别,研究企业面对行业竞争者的一般竞争战略是什么;在市场中处于不同地位的企业应采取何种竞争战略;企业如何实施和管理竞争战略;企业应如何超越竞争,实现竞争导向与顾客导向的统一;企业如何有效地建立战略联盟。

第一节 竞争者识别与分析

制定正确的竞争战略和策略,企业就要深入地了解竞争者的有关情况,诸如:谁是我们的竞争者,它们的战略是什么,它们的目标是什么,它们的优势和劣势是什么,它们的反应模式是什么,我们应当攻击谁、回避谁。

一、识别竞争者

一般而言,识别竞争者对企业来说似乎是很简单的事,如可口可乐公司是百事可乐公司的竞争对手,麦当劳是肯德基的竞争对手,戴尔公司知道联想公司是其主要的竞争对手。然而,企业的现实与潜在的竞争者范围是极其广泛的,如果不能正确地识别,就会患上"竞争者近视症"。一个企业很可能被潜在的竞争者击败,而非当前的竞争者。例如,网上书店的发展使得传统书店的市场缩小,互联网媒体的快速发展使得传统报刊业在相应的市场上失去了巨大的份额。企业应当有长远的眼光,在界定不同层次竞争者的基础上,从行业结构角度和市场角度识别竞争者。

(一)四种层次的竞争者

通常,企业可以把那些为同样的顾客提供相似的产品和服务的企业定义为竞争者。但事实上,为某一顾客群体服务的企业不止一个,企业实际上是处在一群竞争对手的包围和制约下的,这些竞争对手不仅来自本国市场,而且也来自其他国家和地区。竞争不仅发生在行业内,行业外的一些企业也可能通过与行业内现有其他企业的联合而参与竞争。根据产品替代观念,我们可以区分以下四种层次的竞争者。

1. 品牌竞争。当其他企业以相似的价格向相同的顾客提供类似的产品与服务时,企业将其视为竞争者。例如,被别克视为主要竞争者的是福特、本田、雷诺和其他中档价格的汽车制造商,但它并不把梅赛德斯汽车看成竞争对手。

2. 行业竞争。一个企业可把制造同样或同类产品的企业都广义地视作竞争者。例如,欧莱雅化妆品集团会认为它在与所有的化妆品公司竞争,像宝洁、资生堂、大宝等,不同的化妆品集团会有不同的品牌,但是他们最终所面向的终端消费者相同。

3. 形式竞争。企业可以更广泛地把所有能制造相同产品、能提供相同服务的公司都作为竞争者。例如,通用公司认为自己不仅与汽车制造商竞争,还与摩托车、自行车和卡车的制造商在竞争。中国南方航空公司可以认为自己不仅是在和所有的航空公司竞争,同时也在和火车、长途汽车等陆上交通竞争。

4. 一般竞争。企业还可进一步把所有争取同一消费者的人都看作竞争者。例如,通用公司可以认为自己在与所有的经营主要耐用消费品、国外度假、新房产和房屋修理的企业竞争。

(二)从行业结构角度识别竞争者

行业是一组提供一种或一类密切替代产品的相互竞争的企业。密切替代产品指具有高度需求交叉弹性的产品。比如,蒙牛液态奶价格降低会引起伊利等其他乳业公司液态奶产品需求减少,惠普电脑价格上升会引起其他电脑需求增加,两者互为密切替代产品。行业通常是企业关注的竞争层面,由于不同行业的市场集中程度不同、进入和退出壁垒不同、产品差异化程度不同、成本结构不同、纵向一体化程度不同以及全球化程度不同,行业的竞争程度也是千差万别的。

1.市场集中程度。在经济领域,经典理论往往用销售商数量来刻画市场结构,进而对市场竞争状况进行描述。行业中只有一家企业可能意味着垄断,少数几家企业可能意味着寡头,许多企业则接近于完全竞争。实际上销售商数量并不是一个令人满意的度量竞争状态的指标。包含几百个企业的行业可能被少数几个企业操纵,相对于只有几个势均力敌企业的行业,这个行业可能具有更强的垄断性。因此,市场集中程度通过对特定市场中销售商规模结构,如企业数量、资源份额以及市场需求容量等进行深入细致的分析和描述,可以反映特定市场中的企业竞争状况。

2.进入、流动和退出壁垒。当某个行业具有高度的利润吸引力时,其他企业会设法进入。但是,进入某一个行业会遇到许多壁垒,主要有缺乏足够的资本、未实现规模经济、无专利和许可证、原材料供应不充分、难以找到愿意合作的分销商、产品的市场信誉不易建立等。即使企业进入了某一行业,在向更有吸引力的细分市场流动时,也会遇到流动壁垒。各个行业的进入与流动壁垒存在差异,例如,开设一家服饰小店很容易,而去淘宝网开一家网上小店更是易如反掌,但是如果想要进军航空业、芯片业则极其困难。

如果某个行业利润水平低下甚至亏损,已进入的企业会主动退出,并将人力、物力和财力转向更有吸引力的行业。关掉一家服饰小店只需要大甩卖,然后结束租约就可以了,网上小店的关门歇业则更加方便,但是想要退出航空业或者汽车制造业就难得多,企业不仅要对顾客负责,还要对员工和债权人负责,由于行业的专业化,很多设备和技术不能被用于其他行业,从而变成沉没成本而无法收回,这些影响企业退出行业的因素就是退出壁垒。

3.产品差异化程度。产品差异是指同一行业内不同企业生产的同类产品,由于在质量、款式、性能、售后服务、信息提供和消费者偏好等方面存在差异,因而导致产品间替代的不完全性的状况。产品差异主要来源于市场中的消费者对有关企业的产品在长时期中所形成的消费者偏好的差异,如企业在长期经营过程中在产品创新、定价和销售服务等方面树立的良好声誉增加消费者对该企业产品的偏好度,而且还会因企业的广告宣传活动而得到加强。对同一行业不同企业的产品的需求交叉弹性进行比较,就可反映产品差异化的程度。一般来说,同一行业内产品差异化程度低的企业竞争较为激烈,企业可以通过技术和营销创新等手段提高与竞争对手产品的差异化来获得消费者的青睐。

4.成本结构。在每个行业里从事业务经营所需的成本及成本结构不同。例如,钢铁厂有较高的制造和原材料成本,化妆品企业有较高的分销和促销成本。企业应将注意力放在最大成本上,即在不影响经营业务发展的前提下减少这些成本。因此,成本的高低并不是竞争优势的绝对体现,拥有最大成本效益才是一家企业比其他企业更有优势的体现。

5.纵向一体化。很多行业已经不是在孤立地发展了,特别是在一些维持成本很重要的行业,实行前向或后向一体化有利于取得竞争优势。汽车企业可以将橡胶林种植、汽车轮胎制造、汽车玻璃制造、汽车零部件制造和汽车专卖店都作为自己的经营范围。实现纵向一体化的企业可以降低成本、控制增值流,还能在各个细分市场中控制价格和成本,在税收最低处获取利润,使无法实现纵向一体化的企业处于劣势。其缺点是价值链中的部分环节缺少灵活性,维持成本比较高。

6.全球化程度。不同的行业具有不同的属地性,如理发、浴室、影院、歌舞厅等具有很强的地方性。而另一些行业则适宜发展全球经营,如飞机、电脑、电视机、石油等,可称为全球性行业。在全球性行业从事业务经营,必须开展以全球为基础的竞争,以实现规模经济并赶上最先进的技术。

(三)从市场角度识别竞争者

今天的竞争已经超越了我们对于通常行业的限制和想象,我们的竞争者可能来自四面八方,他们都会施展浑身解数力求满足相同的顾客,所以我们需要更加开阔的眼界。从市场角度识别竞争者,即把其他竞争者看作力求满足相同顾客需求或服务于同一顾客群的企业。这一视角可以帮助企业看到还存在着更多的、实际的和潜在的竞争者,并激励其制订更长远的战略性计划。

企业可以通过绘制顾客获得和使用产品的步骤来描述一家企业直接或间接的竞争者。拿相机产业来说,消费者活动分为:购买相机、拍照、数字化存储和处理、打印相片等。第一层可以刻画出与相机有关的竞争者如奥林巴斯、佳能、索尼等。第二层可以刻画出间接竞争者如惠普、英特尔和相机世界网站,这些企业也可能成为直接竞争者。第三层可以刻画出数码相机存储介质和处理软件的相关竞争者如索尼、SanDisk、IBM 以及 ACDSee 公司等。最后一层可以刻画出消费者购买相机的相关竞争者如惠普、爱普生、柯达等。通过这类分析,企业可以同时看清一个企业所面临的机遇和挑战。

二、确定竞争者的战略和目标

(一)判定竞争者的战略

企业最直接的竞争者是那些对相同目标市场推行相同战略的企业。战略群体指在某个特定行业中推行相同战略的一组企业。同一个战略群体中的企业竞争关系最直接,竞争强度也最高。识别竞争对手的战略可以帮助企业避开竞争最激烈的战略群体,选择进入竞争强度相对较低的战略群体。企业对处于同一战略群体的其他企业应当给予特别的关注。

识别行业内战略群体不仅从质量形象与纵向一体化进行,还应从技术先进水平、地区范围、制造方法等方面了解每个竞争者更详细的信息,具体包括:竞争者的研究与开发、制造、营销、财务与人力资源管理;产品质量、特色及产品组合;顾客服务;定价策略;分销;广告、人员推销等。

识别竞争对手的战略是一个长期、动态的工作。企业必须不断地观察竞争者的战略,富有活力的竞争者会随着市场条件的变化和时间的推移调整、修订甚至改变其战略,如 20 世纪初通用汽车公司因适应了市场对汽车的多样化需求而超过福特汽车公司。

(二)判定竞争者的目标

企业不仅要识别主要竞争者的战略,还必须了解它们的目标。竞争者的最终目标是获取利润,但不同的企业对于长期与短期利润的重视程度不同:有的企业注重长期利润,有的重视短期利润;有的企业重视利润最大化,有的只重视适度利润。

企业不仅应识别竞争者总的目标,还要了解其目标组合,诸如目前获利的可能性、市场份额增加、现金流量、技术领先和服务领先等,每个企业都有不同的侧重点和目标组合。竞争者的目标由多种因素确定,包括企业的规模、历史、目前的经营管理和经济状况等。

三、评估竞争者的实力和反应

(一)评估竞争者的实力

每一个竞争者能否有效地实施其战略并达到目标,取决于它们的实力强大与否。评估竞争者的实力包括评估竞争者的资源、能力、竞争优势和劣势。企业可以通过收集竞争者过去的重要业务数据,如销售额、市场占有率、投资收益率、生产能力利用率等分析它们的优势和劣势,也可以通过向中间商、顾客开展市场调查来了解竞争者的实力;还可以跟踪竞争者各项财务指标的变化情况,特别是利润率和周转速度来分析竞争者的经营状况;最后也可以聘请专业的调查公司进行专门的调查。

在通过评估竞争者的实力,进而提高企业竞争优势的过程中,标杆法(benchmark)常常被企业所运用。标杆法是企业将竞争者或者是别的行业里的领先企业当成自己和其他企业比较的标杆,把自己企业的产品和生产流程与它相比较,从中发现提高质量和业绩的方式。如施乐公司向美国运通公司学习账单处理技术,向卡明斯工程公司学习生产计划技术,向 L.L. 比恩公司学习仓库整理,因为 L.L 比恩公司仓库整理速度比施乐公司快三倍。施乐公司实行标杆法使它更快地成为行业领导者。

(二)判断竞争者的反应模式

企业的市场营销活动,必将引起竞争对手的某种反应。这种反应反过来又会影响企业的市场营销活动的效果,这就是市场竞争的博弈过程。企业只有事先比较准确地估计到竞争对手的反应,方可保证自身战略目标的顺利实现。

不同竞争对手的反应模式存在差异。竞争者的反应模式首先受到竞争者的经营哲学、企业文化、经营理念的影响;其次受行业竞争结构的影响,有的行业竞争平衡很容易被打破,有的行业竞争者能在很长的时间里保持相对和平共处的状态;最后,竞争者的反应模式还受到竞争者自身战略、目标和实力的影响。

概括起来,竞争者的反应模式有以下四种:

1.从容型竞争者。对某些特定的攻击行为没有迅速反应或反应不强烈。可能的原因是:(1)认为顾客忠诚度高,不会转移购买;(2)认为该攻击行为不会产生大的效果;(3)它们的业务需要收割榨取;(4)反应迟钝;(5)缺乏做出反应所必需的资金条件,等等。企业一定要先弄清楚竞争对手"镇静"的真实原因,以防止他们的突然袭击。

2.选择型竞争者。只对某些类型的攻击做出反应,而对其他类型的攻击无动于衷。比如,对降价行为做出针锋相对的回击,而对增加广告费用则不做反应。了解这种类型的竞争者的敏感部位,判断其会在哪些方面做出反应,有利于企业选择最为可行的攻击类型。

3.凶狠型竞争者。对其所占据的所有领域发动的任何攻击行为都会做出迅速而强烈的反应,意图在于警告其他企业最好停止任何攻击。例如,宝洁公司绝不会允许一种新的洗涤剂轻易投放市场。这种类型的企业一般都是实力较强的企业,占有的市场份额具有绝对优势,否则没有实力对任何外在威胁采取行动。

4.随机型竞争者。对竞争攻击的反应具有随机性,有无反应和反应强弱无法根据其以往的情况加以预测。许多小企业属于此类竞争者。

四、进攻与回避对象的选择

了解竞争者之后,企业要确定与谁进行最有力的竞争。企业可通过对以下三种类型的竞争对手分析来选择进攻或回避。

(一)强竞争者与弱竞争者

攻击弱竞争者在提高市场占有率的每个百分点方面所耗费的资金和时间较少,但能力提高和利润增加也较少。攻击强竞争者可以增强自己的生产、管理和促销能力,更大幅度地扩大市场占有率,并提高利润水平。

(二)近竞争者和远竞争者

多数企业重视那些和自己实力接近的竞争者,如玉兰油要和旁氏、露德清等公司竞争,而不是兰蔻和雅诗兰黛。但是这样的竞争需要把握适当的强度,否则进攻近竞争者并获得彻底胜利可能招来更难对付的竞争者。最有名的例子是在 20 世纪 80 年代,博士伦公司积极地跟其他软性隐形眼镜生产商对抗并取得了很大的成功,然而,这导致了一个又一个弱小的竞争者将其资产卖给了露华浓、强生等较大的公司,结果使它面临更加强大的竞争者。在中国市场上也有这样的例子,当年由柯达挑起的胶卷价格战使得国内的胶卷生产商难以为继,最后被竞争对手富士收购,从而演变成一场更高级别的白热化价格战,这一战最后因数码时代的到来而终结。

(三)"好"竞争者与"坏"竞争者

并非所有的竞争都会给企业带来不利的后果,相反,竞争者的存在会给企业带来一些战略利益,如增加总需求、导致产品更多的差别、为效率较低的生产者提供了成本保护伞、分摊市场开发成本、服务于吸引力不大的细分市场、减少了违背反托拉斯法的风险等等。每个行业中都包括"好"竞争者和"坏"竞争者。"好"竞争者的特点是:遵守行业规则;对行业增长潜力提出切合实际的设想;按照成本合理定价;喜爱健全的行业,把自己限制在行业的某一部分或某一细分市场中;推动他人降低成本,提高差异化;接受为他们的市场份额和利润规定的大致界限。"坏"竞争者的特点是:违反行业规则;企图靠花钱而不是靠努力去扩大市场份额;敢于冒大风险;生产能力过剩仍然继续投资;总之,他们打破了行业平衡。企业应支持"好"竞争者,攻击"坏"竞争者。

【案例 5-1】　新起家的竞争对手可能正潜伏于某个角落,伺机而动。一旦发现进攻机会,他们就有可能成为现有公司的"无情竞争对手"。现有公司想要真正生存下来,不仅取决于辨识潜在威胁的能力,还取决于它是否愿意仿效竞争对手最残酷的一面。

耐克的无情竞争对手,是相对名不见经传的史蒂夫·贝瑞——一家抓住运动鞋市场机遇的折扣服饰连锁公司。其售价低于 15 美元的马步里一代(Starbury One)篮球鞋,全面满足了当前青少年对低价运动鞋的需求。史蒂夫·贝瑞在品牌商品的环境中运用了低成本战略,取得了令人瞩目的成功。自 2006 年 8 月投放市场以来,马步里一代运动鞋已售出了 300 万双。相比之下,耐克的鞋类存货比一年前高出了 15%,即使是风靡一时的飞人乔丹鞋,销售额也远远落后。

美国西南航空公司堪称另一大杰出的无情竞争对手。西南航空因低成本服务闻名于世,但其赢利战略——高超的资产利用——却往往为人忽视。通过严格制定航班时刻表,使飞机在短至 20 分钟内再次起飞,西南航空的飞机飞行时间比其他主要航空公司多 20%—30%。西南航空的点对点路线网络取代了多数主要航空公司的"中心辐射型"模式,将航班延误的多米诺效应降至最低,实现了资产利用的最大化。

甚至本身就曾是无情竞争者的沃尔玛和宜家,也须不断警惕新的威胁。它们出售低成本品牌商品的零售模式正受到 Muji(Mujirushi Ryohin,译为"无印良品")的挑战——一家在无品牌环境中应用高概念极简主义的日本零售商。在亚欧市场站稳脚跟以后,Muji 现正进军美国市场,其纽约门店预期将在一年内实现赢利,波士顿、芝加哥、旧金山的门店也将扭亏为盈。

实际上,任何公司都可能成为无情的竞争对手。对此,其他公司必须严阵以待。当前的合作伙伴、供应商,甚至合约制造商,都有可能轻松带走公司价值链中的关键要素,建立自己的业务,通过向上游发展或提升影响力进行定位,掠走更多的利益。同一合约制造商还可能跨越行业界限,凭借从某行业所学经验进军其他行业。华为对思科的挑战便是很好的例证。

无情的竞争对手会比公司以往遭遇的任何对手都更为专注,他们几乎不在非核心活动中浪费丝毫精力。①

---

① 科尔尼企业咨询有限公司:《如何比"无情竞争对手"更胜一筹》,载《北大商业评论》,2008 年第
　8 期。

第二节　竞争战略决策

竞争战略决策的实质就是将一个企业与其所处环境建立联系。环境中的关键部分主要由企业所在的相关行业、行业结构及行业竞争状态构成，它们对竞争者战略的选择有强烈影响。企业的竞争战略决策可以分为一般性竞争战略和竞争性营销战略两种类型。

一、企业一般性竞争战略

迈克尔·波特（Michael E. Porter）提出，有三种一般性竞争战略可供参考[①]（见图 5-1）。

（一）成本领先战略

即一个企业力争使其总成本降到行业最低水平，并以此作为战胜竞争者的基本前提。采用这种战略，核心是争取最大的市场份额，使单位产品成本最低，从而以较低售价赢得竞争优势。

实现成本领先的目标，要求企业具有良好、通畅的融资渠道，保证资本持续不断地投入；要求产品便于制造，工艺过程精简；要求拥有低成本的分销渠道；要求实施严谨、高效的劳动管理。更先进的技术、设备，更熟练的员工，更高的生产效率，更严格的成本控制，结构严密的组织体系和责任管理，以满足数量目标为基础的激励制度，都是实施这一战略的重要保障。这样，企业依靠成本低廉的差别形成战略特色，并在此基础上争取有利的价格地位，在与竞争对手的抗争中也就能够占据优势。

（二）差别化或别具一格战略

实施这种战略的竞争优势，主要依托产品及其设计、工艺、品牌、特征、款式和服务等各个方面或几个方面，在与竞争者相比时能有显著的独到之处。由于不同的企业各有特色，顾客难以直接比较其间产品"优劣"，从而可以有效抑制市场对价格的敏感程度，企业同样有可能获得不亚于成本领先企业的效益。一旦消费者对企业或者品牌建立较高的信任度，还能为竞争者的进入设置较高的障碍。

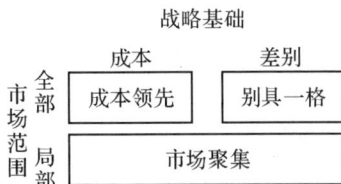

战略基础

	成本	差别
全部	成本领先	别具一格
局部	市场聚集	

（市场范围）

图 5-1　波特的一般性竞争战略

[①]迈克尔·波特：《竞争战略》，生活·读书·新知三联书店 1988 年版，第 44—58 页。

有效实施这一战略的前提,是企业在市场营销、研究与开发、产品技术和工艺设计等方面具有强大的实力;在质量、技术和工艺等方面,享有优异、领先的良好声誉;进入行业的历史久远,或从事其他行业时积累的许多独特能力依然有用;可以得到来自销售渠道各个环节的大力支持和合作。因此,一个企业必须对它的基础研究、新产品开发和市场营销等职能进行有效的协调和控制,可以吸引高技能的员工、专家和其他创造性人才,并且具备有助于创新的激励机制和企业文化。

(三)重点集中或市场聚焦战略

一般的成本领先和差别化战略多着眼于整个市场、整个行业,从大范围谋求竞争优势。重点集中或市场聚焦则把目标放在某个特定的、相对狭小的领域内,在局部市场争取成本领先或差别化,以建立竞争优势。一般来说,它是中小企业常用的一种战略。虽然在整个市场上企业没有低成本和差别化的绝对优势,但在一个较狭小的领域中却能取得这些方面的相对优势。这种战略的风险在于,一旦局部市场的需求变化,或强大的竞争者执意进入、一决雌雄,那么现有的企业就可能面临重大灾难。

需要注意的是,采用模糊的、非此非彼战略的企业,往往收效最差。它们试图集所有战略的优点于一身,结果在哪一方面都没有突出的成就。

二、企业竞争性营销战略

企业对自己在本行业中所处竞争地位的分析,是企业进行竞争性营销战略决策的基础。现代营销理论根据企业在市场上的竞争地位,把企业分为四种类型:市场领导者、市场挑战者、市场跟随者和市场利基者。

(一)市场领导者战略

市场领导者(Market Leader),是指在相关的产品市场上占有最大的市场份额,并且在价格变化、新产品开发、分散覆盖和促销手段上,对其他企业起着领导作用的企业。绝大多数行业都存在一个公认的市场领导者,其他企业都承认它的统治地位,例如可口可乐、宝洁、微软都在各自的行业中起着领导作用。

市场领导者的地位是在竞争中自然形成的,但不是固定不变的。如果它没有获得法定的特许权,必然会面临竞争者的无情挑战。因此,企业必须随时保持警惕并采取适当的措施以维护自己的优势。通常,市场领导者为保持自己的领导地位,可采取三种战略:一是设法扩大市场总需求;二是采取有效的防守措施和攻击战术,保护现有的市场份额;三是在市场规模保持不变的情况下进一步扩大市场份额。

1.扩大总需求。市场领导者占有的市场份额最大,在市场总需求扩大时受益也最多。例如,中国消费者如果增加人均牛奶消费数量,受益最大的将是蒙牛公司,因为蒙牛液态奶的市场份额为全国第一,其特仑苏产品更是在 2007 年占到中国高端乳品市场 71.2％的市场份额。扩大总需求的途径是开发产品的新顾客、寻找产品的新用途和增加顾客使用量。

2.保护市场份额。处于市场领导地位的企业,在努力扩大整个市场规模时,必须注意保护自己现有的业务,防备竞争者的攻击。例如,可口可乐公司必须对百事可乐公司常备不懈;中国移动公司要防备中国联通公司和中国电信公司的进攻等。市场领导者最好的防御方法是通过不断创新、持续增加竞争效益和顾客让渡价值,并抓住对方的弱点发动最有效的进攻。同时,市场领导者还需加强防御,堵塞漏洞,不给挑战者可乘之机。主要的防御战略有以下六种:

(1)阵地防御。指围绕企业目前的主要产品和业务建立牢固的防线。阵地防御是防御的基本形式,是静态的防御,在许多情况下是有效、必要的,但是单纯依赖这种防御则可能导致"营销近视症"。企业更重要的任务是技术更新、新产品开发和扩展业务领域。海尔集团没有局限于赖以起家的冰箱市场,而是积极从事多元化经营,开发了空调、彩电、洗衣机、电脑、微波炉、干衣机等一系列产品,成为我国电器行业的著名品牌。

(2)侧翼防御。指企业在自己主阵地的侧翼建立辅助阵地,以保卫自己的周边和前沿,并在必要时把它当成反攻基地。超级市场在食品和日用品市场占据统治地位,但在食品方面受到以快捷、方便为特征的快餐业的蚕食,在日用品方面受到以廉价为特征的折扣商店的攻击。为此,超级市场提供广泛的、货源充足的冷冻食品和速食品以抵御快餐业的蚕食,推广廉价的无品牌产品并在城郊和居民区开设新店以击退折扣商店的进攻。

(3)以攻为守。指在竞争对手尚未构成严重威胁或在向本企业采取进攻行动前抢先发起攻击以削弱或挫败竞争对手。这是一种先发制人的防御,企业应正确地判断何时发起进攻效果最佳以免贻误战机。具体做法主要有:当竞争者的市场占有率达到某一危险的程度时,就对它发动攻击;或者对市场上的所有竞争者全面攻击。

(4)反击防御。指市场领导者遭到竞争者发动降价或促销攻势,或改进产品、占领市场阵地等进攻时,不能只是被动应战,应主动反攻入侵者的主要市场阵地。市场领导者可实施正面反攻、侧翼反攻,或发动钳形攻势,以切断进攻者的后路。

(5)运动防御。指市场领导者不仅要固守现有的产品和业务,还要扩展到一些有潜力的新领域,以作为将来防御和进攻的中心。

(6)收缩防御。指企业主动从实力较弱的领域撤出,将力量集中于实力较强的领域。当企业无法坚守所有的市场领域,并且由于力量过于分散而降低资源效益的时候,可采取这种战略。其优点是在关键领域集中优势力量,增强竞争力。

3.扩大市场份额。市场领导者设法提高市场份额,也是增加收益、保持领先地位的一个重要途径。但是,切不可认为市场份额提高就会自动增加收益,还应考虑以下三个因素。

(1)经营成本。当市场份额达到一定水平时,再要求进一步地提高就要付出很大代价,结果可能得不偿失。

(2)营销组合。如果企业实行了错误的营销组合战略,比如过分地降低商品价格,过高地支出公关费、广告费、渠道拓展费、销售员和营业员奖励费等促销费用,承诺过多的服务项目导致服务费大量增加等,则市场份额的提高反而会造成收益下降。

(3)《反垄断法》。许多国家都有《反垄断法》,当企业的市场份额超过一定限度时,就有可能受到指控和制裁。例如,可口可乐公司试图对汇源果汁进行并购,以增强其在中国果汁饮料市场的竞争优势,但由于受到中国商务部的《反垄断法》限制而未能成功。占据市场领导者地位的公司如果不想被分解,就要在自己的市场份额接近临界点时主动加以控制。

【案例 5-2】 提起微波炉,几乎所有的中国人都会想到"格兰仕"这一品牌,因为在某种程度上,它是微波炉的代名词。巅峰时期曾占据全球微波炉 70% 市场份额的格兰仕,希望构筑它的微波炉"帝国之梦"。然而,任何一个想要垄断市场的企业,必定会受竞争对手的入侵和猛烈攻击,格兰仕也不例外。

进入 21 世纪之后,当格兰仕与 LG 为争夺微波炉市场份额而短兵相接时,美的集团挟巨资挺进微波炉市场,与同城兄弟格兰仕进行 PK,当年就从格兰仕手中抢去近 10% 的市场份额。格兰仕对美的集团的挑衅岂能坐视不管,在失去部分阵地之后决定予以反击。格兰仕很快宣布:以 20 亿元杀入空调市场,直指美的心脏。美的集团虽然不是空调业的领导者,但绝对是一个重要的参与者。格兰仕在空调市场上发力,让美的集团如芒刺在背。更可怕的是,格兰仕还高调地从美的集团的人才队伍中挖墙脚,更让美的集团寝食难安。格兰仕集团与美的集团为争夺市场份额开展了一连串的进攻与反击战,从后来的市场效果看,格兰仕空调尽管没有如预期那样在市场上热销,但美的微波炉的发展却严重受制,并且空调业务也受到威胁。[①]

---

① 吴健安:《市场营销学》,高等教育出版社 2007 年版,第 236 页。

（二）市场挑战者战略

市场挑战者指在行业中占据第二位及以后位次，有能力对市场领导者和其他竞争者采取攻击行动，希望夺取市场领导者地位的企业。很多成功的市场挑战者已经从市场领导者手中抢夺了地盘或者超过了它们：丰田公司已经超过通用汽车公司成为北美汽车市场的霸主；淘宝网正不断地从易趣的手中抢夺更多的网上交易份额。如果向市场领导者和其他竞争者挑战，市场挑战者首先必须确定自己的战略目标和挑战对象，然后再选择适当的进攻战略。

1. 明确战略目标和挑战对象

战略目标与进攻对象密切相关，针对不同的对象存在不同的目标。一般来说，市场挑战者可以选择市场领导者、势均力敌者和区域性小型企业三种攻击对象。其中，选择攻击市场领导者的风险很大，但是潜在的收益可能较高；而选择攻击势均力敌者和区域性小企业，需要选择经营不善而发生危机的企业作为攻击对象，以夺取它们的市场。

2. 选择进攻战略

（1）正面进攻。它是指集中全力向对手的主要市场阵地发动进攻，即进攻对手的强项而不是弱点。在这种情况下，进攻者必须在产品、广告、价格等主要方面大大超过对手，才有可能成功。另一种措施是投入大量研究与开发经费，使产品成本降低，从而以降低价格的手段向对手发动进攻。

（2）侧翼进攻。它是指集中优势力量攻击对手的弱点，有时可采取"声东击西"的战略，佯攻正面，实际攻击侧面或背面。这又可分为两种情况：一种是地理性的侧翼进攻，即在全国或全世界寻找对手力量薄弱地区，在这些地区发动进攻。另一种是细分性侧翼进攻，即寻找领先企业尚未为之服务的子市场，在这些子市场上迅速填补空缺。侧翼进攻符合现代营销观念——发现需要并设法满足它。侧翼进攻也是一种最有效和最经济的战略形式，比正面进攻有更多的成功机会。

（3）包围进攻。包围进攻是一种全方位、大规模的进攻攻略，挑战者拥有优于对手的资源，并确信围堵计划的完成足以打垮对手时，可采用这种战略。

（4）迂回进攻。这是一种最间接的进攻战略，完全避开对手的现有阵地而迂回进攻。具体办法有三种：发展无关的产品，实行产品多元化；以现有产品进入新地区的市场，实行市场多元化；发展新技术、新产品，取代现有产品。

（5）游击进攻。这是主要适用于规模较小、力量较弱的企业的一种战略。游击进攻的目的在于以小型的、间断性的进攻干扰对手的士气，以占据长久性的立足点。因为小企业无力发动正面进攻或有效的侧翼进攻，只有向较大对手市场的某些角落发动游击式的促销或价格攻势,才能逐渐削弱对手的实力。但是,也不能认为游击战只适合于财力不足的小企业,持续不断的游击进攻,也是需要大量投资的。还应指出,如果要想打倒对手,光靠游击战不可能达到目的,还需要发动更强大的攻势。

> **【案例 5-3】** 网络设备生产商 Brocade Communications Systems 正加强与 IBM 的合作关系,以便与业内领头羊思科争夺市场份额。IBM 将把 Brocade 生产的以太网交换与路由设备打上 IBM 品牌,并向共同的企业客户销售。
>
> Brocade 执行长 Michael Klayko 称:"此举将帮助公司增加收入,因为 IBM 的市场广阔,而且有能力(把我们产品)组合在他们开发的自有品牌产品与解决方案之中。这对我们来说是一个不错的机会。"自媒体报道双方的合作意向之后,Broade 股价已经累计上涨了 27% 左右。
>
> IBM 与 Brocade 的最新合作发生在思科近期宣布进军服务器市场,导致它与 IBM 之间的竞争关系越发激烈之际。思科销售服务器之举,普遍被视为直接挑战 IBM 与惠普,后两者一向通过与思科之间的伙伴关系,协助思科贩售路由器与其他网络设备。
>
> IBM 此前已在代销部分 Brocade 产品,如储存相关设备等,至少占 Brocade 营收的 10%。但此次最新合作将扩展至代销由 Foundry Networks 生产的交换机与路由器。Brocade 于 2008 年末收购了 Foundry Networks。IBM 的一位发言人称,与思科的关系未变,同时寻求为客户提供更为广泛的选择。但分析师称,IBM 与思科之间的竞争升级可能已经开始令 Brocade 受益。分析师曾经把 Bracade 看成是 IBM 或其他大型科技企业的潜在并购对象。Brocade 执行长 Klayko 不愿就此前景发表看法,但表示自己对两家公司的现有合作关系感到满意。①

(三)市场追随者战略

市场追随者指那些在产品、技术、价格、渠道和促销等大多数营销战略上模仿或跟随市场领导者的企业。市场追随者与挑战者不同,它不是向市场领导者发动进攻并图谋取而代之,而是跟随在领导者之后自觉地维持共处局面。在很多情况下,追随者可让市场领导者和挑战者承担新产品开发、信息收集和市场开发所需的大量经费,自己坐享其成,减少支出和风险,并避免向市场领导者挑战可能带来的重大损失。当然,市场追随者也应当制定有利于自身发展而不会引起竞争者报复的战略,具体有三类。

---

① 参见《IBM 加强与思科竞争力度》,载环球企业家网站,2009 年 4 月 29 日。

1.紧密跟随。指在各个细分市场和产品、价格、广告等营销组合战略方面模仿市场领导者,完全不进行任何创新的企业。这种跟随者有时好像是挑战者,但只要它不从根本上侵犯领导者的地位,就不会发生直接冲突,有些甚至被看做依赖市场领导者而生存的寄生者。

2.距离跟随。指在基本方面模仿领导者,但是在包装、广告和价格上又保持一定差异的企业。如果模仿者不对领导者发起挑战,领导者不会介意。在钢铁、肥料、化工等同质产品行业,追随战略使用最为普遍。因为在这些行业中,不同企业的产品相同、服务相近,不易实行差异化战略,价格几乎是吸引购买的唯一手段,价格敏感性高,随时可能爆发价格大战。但是利用价格战攫取短期市场份额会遭到同行的报复,多数企业避免采用,而是采取效仿市场领导者的战略,采取较为一致的产品、价格、服务和促销战略,市场份额保持着高度的稳定性。

3.选择跟随。指在某些方面紧跟市场领导者,在某些方面又自行其是的企业。他们先接受领导者的产品、服务和营销战略,然后有选择地改进它们,避免与领导者正面交锋,并选择其他市场销售产品。这种跟随者通过改进并在别的市场壮大实力后有可能成长为挑战者。

虽然追随战略不冒风险,但是也存在明显缺陷。研究表明,市场份额处于第二、第三和以后位次的企业与第一位的企业在投资报酬率方面有较大的差距。

(四)市场利基者战略

1.**市场利基者的含义与利基市场的特征。**规模较小且大企业不感兴趣的细分市场称为利基市场(Niche Market)。市场利基者指专门为规模较小或大企业不感兴趣的细分市场提供产品和服务的企业。市场利基者的作用是拾遗补缺、见缝插针,虽然在整体市场上仅占很少的份额,但是比其他企业更充分地了解和满足某一细分市场的需求,能够通过提供高附加值而得到高利润和快速增长。企业处于发展初期、比较弱小时大多采用这种策略。

市场利基者赢利的主要原因是比其他大众化营销的企业更好地了解和满足了顾客需要,当大众化营销者取得高销量的时候,利基者取得了高毛利。

理想的利基市场具备以下特征:(1)具有一定的规模和购买力,能够赢利。(2)具备发展潜力。(3)强大的企业对这一市场一般不感兴趣。(4)本公司具备向这一市场提供优质产品和服务的资源和能力。(5)本公司在顾客中建立了良好的声誉,能够抵御竞争者入侵。

2.**市场利基者竞争战略选择。**市场利基者发展的关键是通过专业化的服务,包括最终顾客专业化、垂直专业化、顾客规模专业化、特殊顾客专业化、地理市场专业化、产品或产品线专业化、产品特色专业化、顾客订单专业化、服务专业化以及销售渠道专业化等。

市场利基者承担的主要风险是选定的利基市场可能会枯竭或受到其他竞争者的攻击。因此,市场利基者的主要任务有三项:创造利基市场,扩大利基市场,保护利基市场。企业要争取不断地创造多种利基市场,而不是坚持单一的利基市场。如果能够在多种利基市场上发展,企业就避免了风险,增加了生存机会。

第三节　竞争战略实施与管理

一、竞争战略实施

企业确定竞争战略决策以后,必须将战略的构想转化为战略的实际行动,即竞争战略的实施。竞争战略的实施工作是企业成功的关键。实施工作意味着一个有章可循的过程,或者一整套合理的、相互联系的活动,从而使得企业接受这项战略,并且使这个战略发挥作用。

(一)竞争战略实施的性质

竞争战略实施与战略决策之间有着密切的联系,但两者之间又有着重大的区别。其区别主要表现在以下几个方面:

1.竞争战略决策主要是一种思维活动,竞争战略实施则主要是一种行为过程。

2.竞争战略决策主要考虑如何做正确的事,竞争战略实施则主要考虑如何正确地做事。

3.竞争战略决策需要有好的直觉和分析技能,竞争战略实施则需要特殊的激励和领导技能。

4.竞争战略决策只需要对少数人员进行协调,竞争战略实施则需要对众多人员进行协调。

由此可见,竞争战略实施最根本的性质是:以行动为导向,让期望的事情发生。如果说竞争战略制定主要是市场驱动性的企业家活动,那么竞争战略实施则主要是企业内部运营驱动性的管理实践活动。

一般来说,成功的竞争战略决策有赖于企业领导人的远见卓识、智慧以及捕捉机遇的能力;而成功的竞争战略实施则有赖于企业领导人的胆识、魄力、行动和协调能力,以及全体员工的响应和执行能力。

(二)竞争战略实施的主要任务

竞争战略实施是战略管理过程的行动阶段,它要求对选定的战略加以细化,制

定实施战略所需的各项措施,并将这些措施付诸行动。具体来说,竞争战略实施的主要任务有以下几个方面:

1. 制定竞争战略实施计划。

2. 建立与竞争战略相适应的组织结构。

3. 按竞争战略的要求配置资源,确保有限的资源投入对竞争战略成功至关重要的关键价值链活动中。

4. 建立对竞争战略起支持作用的政策和运作程序。

5. 根据竞争战略要求,对价值链活动进行优化,对业务流程进行再造。

6. 建立有利于竞争战略实施的激励和诱导机制。

4. 建立与竞争战略的要求相适应的沟通和协调机制。

8. 营造、培育一种有利于竞争战略实施的工作环境和企业文化。

9. 加强对竞争战略实施的领导,排除变革阻力。

10. 对竞争战略实施过程加以控制,确保预期目标的实现。

竞争战略实施的任务,归纳到一点,就是如何确保企业内部的运作方式和多项活动与战略成功的必要条件之间保持协调一致。企业内部运作方式和多种活动与战略成功的必要条件协调程度越高,越有利于将整个组织和各种资源整合起来,形成竞争对手难以替代和模仿的核心能力,确保竞争战略的顺利实施。

(三)竞争战略实施的推动方式

竞争战略实施是一项复杂的系统工程,是一项长期而又艰巨的任务,应有步骤、有重点、分阶段地推进。一般来说,竞争战略实施的推进方式主要有以下几种:

1. 循序式推进。也就是说,按竞争战略实施计划的要求,步步逼近,各阶段循序渐进。

2. 跳跃式推进。即根据竞争战略实施过程中外部环境和内部条件的变化,跨越某些战略阶段,实现超常规发展。

3. 波浪式推进。在竞争战略实施过程中,根据战略目标和相互协调的要求,在某些阶段缓慢地推进,而在另一些阶段则加速推进,形成"战略波浪",以达到竞争战略实施的"蝴蝶效应"。

4. 迂回式推进。竞争战略的推进先从较成熟、较容易实现的部分入手,寻求突破口,采用侧面迂回的方式,待时机成熟时,再攻克难度较大的部分。

二、竞争战略的管理匹配

竞争战略实施的顺利进行,除了竞争战略本身的适宜性与可行性之外,还需要有效的组织管理的匹配。其中,最重要的是竞争战略与组织结构和组织能力、资源、企业文化以及管理制度之间的匹配。

(一)组织结构

竞争战略的实施要靠组织来保证。如果竞争战略发生了一定的变化,则组织结构的调整将是不可避免的。组织结构有多种类型,如大家熟悉的直线职能制、事业部制、矩阵制等。对每一种组织结构进行论述不应该是战略研究的内容,我们关心的是不同的竞争战略类型对组织结构有何特殊要求。

不同类型的竞争战略要求不同的组织结构。例如,实施低成本领先战略的企业需要找到保证成本效益的经营方法,并且其重点要放在成本控制上;而采用差异化战略的企业则需要更具有创造力,并且要对各种问题和机会迅速做出反应。

低成本战略可能要求机械的控制系统,即工作责任清晰,有关于组织效率和成本的详细而经常的报告,详细地说明对预算和支出的责任等。另一方面,采用差异化战略的组织要求其结构更系统化,实行松散的控制,在非集中的结构内鼓励创造性;但在不同的职能之间应有良好的协作,尤其是要求研究开发和营销之间保持高度的协调。管理重点集中在与某些问题和机会有关的管理人员团队上,而不是放在与特定工作职能相关的单个管理人员或单个部门。

(二)组织资源

优秀战略的一个重要特点,就是其设定的战略目标大大超过企业现有资源所能达到水平,在企业目标与组织资源之间存在巨大的鸿沟,有意使目标与资源两者之间保持适度的不平衡状态,以便产生一种压力和驱动力,促使企业员工想方设法缩短两者之间的差距。因此,企业在对组织资源与竞争战略进行匹配时,不仅包括对现有资源进行分配,还包括如何积蓄资源和有效利用资源。

组织资源的战略分配是指按竞争战略资源配置的原则方案,对企业所属资源进行具体的分配。企业在推进竞争战略过程所需的战略转换往往就是通过资源分配的变化来实现的。企业战略资源的分配一般可分为人力资源的分配和资金的分配两种。

组织资源的积蓄包括有形资产的积蓄和无形资产的积蓄。企业的无形资产具有可共同使用,可重复使用,在使用过程中不断增值甚至产生相乘效果等特点,无形资产的积蓄可以带动有形资产的积蓄,甚至还能在一定范围内弥补有形资产的不足。因此企业在为竞争战略实施积蓄资源时,应特别注重无形资产的积蓄。

企业无论实力大小,其发展始终受到资源的约束。因此,除了多渠道积蓄资源外,还应认真研究如何有效地利用资源,将积蓄的资源用好用活,发挥其最大的能量。有效利用资源的途径有:将资源集中在关键的战略目标上,用一种类型的资源补充另一种类型的资源,保存资源,加速资源的回收等。

(三)企业文化

文化主要是价值观。在企业竞争战略的决策和实施中,并没有特别强调价值观或企业文化的好与坏。需要关心的是企业文化能否与竞争战略相适应。

根据竞争战略与企业文化的一致性程度,文化有战略支持性文化、战略制约性文化和战略不相关文化三种类型。如在一个成本领先的企业中,需要的是成本节约的文化;而在差异化战略的企业中,需要的可能是创新的文化。

对于中国的一些领导型企业来说,国际化是其当前正在实施的战略。但是,随着战略的转变,一些企业的文化也在转变。正像柳传志在中央电视台"对话"栏目中所说的,在联想并购 IBM 的 PC 部门后,联想的总部将由北京迁往纽约。自然,联想的文化也需要变化,联想过去"以产业报国"的提法可能就不合适了。2004 年 12 月 15 日下午,联想员工在北京召开的"纪念——思考二十年纪念大会"上曾经高唱《歌唱祖国》,很难想象,在纽约的总部,不同肤色的员工在一起还会继续唱这首歌。

(四)管理制度

一个企业自身具有很强的文化特色时,会通过企业成员的共同价值观念表现出企业的特殊性,这有利于企业形成别具一格的竞争战略,为企业战略的成功实施奠定了基础,提供了原始动力。形成企业自己独特的文化,使企业的竞争战略实施顺利进行,必须有一套科学合理的管理制度。

企业管理制度体系设计应注重以下几个原则:

1.完整性。管理制度是企业实施竞争战略的依据,是各项管理规则和工作程序的完整体现。企业管理制度的组成或表现形式主要包括组织机构设计、职能部门划分及职能分工、岗位工作说明以及各类专业管理制度及其管理表、单等管理类文件。这些系统性、专业性相统一的规定和准则,将满足企业生存和开展竞争的需要,并使企业在管理制度体系正常运行的情况下实施企业竞争战略。

2.专业性。管理制度的拟定是为了解决现实经营中的管理问题,实现管理职责的履行和解决问题程序的顺畅。按照企业经营业务科学化分工的特点,制度的设计也需要体现专业化的特点。

3.操作性。对于企业来说,制度建设是解决现实管理过程中各项矛盾的需要,这就要求制度具有可操作性,即要求各个管理环节职责明确,解决问题的程序简洁明了。同时,与之相对应的考核奖惩和责任追究程序及标准要科学、合理、规范。

此外,随着市场经济环境的变化,企业组织机构必然呈现"弹性化"的特点,这就要求企业在设计和编定制度时,无论是内容、结构还是形式,都充分考虑到组织机构与竞争战略调整的需要,体现"制度模块"的可兼并性。

第四节　竞争新思维——超越竞争

一、平衡消费者和竞争者导向

不论企业是市场的领导者、挑战者、追随者还是补缺者,它都要密切关注竞争者的行动,找到对自己最有效的竞争性营销战略,并且还要经常调整自己的战略以适应快速变化的竞争环境。但是,企业在密切关注竞争者的同时不应忽视对顾客的关注,不能单纯强调以竞争者为中心而损害更为重要的以消费者为中心。

以竞争者为中心是指企业将绝大部分时间用于追踪竞争者的行动和市场份额,并努力寻找抗击竞争者的战略。这一导向的优点是使营销人员保持警惕,关注自己定位中的弱点,并寻找竞争者的弱点,关注竞争者的动向;缺点是企业过于将自己的行动定位于竞争者的行动之上,而不是执行自己的顾客关系战略,缺乏事先规划和明确的目标。

以消费者为中心是指企业以消费者需求为依据制定营销战略。这一导向的优点是能够更好地辨别市场机会,并制定合理的长期战略。通过密切关注消费者需求的演进,企业能够确定最重要的消费者群及其需求,然后集中精力为目标消费者传递卓越的价值;缺点是有可能忽视竞争者的动向和对竞争者的分析。

在实践中,企业需要对消费者导向和竞争者导向进行平衡,不能顾此失彼。企业应同时关注消费者和竞争者,即以市场为导向。正如亚马逊公司的使命所说:我们围绕消费者而不是竞争者,我们也观察我们的竞争者,向它们学习,学习怎样为消费者做更有意义的事情以及尽我们所能地复制它们,但不为它们所牵绊。

二、有效地建立战略联盟

在市场竞争日益激烈的市场上,以往所奉行的视竞争者为仇敌,彼此互不相让的竞争原则已成为陈旧的经营观念而被人们逐渐抛弃。现代营销哲学认为,企业欲在竞争中确保生存,并积极地开拓市场,除了需要平衡消费者导向和竞争者导向外,还需要寻求超越竞争的新思维和新模式,以实现共同生存、共同发展的目标。目前正在崛起的战略联盟正是这样一种兼有竞争与合作功能的新型的营销组织形式。

(一)战略联盟的形式和优势

战略联盟是指两个或两个以上的企业,为实现某一战略目标而建立的合作性的利益共同体。建立战略联盟,旨在实现企业间的优势互补,增强企业的长期竞争优势,从企业的基本任务和方向中衍生出经营目标,进而赢得长远的相对优势。显然,战略联盟在本质上是与企业的长期规划相一致的,都是为了实现企业的长期目标。

1.战略联盟的形式

企业为了达到自身的战略目标,可从外部寻找其最稀缺的资源,选择具有该种资源的企业结为战略伙伴。鉴于企业寻求外部合作时战略目标不尽相同,可分为如下几种战略联盟:

(1)技术研发联盟。这种联盟的具体形式有多种,如在大企业与中小企业之间形成的技术商业化协议,即由大企业提供资金与营销力量等,而由中小企业提供新产品研制计划,合作进行技术与新产品开发。又如合作研究小组,即各方将研究与开发的力量集中起来,以提高研发水平,加速研发的进程。

(2)合作生产联盟。即由各方集资购买设备以共同从事某项生产。联盟可根据不同的需要,在各参与者之间进行劳动力、传输制造技术、操作技巧等要素的配置。这种联盟可以使加盟各方分享到生产能力利用率提高的益处。

(3)市场开拓联盟。加盟方相互利用彼此的市场销售渠道销售自己的产品,实现资源共享,达到销售的规模效益。譬如特许经营、连锁加盟等形式的销售联盟在当前商业领域颇为流行,使得企业销售网点可以实现低成本的迅速增长,比竞争对手更积极、更迅速地占领市场。

(4)多层次合作联盟。这种联盟实际上是上述各种联盟形式的组合,即由加盟各方在若干领域内开展合作业务。企业加入这种联盟可采取渐进方式,从一项业务交流发展到多项合作。

2.战略联盟的优势

(1)战略联盟有利于缩短新产品开发的时间。随着产品生产日益高度技术化和复杂化,一项复杂的高技术新产品的完成已表现为规模越来越大的战略工程,而这种战略工程是单个企业难以在短期内独立完成的。不同的企业在产品开发上形成合作关系,就能够以市场为纽带组成灵活、协调的生产营销网络,其潜力是无限的。

(2)战略联盟有利于分摊高昂的开发投资费用。战略联盟以少量投资就能够有效地、适当地动员所需要的各种资源,各合作伙伴在各自承担的环节上也会有更多的机会来降低投资成本并提高经济效益。

(3)战略联盟有利于提高规模经济效益。战略联盟通过协调性的合作极易取得规模效益,这主要体现在战略联盟借助同类产品生产者的联合,使各自的相对优势在生产规模扩大的条件下得到更大程度的发挥,从而降低生产成本和投资成本,增强企业的竞争实力。

(4)战略联盟有利于避免经营风险。采用战略联盟,能够以更为广泛的网络掌握更多的市场渠道,降低经营风险;实现企业间的优势互补,从而拓展经营范围,平抑市场风险。

(5)战略联盟有利于确立新的竞争原则。竞争与合作是一种新的辩证关系,竞争并不排斥合作。从某种程度上讲,合作有利于充分提高竞争效率,与竞争对手携手建立战略联盟,共同促进经济社会的发展,不失为新时期竞争的明智之举。当然,战略联盟并不否认竞争的存在,而是使竞争以新的形式在新的层次上出现,即从原来的价格竞争向非价格竞争转变,从恶性竞争向塑造比较优势竞争转变。

(二)战略联盟的有效建立

尽管战略联盟存在着许多优势,但由于战略联盟组织上的不稳定性以及管理上的复杂性,其成功率较低。当然,战略联盟完善的企业业绩往往远胜于未联盟企业。因此,如何建立有效的适合企业特色的战略联盟,成为企业在实施战略联盟时的思考重点。

1.战略联盟必须基于双方的需要。企业在寻求理想的合作对象时,应首先分析本企业的资源、生产能力和市场潜力,评估现有企业的优势,在此基础上,广泛了解合作对象的战略,以便使双方在短期目标与长期目标上都达成一致。如德国奔驰公司以生产豪华汽车著称于世,具有优越的动力工程技术;日本三菱公司更擅长于紧凑型汽车的生产,并在电子元件方面首屈一指。这样双方的结合就能顺利地将各方的优势集为一体,适应了企业战略联盟的要求。

2.建立合适的组织结构。组织结构是企业保持战略联盟整体性的内在联系的方式,它是联合体的诸要素及其相互关系作为一个具有统一性的系统整体加以有机组合的组织体系,它决定了整个联盟的运行效率。成功的战略联盟的组织结构具有两个特征:新的组织结构必须对市场总需求和竞争条件的变化做出迅速而灵活的反应,新的组织结构必须具备广泛、健全的信息反馈网络。

3.保护联盟各方的技术资产。在联盟的初创阶段,决策人员必须分析各方技术资产的性质,区分独家或专有技术以及来自其他技术供给方的一般技术等,专有权的要素(专利、注册商标)一般可通过法律手段获得,而独特的生产技术、工程技术和材料加工诀窍等,则可采取对等交换的方法,实行部分让渡。从长远看,保持联盟内技术公平的最佳措施是坚持研究与开发活动,实行技术吸收政策。

4.对战略联盟进行有效的协调管理。这些问题包括:由谁来经营联合体,联合体经营的利益和损失如何分担,怎样组织和管理联合体经营所需要的人员,战略联盟经营的风险是否已确认,等等。

5.发展多方位的联盟合作关系。多边联盟的形式能最大限度地减少任意两方联盟解体带来的危机,能比单一联盟更广泛地、更好地运用多个企业的综合优势,从而优化技术水平,开拓更广泛的市场。

总的来说,企业建立战略联盟的用意在于,与合作方协力迅速扩大市场容量,从而提高市场占有率。这也正是战略联盟创造新市场的思路,即不是去"抢"对手的市场,而是与对手共同创造并分享一个更大的市场。

▶ 本章小结

制定竞争性的竞争战略,企业必须从行业结构角度及市场角度识别竞争者。识别竞争者的核心是识别竞争者的战略与目标,评估竞争者实力及其反应模式,并选择进攻与回避的对象。企业面对行业竞争者的一般竞争战略有:成本领先战略,即一个企业力争使其总成本降到行业最低水平,并以此作为战胜竞争者的基本前提;差别化战略,指使企业产品与竞争对手产品有明显的差异,形成与众不同特点而采取的战略;市场聚焦战略,指把目标放在某个特定的、相对狭小的领域内,在局部市场争取成本领先或差别化,以建立竞争优势。这三种战略的适用条件不同。

企业在市场中处于不同地位,其竞争战略有别。企业处于市场领导者地位,通常设法扩大整个市场需求;采取有效的防守与攻击战略;进一步提高市场占有率。企业处于市场挑战者地位,可采用向市场领导者进攻或跟随领导者的战略。企业处于跟随者地位,可采用紧密跟随、距离跟随、选择跟随等战略。市场利基者,主要采用专业化战略,即在市场、顾客、产品或渠道等方面实行专业化。

企业在密切关注竞争者的同时,还要密切关注消费者需求,实现消费者导向与竞争导向的平衡。同时,竞争并不永远意味着你死我活的厮杀,战略联盟作为一种兼有竞争与合作功能的新型的营销组织形式,成为超越竞争的新思维和新模式,以实现共同生存、共同发展的目标。

▶ 案例阅读与分析

【案例】 苹果与三星:智能手机市场上的王者悬念

自第一代 iPhone 发布以来,苹果在中国的影响力与日俱增,产品销量节节高升。然而在这个过程中,苹果并非唯一的赢家,6 年来三星成功夺取了诺基亚霸占已久的头把交椅,并在智能手机上与苹果斗得难解难分。

已故苹果 CEO 乔布斯曾经嘲笑三星 Galaxy Tab,认为它根本不是 iPad 的竞争产品。但在三星咄咄逼人的攻势面前,继任者库克采取了更为实际的行动。在他的授意下,苹果拿起专利的大棒挥向三星,旷日持久的世纪专利大战在 2012 年 8 月落下帷幕,三星需要向苹果赔偿 10 亿美元。有消息称,苹果进一步向法院申请向三星追加 7 亿美元赔偿。尽管尚未形成判决,但此番行为已显示了苹果正在不遗余力地打击三星,长自己志气,灭对手威风。

智能手机领域,三星当仁不让成为苹果最大的竞争对手,旗舰产品领衔的全手机产品线、出色的硬件、完备的产能,这些优势单个可让苹果生畏,而组合拳的优势足以构成对苹果的极大威胁。

苹果和三星在智能手机的策略是两个极端。苹果比较"专",一款手机卖一年,走的是单款路线。三星比较"博",拥有最全的手机产品线,一年推出多款手机,走的是机海战术。苹果手机的价格决定了只能是高端市场,但三星占据了手机市场的各个配置,各种屏幕规格,覆盖高、中和低端市场,只要有用户需求,都可以有相应配置和规格的满足。

两种风格也引得其他手机厂商争相效仿,有的学习苹果的单款路线,比如小米;也有像三星的全产品路线,比如 HTC、摩托罗拉,但 HTC 和摩托罗拉的机海战术都没有成功,反向精品路线转移,大有学习苹果之势。

无论如何,三星在智能手机领域的地位其他厂商无可企及。三星目前是全球出货量最大的智能手机厂商。据 IDC 的统计,2012 年第二季度全球智能手机出货量及市场份额排名显示三星的出货量 5020 万部,份额 32.6%,同比增加 15.6 个百分点。苹果出货量为 2600 万部,份额 16.9%,同比减少 1.9 个百分点。截至 2012 年第三季度末,三星和苹果在全球手机市场的份额分别为 24.1% 和 6.4%。在智能手机市场,三星和苹果的份额分别为 32.6% 和 16.9%。

不仅从体量而言,从单款手机来看,三星的明星产品近期表现抢眼,大有直逼甚至超越苹果之势。三星 Galaxy S3 的销量在上市 100 天后达到 2000 万部。2012 年 8 月,美国市场上三星 Galaxy S3 的销量已经超越 iPhone 4S。有分析师认为,三星 Galaxy S3 的销量超过 iPhone 4S,主因是人们等待 iPhone 5 而持币待购,iPhone 5 的销售预期还在。

三星有苹果无可比拟的硬件优势,自行研发,自行设计,自己生产。苹果的部分关键配件也来自于三星。在首部智能手机问世前,三星已是显示器的行家,OLED 技术上更堪称是业界先锋。当苹果找供应商——沟通新品部件生产时,三星内部已解决新品的产能问题。苹果会受制于某个配件产能的不足推迟新品供应时间,而在三星,除了有不可抗力等因素,这样的问题几乎不存在。在世纪专利大战前后,苹果开始进行"去三星化"处理,减少对三星零部件的依赖,比重从40%降到20%左右。

三星也有软肋,比如三星对 Android 系统的过度倚重存在未知的风险。在手机操作系统方面,三星目前是 Android 系统的最大厂商,三星曾经也想扶植自有操作系统 Bata,但目前使用 Bata 系统的手机的市场份额可忽略不计。但苹果已经建立了围绕 iOS 而生的生态系统。苹果不仅可以通过硬件攫取巨额利润,在应用开发方面同样可以分一大杯羹。

现在,苹果 iPhone 5 已经上市。虽然被指难言惊喜,创新乏力,但并未影响人们的购机预期。苹果发布的销售数据称 iPhone 5 在开放预订购的前24小时已售出200万部,比 iPhone 4S 同期的销售纪录翻倍。

按照媒体所披露的规划,三星将在2013年上半年推 Galaxy S4。我们可以看到,三星推出新品的速度越来越快,产品组合越来越灵活,这意味着,iPhone 5 受三星新旧产品夹击的状况依然持续。①

【讨论】

1.智能手机市场的行业结构属于何种类型?

2.苹果与三星在智能手机市场上的优、劣势分别有哪些?

3.面对三星公司的进攻,苹果公司应如何进行应对?

思考题

1.企业如何识别竞争者?

2.企业如何评估竞争者的实力与反应?

3.企业的一般竞争性战略有哪几种?

4.什么是市场领导者?它主要采用哪些竞争战略?

5.什么是市场挑战者?其主要战略是什么?

6.什么是市场跟随者和利基者?它们的主要战略是什么?

7.简述企业超越竞争的思路。

①参见宗秀倩:《苹果悬念:三星会发起全面进攻并超越吗?》,载腾讯科技,http://tech.qq.com/a/20121004/000076.htm,2012年10月4日。

第六章　市场调研与预测

不要企图无所不知,否则你将一无所知。　　　　　　——德谟克利特

■**本章学习目标**

通过本章学习,掌握市场营销信息系统的概念和构成,掌握市场营销调研的概念和类型,熟悉市场营销调研的程序和方法,熟悉市场需求测量的定性预测方法和定量预测方法。

■**本章学习重点**

市场营销信息系统的构成;市场营销调研的步骤;市场调研数据的收集方法。

第一节　市场营销信息系统

一、市场营销信息的含义与特征

(一)市场营销信息含义

市场营销信息是指与企业所处市场的各种经济活动和环境有关的数据、资料、情报的统称,它反映了市场活动和环境的变化特征与发展趋势等情况。

(二)市场营销信息的特征

1.系统性。市场营销信息不是零星的个别信息集合,而是若干具有特定内容的同质信息在一定时间和空间范围内形成的系统集合,具有层次性和可分性。

市场营销信息从收集、加工、传递、存储、检索、应用是通过有组织的信息管理系统进行的。市场营销信息在时间上具有纵向的连续性,在空间上具有横向的广泛性,在内容上具有全面性和完整性。

2.有效性。市场信息是为了可开展营销决策的需要而收集整理的。有效性包

括及时性和准确性。不准确的信息只会导致决策误入歧途,而不及时的信息,对企业营销决策是毫无价值的。

3.双向性。企业通过信息的传递对营销活动进行控制,控制的结果作为信息又反馈给企业,企业利用反馈的信息对营销计划进行调整和修正,再对营销活动进行控制。这样,在企业的营销活动中,信息的流动始终是以市场为核心贯穿于企业营销活动的全过程。

二、市场营销信息系统

(一)市场营销信息系统的概念

既然所有的营销决策和计划都需要充分、准确的信息资料为基础,企业就应有一套科学的信息管理办法和程序,对信息进行搜集、实行管理,使它们成为一种有用的信息,这就是市场营销信息系统(Marketing Information System,MIS)。

具体地说,市场营销信息系统是一个由人员、机器设备和计算机程序所组成的相互作用的复合系统,它连续有序地收集、挑选、分析、评估和分配恰当的、及时的与准确的市场营销信息,为企业营销管理人员制定、改进、执行和控制营销战略与计划提供依据。

(二)市场营销信息系统的构成

市场营销信息系统的作用是评估营销管理人员的信息需要,收集所需要的信息,为营销管理人员适时分配信息。市场营销信息系统的结构如图 6-1 所示。

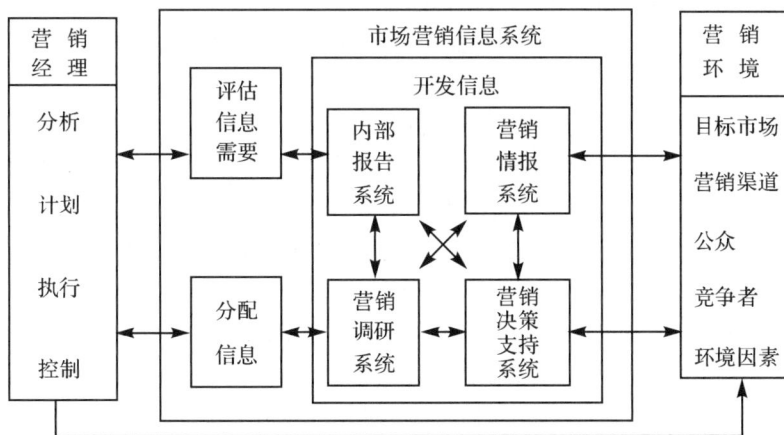

图 6-1 市场营销信息系统

1. 内部报告系统。营销管理人员使用的最基本的信息系统是内部报告系统。它提供企业内部信息，以会计系统为主，同时辅以销售报告系统，集中反映订单、销售额、价格、存货水平、应收账款、应付账款等数据资料。通过分析这种信息，营销经理能够发现重要的机会和问题。

内部报告系统的核心是"订单—发货—账单"的循环。即销售人员将顾客、经销商、销售代表的订单送交企业，订单处理部门会通过计算机网络了解存货情况，并将数份订单副本迅速分送有关部门，使各部门协调行动，顾客收到货物和账单后付款，企业根据付款凭证确认货款到账。企业设计内部报告系统时要确保面向用户，科学高效，及时、足量、经济地满足营销工作对信息的需要。

2. 市场营销情报系统。市场营销情报系统用于提供外部环境的变化资料，帮助解释企业内部的营运结果并指明未来的机会和问题。

企业获取情报信息的来源一般包括：公开出版物中提供的信息，如书籍、报刊等；顾客提供的信息；销售部门和销售人员提供的信息；批发商、零售商提供的信息；市场调研公司、咨询公司提供的信息等。

营销情报的数量和质量决定着企业营销决策的灵活性和科学性，进而影响企业的竞争力。为了扩大信息的来源并提高信息的质量，企业通常采取以下措施改进信息采集工作：

（1）增强营销人员的信息意识，培养其信息收集能力。

（2）建立和完善内部营销信息中心，改进信息处理、传递工作。

（3）多渠道、多形式地了解竞争对手的营销活动情况。

（4）鼓励与企业有业务关系的经销商、零售商和中间商收集并提供营销信息。

（5）积极购买有价值的市场营销信息。

3. 营销调研系统。自行调查或委托市场调查公司进行调查，系统地收集、分析和报告与特定营销环境有关的信息资料及研究结果。它的主要任务是收集、评估、加工、传递信息，供管理人员制定决策之用。

4. 营销决策支持系统（MDSS）。营销决策支持系统指企业用一些先进的技术和方法，分析市场营销数据和问题的营销信息子系统，以更好地进行营销决策。完整的营销决策支持系统，通常由数据库、统计库和模型库三部分组成。如图6-2所示。

资料库有组织地收集企业内部资料和外部资料，营销人员可以随时取得所需资料进行研究分析。统计库包括各种统计软件，帮助人们深入了解数据之间的关系及统计上的可靠性。模型库是一组数学决策模型，在既定的约束条件下寻求最优决策。

近年来，随着计算机技术在营销领域的应用，营销决策支持系统发展最快的是数据库营销。企业通过数据库营销能够更好地选择目标市场，更精确地开展营销活动，以此来获得更高的收益。

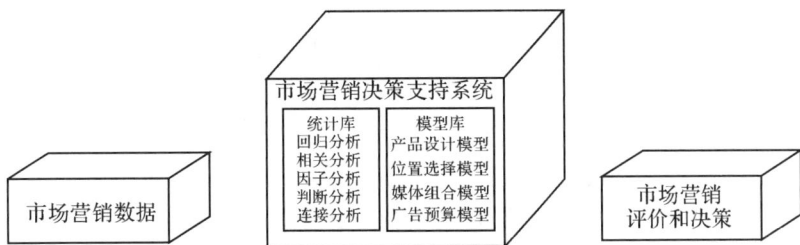

图6-2　市场营销决策支持系统(MDSS)

【案例6-1】　九芝堂营销管理信息系统囊括了业务管理、仓库管理、账务管理、客户管理、领导查询、费用管理、计划管理、系统管理等八大子系统,基本涵盖了营销业务领域的方方面面,实现了以事务为基础,以客户为中心,确保账账相符、账实一致的营销管理指导思想。

业务管理:以对发货单、发票、结算单、往来凭证的流水线式管理为基础,以客户、产品、仓库、业务员、销售机构、销售区域六大要素的组合报表为延伸,以应收账款管理为核心,是三者的有机构成。

仓库管理:其基本事务是各仓库的单据管理,同时通过发货、收料与业务方面紧密相连,通过入库、领料、残损与账务连成一体。

账务管理:是业务和仓库管理流程的审结者,它调入业务和仓库基本数据来产生成品账、销售账和销售利润账,还要通过与业务方面的对账来发现和规范业务管理。

客户管理:在建立全面标准化的客户档案的基础上,保证了客户作为最重要业务资源的有效性、可管理性和可指导、制约业务的特性。

领导查询:可以调取领导最为关心的营销信息对比和排比表,实时、清晰地了解业务进展情况。

费用管理:按照品牌、业务员和科目将各项费用细分,同时也与业务的实际发生情况挂钩。计划管理:从计划和综合报表(台账等)两个角度,在综合采集业务数据的基础上自动生成。

系统管理:有两大特色,一在于按岗定职责,二在于可以从数据安全的角度将整套营销系统透明一致地开放给业务员、分(子)公司经理等具有不同数据访问权限的人员使用。[①]

---

①参见上海财经大学国际工商管理学院《市场营销学》精品课程网站,http://dept. shufe. edu. cn/jpkc/marketing/1111. htm。

第二节　市场营销调研

现代市场营销观念强调顾客导向,要求市场营销者重视顾客的需要。要做到这一点,市场营销者必须通过市场营销调研,了解市场需求及竞争者的最新动态,广泛收集市场营销信息,准确掌握有关顾客需要的实际资料,从而保障营销决策的顾客导向。

一、市场营销调研的内容和步骤

(一)市场营销调研的概念

市场营销调研是指运用科学的方法,系统、客观地辨别、收集、分析和传递有关市场营销活动的各方面的信息,为企业营销管理者制定有效的市场营销决策提供重要的依据。与狭义的市场调查不同,它是对市场营销活动全过程的分析和研究。市场营销调研的主要作用是通过信息把营销者和消费者、顾客及公众联系起来。这些信息用来辨别与界定营销机会和问题,产生、改善和评估市场营销方案,监控市场营销行为,改进对市场营销过程的认识,帮助企业营销管理者制订有效的市场营销决策方案。

(二)市场营销调研的内容

市场营销调研的内容是十分广泛的,但归纳起来,主要是以下五个方面:

1.调查消费者需求。顾客的需求应该是企业一切活动的中心和出发点,因而调查消费者或用户的需求,就成了市场调查的重点内容。这一方面主要包括:服务对象的人口总数或用户规模、人口结构或用户类型、购买力水平及购买规律、消费结构及变化趋势、购买动机及购买行为、购买习惯及潜在需求,对产品的改进意见及服务要求等。

2.调查生产者供应方面的情况。这方面的调查应侧重于与本行业有关的社会商品资源及其构成情况,有关企业的生产规模和技术进步情况,产品的质量、数量、品种、规格的发展情况,原料、材料、零配件的供应变化趋势等情况,并且从中推测对市场需求和企业经营的影响。

3.调查销售渠道的情况。主要是调查了解商品销售渠道的过去与现状,包括商品的价值运动和实体运动的各个环节以及推销机构和人员的基本情况、销售渠道的利用情况、促销手段的运用及其存在的问题等。

4.调查新产品的发展趋势。这主要是为企业开发新产品和开拓新市场搜集有关情报,内容包括社会上的新技术、新工艺、新材料的发展情况,新产品与新包装的发展动态或上市情况,某些产品所处的市场生命周期阶段情况,消费者对本企业新老产品的评价以及对其改进的意见等。

5.调查市场竞争的有关情况。这方面主要是为了使企业在市场竞争中处于有利的地位而搜集的有关的情报,主要包括的内容有:同行业或相近行业的各企业的经济实力、技术和管理方面的进步情况;竞争性产品销售和市场占有情况、竞争者的主要竞争;竞争性产品的品质、性能、用途、包装、价格、交货期限以及其他附加利益等。

【案例 6-2】 营销的成功不是偶然的,成功来源于缜密的计划和有效的调研。宝洁公司一直是一次性尿布市场的主要供应者,后来金伯利公司的加入,使其市场份额在两年内降低了 20%,销售额减少了 30 亿美元。

宝洁公司于是积极着手进行产品改进和营销调研。一次性尿布的两个基本效用是舒适程度和吸湿能力。调研表明,家长通常认为较薄的尿布较合适,但吸湿能力往往较差。金伯利公司认为家长们相信只有尿布足够厚,才有足够的吸湿能力。宝洁公司则相信顾客比较易于接受又薄又有较强吸湿能力的尿布。1985 年初,宝洁公司开始试验新的、改进型的"帮宝适"。

宝洁公司的新产品比竞争者的薄,却有更强的吸湿能力,能够吸收其自重700—800 倍的水分。虽然销售试验很成功,产品吸湿能力增加 25%—35% 的结果也向公众公布,但家长们还是不相信新产品和原来的产品具有同样的吸湿能力。为此,研究者编制了一个有针对性的广告节目,向用户传授产品改进因素的知识,以促进销售。[①]

(三)市场营销调研的类型

根据研究的问题、目的、性质和形式的不同,市场营销调研一般分为四种类型。

1.探测性调研。探测性调研用于探询企业所要研究的问题的一般性质。研究者在研究之初对所欲研究的问题或范围还不是很清楚,不能确定到底要研究些什么问题。这时就需要应用探测性研究去发现问题、形成假设。至于问题的解决,则有待进一步的研究。

2.描述性调研。描述性调研是通过详细的调查和分析,对市场营销活动的某个方面进行客观的描述。大多数的市场营销调研都属于描述性调研。例如,市场

[①]叶明海:《市场研究》,同济大学出版社 2003 年版,第 10 页。

潜力和市场占有率,产品的消费群结构,竞争企业的状况的描述。在描述性调研中,可以发现其中的关联因素,但是,此时我们并不能说明两个变量中哪个是因、哪个是果。与探测性调研相比,描述性调研的目的更加明确,研究的问题更加具体。

3.因果关系调研。因果关系调研的目的是找出关联现象或变量之间的因果关系。描述性调研可以说明某些现象或变量之间相互关联,但要说明某个变量是否引起或决定着其他变量的变化,就要用到因果关系调研。因果关系调研的目的就是寻找足够的证据来验证这一假设。

4.预测性调研。市场营销所面临的最大的问题就是市场需求的预测问题,这是企业制定市场营销决策和市场营销方案的基础与前提。预测性调研就是企业为了推断和测量市场的未来变化而进行的研究,它对企业的生存与发展具有重要的意义。

(四)市场营销调研的步骤

1.确定调研问题和提出问题假设,明确市场营销调研目标

市场营销调研的第一步就是对调研问题的界定,并以此提出对调研问题的假设。这是市场营销调研能否取得预期效果的先决条件。定义调研问题是一件非常科学和谨慎的事,它主要包括以下几个过程:

(1)寻找和确定调研信息。要明白调研的目的和要达到的目标;清楚达到目标所需的信息;这些信息将会满足什么样的决策需求;在信息需求中,哪些问题是最重要的,此次调研的核心问题是什么;通过市场营销调研所获得的信息是否具有可测性……这些都是一次调研能否取得成功的前提条件。

(2)定义调查研究的问题,形成调研目标。调查研究的问题回答为解决管理决策问题,需要什么信息和怎样最好地得到这些信息,是研究者要面对的问题,也是市场营销调研的基本问题。在这些总目标的指导下,市场营销调研还要对问题进行具体分解,使得调研的问题能够通过一系列的调研和分析处理得以明晰。从调研的实践活动来看,通过试探性调研的方法来确定调研的问题是一条非常科学和可行的途径。

在定义调查研究问题时要防止两类错误:将调研问题定义得太宽或太窄。太宽则难于操作;太窄又可能限制了研究者的视角,妨碍研究者去涉及管理决策问题中的重要部分。为了避免这两类错误的出现,可以先将调研问题用比较宽泛的、一般的术语来陈述,然后再具体规定问题的各个组成部分,为进一步的操作提供清楚的路线。

在确定调研目标时,应当努力使需要调研的问题定量化,提出具体的数量目标,以利于对调研结果的审核和评估。例如把调研目标定为:"我们的新产品是否会畅销?"在这里究竟多少是畅销呢? 如果说"明年销售额达到300万元为畅销",那么这个目标就明确多了。

2. 确定调研方案和撰写调研策划书

在明确的定义了调研问题和做出一定的假设之后,调研人员需要建立一个回答具体调研问题的框架结构,这就是调研方案。这种调研方案应该是具体详尽的。不同的研究目的和研究内容需要不同的调研方案,但是一般应涉及:(1)规定调研目的和调研内容。(2)确定调研对象和调研范围。(3)选择总的研究方法。(4)选择数据收集的具体方法。(5)设计抽样方法和样本量。(6)制定调研实施的具体计划和质量控制方法(访问、复核)。(7)制订数据分析方案(编码、录入、查错、编辑、统计分析)。(8)安排调研进度。(9)预算调研经费。(10)设计调研问卷和测试调研问卷。

调研策划书的格式一般包括封面、目录、内容和附录说明。其中,内容部分有时还包括报告形式和内容、项目管理、保密条款等。

3. 实施调研和收集数据

调研的实施是关系到市场营销调研成功与否的关键的一步,而调研实施的关键又在于实施过程中的严格的组织管理和质量控制。在这一过程中应重点做好以下工作:(1)挑选和培训调研员。(2)进行调研工作的质量监控。(3)查收和评价调研员的工作。

4. 整理和分析数据

数据收集后,调研过程的下一步就是对数据进行处理和分析。分析的目的是解释所收集的大量数据并提出结论。调研数据处理人员开始时所做的可能只是简单的频次分析,最后可能会使用复杂的多变量技术分析。这一部分的工作主要包括:(1)查收和校对资料。(2)编码。(3)录入数据,建立原始数据库。(4)查错和数据净化,处理缺失数据。(5)数据处理、制表作图和统计分析。

5. 准备和撰写调研报告

调研报告是整个调研项目至关重要的部分,因为它是调研工作的最终产品,是研究人员辛勤劳动的结晶。调研报告包括书面报告和口头报告。

书面报告能够将枯燥乏味的数字变成活性的情况,便于有关管理者和决策者进行阅读和理解;口头报告能够帮助管理者理解报告的内容并接纳报告,还能够加强双方的交流。调研报告一般包括:(1)报告的摘要,包括主要发现、主要结论。(2)报告的详细目录。(3)报告正文,包括调研的基本情况、主要发现、小结与建议。

（4）报告附录，包括问卷、数据、图表等。

6.信息反馈和跟踪

这一部分是很容易被调研者忽视的内容。尤其是由公司自己做的调研活动，如果调研的信息不能被很好地利用的话，则会使市场营销调研的作用降低，同时对调研问题的跟踪将有利于公司对问题进行全面的认识，以进行科学的决策。所以这一过程是不容忽视的。

二、市场调研的抽样技术和方法

从调研范围的大小和被调查者的多少来划分，市场调研的抽样技术和方法可归纳为全面调研和非全面调研两大类。具体分类见图6-3。

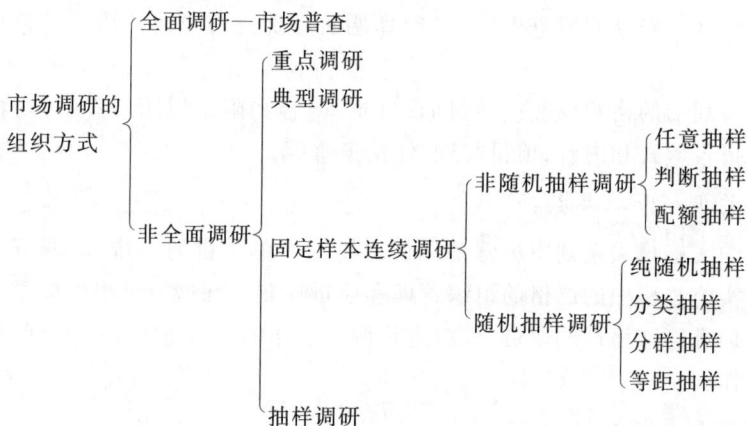

```
                  全面调研—市场普查
                                重点调研
市场调研的                      典型调研
组织方式                                                    非随机抽样调研  任意抽样
                                                                          判断抽样
                                                                          配额抽样
            非全面调研  固定样本连续调研
                                                            随机抽样调研   纯随机抽样
                                                                          分类抽样
                                                                          分群抽样
                                                                          等距抽样
                        抽样调研
```

图6-3 市场调研的抽样技术和方法

（一）市场普查

市场普查是对调研对象（总体）的全部单位所进行的无一遗漏的逐个调查，是一种全面调研的组织方式。市场普查是一次性调研，其目的是把握在某一时点上、一定范围内调研对象的基本情况，如商品库存普查。

（二）重点调研

重点调研是在全体调研对象（即总体）中选择一部分重点单位进行的一种非全面调研。所谓重点单位是指所要调研的这些单位在总体中占重要地位或者在总体某项标志总量中占绝大比重的单位。如要了解全国钢铁生产的基本情况，只要对少数几个重点钢铁生产企业如首钢、宝钢、鞍钢、武钢、包钢等企业进行调研即可取得所需资料。

在市场调研中,重点调研常用于商品需求和商品资源的调查研究。此外,在有关流通渠道、经营条件、竞争对手等问题的调研中,也可以选定地位、作用重要的单位进行重点调研。采用这种调研方式,能以较少的人力和费用开支,较快地掌握调研对象的基本情况。不过,重点调研中选取的重点单位不具有普遍的代表性,一般情况下不宜用重点调研的综合指标来推断总体的综合指标。

(三)典型调研

典型调研是在全体调研对象(即总体)中有意识地选择一些具有典型意义或有代表性的单位进行非全面的专门调查研究。典型调研有两个特点:一是典型单位是从调研对象中有意识地选择的,所以选择出来的典型单位是否具有代表性完全取决于调研者对调研对象的认识程度;二是调研单位较少,人力和费用开支较省,运用比较灵活,调研内容可以多一些。运用这种调研方式,有利于深入实际对问题作比较细致的调查分析。所以,在我国市场调研中,这种调研方式得到广泛采用。

搞好典型调研的关键在于选好典型单位。当总体单位很多,各单位的差异程度较大时,通常采取"划类选典"的方法,即把总体按一定的标志,划分几个类型组,以减少类型组中各单位的"异质性",然后再从各个类型组中按比例或不按比例选出典型单位。例如,在居民消费品购买力投向的典型调研中,就可以按经济收入水平的不同情况,将被调研的居民户总体划分为高、中、低档收入三类,然后在每一类中按照各类居民户占居民总体的一定比例,选定若干典型户进行调研。如果各类型组内各个居民户的收入状况差异仍较大,还可以分别在各个类型组内再划分为若干小类,再在小类中选定若干典型户。

(四)固定样本连续调研

固定样本连续调研,是指把随机选定的调研单位固定下来,进行长期连续的调查和观察。主要目的是为了了解和掌握市场事态在时间历程中的变化趋势,寻找事态发展的连续性、可比性和规律性。在实践中,我国的城镇职工家庭和乡村农户生活调查(即家计调查),西方国家的住房调查,都采取固定调查户进行连续调查研究。

(五)非随机抽样调研

抽样调研是一种从全体调研对象(称为总体)中抽取部分对象(称为样本)进行调查研究,用所得样本结果推断总体情况的调研方式。抽样调研按照调研对象总体中每一个样本单位被抽取的机会（概率）是否相等的原则,可以分为随机抽样调研和非随机抽样调研两类。从调研对象总体中按调研者主观设定的某个标准抽取样本单位的调研方式,称为非随机抽样调研。这种抽样方式虽在样本的抽取方法上带有主观性,并会对总体推断的可靠程度产生影响,但由于其简便易行,可及时取得所需的信息资料,因此在市场调研中也常采用这类调研方式。非随机抽样调研的抽样方法主要有任意抽样法、判断抽样法和配额抽样法三种。

1.任意抽样法。任意抽样法,也称便利抽样法或偶遇抽样法。它是一种随意选取样本的方法,通常没有严格的抽样标准。任意抽样法的基本理论根据,就是认为总体中每一样本都是"同质"的,而事实上,虽有的总体的样本基本是同质的,但绝大多数总体中的样本则是"异质"的。这种调研方式一般用于非正式的探测性调研,在总体中各样本的"同质"程度较大的情况下,运用这种方法也有可能获得具有代表性的调研结果。

2.判断抽样法。判断抽样法是按照调研者的主观经验判断选定调研单位的一种抽样方法。判断抽样法有两种做法:一种是由专家判断决定所选样本,一般选取"多数型"或"平均型"的样本为调研单位。另一种是利用统计判断选取样本,即利用调研对象（总体）的全面统计资料,按照一定的标准选取样本。判断抽样法的样本代表性如何,完全凭调研者本身的知识、经验和判断能力而定。判断抽样法具有挑选样本简便及时的优点,在精确度要求不是很高的情况下,企业为了迅速获得解决日常经营决策问题的客观依据资料,经常使用判断抽样法。

3.配额抽样法。配额抽样法又称定额抽样法。具体做法是:先依据调研总体中的某些属性特征（控制特性）将总体划分成若干类型,再按分类控制特性将各类总体分成若干子体,依据各子体在总体中的比重分配样本数额,然后由抽样者主观选定样本单位。配额抽样法按分配样本数额时的做法不同分为独立控制和相互控制两种方式。

独立控制配额抽样法是分别独立地按各类控制特性分配样本数额。它对样本单位在各类控制特性中的交叉关系未做数额上的限制,因此这种方法在抽样时有较大的机动性。相互控制配额抽样法在按各类控制特性分配样本数额时,要考虑到各类型之间的交叉关系,采用交叉分配的办法。

(六)随机抽样调研

随机抽样调研是按随机原则从调研总体中抽取一定数目的样本单位进行调查,以其结果推断总体的一种调研方式。它对调研总体中每一个样本单位都给予平等的抽取机会（即等概率抽取）,完全排除了人为的主观因素的选择,这也是它与非随机抽样调研方式的根本区别。

目前,在我国市场调研的某些方面采用了随机抽样调研的方式,如居民家庭生活调研、粮食及重要经济作物的产量调查等。但总的讲,其应用面还不太广。这主要是诸如典型调研、重点调研等方法的运用更为简便易行和灵活,人们比较熟悉;而随机抽样的调研方式须具备一定的数学基础方能掌握运用,多数实际工作者对此较为陌生,因而影响了它的推广。其实,随机抽样这种调研方式在我国市场调研中有着广泛的应用前景。如城乡居民收支状况与购买力的调研、消费者商品需求量与耐用消费品市场普及率的调研、消费结构与消费倾向的调研、农副产品产量与资源的调研、市场价格与需求弹性的调查分析等等专题市场调研均可运用随机抽样的方式加以组织。

1. 纯随机抽样法

纯随机抽样法,也称简单随机抽样法(simple random sampling),就是在总体单位中不进行任何有目的的选择,完全按随机原则抽选调研单位。在市场调研中,通常采用抽签法或乱数表法。

纯随机抽样法是随机抽样中最简单的一种。由于市场调研的总体范围较广,总体内部各单位之间的差异程度较大,一般不直接使用这种方法抽样,而是与其他抽样方法结合使用。只有在市场调研对象情况不明,难以划分组类或总体内单位间差异小的情况下才直接采用这种方法抽取样本。

2. 分层随机抽样法

分层随机抽样法(stratified sampling),也叫类型抽样法或分类抽样法,就是将总体单位按一定标志(调研对象的属性、特征等)分组,然后在各个类型组中用纯随机抽样方式或其他抽样方式抽取样本单位,而不是在总体中直接抽取样本单位。例如,在进行农村经济调研时,先将农村总体按产粮区、经济作物区、林区、特区、渔区等经济条件划分为若干个类型组(层),然后在每层中用纯随机抽样或其他抽样方式抽选若干农民户进行调研。

分层抽样时必须注意以下问题:(1)必须有清楚的分层界限,在划分时不致发生混淆;(2)必须知道各层中的单位数目和比例;(3)分层的数目不宜太多,否则将失去分层的特征,不便在每层中抽样。

采用类型抽样法比直接采取纯随机抽样法的代表性要高,抽样误差要小。采用类型抽样法,可以把差异程度大的各单位划分为性质、属性相近的若干类,使类型内的各单位差异程度要小于类型之间的差异程度,即类内方差小于类间方差。在不同类型中分别抽样,就能使样本单位分布更接近于总体的分布,从而能提高代表性,减少抽样误差。在市场调研实践中比较多地采用这种抽样方法。

3.分群随机抽样法

分群抽样法,又称整群随机抽样法(cluster sampling)。系指将市场调研的总体按一定的标准(如地区、单位)分为若干群,然后在其中随机抽取部分群体单位进行普查的方法。

此法与分层抽样法的区别在于分层抽样法区分的各层彼此之间差异明显,而每层内部差异很小;分群抽样正好相反,区分的各群彼此差异不大,而群内差异明显。从抽取样本方式上看,分层抽样每层都要按一定数目抽取样本,而分群抽样是抽总群中的若干群,抽出的群全部为样本。

采用分群抽样法可以避免简单随机抽样可能遇到的一些问题。简单随机抽样抽取的样本可能极为分散,在各地都有,从而增加了调查往返的时间和费用。分群抽样法最主要的优点是:样本单位比较集中,进行起来比较方便,可以减少调研人员旅途往返的时间,节省费用。其缺点在于样本只能集中在若干群中,不能均匀地分布在总体的各个部分,用以推断总体的准确性较差。但当群体内各单位间的差异性大,而群与群之间差异性小时,采用此法可以提高样本的代表性。

4.等距随机抽样法

等距抽样法又叫机械随机抽样法,或称系统抽样法(systematic sampling)。这种抽样是把总体各单位按一定的标志顺序排序,然后依固定的顺序和间隔抽取调研单位。排列顺序可以用与调研项目无关的标志为依据,叫做无关标志排队,例如,按户口册、姓名笔画、地名、地理位置等排列;也可以用与调研项目直接或间接有关的标志为依据,叫做有关标志排队,例如,职工家庭调查中,按总收入或平均工资由低到高排队,再抽选调研单位。在市场调研中,抽样间隔(或称抽样距离)可以依据总体单位总数和样本单位数计算确定。显然,用有关标志排队法要比无关标志排队法效果好,但较为麻烦。

三、市场调研数据的收集方法

(一)文案调查——二手资料的收集方法

1.文案调查的概念及分类

文案调查,是指通过收集各种历史和现实的动态资料,从中摘取与调查有关的情报,在办公室内进行分析的调查方法,也叫间接调查法、资料分析法或室内研究法。

文案调查的对象是各种历史和现实的资料。此法的优点是可以充分利用第二手资料,节省调查费用。但是,调查人员必须要有较丰富的专业知识和分析能力才能胜任。文案调查要求更多的专业知识、实践经验和技巧。这是一项艰辛的工作,要求有耐性、创造性和持久性。

文案信息依使用者的角度不同可以分为以下几类:

(1)文献性信息、物质性信息和思维性信息。按照信息的负载形式,可将信息划分为文献性信息、物质性信息和思维性信息。文献性信息是指以文字、图像、符号、声频、视频等形式所负载的各种信息。按照载体形式和记录手段不同,文献性信息又可分为手工型、印刷型、微缩型、机读型、视听型和卫星型六类,具体表现为:统计报表、调研报告、电视、广播、网页、录音、录像等。印刷型文献是最基本、最普通的一种形式,但随着科技水平的提高,机读型和视听型文献的数量在急剧增加。物质性信息是指各种物质形式所负载的信息,如商品展览、模型、样品等。它具有直观、可靠、易理解的特点。思维性信息是指人头脑所负载的,经对调查活动的分析、综合、推理所得到的信息,如预测信息、调查对象的决策判断等。

(2)原始信息和加工信息。按照信息的产生过程不同,可将信息划分为原始信息和加工信息。

原始信息,又称初级信息。它是调查活动中所产生的各种文字和数据资料,原始信息是调查的基础。加工信息,又称次级信息。它是根据调查活动的需要,对原始信息进行加工、处理和分析后所形成的信息。对于文献性信息来讲,原始信息为一次文献,对原始信息进行加工、转换,使之有序化和浓缩化,就可形成二次文献,如目录、文摘、索引、统计和报表等。如果再对二次文献进行综合加工,而得到的有关综述、年鉴、手册、分析报告等,就是通常所说的三次文献。

(3)宏观信息和微观信息。按照信息的范围,可将调查信息划分为宏观信息和微观信息。宏观信息是关于调查对象外部环境的各种信息,如国民经济发展情况、居民购买力、股市行情、商品供求状况等信息。微观信息是反映调查对象个体的各种信息,如企业内部的财务资料和统计报表等。

(4)动态信息和静态信息。按照信息的状态,可将调查信息划分为动态信息和静态信息。动态信息是反映调查对象在不同时期的发展变化的信息。静态信息是对某一时刻调查对象活动的说明。对各种动态及静态资料进行收集、整理和分析,是科学预测和决策的前提。

2.文案调查的特点

调查必须选用科学的方法,调查方法选择恰当与否,对调查结果影响甚大。各种调查方法都有利有弊,只有了解各种方法,才能正确选择和应用。

与实地调查相比,文案调查有以下三个特点。

(1)文案调查是收集已经加工过的文案,而不是对原始资料的收集。

(2)文案调查以收集文献性信息为主,它具体表现为收集各种文献资料。在我国,目前仍主要以收集印刷型文献资料为主。当代印刷型文献资料又有许多新的特点,即数量急剧增加,分布十分广泛,内容重复交叉,质量良莠不齐等。

(3)文案调查所收集的资料包括动态和静态两个方面,尤其偏重于从动态角度,收集各种反映调查对象变化的历史资料与现实资料。

3.文案调查的功能

在调查中,文案调查有着特殊地位。它是信息收集的重要手段。文案调查的功能表现在以下四个方面:

(1)文案调查可以发现问题并为解决问题提供重要参考。根据调查的实践经验,文案调查常被作为调查的首选方式。几乎所有的调查都可始于收集现有资料,只有当现有资料不能提供足够的证据时,才进行实地调查。因此,文案调查可以作为一种独立的调查方法加以采用。

(2)文案调查可以为实地调查创造条件。如有必要进行实地调查,文案调查可为实地调查提供经验和大量背景资料。具体表现在:

第一,通过文案调查,可以初步了解调查对象的性质、范围、内容和重点等,并能提供实地调查无法或难以取得的各方面的宏观资料,便于进一步开展和组织实地调查,取得良好的效果。

第二,文案调查所收集的资料可用来证实各种调查假设,即可通过对以往类似调查资料的研究来指导实地调查的设计,用文案调查资料与实地调查资料进行对比,鉴别和证明实地调查结果的准确性和可靠性。

第三,利用文案调查资料并经实地调查,可以推算出所需掌握的数据。

第四,利用文案调查资料,可以帮助探讨现象发生的各种原因并进行说明。

(3)文案调查可用于经常性的调查。实地调查费时费力,操作起来比较困难,而文案调查如果经调查人员精心策划,具有较强的机动灵活性,能随时根据需要,收集、整理和分析各种调查信息。

(4)文案调查不受时空限制。从时间上看,文案调查不仅可以掌握现实资料,还可获得实地调查所无法取得的历史资料。从空间上看,文案调查既能对内部资料进行收集,还可掌握大量的有关外部环境的资料。尤其当地域遥远、条件各异时,文案调查比实地调查节省时间和经费。

4.文案调查的基本要求

文案调查的特点和功能,决定了调查人员在进行文案调查时,应该满足以下几个方面的要求。

(1)广泛性。文案调查对现有资料的收集必须周详,要通过各种信息渠道,利用各种机会,采取各种方式大量收集各方面有价值的资料。一般说来,既要有宏观资料,又要有微观资料;既要有历史资料,又要有现实资料;既要有综合资料,又要有典型资料。

(2)针对性。要着重收集与调查主题紧密相关的资料,善于对一般性资料进行摘录、整理、传递和选择,以得到有参考价值的信息。

(3)时效性。要考虑收集资料的时间是否能保证调查的需要。随着知识更新速度加快,调查活动的节奏也越来越快,资料适用的时间在缩短,因此,只有反映最新情况的资料才是价值最高的资料。

(4)连续性。要注意收集的资料在时间上是否连续。只有连续性的资料才便于动态比较,便于掌握事物发展变化的特点和规律。

(二)实地调查——一手资料的收集方法

实地调查从研究的方法上看,可以分为定性研究和定量研究。

1.定量研究

(1)入户(单位)访问。入户访问是指访问员到家中或工作单位进行访问,直接与被访者接触完成访问。在大陆,目前这种入户访问方法是最常用的调查方法。入户访问的被访者一般按照一定的随机抽样规则抽取。入户访问的优点是:

第一,访问是在被访者熟悉的环境之中(如被访者家里或单位)进行,因而具有舒适、安全的特点,很少受外界因素干扰。

第二,访问问卷回答的完整率高。入户访问由于是在被访者家中或单位进行,通常一旦访问开始,被访者一般都会较有耐心地完成全部访问,很少有中途拒绝或不配合的;也可能由于问卷太长,花的时间较多,出现中途不愿意继续进行,不过经访问员的劝说后,多数都会配合完成访问全过程。

第三,可以通过观察获得被访者失真回答问题的补充。被访者在回答问卷中的某些问题时,不愿讲出自己的真实想法,会使访问结果的信度下降。对某些问题,如被访者的收入状况,访问员是可以通过被访者对问题的反映以及对其居住环境所做的观察,来判断信息准确的程度。如被访者在回答其个人收入或者家庭收入时有所顾忌,通常其所说的收入会比实际收入水平低,有时候两者之间的差距会很大。访问员就可以根据其家庭装修、家具、家电等的拥有状况来对被访者真实的经济水平进行估测,并在可能的情况下进行追问来验证判断是否准确。

第四,访问的问卷可相对较长。由于访问是在被访者家中或单位进行,很少受外界因素干扰,特别是在被访者家中进行的访问,因为是业余时间,要比在单位面访的优越性更突出。不过一般入户(单位)访问最好不要超过 20 分钟。

第五,易于回访复核。访问员可以很轻易地记录被访者家庭或者单位的地址,实现对访问对象的回访,以检验访问的真实性。

入户访问的缺点是:

第一,调查成本高。调查公司支付给访问员的劳务费相对于其他的调查方式要高得多,因为访问员实现访问程度相对比较难,而且困难程度有明显增强趋势。这种困难阻力主要源于城市小区公寓的封闭式管理,访问员进入受访者家中的难度越来越大。

第二,拒访率高。由于被访者有不愿接受不速之客来访以及安全等方面的顾虑,入户访问的访问员需要接触很多样本,但成功率却相对较低。拒访率高,特别表现在对中心大城市居民的访问中。

(2)拦截访问(街头访问、定点访问)。拦截式访问指的是在特定场所拦截访问对象,对符合条件者进行面访调查。它的优点是:

第一,效率高。访问在现场就可以进行,不须像入户访问那样要在敲开被访者家门后才能进行,而可以直接面对面地向被访者征询意见,得到他们的配合,与面对面相比可以明显节省时间以及人力。

第二,费用低。与入户访问相比,与被访者接触的难度减小了,访问的成功率提高了,因而支付访问员的费用也就相对比入户访问低。

拦截访问的缺点是:

第一,现场控制难度大。拦截访问的质量控制关键在于现场控制。访问过程中需要安排督导员现场督导和监控,调查过程需要投入较多的督导员;另外,访问是在公共场所进行,特别是在户外访问,常常会有好奇的围观者。如果围观者过多,不利于访问工作进行,甚至可能造成意想不到的麻烦。

第二,事后回访较难实现。由于访问是在公共场合第一次与被访者接触,被访者常常非常敏感,不愿意将真实的个人信息(如个人家庭住址、电话及其他有效联系方式)留给访问员,因此很难进行事后回访复核。访问质量应尽最大可能在调查过程中进行控制。

第三,被访者的选取受访问员的影响较大。访问员在拦截访问对象时经常会加入个人主观判断,同样是符合条件的受访样本,某些访问员可能更愿意选择表情温和、易于接近的人;而那些表情冷漠、亲和性差的人往往可能会被访问员放弃,因此获得的样本总体代表有偏差,在推断总体量时,不如入户访问方式准确。

第四,访问过程易被中止。因为访问是在公共场所进行,被访者被访问员意外拦截,事先没有任何心理准备,当被访者在接受访问后发现对访问内容没有兴趣或访问时间过长,他们都可能中止访问去做自己的事。

(3)电话访问。电话访问是访问员利用电话进行访问。它的优点是：

第一，反馈速度快。由于电话访问不需要登门访问，访问员在单位时间里完成访问量会比入户访问多；在跨地区的访问项目中，不需要有异地的旅行，因而还可以节省许多时间。

第二，花费较低。访问是在调查公司的电话访问间或办公室中进行，访问员不像入户访问那样在交通及寻找被访者所在区域上花较多的时间，访问员单位时间的工作效率提高了，在同样的时间里，访问员电话访问完成的工作量要比入户访问高，因而单位问卷的访问成本也就降低了。对于同样的调查问卷，调查公司需要支付给每一位电话访问员的劳务费用要比入户访问员低。

电话访问的缺点是：

第一，不能进行有形产品测试。由于电话调查无法向被访者出示任何产品，因而就无法进行关于产品图片、产品样品、广告图片、包装、口味等方面的测试访问。

第二，无法对被访者进行社会地位的判断。电话访问不能像入户访问那样，可以通过面对面的言谈举止或观察被访者的家庭财产状况来帮助做出判断，从而易出现被访者单方面提供失真信息的偏差。

第三，访问时间不能过长。当被访者接受面对面访问时，一般会碍于面子，较少会中途放弃；但电话访问时，被访者与访问员素不相识，没有面对面的"情感联系"，只有"冷漠"的电话线，如果访问时间过长，被访者会很轻易地挂断电话而中止访问。

第四，不能询问较为复杂的内容。电话访问无法像面对面访问那样，可以借助卡片来实现选项较多或者内容较复杂的访问；如果访问选项过多或者内容较复杂，被访者会很难记住所有选项，访问就会导致较高的回答误差。

(4)留置调查。留置调查是一种自助式调查，它的优点是：

第一，被访者可自由安排时间完成调查。被访者只需在访问员第一次到达时，听清楚访问员给他讲解如何填写好问卷，不需要耽搁更多的时间；随后被访者可自行安排时间，在下一次访问员到达前完成调查任务。一般来讲，被访者的积极性较高，配合程度较高。

第二，成本相对较低。填写过程不需要访问员，在一定程度上降低了数据收集的成本。

留置调查的缺点是：

第一，无法进行过程的控制。由于整个问卷都是由被访者自行完成的，因而访问只能凭被访者填写的问卷来评定访问员是否有效，至于被访者是否按照规定完成问卷等则没有更好的办法去控制。

第二，可能会有较高的非抽样误差。被访者由于没有访问员的现场指导，很容易误解题目,或用不正当操作方法测试产品而导致测试结果失真。

第三,实施需要时间较长。由于访问对象的信息不能立即反馈,一般需要一周时间才可以取回反馈信息。

(5)观察监测调查。观察监测调查是一种观察法,其基本特征是访问员与被访者之间没有语言交流,访问者通过对被访者的观察来获得信息。主要有以下几种:

一是铺面观察,一般主要针对商业店面进行的调查研究。即访问者通过对店面中商品的种类、品牌、价格、货架陈列方式等进行观察记录。这种观察既有隐秘观察也有告知观察,大多数是人为观察,很少用机械观察。

二是人员流动监测,是由观察者通过对某一特定地域人员流动数量、外貌特征、行为特征的记录,反映该地域的商业或商务价值。这种方法一般为隐秘观察,常用于定性研究,如在一个商业区要建设一个新的商场,需要测度这个区域人员流动状况,从而判断该区域特定人群的潜在购买力,为商场初步定位的确定提供决策参考。

三是神秘顾客调查,更多地用来检验商业服务或销售情况,也是整个顾客满意度测量过程的一部分。有时它能通过对假定的提问和购买的检验,以发现公司在提高顾客满意度上有多大潜力。执行神秘购物的访问员一般伪装购买者或询问者,以求检验销售过程的有效性;访问者对观察结果的记录不是当场而是事后完成的,因而是一种隐秘观察。

观察监测的优点是:

第一,避免因被访者而产生的误差。监测观察的理想状态是在被观察者不知道的情况下进行的,这种方法可以真实地记录被观察者自然状态的行为、理由、语言、态度,从而可降低由于心理、意识层面等原因而导致的结果偏差。

第二,可以获得精确的市场信息。如在儿童还不能很好表达对于新玩具好坏、喜欢的程度时,通过观察儿童看到新玩具后拿到手里的行为、态度与其他玩具有何不同的反应,要比直接向儿童或其看护人询问更具有价值。

第三,可以有效地用作其他调查方法的补充。观察方法可以作为任何一种面对面研究方法的补充,如前面提到的入户访问,可以通过观察来进一步判断被访者的回答与现实情况的偏差;在进行店面销售状况研究时,除了有必要向店面销售人员了解销售的基本情况外,通过观察可以帮助研究者得到对目前销售状况实际情况的判断。

观察监测的缺点是:

第一,观察监测的结果通常是尝试性的。直接的观察监测通常是在特殊的环境中进行的,数量较为有限,通常为小样本(除人员流动监测),观察所得到的结果对总体的代表性有限。

第二,无法观察内在的动机及行为原因。只有当观察主体的行为动机、态度及心理反应不是研究的主要因素时,运用观察方法才更有效。因为观察法可以观察到由主体表现出来的行为和态度。但无法回答观察主体为什么有如此行为或态度。

(6)实验调查法。实验调查法是指在控制的条件下对所研究的现象的一个或多个因素进行操纵,以测定这些因素之间的关系,它是因果关系调研中经常使用的一种行之有效的方法。实验调查法来源于自然科学的实验求证,现在广泛应用于营销调研,是市场营销学走向科学化的标志。现场实验调查法的优点是方法科学,能够获得较真实的资料。但是,大规模的现场实验调查往往很难控制市场变量,影响实验结果的内部有效性。实验室实验调查正好相反,内部效度易于保持但难以维持外部有效度。此外,实验调查法周期较长,研究费用昂贵,严重影响其广泛使用。

2.定性研究

(1)小组座谈会。小组座谈会是定性研究中最常用的一种方法,以小组讨论的形式进行,主要目的在于获得方向性答案。其最大的特点是在1—2名主持人引导下,若干被访者就具体主题自由讨论。一般座谈会中被访者的数量以8—12人为最佳。它的优点是:

第一,可以了解被访者对某一产品、概念、假设的感觉及产生这种感觉的原因。

第二,可以作为定量研究的向导,来探求定量研究中可能遇到的问题;也可以对定量研究数据做补充、解释或确认已得到的一些信息。

第三,应用范围广,可以包括名称测试、包装测试、概念测试、广告测试、产品使用习惯测试等。

第四,资料收集时间短,见效快。

第五,所需被访者人数较少。

第六,有监控设备可以使客户了解整个过程。

小组座谈会的缺点是:

第一,对甄别条件的设定、甄别质量的控制和主持人的主持水平要求高,稍有偏差即直接影响研究结果的准确性。

第二,取得的信息是方向性的,不易精确地进行定量分析,不能将结论推及总体。

第三,有些涉及隐私、保密的问题,不容易当众询问。

第四,由于受时间的限制,需在有限时间内完成规定的内容,容易无法深入讨论。

（2）深度访问。深度访问是一种无结构的、直接的、一对一的访问，在访问过程中，通过掌握高级访问技巧的调查员对被访者深入地访谈，以揭示被访者对某一问题的潜在的动机、信念、态度和感情。它的优点是：

第一，深度访问比小组座谈会能更深入地探索被访者的内心思想与看法。

第二，深度访问是一对一的，可将反应与被访者直接联系起来，不像小组座谈会上难以确定反应是来自哪个被访者的。

第三，深度访问可以消除群体压力，因而可以更自由地交换信息，被访者提供的信息更真实。

第四，不需要保持群体秩序，个人会谈更容易激发出偶然的思路，这常能对主要问题提供重要的思路。

第五，一对一的交流使得被访者感到自己是注意的焦点，从而认为自己的感受和想法是重要的。

深度访问的缺点是：

第一，深度访问通常比小组座谈会的成本高，尤其是在被访者人数多的时候。

第二，能够做深度访问的有技巧的访问员是很昂贵的，也很难找到。

第三，由于调查的无结构使得结果十分容易受访问员自身的影响，其结果的完整性也十分依赖于访问员的技巧，得到的数据常常难以分析和解释，因此需要通过熟练的心理学家的服务来解决这个问题。

第四，由于占用的时间和花费的经费较多，因而在一个调研项目中深度访问的数量是十分有限的。

四、市场调研问卷设计

调查问卷是市场营销调研的重要工具之一。在大多数市场调查中，研究者都要依据研究的目的设计某种形式的问卷。问卷设计没有统一的、固定的格式和程序，一般说来有以下几个步骤。

1. 确定需要的信息。在问卷设计之初，研究者首先要考虑的就是要达到研究目的、检验研究假设所需要的信息，从而在问卷中提出一些必要的问题以获取这些信息。

2. 确定问题的内容。确定了需要的信息之后，就要明确问卷中要提出哪些问题或包含哪些调查项目。在保证能够获取所需信息的前提下，要尽量减少问题的数量，降低问题的难度。

3. 确定问题的类型。问题的类型一般分为以下三类：（1）自由问题：这种回答问题的方式可以获得较多的较真实的信息。但是被调查人因受不同因素的影响，各抒己见，使资料难以整理。（2）多项选择题：这种问题应答者回答简单，资料和结果也便于整理。需要注意的问题是选择题要包含所有可能的答案,又要避免过多和重复。(3)二项式问题:二项式问题回答简单也易于整理,但有时可能不能完全表达出应答者的意见。

4.确定问题的词句。问题的词句对应答者的影响很大,有些表面上看差异不大的问题,由于用词不同,应答者就会做出不同的反应。因此问题的词句必须斟酌使用,以免得到不正确的回答。

5.确定问题的顺序。问题的顺序会对应答者产生影响,因此,在问卷设计时,问题的顺序也必须加以考虑。原则上讲,开始时的问题应该容易回答并具有趣味性,以提高应答者的兴趣。涉及应答者个人资料的问题则应最后提出。

6.问卷的试答。一般在正式调查之前,设计好的问卷应该选择小样本进行预试,其目的是发现问卷的缺点,提高问卷的质量。

一份良好的问卷,应具备三项条件:(1)能达到市场调查的目的,即将调查目的以询问的方式具体化、重点化地列举在问卷上。(2)使被访者愿意合作,提供正确情报,协助达成调查目的。(3)正确表达访问者与被访者的相互关系。

第三节 市场营销预测

预测是一门研究未来的科学,它是通过对过去和现在的研究,预计和推测未来的发展。市场营销预测则是企业在把握过去和现在的营销状况的基础上分析和研究未来的情况。因此,它是市场营销调研的继续和发展。换言之,市场营销调研是市场营销预测的前提和基础。因为营销企业根据市场调查掌握的数据资料,运用市场预测的基本原理,借助于一定的科学预测方法,就可以通过预测减少市场营销中的盲目性,扩大市场营销成果。

一、市场营销预测的内涵

市场营销预测又称市场预测,它是指在通过市场营销调研掌握市场信息的基础上,运用科学的方法,对影响市场需求变化的各种因素进行分析研究,以推测未来一定时期内的市场需求情况和变化发展趋势。其预测的对象是营销企业可能或将要面对的未来的、尚未形成的市场现象和事件。

市场预测本身已有很长的历史。但现代的科学市场预测是随着计量经济学的产生而发展起来的。由于当代商品经济的高度发展,使得对营销市场的判断和预测工作日趋复杂化。为了保证市场预测的准确性和科学性,不仅需要深入考察人口、社会、文化、政治、自然条件等因素,而且还需要对收入、消费、储蓄、投资、就业、价格、资本、利息等经济变量的数量关系与发展趋势做深入的研究。一句话,市场营销预测是市场营销管理的重要组成部分之一,它是在市场调查的基础上,通过对市场未来发展潜力的定性和定量的预测,向企业的管理者提供可靠的信息,为企业正确决策提供依据。

【案例6-3】 2002年底,位于北京市密云工业开发区的"太子"童装生产基地开始试产首批童装。引人关注的是,投资方不是什么服装企业,却是国内最大的乳酸菌企业——湖南太子奶集团。无独有偶,国内的饮料巨头们均不甘寂寞,纷纷上演"串行"戏:娃哈哈卖上了方便面,统一集团进军白酒市场,如今太子奶集团又做起了童装。这种"大串行"现象,是与市场调查和预测分不开的。

经过周密的市场调查和预测,太子奶集团发现童装市场需求大,前景看好,于是做出了大胆的跨行经营举动。据有关部门统计,我国目前16岁以下的少年儿童约有3.2亿,占全国人口的27%,国内儿童服装生产企业共有4000多家,年生产儿童服装6亿多件,而真正叫得响的儿童服装品牌却只有200个左右,整个儿童服装市场从数量到品质远远不能满足市场的需求。据悉,新落成的"太子"童装公司占地320多亩,投资数亿元,拥有数万平方米的现代化标准厂房和宽敞的智能物流中心,世界先进的全智能电脑制衣生产线,独家从日本、法国进口符合当今国际流行色彩和环保要求的面料,据说每季可以推出至少200个流行款式。①

二、市场营销预测的类型

1. 根据市场预测研究的范围不同,可以将市场营销预测分为宏观预测和微观预测。宏观预测也就是国民经济预测,它的任务是考察和估计市场总需求和总供给,如国民收入、物价总水平、就业水平、消费投资、储蓄、利息、汇率等国民经济总量指标的发展变化趋势。微观预测则是从企业的角度对影响企业生产、经营的市场环境以及企业本身生产经营活动的预测。目的是估计和考察在一定的国民经济宏观条件下,企业自身的营销活动及其发展变化趋势。企业市场营销预测的重点是微观预测。由于企业的市场营销活动受到宏观环境因素的制约,因而企业的微观预测必须以宏观预测为基础,否则不可能行之有效地进行。

2. 根据预测时期长短的不同,市场营销预测大体可以分为长期预测、中期预测和短期预测。短期预测一般指1年以内的市场预测,它通常是从现有的生产经营规模出发,目的在于根据预测结果安排近期的产品生产和销售。中期预测指1—3

---

① 参见新浪新闻《饮料企业年底"大反串"》,http://news. sina. com. cn/c/2002-12-16/162616921s. html。

年的市场预测,它是为企业中期营销计划服务的。根据中期预测结果,企业可以调整现有的生产经营规模,安排生产和采购。中期预测往往要影响到企业生产技术设备的添置,生产工艺的改进、人员的招聘与培训等。长期预测一般是指5年以上的预测,是为企业制定长期规划服务的。它常偏重于研究市场要素的长期发展趋势,为确定企业的长期发展方面提供决策依据。但其预测值会与市场实际情况的变化有一定的差距。预测期越长,预测不正确的概率越大,风险也越大。在实际工作中,企业一般侧重于短期预测和中期预测。

3. 根据预测对象的不同,市场营销预测可以分为市场需求预测、价格预测、市场占有率预测、产品生命周期预测、成本预测、渠道预测、竞争预测等。其中市场需求预测是最主要的一种。市场需求预测是指通过对消费者的购买心理和消费习惯的分析以及对国民收入水平、收入分配政策的研究,推断出社会的市场总消费水平。

4. 根据预测性质的不同,市场营销预测可以分为定量预测与定性预测。定性预测是一种趋势预测,如预测市场经济形势的走向、科技发展进程、行业竞争的态势、消费者心理特点等。定量预测是对预测目标做出数量估计,如预测单位时间的销售额和企业的市场占有率。在实际的企业市场营销预测中,两者常结合在一起运用。例如:预测未来市场需求量的增长趋势是一个定性预测,然而,如果预测下一年度市场需求量增长 50% 的可能性为 85%,则既是一个定性预测,又是一个定量预测。

5. 根据预测方法的不同,市场营销预测可以分为经验判断预测法和数理统计预测法。经验判断预测又称为直观预测,它依靠预测者的个人经验与分析综合能力对市场的变化发展做出预测判断。该方法简便易行,耗时少,费用低,在统计数据和原始资料不足时,判断预测法可以做出定量与定性估计,得到文献上尚未反映的信息,因而显得特别有用。常见的判断预测法有:专家预测法、经理人员评判法、营销人员估算法、市场调查预测法等。数理统计预测法是借助于经济理论和数理统计分析模型进行市场预测的方法。该类方法可以提供明确的预测数值,当占有的资料充分可靠,选用的预测模型合理时,预测结果的可靠性比较高。常见的数理统计方法有时间序列预测法和相关分析预测法。

三、市场营销预测的方法

(一)定性预测法

定性预测是指预测者依靠熟悉业务知识、具有丰富经验和综合分析能力的人员与专家,根据已掌握的历史资料和直观材料,运用个人的经验和分析判断能力,对事物的未来发展做出性质和程度上的判断,然后,再通过一定的形式综合各方面的意见,作为预测未来的主要依据。

定性预测特别适合于对预测对象的数据资料(包括历史的和现实的)掌握不充分,或影响因素复杂,难以用数字描述,或对主要影响因素难以进行数量分析等情况。

定性预测偏重于对市场行情的发展方向和各种影响因素的分析,能发挥专家经验和主观能动性,比较灵活,而且简便易行,可以较快地提出预测结果。但是在进行定性预测时,也要尽可能地收集数据,运用数学方法,其结果通常也可以从数量上做出测算。

定性预测法的特点在于:(1)着重对事物发展的性质进行预测,主要凭借人的经验以及分析能力;(2)着重对事物发展的趋势、方向和重大转折点进行预测。

定性预测的优点在于:注重于事物发展在性质方面的预测,具有较大的灵活性,易于充分发挥人的主观能动作用,且简单、迅速,省时省费用。

定性预测的缺点是:易受主观因素的影响,比较注重于人的经验和主观判断能力,从而易受人的知识、经验和能力的束缚和限制,尤其是缺乏对事物发展做数量上的精确描述。

1. 德尔菲法

德尔菲法是根据具有专门知识的人的直接经验,对研究的问题进行判断、预测的一种方法,也称专家调查法。它是美国蓝德公司于 1964 年首先用于预测领域的。德尔菲法具有反馈性、匿名性和统计性的特点,选择合适的专家是做好德尔菲预测的关键环节。它的优点是:(1)可以加快预测速度和节约预测费用。(2)可以获得各种不同但有价值的观点和意见。(3)适用于长期预测和对新产品的预测,在历史资料不足或不可测因素较多时尤为适用。

它的缺点是:(1)对于分地区的顾客群或产品的预测有可能不可靠。(2)责任比较分散。(3)专家的意见有时可能不完整或不切实际。

2. 主观概率法

主观概率是人们凭经验或预感而估算出来的概率。它与客观概率不同,客观概率是根据事件发展的客观性统计出来的一种概率。在很多情况下,人们没有办法计算事件发生的客观概率,因而只能用主观概率来描述事件发生的概率。主观概率法是一种适用性很强的统计预测方法,可以用于人类活动的各个领域。

3. 对比类推法

对比类推法是依据类比性原理,从已知的相类似经济事件去推断预测目标的将来发展趋向。例如,需要预测今后一段时间全国照相机市场需求状况,只需选取若干大、中、小城市及一些有代表性的农村地区进行调查分析,以类推全国总需求的情况。这是一种应用较广泛的局部总体类推法。除此之外,对比类推法还有产品类推法(根据产品的相似性类推)、地区类推法(根据地区的相似性类推)、行业类推法(根据行业的相似性类推)等。

在应用对比类推法时,应注意相似事物之间的差异。因相似不等于相等,在进行类推时,根据相似事物的差异往往要做一定的修正,才能提高对比类推法的精度。

4. 集体经验判断法

集体经验判断法是由预测人员召集企业内部有经验的管理者(如经理、科长)、业务人员(如销售员、采购员)和职能部门人员(如会计人员、统计人员)等,组成一个小组,对未来市场的发展趋势做出判断预测,最后由预测人员把小组中每个成员的预测意见集中起来,进行综合处理,得出最后的预测结果。小组内的人员可以单独进行各自的预测,也可以在会上进行充分的讨论并调整各自原来的预测结果。企业集体经验判断法,相对于个人经验判断法有十分明显的优点,它利用集体的经验和智慧,避免个人掌握的信息量有限和看问题片面的缺点。企业集体经验判断法,又称为专家小组意见法。很显然,凡是有丰富经验和一定预测能力的人员均可成为这里的"专家"。

预测意见的综合处理一般分两步进行:第一步采用主观概率法计算出每个预测者的预测期望值,第二步运用加权平均法或算术平均法计算预测的最终结果。

5. 营销人员估计法

营销人员估计法就是将不同销售人员的估计值综合汇总起来,作为预测结果值。由于销售人员一般都很熟悉市场情况,因此,这一方法具有一些显著的优势。

6. 相关推断法

相关推断法是根据因果性原理,从已知的相关经济现象和经济指标,去推断预测目标的未来发展趋向。例如,农村数据网络的普及和收入的提高与农村计算机的销量相关。在调查到农村数据网络的覆盖比率和农民收入的增加率时,就可以推断出农村计算机的销售量增加情况。儿童玩具的需要量增加,可从儿童人数和购买力的提高去推断。

运用相关推断法,应先根据理论分析和实践经验,找出影响预测目标的主要因素;再根据因果性原理,进行具体的推断。

7. 购买者意向调查法

购买者意向调查法,也称"买主意向调查法",是指通过一定的调查方式(如抽样调查、典型调查等)选择一部分或全部的潜在购买者,直接向他们了解未来某一时期(即预测期)购买商品的意向,并在此基础上对商品需求或销售做出预测的方法。在缺乏历史统计数据的情况下,运用这种方法,可以取得数据资料,做出市场预测。在预测实践中,这种方法常用于中高档耐用消费品的销售预测。

8.情景预测法

情景预测法是一种新兴的预测法,由于它不受任何条件限制,应用起来灵活,能充分调动预测人员的想象力,考虑较全面,有利于决策者更客观地进行决策,在制定经济政策、公司战略等方面有很好的应用。但在应用过程中一定要注意具体问题具体分析,同一个预测主题,遇有其所处环境不同,最终的情景可能会有很大的差异。

(二)定量预测法

定量预测法偏重于数量方面的分析,重视预测对象的变化程度,能做出变化程度在数量上的准确描述;它主要把历史统计数据和客观实际资料作为预测的依据,运用数学方法进行处理分析,受主观因素的影响较少;它可以利用现代化的计算方法,来进行大量的计算工作和数据处理,求出适应预测对象的最佳数据曲线。缺点是比较机械,不易灵活掌握,对信息资料质量要求较高。

定性预测法和定量预测法并不是相互排斥的,而是可以相互补充的,在实际预测过程中应该把两者正确地结合起来使用。进行定量预测时,通常需要积累和掌握历史统计数据。如果把某种统计指标的数值,按时间先后顺序排列起来,以便于研究其发展变化的水平和速度。这种预测就是对时间序列进行加工整理和分析,利用数列所反映出来的客观变动过程、发展趋势和发展速度,进行外推和延伸,借以预测今后可能达到的水平和速度。

定量预测法基本上可分为两类:一类是时间序列分析法。它是以一个指标本身的历史数据的变化趋势,去寻找市场的演变规律,作为预测的依据,即把未来作为过去历史的延伸。时序预测法包括平均平滑法、趋势外推法、季节变动预测法和马尔可夫时序预测法。

另一类是因果分析法,它包括一元回归法、多元回归法和投入产出法。一元回归法、多元回归法是因果分析法中很重要的两种,它们从一个指标与其他指标的历史和现实变化的相互关系中,探索相互之间的规律性联系,作为预测未来的依据。

时间序列中每一时期的数值,都是由很多不同因素同时发生作用后的综合反映。总的说来,这些因素可分为三大类:

第一,长期趋势。这是时间序列变量在较长时间内的总态势,即在长时间内连续不断地增长或下降的变动态势。它反映预测对象在长时期内的变动总趋势,这种变动趋势可能表现为向上发展,如劳动生产率提高;也可能表现为向下发展,如物料消耗的降低;也可能表现为向上发展转为向下发展,如物价变化。长期趋势往往是市场变化情况在数量上的反映,因此它是进行分析和预测的重点。

第二,季节变动。这是指一再发生于每年特定时期内的周期波动。即这种变动上次出现后,每隔一年又再次出现。所以简单地说,每年重复出现的循环变动,就叫季节变动。

第三,不规则变动,又称随机变动,其变化无规则可循。这种变动都是由偶然事件引起的,如自然灾害、政治运动、政策改变等影响经济活动的变动。不规则变动幅度往往较大,而且无法预测。

1. 时间序列分析法

时间序列分析法的主要特点是,以时间推移研究和预测市场需求趋势,不受其他外界因素的影响。不过,在遇到外界发生较大变化,如国家政策发生变化时,根据过去已发生的数据进行预测往往会有比较大的偏差。

产品销售的时间序列可以分成四个部分:

(1)趋势。它是人口、资本积累、技术发展等方面共同作用的结果。利用过去有关的销售资料描绘出销售曲线就可以看出某种趋势。

(2)周期。企业销售额往往呈现出某种波状运动的特征,因为企业销售一般都受到宏观经济活动的影响,而宏观经济活动总是呈现出某种周期性波动的特点。周期因素在中期预测中尤其重要。

(3)季节。指一年内销售量变动的形式。"季节"一词在这里可以指任何按小时、月份或季度周期发生的销售量变动形式。这个组成部分一般同气候条件、假日、贸易习惯等有关。季节形式为预测短期销售提供了基础。

(4)不确定事件。包括自然灾害、战争恐慌、一时的社会流行时尚和其他一些干扰因素。这些因素属不正常因素,一般无法预测。应当从过去的数据中剔除这些因素的影响,考察较为正常的销售活动。

时间序列分析就是把过去的销售序列 Y 分解成为趋势(T)、周期(C)、季节(S)和不确定因素(E)等组成部分,通过对未来这几个因素的综合考虑,进行销售预测。这些因素可构成线性模型,即:

$$Y = T + C + S + E$$

也可构成乘数模型,即:

$$Y = T \cdot C \cdot S \cdot E$$

还可以是混合模型,如:

$$Y = T \cdot (C + S + E)$$

2.因果分析法

时间序列分析法把过去和未来的销售都看做是时间的函数,即仅随时间的推移而变化,不受其他任何现实因素的影响。然而,任何产品的销售都要受到很多现实因素的影响。因果分析法就是运用一整套统计学方法发现影响企业销售的最重要的因素以及这些因素影响的相对大小。企业营销经常分析的因素,主要有价格、收入、人口和销售等。

因果分析法将销售量 Q 视为一系列独立需求变量 $X_1, X_2, \cdots, X_n$ 的函数,即:

$$Q = f(X_1, X_2, \cdots, X_n)$$

但是,这些变量同销售量之间的关系一般不能用严格的数学公式表示出来,而只能用因果分析法来揭示和说明,即这些变量同销售量之间的关系是统计相关。多元回归技术就是这样一种数理统计方法。它运用数理统计工具在寻找最佳预测因素和方程的过程中,可以找到多个方程,这些方程均能在统计学意义上符合已知数据。

在运用因果分析法时,应充分注意影响其有效性的问题:(1)观察值过少;(2)各变量之间高度相关;(3)变量与销售量之间的因果关系不清;(4)未考虑到新变量的出现。

需要说明的是,市场营销中需求预测是一项十分复杂的工作。实际上只有特殊情况下的少数几种产品的预测较为简单,如未来需求趋势相当稳定,或没有竞争者存在(如公用事业),或竞争条件比较稳定(如纯粹垄断的产品生产)等。在大多数情况下,企业经营的市场环境是在不断变化的,由于这种变化,总市场需求和企业需求都是变化的、不稳定的。需求越不稳定,就越需要精确的预测。这时准确地预测市场需求和企业需求就成为企业成功的关键,因为任何错误的预测都可能导致诸如库存积压或存货不足,从而使销售额下降以至中断等不良后果。

在预测需求的过程中,所涉及的许多技术问题需要由专业技术人员解决,但是市场营销经理应熟悉主要的预测方法以及每种方法的主要长处和不足。

▶▶ 本章小结

市场营销的重要目标是发现和满足消费者的需求。在现代企业市场营销活动中,市场营销调研是市场营销的重要职能之一,已成为企业了解市场并把握顾客需求的手段,是辅助企业进行营销决策的基本工具,是现代企业在营销战略和营销战术制定中必须认真对待的工作。而企业所处的环境总是动态的,如果企业不能对庞杂多变的信息进行系统的提炼、整理和归纳,往往会影响营销决策的科学性。因此。建立市场营销信息系统并进行市场调研与预测是极为重要的。

所有的营销决策和计划都需要以充分、准确的信息资料为基础,因此,企业应有一套科学的信息管理办法和程序,对信息进行收集、实行管理,使它们成为一种有用的信息。现代市场营销观念强调顾客导向,要求市场营销者重视顾客的需要。要做到这一点,市场营销者必须通过市场营销调研,了解市场需求及竞争者的最新动态,广泛收集市场营销信息,准确掌握有关顾客需要的实际资料,从而保障营销决策的顾客导向。与此同时,现代企业还需要根据市场调查掌握的数据资料,运用市场预测的基本原理,借助于一定的科学预测方法,通过定性预测法与定量预测法减少营销决策中的盲目性,以扩大市场营销成果。

▶ 案例阅读与分析

【案例】　五粮春江苏市场面临的挑战

五粮春是五粮液系列酒中最优秀的品牌之一,也是整个中高档白酒市场中最优秀的白酒品牌之一,无论是酒水品质,还是品牌形象,五粮春在业内都享有很好的口碑。五粮春"系出名门,丽质天成"的广告语更是有口皆碑。在五粮春的重点市场江苏,五粮春曾经持续畅销多年,创造了单品销售名列前茅的良好业绩。

但也许正应了那句古话:风水轮流转。2005年的江苏白酒市场格局变化很快,从五粮春两年前提价给徽酒提供了难得的市场机会,到徽酒崛起对市场产生影响,以及到现在的洋河蓝色经典的风生水起,五粮春面对的挑战来得既快又猛烈。

从市场表现看,五粮春受到挑战的最直接原因是徽酒和洋河蓝色经典的崛起。

尽管徽酒的终端投入巨大,来势凶猛,但多数人现在仍然认为,这不是徽酒能够兴起的主要原因。现在终端促销战的效果没有以前好,尤其是面对五粮春这样具备典型的品牌优势的产品,终端战术很难攻克品牌壁垒。五粮春多年的成熟消费群体不会因为徽酒的促销轻易改变选择。因此,如果没有五粮春两年前的那次出人意料的大幅度调价,也许徽酒将面对一个投入巨大、场面恢宏,但亏损也巨大的局面。在众所周知的两年前五粮春提价40元后,徽酒迅速抢占了餐饮终端108元的价格空间,口子窖和迎驾等产品在南京市场100元左右的主流消费价位大力拼抢五粮春原来那些陷入茫然的部分消费群体,终端促销战迅速取得成效。

洋河蓝色经典的迅速突起可以说是整个市场的发展带来的又一个崭新的现象。洋河蓝色经典在南京市场已经铺货有几年了,宣传也做了不少,但真正的发力则是在2005年。2005年,洋河蓝色经典的三款产品海之蓝、天之蓝、梦之蓝开始全面进入终端,并吸取了徽酒这几年的终端战术——投入巨大。2006年,洋河蓝色经典在江苏全省都已经形成畅销态势。而根据市场资料显示,洋河蓝色经典在 2006 年上半年就提前完成了全年任务,可以说是打了一场漂亮的苏酒保卫战。

对于五粮春而言,洋河蓝色经典的海之蓝产品已经成为除了徽酒之外的又一个强有力的竞争者。海之蓝餐饮终端的零售价格为 130 元左右,在价格定位上高于徽酒,同时直接逼近五粮春 158 元左右的指导价格。洋河在 2005 年取得的成功除了自身在终端的投入操作外,和整个市场的环境也有关系。徽酒多年竞争早已经使得消费者陷于麻木,五粮春也是多年的老品牌。消费者有潜在的对新品的需求,渠道也有引入新品增加利润的需求。另外,洋河蓝色经典在消费者的这种心理把握上也较为准确。比如洋河本身就具有明显的品牌优势:洋河是地方产品,消费者非常熟悉,市场切入容易。还有就是洋河在沿袭传统品牌优势的基础上给了市场一个全新的感受,比如绵柔型的酒水品质诉求、蓝色的差异化形象设计,等等。洋河蓝色经典的成功是自身传统优势、创新优势、市场终端重视优势、操作空间优势、价格定位空间优势和市场机会共同作用的结果。

在这种大环境下,五粮春除了提价给自己增加利润外,还给对手提供了机会,并且自身在迅速变化的市场格局中也没有及时采取调整措施,应对乏力,市场销售出现停滞的趋势。[①]

【讨论】

1. 五粮春面临的主要挑战和风险是什么?
2. 五粮春针对上述竞争环境,应该采取何种调整策略?

思考题

1. 理解概念:市场营销信息、市场营销信息系统、市场营销调研、市场营销预测。
2. 简述市场营销信息系统的构成。
3. 简述市场营销调研的步骤。
4. 简述市场调研的抽样技术。
5. 简述文案信息的分类和文案调查的特点。
6. 在实地调查中收集一手资料的方法有哪些?
7. 简述市场营销预测的分类及主要预测方法。
8. 某企业计划研发新产品投放市场,你认为应当调研哪些内容?

---

① 参见 http://www.4a98.com/marketing/food/2006-04-01/article_6751.html。

第七章 市场细分、目标市场选择和定位

你在预期客户的头脑里如何独树一帜。 ——艾·里斯,杰克·特劳特

■本章学习目标

通过本章学习,了解市场细分、目标市场选择、市场定位战略的含义及其联系,掌握市场细分的作用和依据,应用市场细分原理和市场定位方法,处理企业目标市场营销中存在的各种问题。

■本章学习重点

市场细分的含义和方法;目标市场营销战略的抉择;市场定位战略。

第一节 有效市场细分

一、市场细分的产生与发展

从现代市场营销发展演变来考察,市场细分的产生与发展经历了以下几个主要阶段:大量营销阶段、产品差异化营销阶段、目标营销阶段。

1. 大量营销阶段(mass marketing)。在西方发达国家的工业化初期(19 世纪末 20 世纪初),由于生产力水平低下,商品供不应求,卖方在市场中居于核心地位,"生产观念"支配着企业的行为,企业普遍采取的是单一产品策略,即面对所有顾客,大量生产、销售单一产品,以一种产品吸引广大消费者。如美国可口可乐公司曾长期只生产一种口味、一种容器包装的可乐,并试图使这种饮料成为男女老少人人喜爱的产品。大批量市场营销可大大降低生产成本和费用,便于产品制定较低的价格,从而创造最大的潜在市场,获得丰厚的利润。

2. 产品差异化营销阶段(product differentiated marketing)。由于科学技术进步,实行科学管理以及大规模生产条件的应用,从 20 世纪 20 年代开始,美国及其他西方国家的企业产品产量迅速提高,逐渐出现了"生产过剩"现象,市场竞争日趋

激烈,产品供过于求,导致产品价格下跌,企业利润减少。因同一行业中各个企业生产的产品大体相似,差别很小,卖方想控制其产品价格很难实现。结果,许多企业陷入困境。针对这种情况,在销售观念的支配下,一些企业开始实行产品差异市场营销,即生产经营规格型号、外观、质量、式样等不同的产品,以吸引更多的消费者。产品差异化营销较大量营销是一种进步,但是,由于企业仅仅考虑自己现有的设计、技术能力而未研究顾客需求,缺乏明确的目标市场,产品销售成功率仍然很低。

3.目标市场营销阶段(target marketing)。20 世纪 50 年代后,西方发达国家科学技术飞速发展,生产水平大幅度提高,人们的生活明显改善,市场的供求关系发生了质的变化:由原来传统的卖方市场变成了买方市场。面对新的形势,一些企业用"市场营销观念"取代了陈旧的"销售观念",开始重视研究异质市场消费者的不同需求,实行目标市场营销,以增强企业的竞争能力,维持生存和发展。目标市场营销是在区别众多消费者需求的基础上,将整体市场分割为若干个子市场,然后选择其中的一部分作为服务对象,进行市场定位,通过市场营销组合,以最大限度地适应和满足目标顾客的需要。目标市场营销全过程如图 7-1 所示。

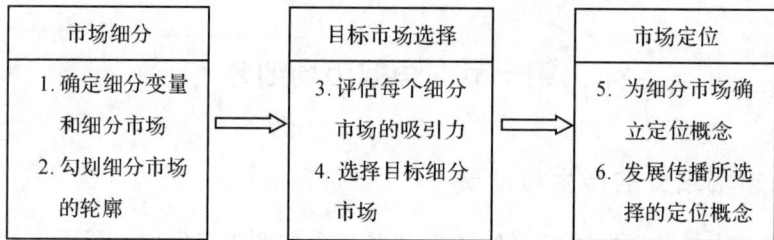

市场细分		目标市场选择		市场定位
1.确定细分变量和细分市场 2.勾划细分市场的轮廓	→	3.评估每个细分市场的吸引力 4.选择目标细分市场	→	5.为细分市场确立定位概念 6.发展传播所选择的定位概念

图 7-1 目标市场营销全过程

市场细分是美国市场营销学家温德尔·斯密于 20 世纪 50 年代中期首先提出的一个新概念。20 世纪 50 年代,许多企业以市场营销观念作为经营管理的指导思想。以消费者为中心的市场营销观念,在实际应用中必须首先解决一个基本问题,即何处是市场。为解决这一问题,不少企业在实践中从满足消费者的不同需求出发,有针对性地提供不同的产品,并且运用不同的分销渠道和广告宣传形式,开展市场营销活动。如美国宝洁公司发现顾客需要洗涤不同织物的肥皂,于是改变了原来经营单一肥皂的做法,推出 3 种不同性能、不同名字的洗衣皂,从而满足了不同消费者的需要,提高了竞争能力,取得了很高的市场占有率。温德尔·斯密就是在总结这些经验的基础上,提出了市场细分的新概念。这个概念一提出,就受到企业管理界和学术界的重视,并迅速广为利用。市场细分理论的产生,使传统营销思维方式发生了根本变革,在理论和实践上都产生了极大影响,被西方理论家称之为"市场营销革命"。

20世纪70年代以来,由于世界能源危机和整个资本主义市场不景气,营销人员看到过分地细分市场会导致企业总成本上升过快从而减少总利润。因此,西方企业界又出现了一种"反市场细分"理论,主张从成本和收益的比较出发适度细分市场。这实际上是对过度市场细分的反思和矫正,使市场细分理论又有了新的内涵,得到了进一步完善。

但是不管怎样,市场细分今天仍是指导企业进行市场开拓的重要理论和方法。

二、市场细分的含义和特点

(一)市场细分的含义

市场细分(market segmentation)就是根据市场需求和购买行为的差异性,将某一市场(顾客群)划分为若干个不同子市场的过程。市场细分后所形成的具有相同需求的顾客群体称为细分市场。在同类产品市场上,同一细分市场的顾客需求具有较多的共同性,不同细分市场之间的需求具有较多的差异性。

理解市场细分的含义要注意以下几点:

1.市场细分不同于市场分类。尽管市场细分和市场分类都把特定的整体市场划分成不同的部分,但两者的含义完全不同。

(1)市场细分和市场分类在"市场"概念的运用上不同。前者使用的"市场"指购买者;后者使用的"市场"可以不是购买者。

(2)市场细分的营销主体是指企业;而市场分类可以有不同的行为主体。

(3)市场细分的对象是购买者,即把购买者划分开;而市场分类则可以有其他划分对象。

(4)市场细分要求被划分后的市场有营销意义,便于企业制定营销策略;而市场分类则不一定要有营销意义。

2.市场细分不是产品细分。市场细分的立足点是市场需求和购买行为的不同,而不是产品的不同。因此市场细分并不是产品的划分,而是顾客群的划分。如果仅仅是产品的区分,那么市场细分又会回复到产品差异营销的老路上。

3.市场细分是子市场之间求异存同、子市场内部求同存异的过程。市场细分是指企业在市场调研的基础上按照购买者在需要、爱好、购买动机、购买行为、购买能力等方面的差别或差异,运用系统方法把整体市场划分为两个以上不同类型的购买者群,这一过程强调求异存同;再把每种需要或愿望大体相同的消费者,细分为某一"子市场",这里强调求同存异。

(二)市场细分的客观依据

市场细分的出现是由市场经济内在矛盾的发展引起的。这种内在矛盾主要表现为消费者的需求动机和购买行为的多元性及差异性与企业营销活动的局限性之间的矛盾。这个矛盾,正是引起市场细分化的基础和依据。

1.消费需求的差异性。消费者的需求、动机及购买行为的差异性,是市场细分的根据。由于消费者所处的自然环境、社会环境不同,自身的心理素质以及购买动机不同,从而决定了他们消费需求的差异性。例如,对服装的款式、面料、颜色、价格等的需求,每个人都有个人的爱好,如有的消费者要求服装的款式新颖、面料质地精良,有的消费者则要求服装穿着舒适、面料耐磨,这样就可将服装市场细分为多个子市场。这些引起需求差异的原因就是市场细分的客观基础。

2.消费需求的类似性。由于消费主体在某些方面具有同质类似性,因此,使得部分产品的消费者对其要求和营销策略的反应具有一定的一致性。例如,有些消费者的年龄相仿或收入相近,从而对某一类产品有相似的需求。

3.企业资源的局限性。因为一个企业的人力、物力、财力、技术力量等都是有限的。由于这些条件的制约,致使任何一个企业的生产和经营都不可避免地存在一定的局限性,使之无法提供市场上所有顾客需求的产品和服务,而只能使营销活动局限在一定的范围内。企业必须在纷繁复杂的市场中,发现何处最适于销售自己的产品和服务,要确定具体的服务对象,即目标市场。而确定目标市场必须在对市场细分的基础上进行。所以,市场细分是企业营销局限性和消费需求差异性之间的矛盾引起,并在消费者需求差异性基础上进行的。

三、市场细分的作用

市场细分被西方企业誉为具有创造性的新概念,它对企业的营销活动产生了以下作用:

1.市场细分有利于发现市场营销机会。市场机会是市场上客观存在的未被满足的消费需求。通过市场细分,企业可以了解各种不同消费者的需求情况和满足程度,发现哪些需求没有得到满足,进而结合企业的资源条件,开发出相应的产品,迅速占领这一市场。例如,我国服装市场竞争激烈,通过市场细分可以看出,竞争较激烈的主要是青年服装市场和儿童服装市场,老年服装市场却很冷清。于是有些服装企业把目标市场放在老年服装市场上,生产出各式各样的老年服装,结果大获成功。这些"空当"市场,都是企业的市场机会。

需要指出的是,市场细分对中小企业有着特殊的意义。中小型企业资源薄弱,实力有限,在整体市场或较大的市场上往往难以与大企业竞争。但通过市场细分,可以找到大企业顾及不到或无暇顾及的"空白市场",然后"见缝插针""拾遗补阙",集中力量去加以经营,就会变整体劣势为局部优势,同样可在激烈的市场竞争中占有一席之地。

2.市场细分有利于针对目标市场开展营销活动。企业营销策略的选择,营销方法和手段的运用,都要依据目标市场的特点来决定。而目标市场的特殊性只有通过市场细分,才能充分暴露和揭示。例如,随着信用卡市场的不断细化,针对各类人群的信用卡也日益增多。上海大众和中国建设银行合作推出国内首张汽车品牌双币联名信用卡——上海大众龙卡,除了信用卡的基本功能,这张汽车卡还将为上海大众车主及将来有意购买上海大众汽车的人士提供整车和零配件购买等方面的诸多优惠。

3.市场细分有利于提高企业的竞争能力。企业无论大小都有优势和劣势,成功经营的关键是充分发挥优势,有效避开劣势。市场细分为企业提供了这一可能。在企业之间竞争日益激烈的情况下,通过市场细分,有利于发现目标顾客群的需求特性,从而调整产品结构,增加产品特色,提高企业的市场竞争能力,有效地与竞争对手相抗衡。例如,日本有两家最大的糖果公司,以前生产的巧克力都是满足儿童消费市场的。森永公司为增强其竞争能力,经过市场调查与充分论证,研制出一种"高王冠"的大块巧克力,定价 70 日元,推向成人市场。明治公司也不甘示弱,通过市场细分,选择了 3 个子市场:初中学生市场、高中学生市场和成人市场。该公司生产出两种大块巧克力,一种每块定价 40 日元,用于满足初中学生;一种每块定价 60 日元,用于满足高中学生;两块合包在一起,定价 100 日元,适宜于满足成人市场。明治公司的市场细分策略,比森永公司高出一筹。可见,在市场细分的基础上,企业可根据自己的条件,选择最合适的目标市场,就能做到扬长避短,在竞争中赢得优势。

四、市场细分的变量

由于影响消费者市场和生产者市场的需求和购买行为的因素有所不同,因此这两大市场细分所运用的变量也有所不同,我们分别加以研究。

(一)消费者市场细分的变量

如第三章所述,影响消费者市场需求和购买行为的因素主要有社会因素、文化因素、个人和心理因素,结合这些因素,我们将消费者市场细分的变量归纳为四大类:地理因素、人口因素、心理因素和行为因素(见表 7-1)。这些因素有些相对稳定,多数则处于动态变化中。

表 7-1   消费者市场细分常用变量

地理因素	地理位置:南方、北方;沿海、内陆 城市规模:大城市、中等城市、小城市、乡镇 气候条件:亚热带、温带、寒带;干燥、湿润;炎热、寒冷
人口因素	性别:男、女 年龄:0—6 岁、7—18 岁、19—45 岁、46—64 岁、65 岁及以上 职业:工人、农民、职员、公务员、私营业主等 收入:高、中、低 受教育程度:小学、中学、大专、本科、硕士、博士
心理因素	个性:内向、外向 生活方式:简朴型、浪漫型
行为因素 (购买状况)	作用时节:普通时节、特殊时节;春、夏、秋、冬 追求利益:(化妆品)增白、消斑、去皱;(食品)营养、卫生、美味 使用者状况:未曾使用过、初次使用者、经常使用者 使用频率:不使用者、少量使用者、适量使用者、大量使用者 品牌忠诚度:坚定忠诚者、弹性忠诚者、转移忠诚者、随机者 消费偏好:敌视、否定、不关心、积极、热情

1.地理因素。即按照消费者所处的地理位置、自然环境来细分市场。具体变量包括:国家、地区、城市规模及人口密度、不同地区的气候条件等。处于不同地理位置的消费者,对同一类产品往往呈现出差别较大的需求特征,对企业营销组合的反应也存在较大的差别。例如,我国北方地区相对气候较干燥,因此,加湿器就成为家用必备电器之一,而南方地区,特别是气候相对湿润的江南一带,对加湿器的需求则不明显。

2.人口因素。即按照人口的有关变量来细分市场。具体包括:年龄、性别、婚姻、职业、收入、受教育程度、家庭生命周期、社会阶层等。例如,根据年龄不同,将服装市场分为中老年服装市场、青年服装市场、儿童服装市场等。

3.心理因素。即按照消费者的心理特征细分市场。主要包括:个性、价值观念、生活方式等变量。例如来自台湾的"哥弟"女装针对 30 岁以上中高收入女性,她们生活讲究,需要得体而漂亮的衣着,但限于传统衣着观念和身材要求,她们被阻隔在流行与时尚品牌之外,而她们恰恰就是扎扎实实的实力消费群,"哥弟"女装的目标就是解决上述女性的穿衣问题。

4.行为因素。即按照消费者的购买行为细分市场,主要有消费时节、追求的利益、使用者状况、使用频率、偏好程度等变量。例如,按照消费者使用的时节,可分为普通时节或特殊时节,一年或一天中的某个时节,像蒙牛的"早上好奶"和"晚上好奶"就是按作用时节来细分的;又如,按照消费者追求的利益,可以将牙膏市场细分为坚固牙齿、清新口气、美白牙齿、止血脱敏等子市场;再如按照使用者状况,通常可将消费者划分为未使用者、初次使用者和长期使用者;按照使用频率,可将消费者划分为大量用户和少量用户;按照偏好程度,可将消费者划分为品牌坚定忠诚者、转移忠诚者、弹性忠诚者和随机者。

【案例7-1】 在 20 世纪 60 年代末,美国米勒啤酒公司在全美啤酒业中排名第八,市场份额仅为 8%,与百威、蓝带等知名品牌相距甚远。为了改变这种现状,米勒公司决定采取积极进攻的市场战略。

他们通过市场调查发现,若按使用率对啤酒市场进行细分,啤酒饮用者可细分为轻度饮用者和重度饮用者,前者人数虽多,但饮用量却只有后者的 1/8。他们还发现,重度饮用者有着以下特征:多是蓝领阶层;每天看电视 3 个小时以上;爱好体育运动。米勒公司决定把目标市场放在重度饮用者身上,并果断决定对米勒的"海雷夫"牌啤酒进行重新定位。

重新定位从广告开始。他们首先在电视台特约了一个"米勒天地"的栏目,广告主题是"你有多少时间,我们就有多少啤酒",以吸引那些"啤酒坛子"。广告画面中出现的尽是些激动人心的场面:船员们神情专注地在迷雾中驾驶轮船,年轻人骑着摩托车冲下陡坡,钻井工人奋力止住井喷等。

结果,"海雷夫"的重新定位战略取得了很大的成功。到了 1978 年,这个牌子的啤酒年销售量达 2000 万箱,仅次于 AB 公司的百威啤酒,在美名列第二。[①]

(二)生产者市场细分的变量

同理,我们将生产者市场细分的变量归纳为:用户特点、所处行业、企业规模、地理因素、追求的利益、经营变量、采购方法与其他因素等(见表7-2)。

五、有效市场细分的原则

从企业市场营销的角度看,无论是消费者市场还是生产者市场,并非所有的细分市场都有意义。有效细分市场必须具备五个条件。

---

① 崔蕾、方青:《世界顶级企业市场营销经典模式》,经济科学出版社 2004 年版,第 86 页。

表 7-2 生产者市场细分变量

统计因素 (用户特点)	行业:购买这种产品的哪些行业是我们的重点? 公司规模:我们的重点是多大规模的公司? 地理位置:我们应把重点放在哪些地区?
经营因素	技术:哪种顾客重视的技术是我们的重点? 使用者/非使用者情况:我们应把重点放在大量、中度、少量使用者还是非使用者上? 客户能力:我们的重点是需要多种服务的顾客,还是很少服务的顾客?
采购方式 (用户组织因素)	采购职能组织:是高度集中采购的公司,还是高度分散采购的公司? 权力结构:是技术人员占主导地位的公司,还是财务人员、抑或营销人员占主导地位的公司? 现有客户关系的性质:我们应把重点放在那些已经建立了良好客户关系的公司上,还是去追逐那些最具吸引力的客户? 总采购政策:我们的重点是什么样的客户,是喜欢租赁、服务合同的,还是喜欢系统采购,抑或是喜欢招投标的? 采购动机(利益偏好):我们的重点是重视质量的公司,还是重视服务的,抑或是重视价格的?
情境因素 (用户购买状况)	紧急程度:是否应把重点放在那些交货要求、提供服务需求非常紧迫的公司上? 特别用途:我们是否应把重点放在本公司产品的某些应用上,而不是全部应用? 订单大小:我们的重点是大宗订单,还是小额订单?
个性特征 (参与购买决策成员的个人特点)	买卖双方的相似性:其员工和价值观都与本公司相似的客户,是否应当是我们的重点? 风险态度:我们的重点是风险偏好型,还是风险规避型的客户? 忠诚度:那些对供货商忠诚度很高的公司,是否应成为我们的重点客户?

1.差异性。即细分后不同子市场在需求和购买行为上有着显著差别,这样,企业可据此制定不同的营销策略。

2.可衡量性。即细分后各子市场的规模能够被测量。假如使用过多的心理因素来细分市场,例如热爱生活的人、追求刺激的人,市场规模很难测定,企业也无法利用这一市场,那么市场细分也就失去了意义。

3.足量性。即细分后各子市场有足够大的规模,否则企业占领该市场是得不偿失的。例如专门为像姚明这样身高的人提供服装或家具,可能由于市场太小而无法生存。

4.可进入性。即企业有能力进入细分后的市场,例如企业能够通过一定的传播媒介将产品和服务的信息传递给该细分市场或通过一定的渠道将产品传送给该细分市场。

5.可赢利性。即细分后向企业提供的子市场有足够的需求量且有一定的发展潜力,保证企业获得长期稳定的利润。否则,这种细分也是没有价值的。

六、市场细分的方法

根据细分时采用因素的多少,市场细分方法可归纳为三类:单因素法、多因素法和系列因素法。

1.单因素法。就是只用一个因素细分市场的方法。例如,按性别把服装市场分为两个子市场:女装市场和男装市场。

2.多因素法。即运用两个或两个以上因素进行市场细分。例如,根据消费者年龄、性别和收入,可将服装市场分割成 24 个子市场(见图 7-2)。

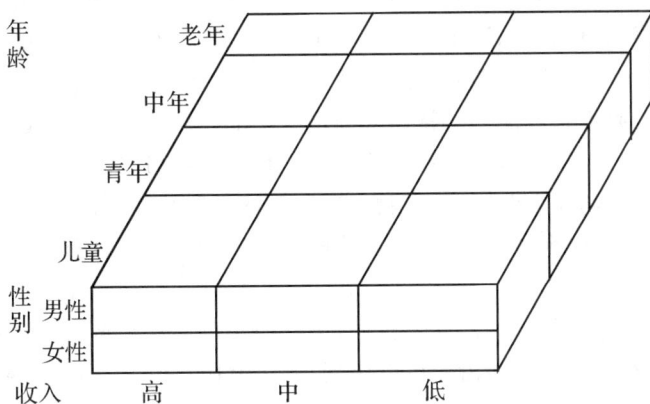

图 7-2　多因素法细分服装市场图

3.系列因素法。系列因素法也是运用两个或两个以上因素细分市场,但它与多因素法不同的是,依据一定的顺序,由粗到细,逐层展开,下一步的细分,均在上一步选定的子市场中进行。细分过程,其实也就是比较、选择目标市场的过程(见图7-3)。通过一系列因素,我们就可以大致为某服装厂勾画一个细分市场,将服务对象集中为居住在城市的、中等收入、追求款式的青年身上。

从理论上讲,细分市场时使用的因素越多,分得越细,越容易找到市场机会。当然,操作起来越麻烦,成本也越高。所以,在细分某一个具体市场时究竟使用几个因素为好,要通过综合权衡确定,既不是越少越好,也不是越多越好。

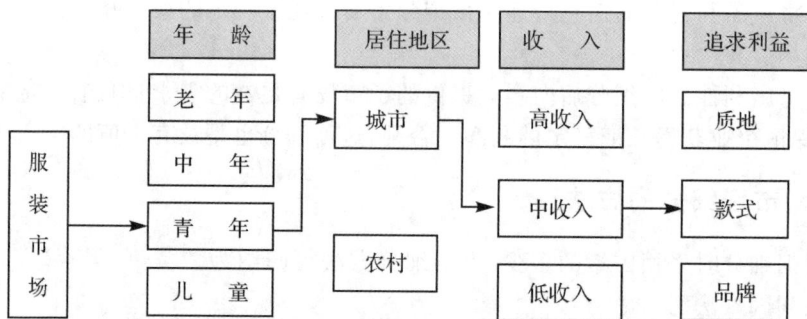

图 7-3 　系列因素法细分服装市场图

七、市场细分的步骤

市场细分需要遵循一定的程序,学术界和企业界一般采用麦卡锡的"七步细分法"。这是由美国市场学家麦卡锡提出的细分市场的一整套程序,包括七个步骤。

1. 选定产品市场范围,即确定进入什么行业,生产什么产品。产品市场范围应以顾客的需求,而不是产品本身特性来确定。例如,某一房地产公司打算在乡间建造一幢简朴的住宅,若只考虑产品特征,该公司可能认为这幢住宅的出租对象是低收入顾客,但从市场需求角度看,高收入者也可能是这幢住宅的潜在顾客。因为高收入者在住腻了高楼大厦之后,恰恰可能向往乡间的清静,从而可能成为这种住宅的顾客。

2. 列举潜在顾客的基本需求。比如,房产公司可以通过调查,了解潜在顾客对前述住宅的基本需求。这些需求可能包括:遮风避雨、安全、方便、宁静、设计合理、室内陈设完备、工程质量好,等等。

3. 了解不同潜在用户的不同要求。对于列举出来的基本需求,不同顾客强调的侧重点可能会存在差异。比如,经济、安全、遮风避雨是所有顾客共同强调的,但有的用户可能特别重视生活的方便,另外一类用户则对环境的安静、内部装修等有很高的要求。通过这种差异比较,不同的顾客群体即可初步被识别出来。

4. 抽掉潜在顾客的共同要求,而以特殊需求作为细分标准。上述所列购房的共同要求固然重要,但不能作为市场细分的基础。如遮风避雨、安全是每位用户的要求,就不能作为细分市场的标准,因而应该剔除。

5. 根据潜在顾客基本需求上的差异方面,将其划分为不同的群体或子市场,并赋予每一子市场一定的名称。例如,西方房地产公司常把购房的顾客分为好动者、度假者等多个子市场,并据此采用不同的营销策略。

6. 进一步分析每一细分市场的需求与购买行为特点,并分析其原因,以便在此基础上决定是否可以对这些细分出来的市场进行合并,或做进一步细分。

7.估计每一细分市场的规模,即在调查的基础上,估计每一细分市场的顾客数量、购买频率、平均每次的购买数量等,并对细分市场上产品竞争状况及发展趋势进行分析。

第二节 目标市场选择

一、目标市场及其选择步骤

(一)目标市场的含义

企业在对整体市场进行细分之后,需要对各细分市场进行评估,然后根据细分市场的市场潜力、竞争状况、本企业资源条件等多种因素决定把哪一个或哪几个细分市场作为企业的开发对象。

目标市场(target market)就是企业决定要进入的市场,也就是企业准备为之提供产品或服务的顾客群。目标市场选择,就是指企业在市场细分之后的若干个子市场中,运用企业营销活动之"矢"瞄准市场方向之"的"的优选过程。

(二)目标市场选择的步骤

企业选择目标市场,是在细分市场的基础上进行的。因此,目标市场的评估也是在细分市场评价的基础上进行的。

1.有效进行市场细分。如前所述,企业首先要根据市场细分的原则对市场进行有效的细分。

2.分析各细分市场的规模和成长性。企业在选择目标市场时,需要对各个候选细分市场的规模和成长性进行分析评价,然后才能决定是否值得去占领。

(1)对细分市场的总体规模和潜量进行测算。市场的总体规模和潜量可采用"连续比率法"加以测定。例如,某市场新投放某种饮料,估计市场潜力为:某饮料的市场潜力 = 人口×每人可任意支配的收入×可支配收入中用于食品的平均百分比×在食品的花费中用于饮料的平均百分比×在饮料中某种饮料所占的百分比。

(2)评估企业需求与营销的潜力。企业需求是指在整个市场需求中属于企业的那一部分。企业需求受企业营销努力的影响,企业营销有方,所得到的份额就大,如整个市场为某一企业所独占,则企业需求相当于市场需求。以公式表示为:

$$Q_i = S_i \cdot Q$$

式中,Q_i 表示 i 企业的需求;S_i 表示 i 企业的市场占有率;Q 表示整个市场需求。

市场占有率表示企业在市场需求中所占的份额,反映了企业对市场的控制程度。在市场竞争中,市场占有率不仅是衡量企业营销水平的重要标志,也说明了企业的市场地位。市场占有率的大小,标志着企业市场地位是强还是弱,因而市场占有率的大小往往比营销额的增减更为重要。在一定时期内,企业的营销额尽管有较大的增长,但若市场占有率下降了,表明企业在竞争中的市场阵地缩小了,这是一个危险的信号,应警惕被对手挤出市场。

企业需求预测是指在特定的营销环境及营销计划下,预期企业能获得的市场需求。在营销努力不断增加的情况下,企业所能获得的最高市场需求就是营销潜力。

【案例 7-2】 据有关调查机构对北京、上海、广州、成都和大连五个大中型城市女性的调查显示:女性行政人员在服装上的消费最多,白领次之,这些女性大多都在 30 岁以上。而处在这个年龄段的女性却常常因身材变形,被排除在服装企业的目标消费群之外,这就是所谓的目标消费群的定位"断档"现象。这一年龄段的消费者生活讲究,需要得体而漂亮的衣着,但传统的着衣观念和身材的限制,将她们阻隔在流行与时尚品牌之外,而她们恰恰就是扎扎实实的实力消费群。

"哥弟"是近年来应用市场细分化策略比较成功的服装品牌之一,"哥弟"女装成功的秘密就在于解决了上述这些人的穿衣问题。"哥弟"女装颜色花而不哨,价格高而不贵,剪裁贴而不紧,完完全全对准了这群消费中坚的"胃口"。执著的坚持获得了执著的支持,"哥弟"女装将一大批忠实的顾客招揽在其周围,固定的客源消费支撑起其市场位置。"哥弟"品牌成功的一个重要原因就是市场细分化策略的选择得当,在其他品牌把产品大多定位在年轻人身上大做文章,激烈竞争时,"哥弟"瞄准中年白领这一中坚市场,从服装设计、营销网络到形象设计都做足文章,从而获得了这一年龄段消费者的青睐,并在国内女装的销售额上一直名列前茅。

从"哥弟"市场细分化成功案例中,我们可以看到,企业应掌握消费者需求的差异性、变化趋势及需求潜量,根据主客观条件和市场竞争状况选定目标市场,并针对目标市场制定市场营销战略,扬长避短,趋利避害,最大限度地发挥企业资源优势,将公共形象、产品价格、促销与分销渠道等营销因素有机组合起来,凝聚成一股强大的市场渗透力,提高市场占有率和经济效益。[①]

---

①《市场细分化策略女装品牌成功的启示》,详见聪慧网:《2009 年中国女装行业研究咨询报告》。

　　3.分析各细分市场的风险。虽然有些细分市场具有相当的规模和发展潜力，但潜在风险可能也大。因此，企业必须分析各细分市场的政治风险、经济风险和竞争风险等。尤其要分析竞争风险，企业尽量要避免选择竞争者已经充斥市场或面临强大竞争风险的细分市场。

　　4.评价企业的经营条件。某些细分市场虽然有较大吸引力，但不能推动企业实现发展目标，甚至分散企业的精力，使之无法完成其主要目标，这样的细分市场应考虑放弃。另一方面，还应考虑企业的资源条件是否适合在某一细分市场经营。只有选择那些企业有条件进入、能充分发挥其资源优势的市场作为目标市场，企业才会立于不败之地。因此企业选择目标市场必须考虑：第一，是否符合企业的长远目标，如果不符合就只有放弃；第二，企业是否具备了在该市场获胜所需的技术和资源，如企业的人力、物力、财力等，如果不具备，也只能放弃。

二、目标市场进入模式

　　目标市场是企业打算进入的细分市场，或打算满足的具有某一特定需求的顾客群体。企业选择目标市场时有五种可供考虑的市场覆盖模式：单一市场集中化、产品专业化、市场专业化、选择性专业化、完全覆盖市场（详见图7-4）。

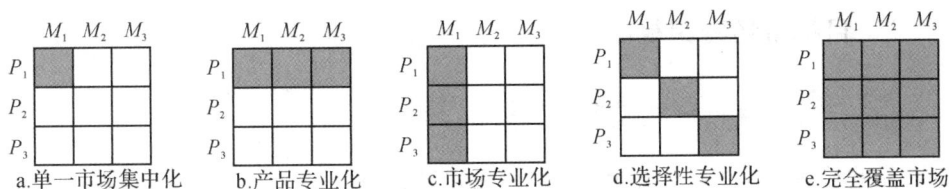

图 7-4　五种目标市场覆盖模式

　　1.单一市场集中化。这是一种最简单的目标市场覆盖模式，是指企业选择一个细分市场，集中力量为之服务。即企业只选取一个子市场（M_1）为目标市场，然后集中资源生产单一产品（P_1）满足其需要，见图 7-4（a）。例如制鞋厂只生产青年人喜欢的运动鞋，满足青年人对鞋子的需要。选择单一市场集中化模式，一般基于以下考虑：(1)企业具备在该细分市场从事专业化经营或取胜的优势条件；(2)中小企业限于资金能力，只能经营一个细分市场；(3)该细分市场中没有竞争对手，或竞争对手对此市场不屑一顾；(4)企业准备以此为出发点，待取得成功后再向更多的细分市场扩展。

　　2.产品专业化。企业以一种产品满足若干个子市场的需要，见图 7-4（b）。如鞋厂同时向老年人、中年人、青年人提供不同款式的运动鞋。这种覆盖模式既有利于发挥企业生产、技术潜力，分散经营风险，又可以提高企业声誉。不足之处是，科学技术的发展对企业威胁较大,一旦在这一生产领域出现全新技术,市场需求就会大幅萎缩。

3.市场专业化。企业面向某一子市场(M_1),以多种产品(P_1,P_2,P_3)满足其需要,详见图7-4(c)。例如鞋厂专门为青年人生产运动鞋、皮鞋、帆布鞋,以满足青年人对鞋子的各种需要。这一覆盖模式可充分利用企业资源,扩大企业影响,分散经营风险。不过,一旦目标顾客购买力下降,或减少购买开支,企业收益就会明显下降。

4.选择性专业化。即企业选择若干个子市场(M_1,M_2,M_3)为目标市场,并分别以不同的产品(P_1,P_2,P_3)满足其需要,详见图7-4(d)。例如鞋厂为青年人生产运动鞋,为中年人生产皮鞋,为老年人生产布鞋,这实际上是一种多角化经营模式,它可以较好地分散经营风险,有较大的回旋余地,即使某个市场失利,也不会使企业陷入绝境。但它需要具备较强的资源和营销实力。

5.完全覆盖市场。企业用一种或多种产品满足市场上的各种需要,以达到占领整体市场的目的,见图7-4(e)。企业可以通过两种方式来实现完全覆盖市场,一是企业用一种产品满足各种市场的需求,例如,鞋厂生产一种鞋子满足各类消费者的需求;二是企业为不同的市场生产不同的产品,例如鞋厂为不同的顾客群提供不同的鞋类产品,一般只有实力强大的大企业才能采用这种市场覆盖模式。

三、目标市场营销战略

(一)无差异性目标市场营销战略

无差异性目标市场营销战略,也称无差异性营销或大众营销,是指企业将产品的整个市场视为一个目标市场,用单一的营销组合开拓市场,即用一种产品和一套营销方案吸引尽可能多的购买者。无差异性营销只考虑消费者或用户在需求上的共同点,而不关心他们在需求上的差异性。例如可口可乐公司在20世纪60年代以前曾以单一口味的品种、统一的价格和包装瓶、同一广告主题将产品面向所有顾客,采取的就是这种战略(见图7-5)。

图7-5 无差异性目标市场营销战略

无差异性营销的理论基础是成本的经济性。生产单一产品,可以减少生产与储运成本;无差异性的广告宣传和其他促销活动可以节省促销费用;可以减少企业在市场调研、产品开发、制订各种营销组合方案等方面的营销投入。这种战略对于需求广泛、市场同质性高且能大量生产、大量销售的产品比较合适。

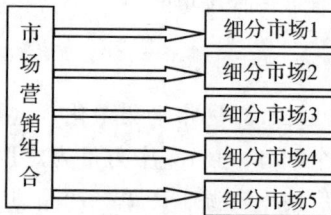

无差异性目标市场营销战略一般适用于垄断产品、专利产品、新产品的导入期且市场同质性高或供不应求的产品。对于大多数企业、大多数产品来说并不一定合适。首先,消费者需求客观上千差万别并不断变化,一种产品长期为所有消费者和用户所接受非常罕见。其次,当众多企业如法炮制,都采用这一战略时,会造成市场竞争异常激烈,同时在一些小的细分市场上消费者需求得不到满足,这对企业和消费者都是不利的。再次,易于受到竞争企业的攻击。当其他企业针对不同细分市场提供更有特色的产品和服务时,采用无差异性战略的企业可能会发现自己的市场正在遭到蚕食,但又无力予以有效的反击。正是由于这些原因,世界上一些曾经长期实行无差异性营销战略的大企业最后也被迫改弦更张,转而实行差异性营销战略。

(二)差异性目标市场营销战略

差异性目标市场营销战略简称差异性营销,也称细分营销战略,是指企业将整体市场划分为若干个细分市场,针对每一个细分市场的不同特点制订相应的营销方案(见图 7-6)。如服装生产企业针对不同性别、不同收入水平的消费者推出不同品牌、不同价格的产品,并采用不同的广告主题来宣传这些产品,采用的就是差异性营销。例如,索芙特股份有限公司针对人们对洗面奶的不

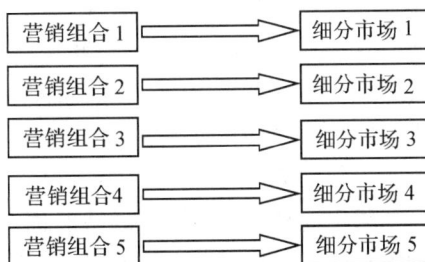

图7-6 差异性目标市场营销战略

同需求,生产出木瓜白肤洗面奶、MG 祛痘洗面奶、木瓜美白祛斑洗面奶、细致毛孔洗面液、清爽控油洁面啫喱等一系列产品,以满足不同年龄层次、不同利益需求的顾客要求。

差异性目标市场营销战略的优点是:能够满足不同消费者的不同需求,扩大产品销售范围。另外,由于企业是在多个细分市场上经营,一定程度上可以减少经营风险;而且一旦企业在几个细分市场上获得成功,有助于提高企业的形象并提高市场占有率。

差异性目标市场营销战略的不足之处主要体现在两个方面:一是增加营销成本。由于产品品种多,管理和存货成本将增加;由于公司必须针对不同的细分市场发展独立的营销计划,会增加企业在市场调研、促销和渠道管理等方面的营销成本。二是可能使企业的资源配置不能有效集中,顾此失彼,甚至在企业内部出现彼此争夺资源的现象,使拳头产品难以形成优势。

(三)集中性目标市场营销战略

集中性目标市场营销战略又称缝隙战略,是指企业集中力量进入一个或少数几个细分市场,实行专业化生产和销售(见图7-7)。实行集中性营销,企业不是在一个大市场角逐,而是力求在一个或几个子市场占有较大份额。

集中性目标市场营销战略的指导思想是:与其四处出击收效甚微,不如突破一点取得成功。这一战略特别适合于资源力量有限的中小企业。中小企业由于受财力、技术等方面因素的制约,在整体市场上可能无力与大企业抗衡,但如果集中资源优势在大企业尚未顾及或尚未建立绝

图 7-7 集中性目标市场营销战略

对优势的某个或某几个细分市场进行竞争,成功的可能性更大。例如,某空调生产企业不是生产各种型号和款式、面向不同顾客和用户的空调,而是专门生产汽车空调。在激烈的市场竞争中,一些大企业往往着眼于大产品、高利润,追求"规模经济效益",对小批量、多品种产品往往不愿顾及或难以涉足,而中小企业只要善于寻找市场"缝隙",运用"弥隙"战略拾遗补阙,将"缝隙"市场培育成型,并力争形成市场竞争力的优势。

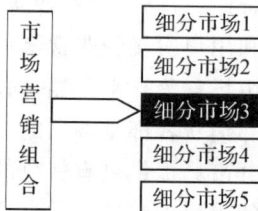

集中性目标市场营销战略的优点是针对性强,营销效果好。而集中性目标市场营销战略的局限性体现在两个方面:一是市场区域相对较小,企业发展受到限制;二是潜伏着较大的经营风险,一旦目标市场突然发生变化,如消费者趣味发生转移,或强大竞争对手的进入,或新的更有吸引力的替代品的出现,都可能使企业因没有回旋余地而陷入困境。正如西方谚语所说,不要把所有的鸡蛋放在一个篮子里。集中性目标市场营销战略将企业的所有精力集中于某一细分市场,目标市场比较狭窄,因而具有很大的风险。

四、选择目标市场营销战略的条件

如上所述,三种目标市场营销战略各有利弊,企业应该根据以下条件,慎重地选择合适的目标市场营销战略。

1.企业资源。如果企业资源雄厚,可以考虑实行差异性营销;否则,宜采取无差异性营销或集中性营销。

2.产品同质性。产品同质性是指产品在性能、特点等方面的差异性大小。对于同质产品或需求上共性较大的产品,一般宜采取无差异性营销;反之,对于异质产品,则应实行差异性营销或集中性营销。例如,食盐属于同质性相对较高的产品,适宜采用无差异性营销,但由于沿海与内陆地区的碘摄入量有一定的差别,因

此也应该有所差别。

3.市场同质性。如果市场上所有顾客在同一时期偏好相同,购买的数量相同,并且对市场营销刺激的反应相同,则可视为同质市场,宜实行无差异性目标市场营销;反之,如果市场需求的差异较大,则为异质市场,宜采用差异性目标市场营销战略或集中性目标市场营销战略。

4.产品生命周期阶段。处在投入期和成长期的新产品,市场营销的重点是启发和巩固消费者的偏好,最好实行无差异性营销或针对某一特定子市场实行集中性营销;当产品进入成熟期后,市场竞争激烈,消费者需求日益多样化,可改用差异性营销以开拓市场,满足需求,延长产品生命周期。

5.竞争对手战略。一般来说,一个企业的目标市场营销战略应与竞争者有所区别,反其道而行之。若市场上竞争不充分,企业处于垄断地位,可采取无差异性营销;若市场竞争激烈,企业的竞争力相对较弱,宜实行集中性营销;若市场竞争激烈,企业的竞争力相对较强,可实施差异性目标市场营销战略,凭借实力击败竞争对手。

值得注意的是,没有永恒正确的目标市场战略,企业应该密切注意市场需求和竞争变化,及时调整目标市场营销战略。

第三节 市场定位战略

一、市场定位的含义

(一)市场定位的概念

市场定位亦即塑造一种产品在细分市场上的位置。

市场定位是在20世纪70年代由美国营销学家艾·里斯和杰克·特劳特提出的,其含义是指企业根据竞争者现有产品在市场上所处的位置,针对顾客对该类产品某些特征或属性的重视程度,为本企业产品塑造与众不同的、特色鲜明的形象,并将这种形象生动地传递给顾客,从而使该产品在市场上确定适当的位置。

(二)市场定位的核心是差异化

市场定位的实质是通过差异化创造特色。差异化是指一系列有意义的差别,以便使企业的产品区别于竞争者产品的行动。差异化变量主要从五个方面体现(见表7-3)。

表 7-3　差异化变量

产品差异化	服务差异化	人员差异化	渠道差异化	形象差异化
形式	订货方便	能力、资格	覆盖面	标志
特色	送货	谦恭	专长	媒体
性能	安装	诚实	绩效	气氛
一致性	客户培训	可靠		事件
耐用性	客户咨询	负责		
可靠性	维修	沟通		
可维修性	多种服务			
风格				
设计				

1. 产品差异化。某一企业生产的产品,在质量、性能上明显优于同类产品的生产厂家,从而形成独自的市场。对同一行业的竞争对手来说,产品的核心价值是基本相同的,所不同的是在性能和质量上,在满足顾客基本需要的情况下,为顾客提供独特的产品是差异化战略追求的目标。而实现这一目标的根本在于不断创新。以我国冰箱企业为例,海尔集团为满足我国部分居民住房面积较小的需要,生产出了小巧玲珑的"小小王子"冰箱;美菱集团为满足一些顾客讲究食品卫生的要求,生产出了美菱保鲜冰箱;而新飞则以省电节能作为自己为顾客服务的第一任务。所有这些使三家企业形成了鲜明的差异,从而又吸引了不同的顾客群。

2. 服务差异化。随着买方市场的到来,相同功能、相同质量的产品越来越多,人们为什么要舍此择彼呢? 于是售前售后服务差异就成了对手之间的竞争利器。主要体现在订货、送货、安装、客户服务等方面。同是一台电脑,有的可以送货、有的不送,有的保修一年、有的保修五年,自然对顾客的吸引力有差异。例如,"樱花"牌吸油烟机"油网永久免费送到家"的服务承诺和措施是其成为厨卫行业领导品牌的重要成功因素。

3. 人员差异化。企业可以通过培养训练有素的人员来获得强大的竞争优势。新加坡航空公司之所以享誉全球就是因为拥有一批美丽的航空小姐。麦当劳的雇员都彬彬有礼,IBM 公司的员工都是专家。

4. 渠道差异化。企业可以通过设计分销渠道的覆盖面、专长和绩效来取得竞争优势。例如国内最大的防盗门企业美心集团,把目光从专业市场和大商场的普通终端,转移到了更接近消费者的社区。每当新楼盘落成,业主即将入住时,即在新楼盘附近临时搭建一个美心门专卖店,在业主眼前展示美心系列产品,为业主提供选择、购买、搬运的方便,这是一种比任何宣传和促销更有效的社区销售方式。

5. 形象差异化。即企业通过实施品牌战略和 CIS 战略(Corporate Identity

Systems,企业形象识别系统)而产生的差异。企业通过强烈的品牌意识和成功的 CIS 战略,借助媒体的宣传,可以在消费者心目中树立起优异的形象,从而使顾客对该企业的产品产生偏好。如,海尔公司一句"海尔真诚到永远",并佐以优良的产品质量,自然就令消费者产生真诚可信的形象;雀巢公司的一句"味道好极了"让人感到小鸟入巢般的温馨,等等。如果说,企业的产品是以内在的品质服务于顾客的话,那么企业的形象差异化策略就是用自己的外在形象取悦于消费者,形成不同凡响的自身特征,更是从一个侧面反映了企业营销人员的智慧。

(三)有效差异化的原则

合适的定位是有效的差异化,它应该满足以下原则:

1. 重要性,即要向购买者让渡较高价值的利益。
2. 明晰性,该差异化是其他企业所没有的。
3. 优越性,该差异化明显优于其他途径获得的相同利益。
4. 可沟通性,该差异化是可以沟通的,是买主看得见的。
5. 不易模仿性,该差异化是其竞争对手难以模仿的。
6. 可接近性,买主有能力购买该差异化。
7. 赢利性,企业可以通过差异化获得更多的利润。

例如,"白加黑"感冒药通过"白加黑"这一鲜明的产品名称和"白天服白片,不瞌睡;晚上服黑片,睡得香"的广告诉求,实现了有效的差异化,使其迅速成为竞争激烈的感冒药市场上的赢家。

二、市场定位的步骤

市场定位的关键是企业要设法在自己的产品上找出比竞争者更具有竞争优势的特性。竞争优势一般有两种基本类型:一是价格竞争优势,就是在同样的条件下比竞争者定出更低的价格。这就要求企业采取一切努力来降低单位成本。二是偏好竞争优势,即能提供确定的特色来满足顾客的特定偏好。这就要求企业采取一切努力在产品特色上下工夫。因此,企业市场定位的全过程可以通过以下三大步骤来完成。

1. 分析目标市场的现状,确认本企业潜在的竞争优势。这一步骤的中心任务是要回答以下三个问题:一是竞争对手产品定位如何? 二是目标市场上顾客欲望满足程度如何以及需要什么? 三是针对竞争者的市场定位和潜在顾客的真正需要的利益要求企业应该及能够做什么? 要回答这三个问题,企业市场营销人员必须通过一切调研手段,系统地设计、搜索、分析并报告有关上述问题的资料和研究结果。通过回答上述三个问题,企业就可以从中把握和确定自己的潜在竞争优势在哪里。

2.准确选择竞争优势,对目标市场初步定位。竞争优势表明企业能够胜过竞争对手的能力。这种能力既可以是现有的,也可以是潜在的。选择竞争优势实际上就是一个企业与竞争者各方面实力相比较的过程。比较的指标应是一个完整的体系,只有这样,才能准确地选择相对的竞争优势。通常的方法是分析、比较企业与竞争者在经营管理、技术开发、采购、生产、市场营销、财务和产品等七个方面究竟哪些是强项,哪些是弱项。借此选出最适合本企业的优势项目,以初步确定企业在目标市场上所处的位置。

3.显示独特的竞争优势和重新定位。这一步骤的主要任务是企业要通过一系列的宣传促销活动,将其独特的竞争优势准确地传播给潜在顾客,并在顾客心目中留下深刻印象。为此,企业首先应使目标顾客了解、知道、熟悉、认同、喜欢和偏爱本企业的市场定位,在顾客心目中建立与该定位相一致的形象。其次,企业通过各种努力强化目标顾客形象,保持目标顾客的了解,稳定目标顾客的态度并加深目标顾客的感情,以巩固与市场相一致的形象。最后,企业应注意目标顾客对其市场定位理解出现的偏差或由于企业市场定位宣传上的失误而造成的目标顾客模糊、混乱和误会,及时纠正与市场定位不一致的形象。

三、市场竞争定位战略

市场定位作为一种竞争战略,显示了一种产品或一家企业同类似的产品或企业之间的竞争关系。定位方式不同,竞争态势也不同,主要的定位方式有三种:对抗性定位、避强定位、重新定位。

1.对抗性定位也称迎头定位战略,是指企业选择靠近现有竞争者或与现有竞争者重合的市场位置,争夺同样的顾客,彼此在产品、价格、分销及促销等各方面差别不大。目前市场上销售的大多数产品,采用的基本上是这一定位。例如,宝洁公司的"海飞丝"洗发水与联合利华的"清扬"洗发水都选择了"去屑"洗发水的定位,这是对抗性定位的典型代表。

对抗性定位的优点是竞争过程中往往产生所谓轰动效应,企业及其产品可以较快地为消费者或用户所了解,易于达到树立市场形象的目的。但对抗性定位具有较大的风险性。

2.避强定位是指企业避免与目标市场上的竞争者直接对抗,将其位置确定在市场"空白点"上,开发并销售目前市场上还没有的某种特色产品,开拓新的市场领域。

避强定位战略能使企业较快地在市场上站稳脚跟,并能在消费者或用户中树立形象,风险小。但避强往往意味着企业必须放弃某个最佳的市场位置,很可能使企业处于最差的市场位置。

3.重新定位是指企业通过改变产品特色等手法,转变目标顾客对产品的认识,塑造新的市场形象。即使企业产品原有定位很恰当,但当出现下列情况时,也需要考虑重新定位:(1)竞争者推出的市场定位侵占了本企业品牌的部分市场,使本企业产品市场占有率下降;(2)消费者偏好发生了变化,从喜爱本企业品牌转移到喜爱竞争对手的品牌。例如万宝路香烟刚进入市场时,是以女性为目标市场,它推出的口号是:像5月的天气一样温和。然而,尽管当时美国吸烟人数年年都在上升,万宝路的销路却始终平平。后来,广告大师李奥贝纳为其做广告策划,他将万宝路重新定位为男子汉香烟,并将它与最具男子汉气概的西部牛仔形象联系起来,树立了万宝路自由、野性与冒险的形象,从众多的香烟品牌中脱颖而出。自20世纪80年代中期到现在,万宝路一直居世界各品牌香烟销量的首位,成为全球香烟市场的领导品牌。

　　市场定位是设计企业产品和形象的行为,以使企业明确在目标市场上自己相对于竞争对手的位置。企业在进行市场定位时,应慎之又慎,要通过调查研究和反复比较,找出最合理的突破口。避免出现定位混乱、定位过度、定位过宽或定位过窄的情况。而一旦确立了理想的定位,企业必须通过一致的表现与沟通来维持此定位,并应经常加以监测以随时适应目标顾客和竞争者战略的改变。

　　【案例7-3】　2007年上半年,在经历了方便面集体涨价风波后,市场又传出"五谷道场"资金链吃紧的消息。但中旺还是坚守非油炸方便面市场,中旺集团董事长王中旺很坚定地说:"非油炸方便面一定要做下去,回顾过去,只能说我们做了,没有做好,但是并没有做错。"想当初,"五谷道场"刚上市时确实打了个漂亮仗。当时,正值油炸食品致癌风波方起未平之机,"五谷道场"高调倡导"非油炸"概念,几乎一夜之间,陈宝国《大宅门》中白七爷扮相的广告充斥了主流电视和平面媒体,一句"拒绝油炸,留住健康"的广告语,一下子将"五谷道场"放在了可以与"康师傅"、"统一"等方便面行业"大佬"平起平坐、"搅局者"的座椅上。

　　可以说,"五谷道场"兵不血刃地一头冲进了中国方便面市场的前四名。一个简简单单的概念通过公共话题下的事件营销,踩着"统一"、"康师傅"等油炸方便面"大佬"的肩膀,顺利上位。这不由得让人联想起当年"七喜"的逆向思维也是一个"非"字,把自己定位为非可乐碳酸汽水,成功区隔开"可口可乐"和"百事可乐"的"可乐垄断",成为碳酸饮料市场的第三名。

　　成功的企业就怕犯经验主义错误。过足了"非"字头概念瘾的"五谷道场"却没有及时将这种概念优势转化为渠道、品牌文化方面的核心竞争优势,而是依然纠缠在油炸、非油炸的区分上,最终变得有些"喋喋不休"。可以说,非油炸方便面只是方便面的一个品类,并不是油炸方便面的替代品。在日本市场上,非油炸方便面未能成为油炸方便面的替代品,这其中有技术壁垒、口感、消费习惯等方面的问题,甚至撒开这些不谈，就像香烟一样，明知道吸烟有害健康，但是依然有人吸烟。对于油炸方便面，人们的消费心态也是如此。①

四、市场定位的具体策略

市场定位的具体策略是指企业在进行产品的市场定位时所采取的具体方法与手段。一般来说，企业的具体市场定位策略主要有以下几种。

1. 特色定位。特色定位是根据特定的产品属性来定位。产品属性包括制造该产品时采用的技术、设备、生产流程以及产品的功能等，也包括与该产品有关的原料、产地、历史等因素。如龙井茶、瑞士表等都是以产地及相关因素定位，而名贵藏药等中成药的定位则充分体现了原料、秘方和特种工艺的综合。

2. 利益定位。利益定位是根据满足的需求或所提供的利益来定位。这里的利益包括顾客购买产品时追求的利益和购买企业产品时能获得的附加利益，产品本身的属性及消费者获得的利益能使人们体会到它的定位。如手机市场上，飞利浦手机是"待机王"，OPPO则是音乐手机的代名词。这种定位关键是要突出本企业产品的优势和特点以及它对目标顾客有吸引力的因素，从而在竞争者中展示自己的形象。

3. 用途定位。用途定位主要是根据产品使用场合及用途来定位。企业一方面可以通过明确产品的用途，来突出定位，例如，"金嗓子喉宝"是专门用于保护嗓子的；另一方面还可以为老产品找到一种新用途，从而扩大产品的定位，例如，尼龙从军用到民用，便是一个最好的用途定位例证。

4. 使用者定位。使用者定位主要是根据使用者的类型来定位。企业常常试图把某些产品指引给适当的使用者即某个细分市场，以便根据该细分市场的看法塑造恰当的形象。例如"金利来"定位为"男人的世界"，这种定位有利于明确目标顾客，但有时使用者过于明确，可能会导致企业在扩大市场中受挫。

5. 竞争定位。竞争定位主要是根据竞争地位或竞争者的定位来确定企业产品的差异化。前者更多的是突出其竞争地位，例如"嘉士伯可能是世界上最好的啤酒"，实力相对较弱的企业可能会采取仅次于竞争者的定位，例如"蒙牛"刚起步时提出"伊利第一、蒙牛第二"的定位，借伊利的名声来打开市场。后者可以采取接近竞争者定位也可远离竞争者定位，例如康柏公司要求消费者将其个人电脑与IBM个人电脑摆在一起比较，试图将其产品定位为使用简单而功能更多的个人电脑；而"七喜"将自己定位为"非可乐"饮料，从而成为软饮料的第三大品牌。

6. 产品品目定位。产品品目定位是指根据产品的分类来定位，例如，西安杨森

---

① 参见《"五谷道场"错念"非"字诀》，载中国食品产业网，http://www.foodqs.cn。

的"采乐"是去除头屑的药品,该产品采用药字号,以"杀灭真菌、药物去屑"为卖点,突出其定位是专业治疗头屑的药品,只在药房销售。这是产品品目定位的典型例子。

本章小结

　　一个企业实力再强,也不可能满足市场上所有的消费者的需求,因此必须在市场细分的基础上选择目标市场。市场细分是企业根据影响需求和购买行为差异性的因素,将某一产品的整体市场划分为若干个顾客群的过程。由于影响消费者市场和生产者市场的需求与购买行为的因素有所不同,因此其细分的变量也有所差别,但有效的细分市场必须是可衡量的、足量的、可进入的、差异明显的。企业在进行市场细分的基础上可以根据各细分市场的容量和潜力,结合企业自身的条件选择要开拓的市场,即目标市场。企业进入目标市场主要有单一市场集中化、产品专业化、市场专业化、选择性专业化、完全覆盖市场五种模式,而企业开拓目标市场的战略可分为无差异性、差异性和集中性三种战略,每种战略各有利弊,企业必须根据市场需求、产品特点、竞争态势及企业自身的条件慎重选择。在企业决定开拓的目标市场上,可能存在许多的竞争者,企业必须通过定位来取得竞争优势。定位是根据竞争者现有产品在细分市场上所处的地位和顾客对产品某些属性的重视程度,塑造出本企业产品与众不同的鲜明个性或形象并传递给目标顾客,使该产品在细分市场上占有强有力的竞争位置。定位的实质是通过差异化来创造特色,而这种差异化不仅是有别于竞争者的,而且是有意义的。企业可采取对抗性定位、避强定位和重新定位等竞争定位战略以及一系列具体的定位方法。

案例阅读与分析

【案例】　云南白药牙膏 4 年从 3000 万到 10 个亿

　　2005 年,一支特立独行的牙膏以超凡的胆识和魄力、势如破竹的姿态,在中国牙膏市场掀起了一场史无前例的风暴。这支牙膏的名字就叫云南白药牙膏。2006 年底,其市场销售额累计已飙升至 3 个亿,成功开拓了功能性牙膏高端市场的新大陆,确立了中国功能性牙膏的品牌地位。2008 年底,云南白药牙膏的销售额累计已冲破 10 亿元,一举成为医药产品进军日化领域的成功典范。

　　作为一个有百年历史的民族医药旗帜品牌,云南白药最初做出进军牙膏领域的决策无疑是富有前瞻性和勇气的。

　　当时牙膏上市后,各种隐性和显性的压力始料未及,其中,不少来自财经媒体和网络的市场专家,纷纷表现出对这支牙膏前景的关注和担忧,其中也不乏各种质疑的评论。

质疑一：医药企业做牙膏——"门外汉"。众所周知,与医药行业相比,日化领域在渠道、终端、队伍、消费心态、操作理念等方面,都是截然不同的。面对佳洁士、高露洁等国际大鳄,药企背景的云南白药牙膏,一切都得从零起步。

质疑二：与洋牙膏抗争——拿鸡蛋碰石头。中国牙膏市场是高度垄断、寡头竞争的市场,以高露洁、佳洁士、中华为代表的外资品牌牢牢占据着第一阵营,市场份额超过2/3,市场排名前10位的牙膏品牌已占据了市场90%的份额。除了产品配方不可复制外,云南白药牙膏几乎不具任何优势,而要以20多元的价格去与洋牙膏竞争,在许多人看来,这无异于以卵击石。

质疑三：云南白药做高价牙膏——必死无疑。在很多专家看来,以一个药企背景来做日化牙膏,尤其是高端牙膏,其结果必然是做不下去的。

2005年,云南白药集团王明辉总裁对外宣告,集团目标是"稳中央,突两翼"。云南白药牙膏便是其中"一翼"。经过半年的运作,队伍、渠道、终端已粗具规模。此时,央视投放的首支牙膏广告《出血篇》,犹如一支"锥子"迅速插入市场,获得市场较高的关注度,但是,产品的动销力还远不够强。此时,云南白药集团决策层通过多次高层会议,达成了一项决定今后牙膏命运的重要共识:用医药企业擅长的医药保健品的整合推广手法宣传云南白药牙膏。他们找到拥有多项一线医药保健品和快速消费品的成功案例的凯纳策划,共同探讨如何迅速明确云南白药牙膏的定位,制定正确的传播和营销策略,最快地拉动销售,同时给营销队伍以信心,给经销商以信心。双方联手进行市场走访,了解牙膏动态,他们发现:一是中国90%的成年人都有不同程度的口腔问题如口腔溃疡、牙龈肿痛、出血、萎缩等,而这些口腔"小问题"虽然不足以去医院,但大多困扰着人们的情绪,有快速解决的心理和生理需求;二是传统牙膏解决的主要是"防蛀、美白、口气清新"等问题,这些问题主要聚焦在牙齿上,着重于清洁,但科学表明,清洁是牙膏必备的基础功能,防蛀主要是儿童期需要解决的,成年人口腔问题大多是体现在牙龈和口腔内的综合问题。这些传统牙膏所不能解决的,消费群体又存在巨大潜在需求的"空白点",恰恰是云南白药牙膏能填补的优势点。以牙膏为载体,将云南白药用于口腔保健,使白药的功效在牙龈、口腔等软组织上发挥其独特功效,是云南白药集团科研专家多年攻坚的成果。

要让云南白药牙膏快速被消费者认可,必须打破传统思维模式。跳出普通牙膏阵营,不让云南白药牙膏姓"牙",而是作为一支"口腔全能膏",能综合解决成年人口腔问题,给大众带来真正口腔健康的,一支真正意义上的"非传统牙膏"。在这个非传统定位下,他们还进行了拓展和演绎:

1.拓展了症状。从单一的解决牙龈出血问题到解决"牙龈出血、牙龈肿痛、口腔溃疡"等全面性的口腔问题。值得指出的是,这一拓展,是这一策略最具实效性的地方。从单一症状到三大症状,杀伤面更广。除牙龈出血患者之外,口腔溃疡、牙龈肿痛的人群同样不少,而且,他们属于需求更为迫切,对价格敏感度较低,对口腔溃疡、牙龈肿痛的人来说,大都愿意花 20 元钱来解决问题。

2.拓展了人群。白领、口腔问题人士、特殊人群(心脏病、高血压、糖尿病等患者)都将成为目标人群。

3.拓展了非传统的含义。配方非传统、原料非传统、工艺非传统……由此,确立了云南白药牙膏的独特的"第三极"传播模式。

与普通日化牙膏相比,云南白药牙膏"非传统"在对健康的"更专业"——以医药科技做支撑,拥有更专业的理念、更专业的人员、更专业的经验和态度……

经过一系列营销部署,云南白药牙膏的"非传统"定位得以认同,历经 4 年,云南白药牙膏以单支 22 元的高价,冲破 10 亿元销量大关,俨然成为中国高端牙膏的领军品牌。[①]

【讨论】

1.云南白药牙膏目标市场的选择依据是什么?它如何进行目标市场的选择?

2.云南白药牙膏的非传统定位依据是什么?这一定位采用的是哪种竞争定位战略和具体定位方法?

3.当越来越多的消费者认识和了解云南白药牙膏的定位后,它应该如何进一步传递其定位?

思考题

1.什么是市场细分?市场细分的作用有哪些?

2.市场细分的程序和方法有哪些?

3.什么是目标市场?如何评价目标市场?

4.目标市场进入模式有几类?

5.试分别举例分析三种目标市场战略的运用。

6.企业选择目标市场战略应考虑哪些因素?请举例分析。

7.什么是市场定位?市场定位的方法有哪些?请举例分析。

8.市场定位的策略有哪些?请举例分析。

[①]云南白药集团股份有限公司健康产品事业部、上海凯纳营销策划机构云南白药牙膏专案组:《云南白药牙膏,4 年,从 3000 万到 10 个亿营销大案纪实》,载中国营销传播网,http://www.emkt.com.cn。

第八章 产品及服务决策

产品第一，品牌第二。

——陈邦跃

■本章学习目标

通过本章学习，理解和把握产品和服务的内涵，掌握产品生命周期的特点及相应的营销决策，把握产品品牌的内涵及品牌的具体运营决策，掌握产品组合决策和产品线决策的应用，了解新产品的开发、推广管理以及产品包装决策的基本内容。

■本章学习重点

产品和服务的内涵；产品生命周期的特点和营销对策；产品品牌决策和产品组合决策。

产品和服务决策是市场营销的首要策略。市场营销的基本目标就是以企业的产品和服务去满足消费者的需求，所有的决策都是以产品和服务决策为基础展开的，产品和服务决策在极大程度上决定着企业经营的成败。

第一节 产品整体概念

一、产品整体概念的含义和特点

（一）产品整体概念的三个层次

人们通常理解的产品是指具有某种特定物质形态和用途的物品，是看得见、摸得着的东西。这是一种狭义的定义，市场营销学中的产品是一种广义的产品。这种广义的产品是指人们通过购买而获得的能够满足某种需求和欲望的物品的总和，它既包括具有物质形态的产品实体，又包括非物质形态的利益，这就是"产品的整体概念"。

产品整体概念一般包括以下三个层次，如图 8-1 所示。

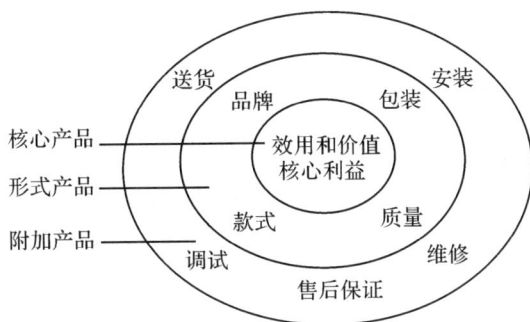

图 8-1 产品整体概念的三个层次

1.核心产品。核心产品也称实质产品,是产品整体概念中最基本、最重要的部分。它指产品能够提供给购买者的基本效用或价值,是购买者所追求的核心利益。如人们购买手表是为了计时,购买自行车是为了代步健身,购买面包是为了充饥,购买化妆品是希望美丽,等等。因此,企业在开发产品、宣传产品时应明确产品能提供给顾客的利益,产品才具有吸引力。

2.形式产品。形式产品是指产品的外形,产品的核心利益只有通过产品外形才能体现出来。产品的形式特征主要指产品的外观质量、款式、特色、包装等。如顾客购买服装,不仅要考虑服装保暖蔽体之基本效用,而且对服装的颜色、款式、设计、品牌等有较高的要求。

3.附加产品。附加产品指顾客购买产品所得到的各种附加利益的总和,它包括安装、使用指导、质量保证、维修等一系列售前售后服务。由于产品的消费是一个连续的过程,售前需要宣传产品,售后需要持久、稳定地发挥效用,因此,附加产品不可或缺。而且,随着市场竞争的日趋激烈和顾客要求的不断提高,附加产品越来越成为竞争获胜的重要手段。

(二)产品整体概念的意义

产品整体概念的提出,反映了市场经营思想的重大发展,它对企业经营有着重大意义。

1.对产品整体概念的理解必须以市场需求为中心。产品整体概念的三个层次,清晰地体现了一切以市场要求为中心的现代营销观念。衡量一个产品的价值,是由顾客决定的,而不是由生产者决定的。因为顾客购买的产品是能全面满足其需要的,因此,企业提供给顾客的应该是全方位满足顾客需要的整体产品。

2.产品整体概念指明了产品是有形特征和无形特征构成的综合体,如表 8-1 所示。产品的无形特征和有形特征的关系是相辅相成的,无形特征包含在有形特征之中,并以有形特征为后盾;而有形特征又需要通过无形特征来强化。为此,一方面,企业在产品设计、开发过程中,应有针对性地提供不同功能,以满足消费者的不同需要,同时还要保证产品的可靠性和经济性。另一方面,对于产品的无形特征也应充分重视,因为,它也是产品竞争力的重要因素。

表 8-1　产品的有形特征和无形特征

有形特征		无形特征	
物质因素	具有化学成分、物理性能	信誉因素	知名度、偏爱度
经济因素	效率、维修保养、使用效果	保证因素	"三包"和交货期
时间因素	耐用性、使用寿命	服务因素	运送、安装、维修、培训
操作因素	灵活性、安全可靠		
外观因素	体积、重量、色泽、包装、结构		

3.产品的差异性和特色是市场竞争的重要内容,而产品整体概念三个层次中的任何一个要素都可能形成与众不同的产品特色。企业在产品的效用、包装、款式、安装、指导、维修、品牌、形象等每一个方面都应该按照市场需要进行创新设计。

4.产品整体概念是一个动态的概念。随着市场消费需求水平和层次的提高,市场竞争焦点不断转移,对产品提出更高要求。为适应这样的市场态势,产品整体概念的外延处在不断扩展的趋势之中。当产品整体概念的外延再外延一个层次时,市场竞争又将在一个新领域展开。例如,顾客购买一台空调,不仅仅关注空调调节温度的作用,而且还关注其是否能及时提供送货、安装、维修等一系列的服务。

5.把握产品的核心产品内容可以衍生出一系列有形产品。一般来说,有形产品是核心产品的载体,是核心产品的转化形式。这两者的关系给我们这样的启示:把握产品的核心产品层次,产品的款式、包装、特色等完全可以突破原有的框架,由此开发出一系列新产品。以饮料为例,如果说饮料的核心层次是"满足人们对健康的要求",那么,饮料的形式产品不仅可以是各种口味的,如草莓味、橙子味等,还可以是各种包装的,瓶装、盒装、袋装等。饮料产品还可以延伸为各种功能性饮料,补充维生素的、去火的饮料,等等。

二、产品的分类

总体而言,有形产品可分为消费品和工业品两大类,消费品是指满足个人和家庭生活需要的产品;工业品是指满足各类企业的生产和再生产需要的产品。

(一)消费品的分类

1.按消费品的购买特征区分

(1)日用消费品。也称便利品,一般指价格低廉、体积小、重量轻,消费者在购买时不加选择或很少选择的产品。对这类消费品,消费者在购买时最大的要求是便利,消费者一般按照习惯购买,并愿意接受替代品。

(2)选购消费品。一般是指消费者在购买时需要从品质、价格、款式、包装、服务等方面进行比较,然后采取购买行为的产品,其价格一般较便利品高,消费者对此具有明显不同的利益追求。

(3)特殊消费品。这是指消费者因某种产品有特殊的性能,或由于对某种牌号产品的特殊偏爱,愿意花较多的时间和精力去购买的商品,对这类产品,消费者不愿意接受替代品。

(4)未渴求商品。这是指消费者未曾听说过或即便是听说过一般也不想购买的产品。例如百科全书、人寿保险等产品。

2.按消费品的耐用性和有形性区分

(1)耐用消费品。耐用消费品是指能在较长时间内重复多次使用的产品,这类产品即使在价值或使用价值丧失后物质形态基本保持不变,如电视机、电冰箱、电脑等。

(2)非耐用消费品,也称易耗品。这是指只能一次或少数几次使用的产品,这类产品经使用后较快地丧失其物质形态和使用价值。

(3)劳务。这是一类特殊的产品,它向使用者提供一种活动、利益和满足,如理发、修理等,具有无形性、多样性、不可分割性和易逝性等特点。

3.按消费品满足人们消费需求的层次和水平区分

(1)生存必需消费品。这是指为了维持其生存,在日常生活消费中不可缺少的衣、食、住、行等基本生活必需品。

(2)舒适型消费品。主要是指能够满足消费者的生活需要,但在产品质量、包装、外观、款式、价格、品种、规格等方面都有较大提高的商品。

(3)享受型消费品。一般是指能够更多地满足消费者心理方面的需求,能显示其身份和地位,并满足消费者自尊及自我实现需求的消费品。

以上产品分类方法均可帮助我们更好地理解消费品的特点,但从市场营销学的角度来看,我们需要更多地从顾客需求和购买特点的角度来认识消费品,因此,在市场营销学中往往采用第一类分类法来研究消费品。

(二)工业品的分类

工业品按照产品参与生产过程的方式和产品价值的转移方式,可分为完全进入产品的工业品、部分进入产品的工业品和不进入产品的工业品三类。

1.完全进入产品的工业品。完全进入产品的工业品是指经过加工制造,其价值完全进入新产品的工业品。它包括各种原料、材料和零部件等。

2.部分进入产品的工业品。部分进入产品的工业品是指在生产过程中逐渐磨损,其价值分期进入新产品的资本设备。它包括各种固定设施和设备等。

3.不进入产品的工业品。不进入产品的工业品是指不会在生产经营过程中变为实际产品(但其价值要计入新产品成本),维持企业经营管理所必需的工业品。它包括:(1)供应品,如业务供应品、维护物品;(2)企业服务,如维修服务、企业咨询服务等。

第二节　服务产品决策

一、服务的含义和特点

服务是指为顾客提供价值或利益的无形活动和过程,它一般不会导致所有权的转移。例如乘飞机旅行,去理发店理发,修理汽车,干洗衣服,请律师提供咨询等等都是服务。一般来说,服务具有以下特点。

1.无形性。这是服务与有形产品最根本的区别,也是服务最为显著的特征。它表现为三个方面:首先,服务的许多元素看不见,摸不着,无形无质。其次,顾客在购买服务之前,往往不能肯定会得到什么样的服务。因为大多数服务都非常抽象,很难描述。第三,顾客在接受服务后通常很难察觉或立即感受到服务的利益,也难以对服务的质量做出客观的评价。

2.不可分性。服务的提供和消费往往是同时进行的。有形的产品在从生产、流通到最终消费的过程中,往往要经过一系列的中间环节,生产和消费过程具有一定的时间间隔。而服务则不同,它具有不可分离性的特点,即服务的生产过程与消费过程同时进行,也就是说服务人员在向顾客提供服务时,也正是顾客消费服务的时刻,二者在时间上不可分离。

3.异质性和易变性。服务的无形性和同步性,导致了服务的差异性和易变性。服务是非常易变的,因为它们依赖于由什么人提供服务,在何时何地提供服务。差异性是指服务无法像有形产品那样实现标准化,每次服务带给顾客的效用、顾客感知的服务质量都可能存在差异。这主要体现在三个方面:第一,由于服务人员的原因,如服务心理、服务技能、努力程度等,即使同一服务人员提供的服务在质量上也可能会有差异。第二,由于顾客的原因,如知识水平、兴趣爱好等,也直接影响服务的质量和效果。比如,同是去旅游,有人乐而忘返,有人败兴而归;同样听一堂课,有人津津有味,有人昏昏欲睡。正如福克斯所言,"消费者的知识、经验、诚实和动机,影响着服务业的生产力"①。第三,由于服务人员与顾客间相互作用的原因,在服务的不同次数的购买和消费过程中,即使是同一服务人员向同一顾客提供的服务也可能会存在差异。

4.不可储存性。服务无法储存,也很难被转售和退回。产品是有形的,因而可以储存,而且有较长的使用寿命;服务则无法储存。例如理发、旅游、现场文艺晚会以及其他任何服务,都无法在某一年生产并储存,然后在下一年进行销售或消费。

表 8-2 服务与有形产品的比较②

有形产品	服务	相应的含义
有形	无形	服务不可储存
		服务不能申请专利
		服务不容易展示与沟通
		服务难以定价
标准化	异质性	服务的提供与顾客的满意取决于员工的行动
		服务质量取决于许多不可控因素
		无法确知提供的服务是否与计划或宣传相符
生产与消费相分离	生产与消费同步性	顾客参与并影响交易
		顾客之间相互影响
		员工影响服务结果
		分权可能是必要的
		难以进行大规模生产
可储存	易逝性	服务的供应和需求难以同步进行
		服务不能退货或转售

①②[美]瓦拉瑞尔·A.泽丝曼尔、玛丽·乔·比特纳著,张金城、白虹译:《服务营销》,机械工业出版社 2004 年版,第 13 页。

二、服务的分类

(一)服务组合的分类

1.纯粹有形产品。此类产品主要是指有形产品,产品中并未涉及服务,如肥皂、牙膏等。

2.有形产品伴随服务。此类产品是指需要提供多种服务的有形产品。例如,汽车的销售和使用时需要提供大量的服务。

3.有形产品与服务的结合。此类组合包括相当的有形产品与服务,例如餐馆既要提供餐点又要提供服务。

4.主要是服务伴随小物品。此类组合由一项主要服务和某些附加的服务组成。例如航空公司的乘客购买的主要是运输服务,但是在旅程中需要提供某些有形产品,如食品与饮料等等。

5.纯粹的服务。主要为顾客提供服务,例如推拿就是这样一种纯粹的服务。

(二)按服务提供的过程分类

1.售前服务。售前服务是指企业在销售产品之前为顾客提供的一系列服务活动。如市场调查、产品设计、提供使用说明书、提供咨询服务等。售前服务是帮助顾客认识自身需要、唤起需要、激发兴趣、产生购买欲望的重要步骤,在整个营销过程中起着先导作用。

2.售中服务。售中服务是指在产品销售过程中为顾客提供的一系列服务。如热情地为顾客介绍、展示产品,详细说明产品使用方法,耐心地帮助顾客挑选商品,解答顾客提出的问题等。售中服务与顾客的实际购买行动相伴随,是促进商品成交的核心环节。

3.售后服务。售后服务是指在产品售出之后为顾客提供的服务,如产品运输、安装、调试、维修和退换等各种保证,产品使用和维修方法培训等。售后服务可以使顾客放心地购买和使用,免除后顾之忧,获得整体满意,成为企业稳定的顾客群体并带动他人购买。

(三)按服务提供者与服务享用者的关系分类

有些服务享用者必须在服务提供现场,例如理发等;有些服务则可能不需要服务享用者在场,例如洗衣、修车等。

三、服务营销 VS 产品营销

传统营销组合的"4P"对于服务产品的营销也是十分重要的。除此以外,服务营销扩展了原有的营销组合,在"4P"的基础上加上了人员(People)、有形展示(Physical Evidence)和过程(Process)。

1.服务的产品策略。服务产品必须考虑提供服务的范围、服务质量和服务水准,同时还要注意品牌、保证以及售后服务等。服务产品中,这些要素的组合变化相当大,例如一家只提供几样特色小菜的小餐厅和一家供应各色大餐的五星级大饭店的要素组合就存在着明显差异。

2.服务的定价策略。服务定价应该考虑价格水平、折扣、付款方式和信用。在区别一种服务和另一种服务时,价格是一种识别方式,顾客可从一种服务的价格感受到其价值的高低。价格和质量之间的相互关系,也是服务定价的重要考虑因素。

3.服务的分销策略。提供服务者所在地以及地缘的可达性在服务营销中都是重要因素。地缘的可达性不仅是指实物上的,还包括传导和接触的其他方式,所以分销渠道的形式以及其覆盖的地区与服务的可达性有密切关联。

4.服务的促销策略。服务的促销包括广告、人员推销、销售促进或其他宣传方式的各种营销沟通方式以及一些间接的沟通方式,如公关等。

5.服务的人员策略。在服务企业担任生产或操作性角色的人,在顾客看来其实就是服务产品的一部分,其贡献也和其他销售人员相同。大多数服务企业的特点是操作人员可能担任服务表现和服务销售的双重工作。因此,市场营销管理必须和作业管理者协调合作。市场营销管理者必须重视对服务人员的筛选、训练、激励和控制。此外,对某些服务业务而言,顾客和顾客之间的关系也应引起重视。因为,一位顾客对一项服务产品质量的认知,很可能是受到其他顾客的影响。在这种情况下,管理者应面对的问题,是在顾客与顾客之间相互影响方面的质量控制。

6.服务的有形展示。有形展示会影响消费者和顾客对一家服务企业的评价。有形展示包括的要素有:实体环境(装潢、颜色、陈设、声音)以及服务提供时所需要的装备实物(比如汽车租赁公司所需要的汽车),还有其他的实体性线索,如航空公司所使用的标志或干洗店将洗好的衣物加上的"包装"。

7.服务的过程。人的行为在服务企业很重要,而过程(即服务的递送过程)也同样重要。表情愉悦、专注和关切的工作人员,可以减轻顾客必须排队等待服务的不耐烦的感觉,或者平息顾客在技术上出问题时的怨言或不满。整个体系的运作政策和程序方法的采用、服务供应中的机械化程度、员工决策权的适用范围、顾客参与服务操作过程的程度等,都是市场营销管理者必须特别注意的事情。

第三节　产品生命周期营销策略

任何产品或服务都有被市场接受直至淘汰的过程,因此,研究产品生命周期,对于企业的生存和发展有着十分重要的意义。

一、产品生命周期的概念

1.产品生命周期是指某种产品或服务从投放市场开始到被淘汰退出市场为止的整个过程。产品在其生命周期过程中主要经历导入期、成长期、成熟期和衰退期这四个阶段,如图 8-2 所示。

2.根据产品生命周期曲线,产品处于导入期,销售增长缓慢,企业微利甚至亏损;到了成长期,销售额和利润额迅速增长,企业获利丰厚;而

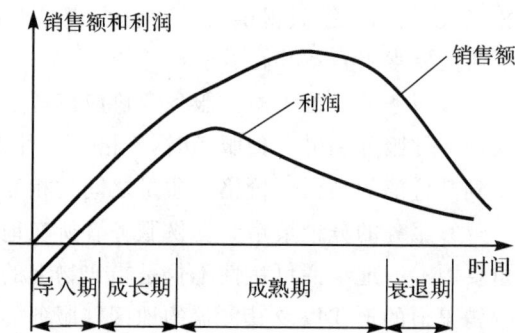

图 8-2　产品生命周期及其阶段划分

进入成熟期,销售额和利润额开始时虽仍有增长,但已出现饱和趋势并随后逐渐下降;进入衰退期后,该产品的销售额和利润额开始急剧下降。

3.企业研究和应用产品生命周期理论和策略的目的是:使消费者尽快地接受新产品,使其迅速度过导入期;采取各种策略措施努力保持和延长成长期和成熟期;对处于衰退期的产品采取果断措施,以尽量减少企业的损失和不良的影响。研究这一理论能促使企业不断加强新产品的开发,逐步替代老产品;使老产品能延长其生命周期,保证企业获取更多赢利,立于不败之地。

二、研究产品生命周期时应注意的问题

1.产品生命周期是指产品的“经济生命”或“市场生命”,而不是“自然寿命”或“使用寿命”。产品使用寿命是指产品的耐用寿命时间,即产品从投入使用到损坏后无法使用所经历的时间。经济寿命是指产品的经济价值在市场上的变化过程,它是由市场需求状况、科技因素以及人们的消费习惯所决定的。有的产品使用寿命很短,可能是几个月,甚至只有几个星期,如某些食品和一次性消耗品就属于这种情况。而有些产品,如时装,使用寿命较长,但产品的市场寿命却很短,可能是几个月,甚至只有几个星期。

2.产品生命周期具有变异性。生命周期曲线图中显示的销售额和利润额的变

化趋势,只是一些典型产品的销售历史,而不同产品的生命周期曲线会表现出不同的情形。如图 8-3 所示。

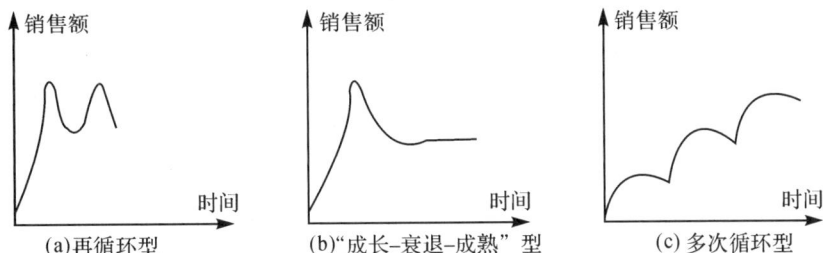

图 8-3 常见产品的生命周期形态

3.产品生命周期的层次性。产品大类、产品品种和具体品牌产品的生命周期是不相同的。如西服作为产品大类,它的生命周期同单排扣西服(产品形式)以及雅戈尔单排扣西服(具体品牌产品)的生命周期曲线就表现出不同的情形。我们一般研究的是产品形式的生命周期。

三、产品生命周期各阶段的特点和营销策略

(一)导入期的特点和营销策略

导入期指产品刚进入市场时,销售额增长缓慢的时期。

1.导入期阶段的市场特点

(1)生产同类产品的企业较少,企业的生产批量小,产品的规格、花色、款式单一,产品设计尚未定型。

(2)单位产品生产、经营成本高。

(3)大多数消费者并不了解和接受产品,购买者少。

(4)企业通常获利甚微,甚至亏损经营。

2.导入期的营销策略

企业在产品生命周期导入期的市场营销策略重点要突出一个"快"字,具体地说有以下可供选择的策略,如图 8-4 所示。

(1)快取脂策略:企业给新产品制定较高的价格,并花费大量的费用进行促销。采用这种策略应具备以下几个方面的条件:第一,消费者对产品情况知之甚少。第二,消费者对产品抱有极大的兴趣,愿出高价购买。第三,企业面临潜在的竞争威胁,急需树立品牌。

(2)快渗透策略:企业为新产品制定较低的价格,并花费大量的费用进行促销。

采用这种策略应具备的条件是:第一,市场规模和容量都比较大。第二,多数消费者还不知道市场上已存在这种新产品,且多数消费者对价格敏感。第三,该产品的生产成本会随生产批量的扩大而进一步降低。第四,企业面临较大的竞争威胁,低价可有效地防止竞争者介入。

(3)慢取脂策略:企业为新产品制定较高的价格,但花费较少的费用进行促销工作。采用这种策略应具备的条件是:第一,市场的规模和容量都比较小;第二,通过前期的促销工作,消费者对该产品的生产企业、品牌等已有较多了解;第三,消费者愿出高价来购买新产品;第四,由于产品的生产工艺复杂、申请了专利或技术严格保密等原因,竞争者不容易进入该市场。

(4)慢渗透策略:企业以低价和低促销费用推销产品,其条件是:第一,市场规模较小,但潜力较大;第二,通过以前的促销工作,消费者对该产品已有所了解;第三,消费者对价格很敏感;第四,企业面临潜在竞争,低价能有效地防止竞争者介入,花费较少的促销费用又不至于因为竞争者的介入,而使企业损失过大。

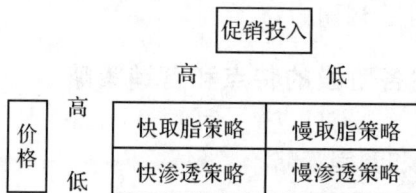

	促销投入	
	高	低
价 高	快取脂策略	慢取脂策略
格 低	快渗透策略	慢渗透策略

图 8-4 从价格和促销费用考虑的导入期营销策略

(二)成长期的特点和营销策略

成长期指销售额和利润额都迅速增加的时期。

1.产品成长期的特点

(1)经过导入期对产品的改进,产品设计已基本定型,产品质量稳定,花色品种增加。

(2)经过前一阶段的促销活动,消费者对产品的性能、用途已比较了解,购买者迅速增加,产品销售额增长很快。

(3)随产品销售额的迅速增加,企业各项成本下降,企业获利丰厚。

(4)同类产品的生产企业增加,市场上开始出现竞争。

2.成长期的营销策略

根据成长期的特点,企业的营销策略应突出一个"长"字,一方面是尽量促进销售额增长,另一方面使成长期得以延长,具体可考虑从以下几个方面着手制定营销策略:

(1)通过提高质量,增加花色品种,改进包装,提供优良的服务等措施,使消费者产生信任感,力求创出名牌产品。

(2)企业应根据自身的特点和市场情况灵活作价。

(3)企业应"居安思危",努力开辟新的分销渠道,扩大网点,把产品打入新的市场。因为产品终将会由成长期进入成熟期,在成长期为产品今后的销售打好基础,是保证企业及时更改销售市场,获得更多利润的行之有效的途径。

(4)企业仍然要进行大量的广告宣传和其他促销工作,但广告的内容要由导入期的介绍产品改为着重宣传产品的特殊性能、特色以及提高企业和产品的形象和声誉,使消费者偏爱本企业的产品。

(三)成熟期的特点和营销策略

成熟期指产品销售额趋于饱和并开始缓慢下降的时期,通常产品在生命周期这一阶段持续的时间最长。

1. 产品成熟期的特点

(1)销售额虽仍有增长,但已达饱和程度,销售额增长率呈下降趋势。

(2)企业生产批量很大,产品花色,品种、款式更新较快。

(3)市场上类似产品增多,消费者对产品选择余地增大。

(4)企业间竞争十分激烈,为扩大广告攻势,企业经营成本迅速增加,利润额开始下降。

2. 产品成熟期的营销策略

针对此情况,企业的营销策略应突出一个"改"字,具体可采取以下策略:

(1)更改市场策略,即不改变产品本身,重点开辟新的市场,从而达到扩大产品销售之目的。具体地说可以通过以下三种途径扩大市场:寻求新的细分市场,把产品引入尚未使用过这种产品的市场,或通过市场重新定位,寻找有潜在需求的新顾客;重点是要发现产品的新用途,应用于其他的领域,以使产品的成长期延长;寻求能够刺激消费者增加产品使用率的方法。

(2)更改产品策略,即通过改进产品的性能、质量、式样等措施,以吸引新的消费者或使现有顾客增加使用量。

(3)更改营销组合策略,即企业重新制定营销组合策略,如改变广告宣传方式,实行降价,开展有效的销售促进活动,改进服务质量,增加售后服务内容,等等。

(四)衰退期的特点和营销策略

衰退期指销售额急剧下降,产品逐渐被市场淘汰的阶段。

1.衰退期的特点

(1)产品销售额由缓慢下降变为急剧下降,企业利润额下降。

(2)市场上开始出现替代产品,消费者兴趣发生转移。

(3)许多竞争者开始转产或部分转产。

2.衰退期的营销策略

企业在衰退期的营销策略重点应抓好一个"转"字,对于确已进入衰退期的产品,企业可采取两种策略:一是继续生产和经营该产品;二是放弃该产品。前者可采取:(1)连续策略,即继续沿用以前的市场营销策略;(2)集中策略,即淘汰一部分细分市场,将资源集中于仍有较大潜力的市场;(3)榨取策略,即大幅度减少各项费用,尤其是促销费用,使企业在短期内获得较多的利润。后者则可采用以下策略:(1)立即停产,出售和转让设备;(2)逐步减产,逐步淘汰,逐步转向新的生产项目。

产品在生命周期各阶段的特点及营销策略如表 8-3 所示。

表 8-3 产品生命周期各阶段的特点与营销策略

		导入期	成长期	成熟期	衰退期
市场特点	销售额	低	剧增	最大	衰退
	销售速度	缓慢	快速	减慢	负增长
	成本	高	一般	低	回升
	价格	高	回落	稳定	回升
	利润	亏损	提升	最大	减少
	顾客	创新者	早期使用者	中间多数	落伍者
	竞争	很少	增多	稳中有降	减少
营销目标		建立知名度,鼓励试用	最大限度地占有市场	保护市场,争取最大利润	压缩开支,榨取最后价值
营销策略		快取脂策略 慢取脂策略 快渗透策略 慢渗透策略	产品多样性 价格竞争性 分销灵活性 促销紧跟性	更改市场 更改产品 更改营销组合	连续策略 集中策略 榨取策略

【案例 8-1】 1993 年,海南养生堂药业有限公司投产时,国内保健品行业已经硝烟弥漫。在保健品市场,充斥着铺天盖地的广告、遍地开花的促销刺激。由于各类产品泛滥、宣传夸大失实,整个行业面临着信誉危机。面对如此不利的境地,养生堂公司采取了完全不同的战略,致力于培育市场和树立品牌。养生堂的"开堂"

元勋产品无疑是龟鳖丸。1993年10月当龟鳖丸产品刚进入市场时,公司将营销的重点放在传播概念、传递知识上。养生堂针对龟鳖制品过多、过滥、声誉不佳的情况,强调其产品的差异性:首先,养生堂龟鳖丸的原料来自海南的野生龟鳖;其次,运用科学的超低温冷冻粉碎工艺制成,充分利用龟鳖的药用价值;最后,全龟全鳖合用,龟鳖同食更补。一方面,利用中国传统的"药食同源"、"医食同药"观念,将龟鳖丸比作即时靓汤、健康美味和随身炖品。同时进一步将传统吃甲鱼与服用龟鳖丸作一区别,强调"早晚一粒龟鳖丸,胜过天天吃甲鱼"。同时,策划了一系列的公益活动,比如:"寻找十大类千名病友"免费试用龟鳖丸的义诊活动,"100%野生龟鳖海南寻真"抽奖大行动等。很快,龟鳖丸的功用开始为消费者所熟知,开始进入成长期。由于这一产品所适用的对象比较广泛,因而养生堂公司便快速顺应市场的变化,及时调整品牌定位,适时地扩大细分市场。刚开始时采取健康定位:"养生堂,为生命灿烂",未体现出明确的市场指向;接着便逐渐转向亲情定位:龟鳖丸广告的父女篇、父子篇和生日篇,并配合开展"父亲的生日"征文活动,力图以"养育之恩,何以为报"来引起正在求学或已经开始工作的子女们的共鸣。同时配合一些大事件,及时做出反应——"清晨六粒龟鳖丸,看球工作不耽误",便是巧借1998年世界杯盛典的应时之作。而1998年4月,养生堂又发起"雄鹰计划",将其设计成"助学、奖学、勤工俭学"这一系列化的操作程序,对备受关注的高考学生具有持续的影响力。至今,养生堂龟鳖丸已进入市场15个年头,产品正逐步进入成熟期。从近期的广告宣传上看,养生堂公司也正在进一步调整产品的定位,由于消费者已对龟鳖丸产品比较熟悉,因此在营销策划上着重重申其优良品质"百分百野生品牌"。①

第四节 新产品开发和扩散

一、新产品的概念

(一)新产品及其分类

从市场营销的角度看,凡是企业向市场提供的过去没有生产过的产品都叫新产品。具体地说,只要是产品整体概念中的任何一部分的变革或创新,并且给消费者带来新的利益、新的满足的产品,都可以认为是一种新产品。但新产品的"新"是

---

①参见《有效营销》,载 http://www.em-cn.com/article/2007/140056.shtml。

相对的,根据"新"的程度,新产品可分为以下四种类型:

1.全新产品。也称完全新产品或新发明产品,是指采用新原理、新技术、新材料、新工艺制造的前所未有的产品,与现有的产品基本上无雷同之处。这同科学技术开发意义上的新产品完全一致,全新产品往往表示了科学技术发展史上的一个新突破。比如,电话、电视机、复印机、电脑等就是19世纪60年代到20世纪60代之间世界公认的最重要的新产品。这些新产品的诞生都是某种科学技术的新创造和新发明,因而极为难得,这也不是一般的企业能够完成的。因为一个完全新产品的出现,从理论到应用,从实验室试制到大批量生产不仅需要很长的时间,而且要耗费大量的人力、物力及财力。因此,目前市场上的全新产品不到10%,绝大多数新产品是经过改进或改良的新产品。

2.换代新产品。是指对产品的性能有重大突破性改进的产品,指在原有产品的基础上,部分采用新技术新材料制成的性能有显著提高的新产品。例如从黑白电视机到彩色电视机,从电子管电脑到人工智能电脑,从蜂窝移动通信手机到3G手机,产品的升级换代速度更快,新产品层出不穷。由于各个时期的换代新产品在原理、技术和材料上有一定的延续性,所以企业开发换代新产品比开发完全新产品要容易得多,开发成本也比较低。

3.改进新产品。也称改良新产品,是指在产品的性能、材料、结构、造型,甚至颜色、包装等方面做出局部改进的产品,改良新产品一般对产品的基本功能并无本质上的改进。比如,手表从圆形到方形,又发展各种艺术造型都是属于这种改良新产品。由于改良新产品对于科技开发的要求并不很高,所以企业依靠自身力量比较容易开发。在新产品的开发中,属于此类型的新产品占绝大多数。

4.模仿新产品。又称企业新产品或地域性新产品,是指市场上已经存在而某企业没有生产过的产品,或其他地区已经存在而在本地是第一次生产的产品。由于这些产品的开发与生产都是对已有产品的一种模仿,所以叫模仿新产品。例如数字化彩色电视机国外较早就已上市,目前我国不少企业也开始生产,就属于模仿新产品。模仿新产品在产品开发上仍然有着积极的意义,它能在一定的范围内满足消费者尚未满足的消费需求。它有利于企业技术水平的提高,对于企业竞争意识的增强,扩大销售收入也有很大的影响。

(二)新产品开发的重要意义

如同人类一样,产品也有生命,每一种产品迟早都会衰亡。如果一个企业只经营一种产品,则随着该产品的衰亡,企业的生命也就随之结束。菲利普·科特勒认为:"创新与新产品是竞争策略的基础。"①因此,企业要生存和发展,必须不断开发新产品。

1. 持续的新产品开发是企业稳定利润水平的重要前提。当企业的某些产品处在成熟期时,另一些新产品已开始向市场推出,当某些产品开始出现衰退时,另一些产品则进入快速成长期,这样,就能使企业的市场份额和总利润额始终保持上升的势头。

2. 持续的新产品开发也是企业保持其市场竞争优势的重要条件。企业的市场竞争力往往体现在其产品满足消费需求的程度和领先性上。消费需求的发展与变化要求不断有新的产品予以满足,企业若不能对其产品不断进行开发和更新,就有可能失去现有的市场,更难以开发新的市场。

3. 新产品开发还可以使企业的资源得到充分的利用。企业在生产主体产品的同时,往往会有许多剩余资源得不到充分的利用,若能从这些资源利用的角度开发一些新产品,就能在很大程度上降低企业的生产成本,有效地利用企业的各种资源。

(三)新产品开发面临的风险

新产品开发对于企业的重要意义是不难理解的,但是在现实中,新产品的开发却并不那么容易。不少企业新产品开发速度较慢,往往是由于存在以下一些障碍。

1. 缺乏大量有效的新产品创意。创意是新产品开发的首要前提,但产生创意,并能达到新颖性、实用性和可操作性的要求却是不易的。特别是对于一些比较成熟的产品来讲,构思和创意的余地已经相当狭窄,这往往成为新产品开发的一大障碍。

2. 资金短缺。资金问题也已成为新产品开发的一大制约。一些好的产品创意往往需要投入大量的资金,即使将来有很好市场前途的产品,只要企业发生资金上的困难,也就难以将其投入开发。

3. 市场细分而导致市场难以达到必要的市场规模。市场竞争促使企业将目标市场划分越来越细,而过细的市场划分就会使企业面对一个过于狭小的市场,从而使产品的预期销量达不到必要的经济规模,企业将不得不放弃对新产品的开发。

4. 激烈的市场竞争使新产品开发的风险增大。市场竞争有可能导致多家企业同时开发某一新产品,从而使产品一进入市场就面临激烈的竞争,不仅使企业的市场进入成本大大增加,而且有可能很快被挤出市场。我国20世纪90年代初期出现的"排浪式"投资现象,众多企业进行同类型的集中投资和产品开发,结果就使得相当一部分企业由于竞争失利而陷入困境。这说明随着市场竞争的进一步激化,新产品开发的风险也越来越大,这对于企业开发新产品的积极性会有很大影响。

---

① [美]菲利普·科特勒等著,陈燕如译:《水平营销》,中信出版社2005年版,第11页。

5.仿制和假冒产品的迅速出现,给新产品的开发效益带来很大损失。一些新产品刚刚进入市场,就马上有大量仿冒产品紧紧跟上,结果,还未等企业收回投资,产品市场就已经饱和,这也使企业不敢轻易开发新产品。

新产品的开发对于企业至关重要,但又充满风险。所以企业在开发新产品方面必须积极谨慎,既要注意不断地更新产品,又要对准备开发的新产品认真研究、反复论证。不能知难而不为,更不能盲目投资,草率从事。企业应严格按照科学的方法进行新产品的开发。

二、新产品开发程序

新产品开发过程由八个阶段构成,即寻求创意、甄别创意、产品概念的发展和测试、制订初步的市场营销规划、商业分析、产品研制、市场试销和正式投放市场,如图 8-5 所示。

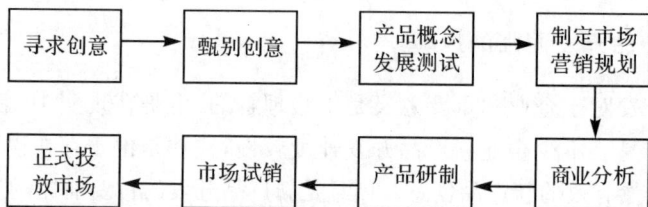

图 8-5　新产品开发流程图

(一)寻求创意

新产品开发是从寻求创意开始的。所谓创意,就是开发新产品的设想。新产品创意的主要来源有以下几个方面:

1.顾客。顾客的需要是新产品创意的出发点。通过观察顾客对现有产品的购买、使用,分析顾客提出的批评和建议,可以形成创意,解决现有产品存在的问题。

2.竞争者。分析和研究竞争者的产品,往往可以发现新的创意。所以企业应重视通过经销商、供应商和销售人员来了解竞争产品的销售情况及消费者对它的评价反映。

3.中间商。中间商直接接触市场,可将顾客的需要和意见反馈给企业,还可向企业提供市场上有关新技术与原材料方面的信息,对启发新产品创意帮助极大。

4.企业内部人员。包括设计、制造、高层管理人员和促销人员等。据调查,在美国有55%的新产品创意来源于企业内部。

5.专家。在科学技术突飞猛进的今天,科学家越来越成为新产品创意的主要来源。如电子表、电视机、合成纤维、塑料等的出现,一些全新产品的创意大多来自科学家对基础科学的研究。

除了以上几种来源外,企业还可以从高校、研究院所、咨询公司、同行业的团体协会以及有关的媒体那里寻求有用的新产品创意。

(二)甄别创意

甄别创意,就是在取得足够多的创意之后,对它们进行优选,挑选出可行性较高的创意,剔除那些不可行或可行性较低的创意,使有限的资源集中于成功机会较大的创意上。在甄别创意时,一般应考虑两个因素:一是该创意是否与企业的战略目标相适应;二是企业有无足够的能力开发这种创意。

(三)产品概念的发展和测试

经过甄别后保留下来的产品创意还要进一步发展成为产品概念。所谓产品概念,是指企业从消费者的角度对创意所做的详尽描述,即用文字、图像、模型等予以清晰的阐述,使产品创意具体化,以便顾客在头脑中形成一种产品形象。

产品概念测试一般采用说明书的方式,说明新产品的功能、特性、规格、包装、售价等,印发给部分可能的顾客,以研究他们的反应。

(四)初拟市场营销规划

1.描述目标市场的规模、结构、消费者的购买行为、产品的市场定位以及短期的销售额、市场占有率、利润率预期等。

2.概述产品预期价格、分配渠道及第一年的营销预算。

3.阐述较长期(如 5 年)的销售额和投资收益率以及不同时期的市场营销组合策略。

(五)商业分析

在这一阶段,企业的营销管理部门要审查新产品将来的销售额、成本和利润额计划,以确定它们是否符合企业的目标,如果是,那么产品概念就进入产品开发阶段。

(六)产品研制

如果产品概念通过了商业测试,就移交产品开发部或工程部,把它发展成实体产品。在这以前,它只是一段语言描述、一张图纸或一个粗糙的模型。在本阶段要解决的问题是产品创意能否转化为在技术上和商业上可行的产品。如果不能,企业除了获得在此过程中的有用信息外,它的积累投资将付诸东流。

（七）市场试销

尽管从新产品构思到新产品实体开发的每一个阶段,企业开发部门都对新产品进行了相应的评估、判断和预测,但这种种评估、判断和预测在很大程度上带有新产品开发人员的主观色彩。最终投放到市场上的新产品能否得到目标市场消费者的青睐,企业对此没有把握,通过市场试销将新产品投放到有代表性地区的小范围的目标市场进行测试,企业才能真正了解该新产品的市场前景。

（八）正式投放市场

这一阶段,企业还应做以下决策:

1.推出时机。新产品上市要选择最佳时机。如果新产品取代企业的老产品,它应该推迟到老产品存货销完后再上市。如果产品的季节性很强,新产品就应等到季节合适时再推出。

2.推出地点。企业需要决定新产品是推向一个地区、某些地区还是全国乃至国际市场。有实力将新产品进行全球同步上市的公司很少。一般企业的做法是有步骤、有计划地扩展市场。在进行市场扩展时,应当找出最有吸引力的市场首先投放。在选择这一市场时要考察这样几个方面:市场潜力;企业在该地区的声誉;投放成本;对其他地区的影响力;该地区研究数据的质量。另外,竞争因素是非常重要的,企业必须慎重考虑竞争对手在市场上的表现。

3.目标顾客。企业在推出新产品时要针对最有希望的购买群体。新产品的目标顾客应具备下列特性:他们将成为早期采用者;是大量使用者;是意见领袖并对该产品赞不绝口;和他们接触的成本不高。

4.营销策略。企业必须制定一个将新产品引入扩展市场的实施计划。这里,首先要对各项市场营销活动进行分配预算,然后规定各种活动的先后顺序,从而有计划地开展各种市场营销活动。

三、新产品的扩散

（一）新产品的创新特征对市场扩散的影响

新产品本身所具备的创新特征,是影响它能否被消费者接受的主要因素。通常情况下,新产品的扩散速度与程度和新产品的以下特征成正比。

1.相对优点。所谓相对优点,也就是比较利益。相对于已有的产品或竞争产品,新产品应具有独特的优点,这种优点越明显,就越容易被普遍接受,即新产品应能给消费者提供更多的好处和利益。例如 U 盘比原来的软盘容量更大、性能更稳定,所以目前已经替代软盘成为主要的存储设备。

2.较好的适应性。新产品同社会的消费习惯及人们的价值观念相适应,就比较容易被接受;反之,与当地的市场消费习惯、传统的价值观念、社会文化风俗不相适应,差距越大,就越难推广。例如当人们的生活节奏越来越快时,茶饮料、速溶咖啡等方便食品越来越受欢迎。

3.简易性。新产品的结构和使用方法,要力求简便易懂,否则,就不易被消费者所接受。例如"傻瓜相机"的推出,使拍照成为一件更方便的事,这种相机也受到广泛使用。

4.可分割性。由于不同消费者在购买力、生活习惯和消费方式等方面存在差别,新产品应力求可以分割。可分割性越好,试用性越强,新产品被接受的过程就越短。目前许多企业推出的小包装新产品便于促进消费者试用,有利于迅速推广。

5.可传递性。新产品的可传递性主要是指新产品的介绍是否明确、具体,介绍新产品的特点和使用方法,越明确具体,说服力越强,产品越容易被尽快接受;反之,新产品的介绍抽象空泛,或夸大其词,令人生疑,不利于产品的扩散。

(二)购买行为对市场扩散的影响

1.消费者采用新产品的程序。美国市场营销学者罗吉斯对人们接受新产品的程序做过大量调查,总结归纳出消费者接受新产品的规律一般分为以下五个重要阶段:

(1)知晓:获得新产品信息的初始阶段。

(2)兴趣:发生了兴趣。他会积极地寻找有关资料,并进行对比分析。

(3)评价:主要权衡采用新产品的边际价值。

(4)试用:通过试用,顾客开始正式评价自己对新产品的认识及购买决策的正确性如何。

(5)接受:通过试用,收到了理想的使用效果,就会放弃原有的产品形式,完全接受新产品,并开始正式购买、重复购买。

2.顾客对新产品的反映差异。在新产品的市场扩散过程中,由于社会地位、消费心理、价值观、个人性格等多种因素的影响制约,不同顾客对新产品的反应具有很大的差异。新产品在同一目标市场的扩散过程规律是:开始仅被极少数消费者接受,然后逐步再被多数消费者接受。不同类型的消费者接受的时间顺序是:创新者→早期使用者→中期消费群→晚期消费群→落伍者。见图8-6。

(1)创新者(innovators)。通常富有个性,受过高等教育,勇于创新冒险,性格活跃,消费行为很少听取他人意见,经济宽裕,社会地位较高。广告等促销手段对他们有很大的影响力。这类消费者是企业投放新产品时的极好目标,但他们只占全部采用者的 2.5% 左右。

（2）早期使用者（early adopters）。一般也接受过较高的教育，年轻，富有探索精神，对新事物比较敏感，并且有较强的适应性，经济状况良好，他们对早期使用新产品具有自豪感。这类消费者对广告及其他渠道传播的新产品信息很少有成见，促销媒体对他们有较大的影响力。但与创新者比较，他们一般持较为谨慎的态度。这类顾客

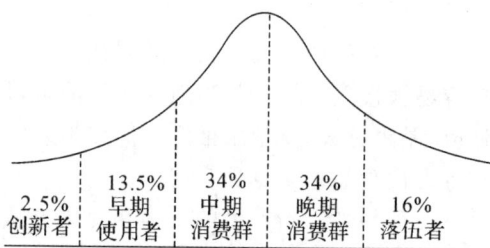

| 2.5% 创新者 | 13.5% 早期使用者 | 34% 中期消费群 | 34% 晚期消费群 | 16% 落伍者 |

图 8-6 激光唱机（CD Player）的扩散采用过程（罗杰斯模式）

约占全部使用者的 13.5%，是企业推广新产品很好的目标。

（3）中期消费群（early majority）。一般较少保守思想，接受过一定的教育，有较好的工作环境和固定的收入；对社会上有影响的人物、特别是自己所崇拜的"意见领袖"的消费行为具有较强的模仿心理；他们不甘落后于潮流，但由于他们特定的经济地位所限，在购买高档产品时，一般持非常谨慎的态度。他们经常是在征询了早期使用者的意见之后才采纳新产品。但中期消费群和晚期消费群（各占34%）构成了产品的大部分市场。因此，研究他们的心理状态、消费习惯，对提高产品的市场份额具有很大的意义。

（4）晚期消费群（late majority）。较晚跟上消费潮流的人，其工作岗位，受教育水平及收入状况往往比中期消费群略差；他们对新事物、新环境多持怀疑态度，对周围的一切变化抱观望态度；其购买行为往往发生在产品成熟阶段。

（5）落伍者（laggards）。这些人受传统思想束缚很深，思想非常保守，怀疑任何变化，对新事物、新变化多持反对态度，固守传统消费行为方式。因此，他们在产品进入成熟期后期及至衰退期才能接受。

第五节　产品的品牌与包装决策

一、品牌的含义与作用

（一）品牌的含义

1.品牌的界定

关于什么是品牌，各界有不同的定义。美国市场营销协会（AMA）对品牌的定义如下：品牌是一种名称、术语、标记、符号或图案，或是它们的相互组合，用以识别

某个销售者或某群销售者的产品或服务,并使之与竞争对手的产品和服务相区别,促进消费者理性和感性需要的满足。本教材采用这一概念。

2.品牌名称和品牌标志

品牌一般由品牌名称和品牌标志两部分组成,品牌名称是指品牌中可以用语言称呼的部分,例如海尔、奔驰等等;而品牌标志是指品牌中可以被认出但不能用言语称呼的部分,例如海尔的两个娃娃,奔驰的图标等。

3.品牌的内涵

(1)属性:品牌反映其特定的属性。例如,奔驰表现出品质高贵、工艺精湛等属性。

(2)利益:品牌不仅仅限于一组属性,而且体现带给顾客的利益。属性需要转换成功能和情感利益。例如,奔驰带给车主的情感利益是令人羡慕。

(3)价值:品牌还体现了该制造商的某些价值感。例如,奔驰体现了高性能、安全、威信,等等。

(4)文化:品牌可能附加象征着一定的文化。奔驰品牌蕴涵着德国文化:有组织、有效率、高品质。

(5)个性:品牌代表一定的个性。如果品牌是一个人、一种动物或某一标的物时,那么它在你脑海里会浮现出什么呢? 奔驰可以使人想起一位不会无聊的老板(人)、一头有权势的狮子(动物)或一座质朴的宫殿(标的物)。

(6)使用者:品牌还体现购买或使用这种产品的是哪一类消费者。事实上,产品所表示的价值、文化和个性,均可反映到使用者的身上。例如"奔驰"是成功商人的符号。

如果一个企业把品牌仅看成是一个名字或符号,它就会忽视内容的关键点。一个品牌能被看出上述六层含义,我们称它为深意品牌。企业必须从以上六个方面对品牌的辨认加以锁定,并形成独特的品牌特点。

4.与品牌相关的几个概念

(1)品牌不等于品名。品名一般是指产品的通用名称,如可乐、橙汁、洗衣液等等,企业在进行宣传活动时应该更多地传递关于品牌的信息而非品名的信息,同时企业也不应该将本企业的品牌变为品名。

(2)品牌不等于商标。商标是指经过注册登记,受到法律保护的品牌或品牌中的某一部分。品牌如果不通过法律程序加以注册,则无法得到法律的保护。

(3)品牌不等于域名。域名是企业的网上商标,但相对于一般商标而言,域名更具有排他性。例如,"西湖"可以成为啤酒、味精、电视机等产品的商标,但是www. westlake. com 这个域名却属于美国 Westlake Chemical 公司。

（二）品牌的作用

1.品牌有利于消费者进行产品选择,缩短消费者的购买决策过程。品牌在消费者心目中是产品的标志,它代表着产品的品质和特色,同时它还是企业的象征,蕴涵着企业的精神、经营特色和管理水准。因此,品牌能解除消费者的种种疑虑,缩短购买的决策过程。

2.品牌有利于企业形象的宣传和产品的促销。搞好一种品牌的宣传,突出产品的某些功效、特征和保证,正好能满足消费者追求的利益,就会在消费者的心目中打上深刻的烙印,同时也有助于企业形象的树立。

3.品牌是产品差异化的手段,有助于减少价格弹性,促进产品组合的扩展。品牌使某种产品与其他竞争产品的差异凸现出来,使购买者往往不是从价格方面与其他同类产品相比较。因此,著名品牌商品比无品牌商品的价格弹性要小,使企业享有较高的利润空间。

4.品牌可以超越产品的生命周期,是一种无形资产。一般而言,产品都有一个生命周期,会经历从投放市场到被淘汰退出市场的整个过程,但是一个品牌一旦拥有广大的忠诚顾客,其市场地位就可以经久不变。正因如此,品牌从开始时依附在产品身上,慢慢地发展到与具体产品相对独立开来,并可使消费者长期积累对它的认同和偏好,从而使品牌作为一种无形资产成为可能。

（三）品牌的利益

1.品牌对卖方的益处

(1)品牌便于卖者进行经营管理。如在进行广告宣传和签订买卖合同时,都需要有品牌,以简化交易手续。

(2)品牌可建立稳定的顾客群,吸引那些具有品牌忠诚度的消费者,使企业的销售额保持稳定。

(3)品牌有助于市场细分和定位。企业可按不同细分市场的要求,建立不同的品牌,以不同的品牌分别投入不同的细分市场。

(4)注册商标受法律保护,具有排他性。

(5)良好的品牌有助于树立良好的企业形象。

2.品牌对顾客的利益

(1)品牌代表产品一定的质量和特色,便于买者选购,提高购物效率。

(2)品牌可保护买者的利益,便于有关部门对产品质量进行监督,质量出了问题也便于追查责任。

3.品牌对整个社会的益处

(1)品牌可促进产品质量的不断提高。由于购买者按品牌购货,生产者不能不关心品牌的声誉,加强质量管理,从而使市场上的产品质量普遍提高。

(2)品牌可加强社会的创新精神,鼓励生产者在竞争中不断创新,从而使市场上的产品丰富多彩,日新月异。

(3)商标专用权可保护企业间的公平竞争,使商品流通有秩序地进行,促使整个经济社会健康发展。

二、品牌运营决策

品牌的运营是由一系列决策所组成的,如图 8-7 所示。

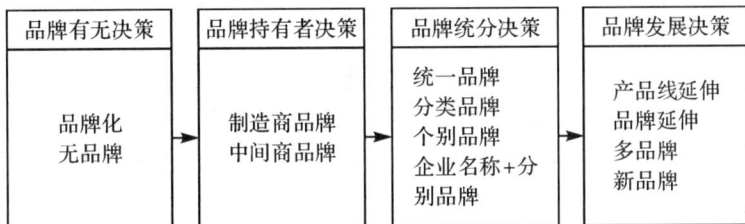

图 8-7　品牌运营决策

(一)品牌有无决策

1.品牌化策略。如前所述,品牌化可使卖主得到的好处:(1)规定品牌名称可以使卖主易于管理订货;(2)注册商标可使企业的产品特色得到法律保护,防止别人模仿、抄袭;(3)品牌化使卖主有可能吸引更多的品牌忠诚者;(4)品牌化有助于企业细分市场;(5)良好的品牌有助于树立良好的企业形象。

品牌化使购买者得到的好处:(1)购买者通过品牌可以了解各种产品的质量好坏;(2)品牌化有助于购买者提高购物效率。

2.无品牌策略。无品牌产品是指在市场上出售的无品牌、包装简易且价格便宜的普通产品。一般来说,在下列情况下可以考虑不使用品牌:(1)大多数未经加工的原料产品,如棉花、大豆、矿砂等;(2)不会因生产商不同而形成不同特色的商品,如钢材、大米等;(3)某些生产比较简单、选择性不大的小商品;(4)临时性或一次性消费的商品;(5)为下游企业提供的原材料或零配件以及其他中间产品。

无品牌策略可以节省广告和包装费用,以降低成本和售价,提高竞争力,扩大销售。近年来国外的一些日用消费品又出现了"无品牌"倾向。据统计,美国超市中提供的无品牌商品的售价大约低于同类品牌产品的 30%－50%,很受低收入消费者的欢迎,但无品牌商品一般质量相对不高。

随着市场经济的高度发展和经济全球化浪潮的冲击,品牌化的趋势迅猛异常,品牌几乎统治了所有产品。

(二)品牌持有者决策

企业有三种可供选择的策略:(1)企业使用自己的品牌,这种品牌叫做制造商品牌、企业品牌、生产者品牌;(2)企业将其产品大批量地卖给中间商,中间商再用自己的品牌将产品转卖出去,这种品牌叫做中间商品牌、自有品牌(Private Brand——简称 PB 商品),例如"无印良品"最早为日本西友集团在超市贩售的自有品牌,"LH"为百联集团联华超市销售的自有品牌;(3)企业还可以决定有些产品用自己的品牌,有些产品用中间商的品牌。

制造商品牌的优点如前文品牌化策略所述,因此,在这里,我们重点讨论中间商品牌。

1. 中间商品牌的优势。在现代市场经济条件下,制造商品牌和中间商品牌之间经常展开激烈竞争,这就是所谓的品牌战。在这种对抗中,中间商品牌有许多优势:(1)零售商场的营业面积有限,因此,许多企业特别是新进入企业和小企业难以用其品牌打入零售市场;(2)中间商品牌产品往往是中间商直接向生产企业定制的,由于减少了中间环节,其价格通常定得比制造商品牌低,因此,能迎合许多价格敏感的顾客,特别是在通货膨胀时期;(3)零售商把自己的品牌产品陈列在商店醒目的地方,而且推广有力。由于这些原因,制造商品牌昔日的那种优势正在削弱。

2. 中间商品牌的功能。发展自有品牌可为生产企业、零售企业和广大消费者带来利益。对于零售商而言,开发自有品牌可以更好地控制价格,并可以在某种程度上控制供应商进货成本,因而销售价格较低,竞争力较强,可以得到较高利润;对于没有条件进行自主品牌开发与经营的制造商而言,利用中间商品牌可以保证产品的销售,减轻企业品牌运营的压力;对于广大消费者来说,可以获得更为实惠的产品。中间商品牌的功能见表 8-4。

表 8-4　中间商品牌的功能

制造商角度	中间商角度	消费者角度
提高设备利用率 降低固定成本 获取原材料采购成本优势 减轻经营企业品牌产品的压力 赢得顾客	独特的产品类别 突出竞争中的优势 价格优势 强化企业识别 加强产品保护 保证产品创新设计 保证收益率	获得价格实惠的产品 产品质量保证 更多的产品选择 简化购买过程 对传统知名品牌的替代效应 产品多样化,增加购物兴趣

3.开发中间商品牌的条件。并不是所有的中间商都适合推出自有品牌,实施自有品牌战略需要具备以下条件:

(1)要有相当的规模。所谓相当的规模是指中间商的经营面积、经营项目、商店数量、销售量等要达到一定的规模。只有具备相当的规模,才能体现出规模经济的意义。所以,自有品牌战略一般主要适用于大型连锁企业。

(2)要有足够的实力。实施中间商自有品牌战略是一项十分复杂的系统工程,中间商不仅要负责品牌的开发设计与管理、进行市场调研和产品项目的选定,还要自行组织生产或委托企业定牌加工生产,确定商品价格和商品的市场促销策略,没有足够实力的中小型零售企业是无力承担所有这些工作的。否则,如果贸然力推自有品牌,不仅浪费资源,还可能失败。

(3)要有良好的商誉。优质的商品和完善的服务能给企业赢得良好的商誉,良好的商誉是培育自有品牌的价值内涵中最主要的一部分。如果连锁企业在消费者心目中树立起良好的企业形象,具有相当高的商誉,那么其创立的中间商品牌从诞生之日起就具备了名牌的许多特征,极易被广大消费者认可和接受。

(三)品牌统分决策

一般来说,企业可采取的品牌统分决策有以下几个层次:(1)统一品牌名称;(2)各大类产品单独使用不同的品牌名称;(3)个别品牌决策;(4)企业名称与个别品牌名称并用。

1.统一品牌策略。这种策略是指企业所有的产品都统一使用一个品牌名称,也称"多品一牌"策略。例如,韩国三星集团旗下的手机、电视机、IT产品、影像产品、音频产品、家电产品、办公用品等所有产品都统一使用"SΛMSUNG"这个品牌名称。企业采取统一品牌名称的主要好处是:(1)统一产品形象;(2)节省新产品的促销成本。但其缺点是其中的一个产品如果出现问题可能会影响全体产品的声誉。

2.分类品牌策略。这种策略是指企业的各类产品分别命名,一类产品使用一个牌子。例如,西尔斯·罗巴克公司就曾采取这种策略,它所经营的器具类产品、妇女服装类产品、主要家庭设备类产品分别使用不同的品牌名称。这主要是因为企业生产或销售许多不同类型的产品,如果都统一使用一个品牌,这些不同类型的产品就容易互相混淆。因此,采用分类品牌策略的优点是能够区分产品大类的特点,避免相互混淆,但分类品牌较统一品牌的运营成本相应较高。

3.个别品牌策略。这种策略是指企业对不同产品分别使用不同的品牌名称,其品牌的个数比分类品牌更多。个别品牌策略的好处是:企业不会因某一品牌信誉下降而承担较大的风险;它可以使企业为每一新产品寻求最佳的品牌,而不必把高档优质产品的品牌引进较低质量的产品线;每个新的品牌都可以造成新的刺激、建立新信念,有利于企业产品向多个细分市场渗透。但个别品牌策略的缺点是产品的促销费用高,品牌过多,不利于企业创立名牌。

4.企业名称加个别品牌策略。这种策略是指企业对其不同的产品分别使用不同的品牌,而且各种产品的品牌前面还冠以企业名称。例如,美国凯洛格公司就采取这种策略,推出"凯洛格"米饼、"凯洛格"葡萄干。企业采取这种策略的好处主要是:在各种不同新产品的品牌名称前冠以企业名称,可以使新产品合法化,能够享受奇特的信誉,而各种不同的新产品分别使用不同的品牌名称,又可以使各种不同的新产品有不同的特色。

(四)品牌发展决策

品牌发展决策是指企业的品牌在产品大类和品牌方面的发展路径选择,一般来说,品牌发展决策有以下四种,其相互关系如图 8-8 所示。

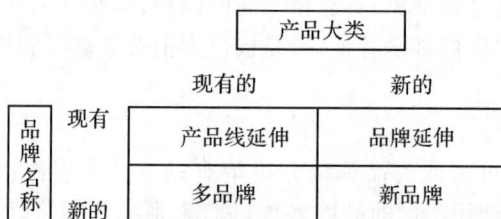

		产品大类	
		现有的	新的
品牌名称	现有的	产品线延伸	品牌延伸
	新的	多品牌	新品牌

图 8-8　四种品牌发展策略

1.产品线延伸策略。为了使企业的产品更丰富,满足更多的需要,企业在现有的品牌名称、现有的产品大类中增加更多规格型号的产品,这种品牌扩张决策称作产品线延伸。例如,1989 年秋,宝洁公司的"飘柔"成为中国市场第一个洗发护发二合一品牌,随后宝洁公司相继推出"飘柔"去屑二合一洗发露、具有焗油效果的"飘柔"二合一洗发露、首乌黑发"飘柔"洗发露、富含特效人参营养滋润精华的"飘柔"人参洗发露等,形成一系列"飘柔"洗发护发产品。

2.品牌延伸策略。品牌延伸策略是指企业利用其成功品牌名称的声誉来推出改良产品或新产品,包括推出新的包装规格、香味和式样等产品。例如,宝洁公司的"飘柔"洗发水成功后,又将"飘柔"这一品牌使用到沐浴露、香皂上,就是品牌延伸的表现。企业采取这种策略,可以节省宣传新产品的费用,使新产品迅速打入市场。但是如果将品牌名称沿用到不相关的行业或产品大类中,可能会引起品牌的个性淡化,品牌定位混乱,造成品牌的资产贬值。例如广东美的在家电领域内对电风扇、空调和小家电进行品牌延伸,都比较成功,巩固了品牌价值;而同在广东的太阳神的品牌延伸就不太成功,它是从保健品延伸到食品、化妆品领域,因为跨度太大,而太阳神在消费者心目中的保健形象根深蒂固,从而限制了品牌的延伸,反而影响太阳神核心品牌的价值。从品牌延伸较为成功的企业来看,对于品牌的延伸应该是相关产品、行业或概念的延伸,这样可以提高延伸的成功率。

3. 多品牌策略。多品牌策略是指企业同时经营两种以上互相竞争的品牌,这种策略由宝洁公司首创。宝洁公司的洗发护发类产品在中国市场上就有海飞丝、潘婷、飘柔、沙宣、伊卡璐、威娜等品牌。采用多品牌策略的优点:(1)可以在零售商的货架上占用更大的陈列面积,提供几种品牌不同的同类产品,可以吸引那些求新好奇的品牌转换者;(2)多种品牌可使产品深入多个不同的细分市场,占领更广大的市场;(3)有助于企业内部多个产品部门之间的竞争,提高效率,增加总销售额。但多品牌策略也有弊端,其主要风险是企业经营重心不能集中到少数几个获利水平较高的品牌,从而对企业产生不利影响。

4. 新品牌策略。新品牌是指企业为新投入市场的产品大类确定不同的品牌名称,这是大多数采用分别品牌策略的企业常用的策略。

【案例8-2】 GE家电(GE Appliances)是GE公司旗下的子公司之一,在家电业居于领导地位,但是,随着市场竞争者越来越多,大型卖场的通路控制力越来越强,GE家电的毛利越来越低,市场占有率的维持越来越困难。因此,GE家电准备采取品牌扩张的策略,以扩大市场占有率,巩固领导地位。一是推出更高价位的产品吸引顶级消费者的市场,二是推出较低价位的产品吸引大众化的消费市场。GE家电准备双管齐下,因为顶级顾客的购买力强,可以创造较高毛利,低价市场则可配合量贩店通路,并防堵低价厂商的侵蚀。但是,GE家电面临的是如何采取正确和有利的品牌策略,以顺利达到产品线的扩张和市场的扩大。在顶级市场如果采取GE品牌的延伸,似乎无法凸显产品和价格的优势,并和原有商品形成区隔,如果推出新品牌,则投入的宣传费用高,将使毛利大幅降低。同样的,在低价市场如果采取GE品牌的延伸,也会伤害原有的高价品牌形象,并产生销售重叠的现象。几经考虑,GE家电决定在顶级市场推出两个副品牌,针对最高级的消费者推出"GE总汇"(GE Monogram)系列家电,针对企业高级主管家庭推出精致的"GE名人"(GE Profile)系列家电,在低价市场则推出与GE无关联的"热点"(Hot point)系列家电。因而GE家电的产品系列包括4个品牌:GE总汇、GE名人、GE和热点。结果,"GE总汇"在顶级市场销售并未达到预期,但是"GE名人"却相当成功。原因是,顶级消费者要求的是独树一帜的产品和品牌,"GE总汇"在品牌的延伸上太远,品牌力不够。然而"GE名人"虽然价位比原有的家电产品要高,但在产品的外形设计和功能上均有改变和提升,有明显的差异化,因而得到了消费者的认同。另一方面,"热点"在低价市场对GE家电来说是一种独立品牌,但在市场上并非新品牌,因为它是 GE 家电并购的一家公司,因此以原有知名度配合新的渠道和定价策略,反而获得成功,而且和 GE 家电无关联的品牌也不会影响高价产品的销售和品牌形象。①

三、品牌设计决策

(一)品牌设计的基本原则

品牌设计是品牌成功的重要前提,优秀的品牌设计必须遵循以下原则:

1.合法性。合法性是品牌设计的最根本原则。品牌设计的合法性表现为两个方面:一是通过及时注册和延伸注册,使企业的品牌受到法律保护;另一方面不能违反《商标法》和"保护知识产权"的有关规定,将他人的成功品牌使用在自己的产品上。这样才能减少或杜绝"山寨"产品在市场上损害消费者的利益。

2.寓意性。寓意性是指品牌名称本身所具有的含义,这种含义可直接或间接地传递商品的某些信息,如关于它的特点、性能以及使用它的好处。这种品牌名称要么能够提示产品,要么可以吸引顾客。例如,"雪碧"马上传递一种冰凉清爽的感觉,而"奔驰"则展示了驾驭的乐趣。

3.简易性。易读、易记,是品牌命名的重要特征。只有这样才能发挥它高效的识别功能和传播效应。在设计品牌名称时必须做到简洁明快,易于和消费者进行交流、便于消费者记忆,例如"OMO""BMW"等,易于上口,便于记忆。而难发音或音韵不好的词,不宜作品牌名称,例如有餐馆名叫"犇骉羴",寓意虽好,但大多数顾客都无法准确叫出其名字,品牌难以得到传播。

4.可延伸性。品牌的可延伸性表现为品牌名称在产品、顾客、地域等方面的扩张性,这取决于品牌名称是否具有可转化性。

(1)产品的可延伸性是指品牌名称能否扩展到其他产品。例如,在中国市场上"百事可乐"比"可口可乐"在产品方面的延伸性更强,"百事可乐"适合于多种产品,但"可口可乐"也许只适合食品和饮料。

(2)顾客的可延伸性是指品牌名称是否适合于更多的顾客群。例如"娃哈哈"适合于儿童产品,将它用于老年人市场就不太合适。

(3)地域的可延伸性是指品牌名称是否能扩展到不同国家或地区市场,这取决于品牌名称的文化内涵和语言特点。我国许多"老字号"均有丰富和深刻的内涵,如"全聚德""同仁堂""恒源祥"等,但在开拓国际市场时品牌的延伸有一定的困难。

①参见《品牌决策的3种模式》,载邮苑之声,http://www.bupt.edu.cn。

目前我国不少企业已经意识到这一点,品牌名称设计和传播时正在克服这一障碍,如 Media(美的)、Hisense(海信)等都是成功的品牌设计。

(二)品牌命名的方式

1.效用命名。即以产品的主要性能和效用命名,使消费者能迅速理解商品的用途和功效,便于联想和记忆。如"青春宝"保健品、"冷酸灵"牙膏等。

2.人物命名。以某一传奇人物、历史人物、产品发明者或制造者以及对产品有特殊偏好的名人姓名命名,以此说明产品的品位和质量,提高产品知名度。如"方太"厨具、"传化"洗衣粉等。

3.产地命名。以产品产地命名,意在反映商品的历史渊源和天时地利之禀赋,使消费者由此产生美好的联想。如"西湖龙井""青岛啤酒"等。

4.吉利命名。以良好的祝愿、吉利的词语命名,既衬托商品的优良品质,又迎合消费者美好的愿望,激发愉悦的感情。如"金利来""万事利"等。

5.制法命名。显示商品的独特制造工艺或艰苦研制过程,用以提高产品的品位,赢得消费者的信赖。如兰州拉面、北京二锅头酒等。

6.形象命名。形象命名即以动植物之形象或含有某种寓意的图案给商品命名,烘托其优良品质和对目标顾客的适应性,并引发其美好联想。如"七匹狼"男装、"春兰"空调等。

7.译音命名。商品进入国际市场,均须将原产国品牌名称以正确译音进行命名,以便顺利进入别国市场。译音命名要求顺口、有趣、易生联想、不生歧义。如"美加净"(MAXAM)、"海尔"(Hair)均为佳作。

8.简化命名。为了便于记忆,不少成功的品牌名称是简化名,如"3M""IBM""LG""TCL"等等,企业可以通过简化名作为品牌,使品牌名称更加简洁,同时也使品牌名称与企业名称相对应。

四、产品包装决策

(一)包装及其作用

1.包装的含义。包装是产品策略的一个重要组成部分。所谓包装,是指产品的容器或外部包扎物。

2.包装的构成。产品包装一般包括以下三个部分:(1)首要包装:即产品的直接包装;(2)次要包装:即保护首要包装的包装物;(3)装运包装:即为了便于储运、识别某些产品的外包装。

3.包装的作用。产品包装的根本作用是保护产品的价值和使用价值在产品储运和使用过程中不受损害。除此之外,现代产品包装在美化产品、促进销售、增加赢利方面的作用更突出。具体来说,不同层次的包装其作用有所侧重,详见表8-5。

表8-5 产品包装层次及其作用

包装的层次	包装的作用	包装物的使用价值丧失	包装决策应考虑的因素	例证
首要包装	满足需要、方便使用	产品耗尽	消费者——方便	牙膏皮
次要包装	美化产品、刺激购买	销售结束,消费开始	分销商——美观、节省空间	牙膏纸盒
储存包装	方便储运、保护产品	储运结束,销售开始	储运商——牢固、节省空间	瓦楞纸包装

(二)包装设计的原则

企业在设计包装时,应考虑以下几点要求:

1.包装应与商品的价值或质量相适应。包装应该体现产品的质量与价值,但不应该夸大产品的价值,避免给顾客产生"金玉其外、败絮其中"的不良印象。

2.包装应能显示商品的特点或独特风格。在包装设计过程中要努力反映该产品的特色以及与竞争产品的区别,便于消费者准确地了解产品,而且要有利于提高产品的品牌知名度。例如湖南湘泉集团有限公司生产的酒鬼酒,因其包装瓶形似捆口麻袋,非常具有特色,其产品也迅速在市场上走俏。

3.包装应方便消费者购买、携带、储存和使用。产品的包装首先应该方便消费者在购买时了解产品的有关信息;其次方便消费者的携带和储存;最后,产品包装还要方便消费者使用产品,例如包装是否便于开启、拿取等都是应该考虑的。

4.包装上的文字说明应实事求是。产品包装要如实地反映产品的内在质量,包装上的文字说明应如实详尽,以增加顾客的信任感并指导消费。如食品包装上应说明用料、配方、食用方法;药物类产品的包装应说明成分、功效、用量、禁忌以及是否有副作用,消除可能存在的疑虑。文字说明必须与商品性质相一致,有可靠的检验数据或使用效果的证明。虚假不实的文字说明等于欺骗性广告,既损害消费者的利益,也损害企业的声誉。

5.包装装潢应给人以美感。产品包装装潢应力求造型美观大方,图案生动形象,不落俗套,避免模仿、雷同。企业应尽量通过包装创新,运用新材料、新图案、新形状,吸引消费者注目。

6.包装装潢上的文字、图案、色彩等不能和目标市场的风俗习惯、宗教信仰发生抵触。同一色彩、图案的含意对不同消费者来说是不一样的。中国人喜欢用红色,红色的包装显得喜庆吉祥;不同年龄的消费者也有不同的偏好,老年人喜欢沉着稳重的包装,青年人喜欢明朗活泼的色彩。

(三)产品包装决策

1.相似包装策略。相似包装也称类似包装,是指企业生产的各种产品,在包装上采用相似的图案和颜色,体现共同的特征。其优点是统一产品形象,节省促销宣传费用;缺点是可能会造成一荣俱荣、一损俱损的局面。这种策略适合于产品的质量等级差异较小的企业。

2.差异包装策略。差异包装是指企业的各种产品都有自己独特的包装,在设计上采用不同的风格、色调和材料。其优点是能体现不同产品的特色,同时能够减少其相互的影响,特别是负面影响;缺点是成本高,形象难统一。这种策略适合于产品的质量等级差异较大的企业。例如茶叶生产和销售企业往往根据茶叶的不同等级配以不同的包装,突出其不同的质量和特色。

3.组合包装策略。组合包装即将多种相关的产品放在同一包装物内配套出售。该包装策略有利于带动相关产品的销售,同时也方便消费者连带选购和配套使用产品。例如,化妆品组合包装,学生文具组合包装等。值得注意的是,如果将不相关的产品放在一个包装内进行销售,是强硬搭售而非组合包装。

4.双重用途包装策略。双重用途包装也称复用包装,除了包装内产品的使用价值外,包装本身还可作其他用途使用。例如咖啡瓶可以当做茶杯再次发挥使用价值。但要注意消费者购买的始终是产品本身的价值,因此要避免产生"买椟还珠"的现象。

5.附赠品包装策略。即在包装上或包装内附赠奖券或实物,以吸引消费者购买。此策略的运用要注意以下几点:(1)赠品与主品相关,例如南京金芭蕾化妆品有限公司曾经在其生产的珍珠霜包装内附赠一颗珍珠,鼓励顾客购买;(2)赠品质量有保证;(3)赠品不会使主品的质量发生改变或给消费者带来危害。曾经一度出现的儿童食品中附赠塑料小玩具,专家告诫可能会对食品卫生造成影响,也容易产生儿童误食等危害。

6.改变包装策略。当某种产品销路不畅或包装不善时,企业可以改变包装设计、包装材料,使用新的包装,以促进产品销售。改变包装策略可以给消费者带来新鲜感,但如果频繁使用该策略不仅可能增加成本,同时也难以保持产品的稳定形象。

第六节　产品组合决策

一个企业往往不仅仅生产一种产品,而是生产一系列产品。如何使企业生产、经营的产品能既能满足不同的需要,又符合企业的市场定位,而且能保证企业资源的最有效利用,必须做好产品组合决策。

一、产品组合及相关概念

(一)产品组合的界定

1.产品组合(product mix):产品组合是指一个企业所生产经营的全部产品的总和,它包括产品线和产品项目。

2.产品线(product line):是指产品组合中的某一产品大类,是一组密切相关的产品。

3.产品项目(product item):是指产品线中具有不同品种、规格、质量和价格的特定产品,它是不可分割的产品。

(二)产品组合的相关概念

通常可用产品组合的宽度、长度、深度和关联性四个内容来说明一个企业的产品组合情况,如图 8-9 所示。

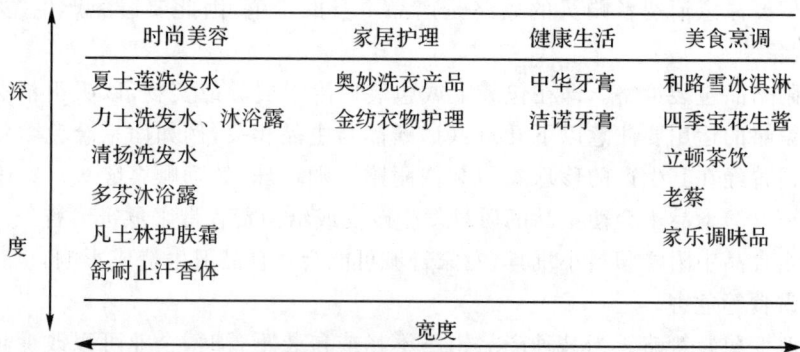

	时尚美容	家居护理	健康生活	美食烹调
	夏士莲洗发水	奥妙洗衣产品	中华牙膏	和路雪冰淇淋
	力士洗发水、沐浴露	金纺衣物护理	洁诺牙膏	四季宝花生酱
	清扬洗发水			立顿茶饮
	多芬沐浴露			老蔡
	凡士林护肤霜			家乐调味品
	舒耐止汗香体			

深度(纵向)　　宽度(横向)

图 8-9　联合利华的产品组合 [①]

_____

[①]参见联合利华中国官方网站,http://www.unilever.com.cn。

1.产品组合的宽度:是指一个企业所拥有的产品线的数量,一个企业拥有多少条产品线,就表明其产品组合的宽度。

2.产品组合的长度:是指一个企业所拥有的产品项目的总和,即各条产品线所包含的产品项目的总和。

3.产品组合的深度:是指企业的每一条产品线中所包含的具体品种、规格、花色、款式等的数量。

4.产品组合的关联性:是指企业的产品组合中各条产品线之间在最终用途、生产条件和销售渠道选择等方面的相关程度。

二、产品组合决策

企业在调整和优化产品组合时,依据情况的不同,可选择如下策略。

(一)扩大产品组合宽度

1.扩大产品组合宽度的优点。扩大产品组合包括增加产品组合宽度、长度、深度等,在此主要讨论扩大产品组合宽度的决策。扩大产品组合宽度有以下优点:(1)通过扩大产品组合宽度能够满足不同的市场需要;(2)通过扩大产品组合宽度有利于充分利用企业的资源;(3)当产品组合的关联性不大时,扩大产品组合宽度还可以分散经营风险。

2.扩大产品组合宽度的缺点。扩大产品组合的宽度,有可能产生以下问题:(1)投资增加;(2)经营资源分散;(3)管理难度加大。

3.增加产品组合宽度(长度、深度)的条件。当企业具备以下条件时,扩大产品组合才是可行的:(1)企业资源丰富;(2)原有产品线(产品项目)已不能满足顾客的不同需要;(3)新的产品线有较大的市场潜力。

(二)缩减产品组合宽度

当市场繁荣时,较长、较宽的产品组合会为企业带来较多的赢利机会,但当市场不景气或原料、能源供应紧张时,缩减产品组合反而可能使总利润额上升。这是因为从产品组合中剔除了那些获利很小甚至无利的产品大类或产品项目,可使企业集中力量发展获利多的产品大类与产品项目。

当企业资源有限,现有产品线(产品项目)导致企业资源分散或原有产品线中一些产品线(产品项目)市场运营状况不佳时,企业应当考虑缩减产品组合的宽度和长度。

三、产品线决策

(一)产品线长度决策

产品线长度决策即考虑某条产品线应包含多少具体的产品项目。增加产品线的长度,可以扩大企业同类产品的市场占有率;但增加产品线的长度,生产多种产品项目,会增加企业的产品设计、包装、储运、促销等费用。缩短产品线的长度,淘汰一些利润低的产品项目,致力于生产高利润的产品,可使企业整条产品线的利润增大;但缩短产品线的长度,生产较少品种的产品,则不能更好地满足消费者的需要。企业增加产品线长度的策略主要有两种:产品线延伸和产品线充实。

1.产品线延伸。每一企业的产品都有其特定的市场定位。产品线延伸决策指全部或部分地改变企业原有产品的市场定位以延长产品线,具体做法有向下延伸、向上延伸和双向延伸三种。

(1)向下延伸。产品线向下延伸是指企业原来生产高档产品,后来决定增加低档产品。企业采取这种决策的主要原因是:企业发现其高档产品的销售额增长缓慢,因此,不得不将其产品大类向下延伸;企业的高档产品受到激烈的竞争挤压,必须用侵入低档产品市场的方式来反击竞争者;企业当初进入高档产品市场是为了建立其质量形象,然后再向下延伸;企业增加低档产品是为了填补空隙,不使竞争者有隙可乘。

企业在采取向下延伸决策时,会遇到一些风险。如:企业原来生产高档产品,后来增加低档产品,有可能使名牌产品的形象受到损害,所以,低档产品最好用新的商标,不宜使用原先高档产品的商标;企业原来生产高档产品,后来增加低档产品,有可能会激怒生产低档产品的企业,导致其向高档产品市场发起反攻;企业的经销商可能不愿意经营低档产品,因为经营低档产品所得利润较少。

(2)向上延伸。产品线向上延伸是指企业原来生产低档产品,后来决定生产高档产品。其主要原因是:高档产品畅销,销售额增长较快,利润率较高;企业估计高档产品市场上的竞争者较弱,易于取得较为有利的竞争地位;企业想使自己成为生产种类全面的企业。

采取向上延伸决策也要承担一定的风险:可能引起生产高档产品的竞争者进入低档产品市场,进行反攻;未来的顾客可能不相信企业具备生产高档产品的能力;企业原有产品分销商可能没有能力经营高档产品。

(3)双向延伸。双向延伸是指企业同时增加高档产品和低档产品,以扩大市场阵地。这种策略在一定的条件下有利于扩大市场占有率,增强企业的竞争能力,但对企业资源的要求更高,同时风险更大。

2.产品线充实。也称产品线填补,是指企业在原来的经营范围内,通过增加产品项目来延长产品线长度。例如生产中档产品的企业并不是通过增加高档产品或低档产品来延长产品线,而是增加中档产品的规格和型号,以满足顾客的需要,这就是实施产品线充实策略。相对于产品线延伸而言,产品线充实的风险较小。

(二)产品线现代化决策

在某些情况下,产品大类的长度虽然是适当的,但产品还停留在以往的水平,那就需要更新产品,实现产品大类的现代化,以利于更好地满足需求和取得竞争优势。产品线的更新可以采取逐项更新或一次全部更新两种方式。

1.逐项更新。风险低但速度慢,在整条产品线都换成某种式样之前可以观察顾客和经销商的反应,同时也可以减少现金流出量,但易使竞争者洞悉企业的动向。

2.一次全部更新的方法。速度快但风险高,一旦失败,再改不易。

(三)产品线特色化决策

产品线特色化是指在企业众多的产品线中,选择一个或数个产品项目作为号召性的产品去吸引消费者。产品线特色化决策应用的具体方法包括:

1.降价促销产品线上一些较低级的产品来制造销售声势,以吸引消费者光顾,并顺便购买其他产品。

2.以较高级的产品项目来提高整个产品线的水准。

【案例8-3】 1994年,白洋河进入葡萄酒行业,到2007年,完成销售收入1.3亿元,干酒产量达到5000千升,创下了历史新高。从2006年开始,白洋河就开始进行产品结构调整,对产品线进行了梳理,精简产品,打造精品,改变过去各个市场产品种类多、销售分散的局面,推出了梅鹿辄干红、橡木桶干红、95圆标解百纳、经典干红等中高端产品。同时,白洋河陆续开发了百草香、醇香蜜、冰纯浓缩等高档甜酒系列,提高了产品形象,使白洋河摆脱了低端品牌形象,提高了利润额。现在,他们的目标是打造"中国甜葡萄酒第一品牌"。2008年,公司投资1200万元,在北厂新区增建2000千升的发酵罐,同时在南厂区扩建4000平方米的仓储库房和2000平方米标准化包装车间。公司还进一步加大进口原酒和瓶装干酒的生产,充分发挥自身发酵能力和进口葡萄酒的优势,突出品质,提高干酒的产能和销量。[①]

---

①参见《葡萄酒行业产品线结构突出品牌特色》,载中酒讯,http://www.zjxun.com/putaojiuzix-un/200809/22－2050.html,2008年9月22日。

▶ 本章小结

产品决策是企业营销组合决策的基础,是制定其他相关决策的核心。在制定产品决策时首先必须明确产品的含义。市场营销学中的产品是整体概念的产品,它包括能够满足消费者需要的有形的物体和一系列无形的服务,一般可分为核心产品、形式产品和附加产品,企业提供给市场的产品必须从这三个层次,全方位满足顾客的需要。产品可分为有形产品和无形服务两大类,有形产品又可分为消费品和产业用品;服务则有无形性、不可分离性、易变性和易逝性等特点。无论是有形产品还是无形服务,都有一个被市场接受、导入市场和被市场淘汰退出市场的过程,这就是产品生命周期。在产品生命周期的不同阶段,生产特点、产品特点、消费特点和竞争特点都不同,企业必须根据不同的特点采取相应的营销对策,产品在生命周期导入期、成长期、成熟期、衰退期的营销对策分别是"快"、"长"、"改"和"转"。由于产品存在生命周期,因此,企业必须不断开发新产品才能在市场上立于不败之地,而新产品的"新"是相对的,它包括全新产品、换代新产品、改进新产品和模仿新产品。企业必须遵循一定的新产品开发程序,并且研究新产品扩散的规律,才可能使新产品开发与推广成功。产品的成功除了品质符合市场需求外,还必须有科学的品牌和包装决策。产品的品牌除了是产品的识别符号外,更是产品利益和属性的表现,因此企业必须做好品牌运营和品牌设计决策,同时还应该关注产品的包装及其作用,通过运用一系列的包装决策和重视包装设计,使产品更具吸引力。任何一个企业不是只生产一种产品,而是提供一个产品组合,包括一系列产品线和产品项目,企业必须根据市场的需求和竞争特点,结合企业的市场定位和经营条件,不断优化企业的产品组合,才可能更好地满足市场需求,有效利用企业资源,发挥企业的优势。

▶ 案例阅读与分析

【案例】 联想的品牌策略

2008 年 1 月 3 日,联想集团宣布首次在全球推出 Idea Pad 笔记本和 Idea Centre 台式电脑系列产品,并宣布进军全球消费 PC 市场。联想 Idea Pad 笔记本电脑和 Idea Centre 台式电脑是专为个人用户设计的,它们与定位于商用客户的 Think Pad 笔记本和 Think Centre 台式电脑相互补充。新品将在包括美国、法国、俄罗斯、南非、印度、澳大利亚、印度尼西亚、马来西亚、越南、泰国、中国、菲律宾、新加坡在内的多个国家和香港地区同步首发。在全球发布的三款 Idea Pad 笔记本包括 Idea Pad Y510、Y710、U110。它们基于强大的 Intel® Centrino® 处理技术,各种机型均设计独特,引领风潮,汇聚了人性化和便捷的应用设计,如人脸识别、杜比家庭影院数字环绕音效及专属游戏设计等易用的科技元素,和独特的无边界视屏等引领潮流的外观设计。Idea Centre 台式电脑则包括了 Idea Centre K200、Q200 和 Q800 三款新品,他们的设计和功能极具人性化,如一键恢复、人脸识别、抑菌键盘等。

未来,"Idea"与"Think"两个品牌将开始分别对于消费类与商务领域运作。而联想集团的品牌名称"Lenovo"可能将退居幕后。①

【讨论】

1.联想集团采取了怎样的新品牌策略? 该品牌策略有何优缺点?

2.联想集团为什么推出新品牌"Idea Pad"和"Idea Centre"? 在推出该品牌的过程中,联想集团应当做好哪些方面的工作?

思考题

1.什么是产品整体概念? 如何理解产品的整体概念?

2.有形产品的营销与服务产品的营销有何区别?

3.什么是产品生命周期? 试述各阶段的特点及应采取的营销策略。

4.什么是新产品? 开发新产品有何意义?

5.论述新产品开发的程序。

6.联系实际分析产品包装及其作用。

7.品牌运营决策包括哪些内容?

8.试联系实际分析某一企业的产品组合决策的特点。

①参见《联想以全新 Idea 品牌进军全球 PC 市场》,载中国网,2008 年 1 月 4 日。

第九章 定价决策

对营销战略人员来说,定价是考验他们的时刻——所有营销的努力都集中到了定价决策上。

——雷蒙德·乔治

■ 本章学习目标

通过本章学习,理解影响产品定价的因素,了解定价目标和定价方法,理解和运用各种价格策略,掌握价格调整策略的运用。

■ 本章学习重点

影响产品定价的因素;各种价格策略及其特点;价格调整策略。

价格通常是影响交易成败的重要因素,同时又是市场营销组合中最难以确定的因素。如何定价不仅关系到企业短期利润的实现,而且还会影响到企业的生存和发展。在竞争激烈的市场上,企业对产品进行定价既要考虑其成本收益,还要分析研究竞争对手的定价策略;既要对自己的产品进行定价,还要能够管理或改变顾客的偏好与价格预期;既要确定初始价格,还要根据市场竞争和需求的变化适时调整价格。定价既是一种战术,也是一种战略。

第一节 影响定价决策的因素

一、影响企业定价决策的因素

企业的定价决策会受到许多因素的影响,它包括企业内部因素和外部因素两大类,影响企业定价决策的内部因素包括企业的营销目标、营销组合决策和产品成本等;而影响企业定价决策的外部因素是市场需求、市场竞争、国家的有关政策等。如图9-1所示。

影响企业定价决策的因素
- 内部因素
  - 企业的营销目标
  - 企业的营销组合
  - 产品成本
- 外部因素
  - 市场需求
  - 市场竞争
  - 国家政策
  - 其他环境因素

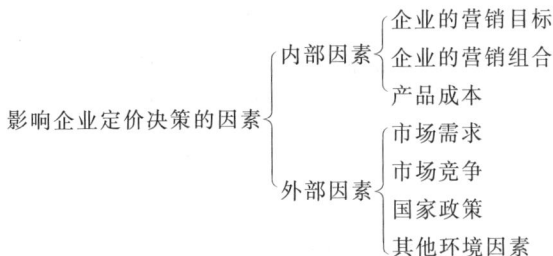

图 9-1　影响企业定价决策的因素

(一)影响企业定价决策的内部因素

1.企业的营销目标

企业在定价以前,要考虑一个和企业发展总目标、市场营销目标相一致的定价目标,作为定价的依据。企业在进行定价时必须明确企业的目标是什么,是增加市场份额,改善企业收入,取得有利的竞争地位,还是其他目标。如果营销部门对于企业目标有一个清晰的把握,那么确定价格在内的营销组合,便是一件相对容易的事情。相反,如果定价与企业的发展目标相背离,可能花了很大精力,结果并不能实现企业的预期目标。因此,定价成功与否很大程度上取决于定价决策和企业目标的契合度。

2.企业的营销组合

营销组合的各项策略都会影响产品定价决策。产品是定价决策的基础,渠道的长短也会直接影响产品的市场最终价格,而促销活动及其费用也将影响价格的高低。

(1)产品策略与定价。产品是制定价格的基础,产品策略直接影响其价格的决定。决定价格时必须对产品策略加以分析和研究:产品的类型,即产品属于便利品、选购品,还是特殊品或非渴求商品;产品档次,即产品的高、中、低档之分;产品生命周期,即新产品还是老产品,处于生命周期的哪个阶段;品牌的知名度和美誉度等。

(2)渠道策略与定价。制定价格同样要受到渠道策略的制约,定价时必须考虑:渠道的长短与宽窄;产品的流转速度和市场营销费用等等。不同的流通环节,不同的市场营销对象,不同的中间商要求,应制定不同的价格,采取不同的定价策略。

(3)促销策略与定价。为促进产品的推广和销售,企业往往要开展诸如广告、人员推销、销售促进和公共关系等促销活动,而促销的投入也与制定价格关系密切。

3.产品成本

产品的最低价格取决于该产品的成本费用。从长远看,任何产品的销售价格都必须高于成本费用,只有这样,才能以销售收入来抵偿生产成本和经营费用,否则就无法经营。因此,企业制定价格时必须估算成本。在这里要考虑的产品成本包括:(1)固定成本;(2)变动成本;(3)总成本;(4)平均成本。使总成本得到补偿的定价意味着价格至少不能低于平均成本。如果要取得赢利,则价格必须高于平均成本。

(二)影响企业定价决策的外部因素

1.市场需求

市场需求对企业定价有着重要影响,而需求又受价格、收入、产品价值等因素的影响。在此,主要讨论需求的价格弹性和消费者的价格敏感度对定价的影响。

(1)需求的价格弹性。需求的价格弹性反映需求量对价格敏感程度,以需求变动的百分比与价格变动的百分比之比值来计算,亦即价格变动百分之一会使需求变动百分之几。

在以下条件下,需求可能缺乏弹性:市场上没有替代品或者没有竞争者;购买者对较高价格不在意;购买者改变购买习惯较慢,也不积极寻找较便宜的东西;购买者认为产品质量有所提高,或者认为存在通货膨胀等,价格较高是应该的。

(2)价格敏感度。需求曲线显示了需求对于不同价格水平的反应,这种反应是受顾客对价格的敏感度的影响,而价格敏感度则与下列因素有关(见表9-1)。

表9-1　影响价格敏感度的因素

影响因素	价格敏感度表现
独特的价值效应	产品越独特,顾客对价格越不敏感
替代品了解效应	顾客对替代品了解越少,对价格越不敏感
难以比较效应	顾客难以对替代品的质量进行比较,价格敏感度降低
总开支效应	开支在顾客收入中所占的比重越小,价格敏感度越低
最终利益效应	开支在最终产品的全部成本(费用)中所占的比例越低,价格敏感度越低
分摊成本效应	如果一部分成本由另一方分摊,价格敏感度降低
积累投资效应	如果产品与以前购买的资产合在一起使用,顾客对价格不敏感
价格质量效应	如果顾客认为某种产品质量更优、声望更高或是更高档,他们对价格的敏感度就会降低
存货效应	如果顾客无法储存商品时,价格敏感度就低

2.市场竞争

市场竞争结构决定着定价的客观环境,影响企业定价的自由程度。为便于研究市场经济条件下的企业定价,有必要将市场竞争结构进行划分。划分的依据主要有三个:一是行业内企业数目,二是企业规模,三是产品是否同质。市场竞争结构可划分为完全竞争、垄断竞争、寡头竞争、完全垄断四种类型。

(1)完全竞争。完全竞争的市场必须具备以下条件:市场上有许多卖主和买主,他们买卖的商品只占商品总量的一小部分;他们买卖的商品都是相同的;新卖主可以自由进入市场;卖主和买主对市场信息尤其是市场价格变动的信息完全了解;生产要素在各行业之间有完全的流动性;所有卖主出售商品的条件都相同。如果只具备前三个条件,这种市场态势叫做"纯粹竞争";如果完全具备上述六个条件,叫做完全竞争。在完全竞争的条件下,企业只能按照市场价格出售其产品,即采取随行就市的定价方法。

(2)垄断竞争。垄断竞争是一种介于完全竞争和完全垄断(或纯粹垄断)之间的市场形势,它既有垄断倾向,同时又有竞争成分,因而垄断竞争是一种不完全竞争。垄断竞争是一种普遍的市场竞争结构,在垄断竞争的条件下,企业一般采用价格竞争手段。

(3)寡头竞争。寡头竞争是竞争和垄断的混合物,也是一种不完全竞争。寡头竞争的形式有两种:一是完全寡头竞争。在这里,各个寡头企业的产品都是同质的,所以完全寡头竞争又叫做"无区别的寡头竞争"。在完全寡头竞争的条件下,整个行业的市场价格较稳定,但各个寡头企业在广告宣传、促销等方面竞争较激烈。二是不完全寡头竞争。此时各个寡头企业的产品都有某些差异,这些产品是不能互相代替的,所以这种寡头竞争又叫做差异性寡头竞争。在寡头竞争的条件下,企业一般采用非价格竞争手段。

(4)完全垄断。完全垄断(或纯粹垄断)是指在一个行业中某种产品的生产和销售完全由一个卖主独家经营和控制。完全垄断有两种:一种是政府垄断,即政府独家经营的业务;另一种是私人垄断,即私人企业控制的业务。在完全垄断的条件下,在一个行业中只有一个卖主(政府或私营企业),没有别家竞争,这个卖主完全控制了市场价格,因此垄断企业常通过垄断价格获得高额利润。

二、企业定价决策的三维环境

以上影响企业定价决策的主要因素可以归结为四个方面:成本因素、需求因素、竞争因素和政策因素。成本因素对应的是生产要素供应者,反映了企业对价格的承受程度;需求因素对应的是顾客,反映了顾客对价格的接受程度;竞争因素对应的是企业的竞争者,反映的是价格竞争的激烈程度;政策因素对应的是国家物价政策法规及其执行机构,反映了政府对定价的允许程度。我们将这四个因素的关系描述为一个定价的三维环境。[①]

在生产要素供应者、顾客、竞争者、国家物价政策法规及其执行机构这四者中,国家物价政策法规及其执行机构的作用是统御性的,它不仅作用于企业,而且也直接影响企业的供应商及竞争者和顾客,企业与其关系是"下"与"上"的关系;顾客及生产要素供应者分别处于企业的"前"与"后";企业的竞争者处于企业的"左"与"右"。这样四个要素一起构成企业定价的三维环境。如图9-2所示。

在企业定价的三维环境中,企业要取得定价的主动权不仅要从供应商那里获得低成本的生产要素,而且价

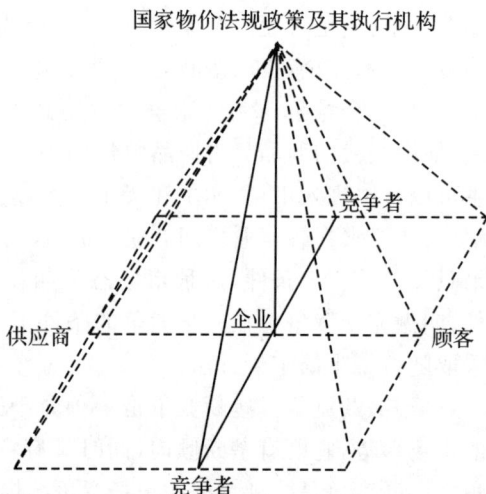

图9-2 企业定价的三维环境

格要有竞争优势,并且要能够吸引顾客,使价格有吸引力,但总体的定价应符合国家相关物价政策法规。

三、企业定价决策的3C原则

企业定价决策的相关因素还可以归纳为"3C"原则[②],即成本、消费者的需求水平、竞争品或替代品价格(见图9-3)。

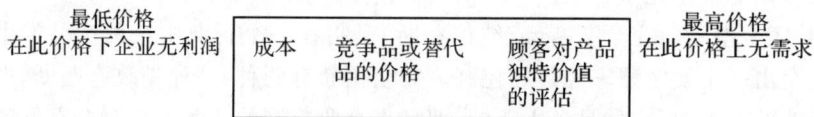

| 最低价格
在此价格下企业无利润 | 成本 | 竞争品或替代品的价格 | 顾客对产品独特价值的评估 | 最高价格
在此价格上无需求 |

图9-3 企业定价的"3C"原则

1.成本(Costs)。成本是构成产品定价的最基本要素,也是企业进行定价的最低限度。在一般情况下,企业的定价不能低于成本,否则企业就无法生存,企业的经营

①赵国柱等:《市场营销学——理论与应用》,中国物资出版社2003年版,第255页。
②[美]菲利普·科特勒等著,梅清豪译:《营销管理》,上海人民出版社2006年版。

目标也难以实现。

2.消费者的需求水平(Customers Demand Schedule)。消费者的需求水平决定了其对价格的接受程度,是企业定价的最高限度,高于消费者能接受的价位,企业的定价可能会出现"有价无市"的情况,产品也就无法销售出去,企业的经营目标也难以实现。

3.竞争品或替代品价格(Competitors' Prices)。在市场上,同类产品往往存在着众多竞争者或替代品,如果企业的产品定价无法比竞争产品或替代产品有价格优势,也难以赢得顾客,也就难以实现其经营目标。

从图9-3中可以看出,企业定价的最低限度是不可能低于成本的,否则企业无法维持经营;企业定价的最高限度也不可能高于顾客的需求水平,高于这个价位,市场不可能有需求,企业的产品价值也就无法实现。

第二节　定价目标与定价方法

一、企业定价的基本程序

企业制定价格必须全面考虑各方面的因素,并遵循相应的决策程序,一般来说,企业的定价决策包括六个步骤。见图9-4。

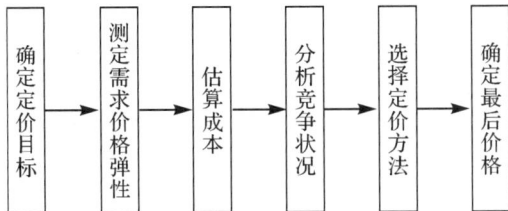

图9-4　企业定价的基本程序

(一)确定定价目标

定价目标是定价决策的基础,企业必须明确定价要达到的目的。从影响定价的3C原则来看,企业的定价目标无非也就是将本求利的利润目标,赢得顾客的市场目标以及取得有利竞争地位的竞争目标。

(二)测定需求价格弹性

企业产品的价格会影响需求,需求的变化影响企业的产品销售以至企业营销目标的实现。因此,测定市场需求状况是制定价格的重要工作。在对需求的测定中,首要的是了解市场需求对价格变动的反应,即需求的价格弹性。

需求的价格弹性可用公式表示:

$$需求的价格弹性(E)=\frac{需求量变动的百分比}{价格变动的百分比}\times100\%$$

计算结果有三种情况:

1. 当 $E>1$ 时,即价格变动率小于需求量变动率时,此产品富于需求弹性,或称为需求弹性大。

2. 当 $E=1$ 时,即价格变动率同需求量的变动率一致,此产品具有一般需求弹性。

3. 当 $E<1$ 时,即价格的变动率大于需求量的变动率时,此产品缺乏需求弹性或者非弹性需求。

(三)估算成本

企业在制定商品价格时,要进行成本估算。在成本估算中,离不开对"量—本—利"关系的分析,而其中一个重要的概念是分析"边际成本"。所谓边际成本是指企业生产最后一单位产品所花费的成本,或每增加(减少)一个单位产量所引起的总成本变动的数值。因为边际成本影响到企业的边际收益,所以企业必须对其表示极大的关注。

(四)分析竞争状况

对竞争状况的分析,包括三个方面的内容:(1)分析企业竞争地位;(2)协调企业的定价方向;(3)估计竞争企业的反应。

(五)选择定价方法

企业要根据其定价目标、面临的市场需求和竞争情况,选择相应的定价方法。具体定价方法在下文介绍。

(六)确定最后价格

在确定最后价格时,必须考虑是否遵循如下四项原则:(1)商品价格的制定与企业预期的定价目标的一致性,有利于企业总的战略目标的实现;(2)商品价格的制定符合国家物价政策法规;(3)商品价格的制定符合消费者整体及长远利益;(4)商品价格的制定与企业市场营销组合中的非价格因素是否协调一致、互相配合,为达到企业营销目标服务。

二、企业定价的目标

定价的目标,是指企业试图通过适当定价来达到的企业的总体目标。定价将会影响采购、生产、财务等几乎所有领域的决策,所以定价必须与企业目标相一致。从影响定价决策的因素来看,企业的定价决策无非是利润目标、市场目标和竞争目标,但是由于企业面临的市场环境是复杂多变的,因此除了以上三大定价目标外,企业的定价目标还包括生存目标和形象目标等。

(一)利润目标

获取利润是企业从事生产经营活动的最终目标,因此利润目标是企业定价的最基本目标。利润定价目标一般可分为以下三种。

1.以获取投资收益为定价目标。投资收益定价目标,是指使企业实现在一定时期内能够收回投资并能获取预期的投资报酬的一种定价目标。采用这种定价目标的企业,一般是根据投资额规定的收益率,计算出单位产品的利润额,加上产品成本作为销售价格。但必须注意两个问题:第一,要确定适度的投资收益率。一般来说,投资收益率应该高于同期的银行存款利息率。但不可过高,否则消费者难以接受。第二,企业生产经营的必须是畅销产品。与竞争对手相比,产品具有明显的优势。

2.以获取合理利润为定价目标。合理利润定价目标,是指企业为避免不必要的价格竞争,以适中、稳定的价格获得长期利润的一种定价目标。采用这种定价目标的企业,往往是为了减少风险,保护自己,或限于力量不足,只能在补偿平均成本的基础上,加上适度利润作为产品价格。条件是企业必须拥有充分的后备资源,并打算长期经营。

3.以获取最大利润为定价目标。最大利润定价目标,是指企业追求在一定时期内获得最高利润额的一种定价目标。利润额最大化取决于合理价格所推动的销售规模,因而追求最大利润的定价目标并不意味着企业要制定最高单价。最大利润既有长期和短期之分,又有企业全部产品和单个产品之别。有远见的企业经营者,都着眼于追求长期利润的最大化。当然并不排除在某种特定时期及情况下,对其产品制定高价以获取短期最大利润。一些经营多品种产品的企业,经常使用组合定价策略,即有些产品的价格定得比较低,有时甚至低于成本以招徕顾客,借以带动其他产品的销售,从而使企业总体利润最大化。

(二)市场目标

市场目标通常也称市场份额目标,即把保持和提高企业的市场占有率(或市场份额)作为一定时期的定价目标。市场占有率是一个企业经营状况和企业产品在市场上竞争能力的直接反映。较高的市场占有率,可以保证企业产品的销路,巩固企业的市场地位,从而使企业的利润稳步增长。

在许多情形下,市场占有率的高低,比投资收益率更能说明企业的营销状况。有时,由于市场的不断扩大,一个企业可能获得可观的利润,但相对于整个市场来看,所占比例可能很小,或本企业市场占有率正在下降。一般来说,企业都希望通过低价策略来扩充目标市场,尽量提高企业的市场占有率。以提高市场占有率为目标定价,企业通常有以下做法:

1. 定价由低到高。就是在保证产品质量和降低成本的前提下,企业入市产品的定价低于市场上主要竞争者的价格,以低价争取顾客,打开产品销路,挤占市场,从而提高企业产品的市场占有率。待占领市场后,企业再通过增加产品的某些功能,或提高产品的质量等措施来逐步提高产品的价格,旨在维持一定市场占有率的同时获取更多的利润。

2. 定价由高到低。是指企业对一些竞争尚未激烈的产品,入市时定价可高于竞争者的价格,利用消费者的求新心理,在短期内获取较高利润。待竞争激烈时,企业可适当调低价格,赢得主动,扩大销量,提高市场占有率。

(三)竞争目标

在激烈竞争的市场环境中,企业常以适应价格竞争作为定价目标。价格竞争是市场竞争的重要方面。实力雄厚的大企业,往往利用价格竞争来排挤竞争者,以提高其市场占有率;实力弱小的企业,则不得不追随主导竞争者的价格,或以此为基础来制定自己的价格。

在市场竞争日趋激烈的形势下,企业在实际定价前,都要广泛收集资料,仔细研究竞争对手的产品价格情况,通过自己的定价目标去对付竞争对手。根据企业的不同条件,一般有以下决策目标可供选择。

1. 稳定价格目标。以保持价格相对稳定,避免价格正面竞争为目标的定价。当企业准备在一个行业中长期经营时,或某行业经常发生供求变化与价格波动需要有一个稳定的价格来稳定市场时,该行业中的大企业或占主导地位的企业率先制定一个较长期的稳定价格,其他企业的价格与之保持一定的比例。这样的定价目标,对大企业是稳妥的,中小企业也避免遭受由于大企业随时随意调价而带来的打击。

2. 追随定价目标。企业有意识地通过产品定价主动应付和避免市场竞争。企业价格的制定,主要以对市场价格有影响的竞争者的价格为依据,根据具体产品的情况,使定价稍高或稍低于竞争者。当竞争者的价格不变时,实行此目标的企业也维持原价;当竞争者的价格或涨或落时,此类企业也相应地参照调整价格。在一般情况下,中小企业的产品定价略低于行业中占主导地位的企业的价格水平。

3.挑战定价目标。如果企业具备强大的实力和特殊优越的条件,可以主动出击,挑战竞争对手,获取更大的市场份额。一般常用的策略目标有:

(1)打击定价。实力较强的企业主动挑战竞争对手,以低于竞争者的价格出售产品,扩大市场占有率。

(2)特色定价。实力雄厚并拥有特殊技术或产品品质优良或能为消费者提供更多服务的企业,可采用高于竞争者的价格出售产品。

(3)阻截定价。为了防止其他竞争者加入同类产品的竞争行列,在一定的条件下,大企业采用低价入市,迫使弱小企业无利可图而退出市场或阻止竞争对手进入市场。

(四)生存目标

当企业面临严峻的市场形势时,企业定价的基本目的是谋求生存。为了维持其生存的需要,即使已经意识到可能出现短期性亏损,企业也要降低价格,以此打开经营萧条的局面。这种定价目标具有临时性,如果企业长期坚持这种定价目标,可能难以发展。

(五)形象目标

形象目标通常体现为产品质量领先目标,采取这种定价目标的企业一般都是在消费者心目中已经享有一定的声誉,为了保证产品的质量和信誉,企业往往为其产品制定一个相对较高的价格。一方面是因为高价格能够带来高利润,使企业有足够的资金来保证产品质量领先的地位;另一方面,高价位也是产品质量的一种反映。例如市场上名牌产品的价格远远高于其价值,如上万元一只的 LV 包,上千元一支的口红等,虽然价格如此高昂,但还是有消费者愿意购买此类产品来显示其身份地位。因此,以形象作为定价目标,就是利用顾客的求名心理,制定一个较高的价格,以突显产品的高品质形象。

上述五种定价目标之间的关系可用定价目标平行四边形来表示,如图 9-5[①] 所示。图中企业的五种定价目标组成了一个平行四边形的四个顶点和一个中心。从图中可以看出,维持生存是企业定价目标的起点,而利润最大化是企业定价的终点;以避免竞争为主的竞争目标处于平行四边形的中心,这是一种稳健的定价目标,既可以获得行业平均利润,又可避免与竞争者展开恶性竞争;而以扩大市场份

---

①赵国柱等:《市场营销学——理论与应用》,中国物资出版社 2003 年版,第 264 页。

额为主的市场目标和以产品质量领先为特征的形象目标则分别处于平行四边形的两个对立顶点上,前者代表定价过程中注重"量",即产品的销售量,而后者代表定价过程中注重"质",即产品的质量和声誉,但这两大定价目标的最终目的都是为了获得更多的利润。从五个定价目标向水平的价格数轴作投影,得到五个投影点,它们表示五种定价目标为基础的企业定价组成了价格由低到高的连续谱。

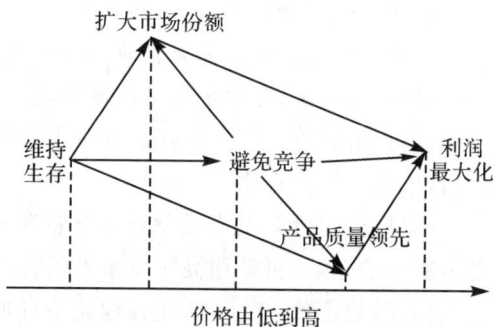

图9-5 企业定价目标的平行四边形和价格连续谱

三、企业定价的方法

根据影响定价决策的3C原则和定价目标,定价方法无非就是成本导向定价法、需求导向定价法和竞争导向定价法三类。

(一)成本导向定价法

成本导向法是一种主要以成本为依据的定价方法,其特点是简便、易用。成本导向定价法又可细分为以下三种。

1.成本加成定价法。这是一种最简单的定价方法,即在产品单位成本的基础上,加上预期利润作为产品的销售价格。售价与成本之间的差额就是利润。由于利润的多少是有一定比例的,这种比例就是人们俗称的"几成",因此这种方法就称为成本加成定价法。指按照单位成本加上一定百分比的加成来制定产品销售价格。定价公式为:

单位产品价格=单位产品总成本+单位产品预期利润

采用这种定价方法,一要准确核算成本;二要确定恰当的利润百分比(即加成率)。

2.盈亏平衡定价法。即根据盈亏平衡原理进行定价。盈亏平衡点又称保本点,是指在一定的价格水平下,企业的销售收入刚好与同期发生的费用额相等,收支相抵,不盈不亏。这种定价方法是在企业面临的市场形势严峻,企业无法获得预期利润时才采用。定价公式为:

单位产品价格=单位产品固定成本+单位产品变动成本

3.边际成本加成定价法,也称边际贡献定价法。即在定价时只计算变动成本,而不计算固定成本,在变动成本的基础上加上预期的边际贡献。这种定价方法一般当企业面临的市场需求和竞争态势十分严峻时才采用。此方法的定价公式为:

单位产品价格＝单位产品变动成本＋单位产品边际贡献

成本导向定价法的优点是计算简便,特别是在市场环境基本稳定的情况下,可以保证企业获得正常利润。缺点是只考虑了产品本身的成本和预期利润,忽视了市场需求和竞争等因素。因此,无论在短期或长期都不能使企业获得最佳利润。

(二)需求导向定价法

需求导向定价法是一种以市场需求强度及消费者感受度为主要依据的定价方法,是指企业在定价时不再以成本为基础,而是以消费者对产品价值的理解和需求强度为依据进行定价。需求导向定价法包括理解价值定价法、反向定价法和拍卖定价法等。

1.理解价值定价法。也称认知价值定价法,是以消费者对商品价值的感受及理解程度作为定价的基本依据。消费者对商品价值的理解不同,会形成不同的价格限度。这个限度就是消费者宁愿支付货款而不愿失去这次购买机会的价格。如果价格刚好定在这一限度内,消费者就会顺利购买。

2.反向定价法。指企业依据消费者能够接受的最终销售价格,计算自己从事经营的成本和利润后,逆向推算出产品的批发价和零售价。

3.拍卖定价法。实际上是理解价值定价法的一种,其原理也是以消费者对商品价值感受和理解的程度作为定价依据,原先一般用于文物、古董等物品的成本和价值难以估算的商品,现在也用于一般商品的销售,而且在网络营销中较为流行。在拍卖时,顾客根据其对拍卖商品的价值理解来出价,商品的成交价也往往是以顾客的出价来最后确定的。

【案例 9-1】　2001 年 11 月 24 日,小鸭空调公司在北京某商场举行了一次"请消费者定价"活动。在活动现场,小鸭摆出了五款机型各一台空调,却不标出售价,而是在介绍了空调业一般状况和小鸭空调的特点后进行现场"拍卖",让消费者根据自己的判断标上产品的定价,并以消费者的最终拍得价作为这几款机型的市场零售价,全面供应北京市场。这场别出心裁的活动吸引了数百位消费者的热烈参与,他们踊跃竞价,最后终于确定了小鸭空调这 5 款机型的价格,其中 1 匹冷暖挂机的价格为 1888 元、2 匹冷暖柜机的价格为 3400 元,而市场上一线品牌同类型号空调价格分别均在 2200 元和 4000 元以上。[①]

①参见《中华工商时报》,2001 年 11 月 28 日。

(三)竞争导向定价法

竞争导向定价法是以市场上相互竞争的同类商品价格为定价的基本依据,并随竞争状况的变化调整价格水平为特征,主要有通行价格定价法、主动竞争定价法、密封投标定价法等。

1. 通行价格定价法。通行价格定价法是竞争导向定价法中广为流行的一种。定价是使企业的价格与竞争者产品的平均价格保持一致。这种定价法的目的是:(1)平均价格水平在人们观念中常被认为是"合理价格",易为顾客接受;(2)试图与竞争者和平相处,避免激烈竞争产生的风险;(3)一般能为企业带来合理、适度的赢利。这种定价法适用于竞争激烈的均质商品,如大米、面粉、食油以及某些日常用品的价格确定。

2. 主动竞争定价法。与通行价格定价法相反,它不是追随竞争者的价格,而是根据企业及其产品的实际情况及与竞争对手的产品差异状况来确定价格。定价时首先将市场上竞争者商品价格与企业估算价格进行比较,分为高、一致及低三个价格层次。其次,将本企业产品的性能、质量、成本、式样等与竞争者产品进行比较,分析造成价格差异的原因。再次,根据以上综合指标确定企业产品的特色、优势及市场定位。在此基础上,按定价所要达到的目标,确定产品价格。最后,跟踪竞争者产品的价格变化,及时分析原因,相应地调整本企业产品的价格水平。

3. 密封投标定价法。密封投标定价法主要用于投标交易方式。投标价格是企业根据对竞争者的报价估计确定的,而不是按企业自身的成本费用或市场需求来制定的。企业参与投标的目的是希望中标,所以其报价一般应低于竞争对手。一般来说,报价高、利润大,但中标机会小,如果因报价高而招致败标,则利润为零;反之,报价低,虽中标机会大,但利润低,其机会成本可能大于其他投资方向。因此,报价时,既要考虑实现企业目标利润,也要结合竞争状况考虑中标概率。最佳报价应是使预期利润达到最高水平的价格。这里,预期利润是指企业目标利润与中标概率的乘积。显然,最佳报价即目标利润与中标概率两者之间的最佳组合。运用这种定价法,最大的困难在于估计中标概率。这涉及对竞争者投标情况的掌握。只能通过市场调查及对过去投标资料的分析大致估计。

第三节　价格修正策略

企业制定基本价格后,为了使价格更具赢利力、吸引力和竞争力,必须采取适当的策略与技巧对价格作相应的修正。一般来说,企业可以采取以下策略对价格进行修正。

一、新产品价格策略

(一)撇脂定价策略

1.撇脂定价策略的含义

撇脂也称取脂,原指取牛奶上的那层奶油,含有捞取精华的意思。所谓撇脂定价策略(market-skimming pricing),是指在产品生命周期的最初阶段,把产品的价格定得很高,以攫取最大利润。即企业将新产品的价格定得较高,在竞争者研制出相似的产品以前,尽快收回投资,并且取得相当的利润。然后随着时间的推移,再逐步降低价格使新产品进入弹性大的市场。一般而言,对于全新产品、受专利保护的产品、需求的价格弹性小的产品、流行产品、未来市场形势难以测定的产品等,可以采用撇脂定价策略。

2.撇脂定价策略的优点

(1)利用高价产生的厚利,使企业能够在新产品上市之初,就能迅速收回投资,减少了投资风险。

(2)在全新产品或换代新产品上市之初,顾客对其尚无理性的认识,此时的购买动机多属于求新求奇。利用这一心理,企业通过制定较高的价格,以提高产品身份,创造高价、优质、名牌的印象。

(3)先制定较高的价格,在其新产品进入成熟期后可以拥有较大的调价余地,不仅可以通过逐步降价保持企业的竞争力,而且可以从现有的目标市场上吸引潜在需求者,甚至可以争取到低收入阶层和对价格比较敏感的顾客。

(4)在新产品开发之初,由于资金、技术、资源、人力等条件的限制,企业很难以现有的规模满足所有的需求,利用高价可以限制需求的过快增长,缓解产品供不应求的状况,并且可以利用高价获取的高额利润进行投资,逐步扩大生产规模,使之与需求状况相适应。

3.撇脂定价策略的缺点

(1)高价产品的需求规模毕竟有限,过高的价格不利于市场开拓、增加销量,也不利于占领和稳定市场,容易导致新产品开发失败。

(2)高价高利会导致竞争者的大量涌入,仿制品、替代品迅速出现,从而迫使价格急剧下降。此时若无其他有效策略相配合,则企业苦心营造的高价优质形象可能会受到损害,失去一部分消费者。

(3)价格远远高于价值,在某种程度上损害了消费者利益,容易招致公众的反对和消费者的抵制,甚至会被当做牟取暴利而遭取缔,诱发公共关系问题。

从根本上看,撇脂定价策略是一种追求短期利润最大化的定价策略,若采取不当,则会影响企业的长期发展。因此,在实践中,特别是在消费者日益成熟、购买行为日趋理性的今天,采用这一定价策略必须谨慎。

4.撇脂定价策略的条件

(1)市场有足够的购买者,他们的需求缺乏弹性,即使把价格定得很高,市场需求也不会大量减少。

(2)高价使需求减少,但不致抵消高价所带来的利益。

(3)在高价情况下,仍然独家经营,别无竞争者。高价使人们产生这种产品是高档产品的印象。

【案例9-2】 苹果公司的iPod产品是近年来最成功的消费类数码产品,一推出就获得成功,第一款iPod零售价高达399美元,即使对于美国人来说,也属于高价位产品,但是有很多"苹果迷"既有钱又愿意花钱,所以还是纷纷购买。苹果公司的撇脂定价策略取得了很大的成功。但是苹果公司认为还可以"撇到更多的脂",于是不到半年又推出了一款容量更大的iPod。当然,价格也更高,定价499美元——仍然卖得很好。苹果公司的撇脂定价策略大获成功。

作为对比,索尼公司的mp3也采用撇脂定价策略,但是却没有获得成功。索尼公司失败的第一个原因是产品的品质和上市的速度。索尼公司最近几年在推出新产品时步履蹒跚,当iPod mini在市场上热卖两年之后,索尼公司才推出了针对这款产品的A1000,可是此时苹果公司却已经停止生产iPod mini,推出了一款新产品iPod nano,苹果公司保持了产品的差别化优势,而索尼公司则总是在产品上落后一大步。此外,苹果公司推出的产品马上就可以在市场上买到,而索尼公司还只是预告,新产品正式上市还要再等两个月。上市速度的差距,使苹果公司在长时间内享受到了撇脂定价策略的厚利,而索尼公司的产品虽然定价同样高,但是由于销量太小而只"撇"到了非常少的"脂"。①

(二)渗透定价策略

1.渗透定价策略的含义和特点

所谓渗透定价策略(penetrated pricing),是指企业将其创新产品的价格定得相对较低,以吸引大量顾客,提高市场占有率。它与撇脂定价策略相反。在新产品上市初期把价格定得低些,待产品渗入市场,销路打开后,再提高价格。

---

①参见《具有销售竞争力的N种定价艺术》,载全球品牌网(现代营销·经营版),2009年4月7日。

渗透定价策略设定最初低价,以便迅速、深入地进入市场,从而快速吸引大量的购买者,赢得较大的市场份额。较高的销售额能够降低成本,从而使企业能够进一步减价。例如,戴尔公司采用市场渗透定价策略,通过低成本的邮购渠道销售高质量的电脑产品。它们的销售量直线上升,而此时通过零售店销售的 IBM、康柏、苹果和其他竞争对手根本无法和它们的价格相此。沃马特、家庭仓库和其他折扣零售商也采用了市场渗透定价策略。它们以低价格来换取高销售量。高销售量导致更低的成本,而这又反过来使折扣商能够保持低价。

2.渗透定价策略的优点

(1)新产品能迅速占领市场。

(2)微利阻止了竞争者进入,可增强企业的市场竞争力。

3.渗透定价策略的缺点

(1)利润微薄。

(2)降低企业优质产品的形象。尤其是新产品,当消费者不了解新产品时往往是以产品的价位来衡量产品的品质的,渗透定价策略不利于树立高品质产品的形象。

(3)难以掌握价格调整的主动权。

4.渗透定价策略的条件

(1)市场需求对价格极为敏感,低价会刺激市场需求迅速增长。

(2)企业的生产成本和经营费用会随着生产经营经验的增加而下降。

(3)低价不会引起实际和潜在的竞争。

(三)新产品价格策略决策要考虑的因素

撇脂定价策略和渗透定价策略各有利弊,企业在进行新产品价格决策时应该考虑顾客的购买能力、价格敏感度、市场规模的大小、企业产品的竞争力等,慎重决策。图 9-6 反映了不同购买力水平和价格敏感度情况下的企业新产品价格策略决策。一般当顾客的购买力较强,且对价格的敏感度不高时,可考虑采取撇脂定价策略;而当顾客的购买力较弱,且对价格的敏感度较高时,可考虑采取渗透定价策略。

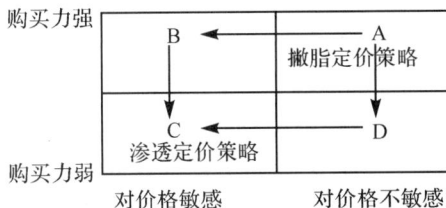

图 9-6　新产品价格策略决策考虑的因素

二、心理价格策略

心理价格策略往往是针对顾客的心理特点而制定价格,零售企业一般较多采用,主要有以下几种具体的价格策略。

(一)尾数价格策略

尾数价格策略又称"零数定价""非整数定价",指企业利用消费者求廉的心理,制定非整数价格,而且常常以零数作尾数。比如,超市将把饮料的单价定为 2.98元,而不是 3 元,可以在直观上给消费者一种便宜的感觉,从而激起消费者的购买欲望,促进产品销售量的增加。尾数价格策略一般适用于日常消费品等价格低廉的产品。使用尾数价格策略,可以使价格在消费者心中产生两种特殊的效应:一是便宜;二是精确。

(二)整数价格策略

整数价格策略与尾数价格策略相反,主要针对消费者的求便心理,有意将产品价格定为整数。整数价格策略常常以偶数,特别是"0"作尾数。例如 2 元一个冰淇淋,1元一个包子等,街头的"2 元店""10 元店"是运用整数价格策略的典型代表。

整数价格策略最大的好处是方便,省却了找零钱的麻烦,方便企业和顾客的价格结算,但有时给人成本核算不够精准的感觉。整数价格策略适用于需求的价格弹性小、价格高低不会对需求产生较大影响的商品。

(三)声望价格策略

声望价格策略是利用消费者的求名心理而采用的价格策略。它是根据产品在消费者心目中的声望、信任度和社会地位来确定价格的一种定价策略。声望价格策略可以满足某些消费者的特殊欲望,如地位、身份、财富、名望和自我形象等,还可以通过高价格显示名贵优质的产品特色。因此,这一策略适用于一些传统的名优产品、具有历史地位的民族特色产品,以及知名度高、有较大的市场影响、深受市场欢迎的驰名商品。

(四)吉数价格策略

吉数价格策略主要是利用顾客的求吉心理而采用的价格策略。由于民族文化、社会风俗和价值观念的影响,某些数字常常会被赋予一些独特的含义,企业在定价时若能加以巧用,则其产品将因之而得到消费者的偏爱,例如杭州的不少餐馆将婚宴定价为"1280""1580""1680""1880"等,将结婚钻戒定为"3999"意味着天长地久,等等。当然,某些为消费者所忌讳的数字,如"13""4"等,企业在定价时则应有意识地避开,以免引起消费者的厌恶和反感。

三、地理价格策略

地理价格策略主要考虑运输费用的计算,其主要策略分为以下几种形式。

(一)产地交货价格策略

产地交货价格,也称原产地价格,是卖方按出厂价格交货或将货物运送到买方指定的某种运输工具上交货的价格。在国际贸易术语中,这种价格称为离岸价格或船上交货价格。交货后的产品所有权归买方所有,运输过程中的一切费用和保险费均由买方承担。产地交货价格对卖方来说较为便利,费用最省,风险最小,但对扩大销售有一定的影响。

(二)统一交货价格策略

统一交货价格,也称送货制价格,即卖方将产品送到买方所在地,不分路途远近,统一制定交货价格。这种价格类似于国际贸易中的到岸价格,其运费按平均运输成本核算,这样,可减轻较远地区顾客的价格负担,使买方认为运送产品是一项免费的附加服务,从而乐意购买,有利于扩大销售。同时,统一交货价格能使企业维持一个全国性的广告价格,易于管理。该策略适用于体积小、重量轻、运费低或运费占成本比例较小的产品。

(三)区域交货价格策略

区域交货价格,也称分区运送价格,指卖方根据顾客所在地区距离的远近,将产品覆盖的整个市场分成若干个区域,在每个区域内实行统一价格。这种价格介于产地交货价格和统一交货价格之间。实行这种策略,处于两个不同价格区域的顾客承担不同的价格,处于同一价格区域内的顾客其承担的价格相同。

(四)运费津贴价格策略

运费津贴价格,是指为弥补产地交货价格策略的不足,减轻买方的运杂费、保险费等负担,由卖方补贴部分或全部运费,如网上的包邮价。该策略有利于减轻边远地区顾客的运费负担,不断开拓新市场。

以上四种地理价格策略中卖方承担的经济责任稍有差异,顾客能够享受的优惠也各不相同。一般来说,原产地交货价格最为公平,而统一交货价格相对来说公平度最差,区域交货价格的公平度居中。

四、折扣价格策略

折扣价格策略是企业为调动各方面积极性或鼓励顾客做出有利于企业的购买行为而采用的价格策略。折扣价格是指对基本价格做出一定的让步,直接或间接降低价格,以争取顾客,扩大销量。其中,直接折扣的形式有数量折扣、支付折扣、功能折扣、时间折扣,间接折扣的形式有回扣和津贴等。

(一)数量折扣价格策略

数量折扣价格策略是指按顾客购买数量的多少,分别给予不同的折扣价格,购买数量愈多,折扣愈大。其目的是鼓励大量购买产品,或集中向本企业购买产品。目前全国许多商场开展的"满就减"活动是数量折扣价格策略的一种表现。数量折扣包括累计数量折扣和一次性数量折扣两种形式。

累计数量折扣规定顾客在一定时间内,购买商品若达到一定数量或金额,则按其总量给予一定的折扣,目的是鼓励顾客经常向本企业购买,成为可信赖的长期客户。

一次性数量折扣规定顾客一次购买某种产品达到一定数量或购买多种产品达到一定金额,则给予折扣优惠,其目的是鼓励顾客大批量购买,促进产品多销、快销。

数量折扣的促销作用非常明显,企业因单位产品利润减少而产生的损失完全可以从销量的增加中得到补偿。此外,销售速度的加快,使企业资金周转次数增加,流通费用下降,产品成本降低,从而促使企业总赢利水平上升。

运用数量折扣价格策略的难点是如何确定合适的折扣标准和折扣比例。

(二)支付折扣价格策略

支付折扣价格策略原称现金折扣价格策略,实际上称支付折扣价格策略更为合适。支付折扣是指对在规定的时间内提前付款或用现金付款者所给予的一种价格折扣,其目的是鼓励顾客尽早付款,加速资金周转,降低销售费用,减少财务风险。目前采用的预付式消费实际上也是支付折扣的一种,但预付式消费对于顾客的风险较大,一旦企业不履约,消费者会遭受较大损失。

(三)功能折扣价格策略

中间商在产品分销过程中所处的环节不同,其所承担的功能、责任和风险也不同,企业据此给予不同的折扣称为功能折扣。功能折扣的比例,主要考虑中间商在分销渠道中的地位、对生产企业产品销售的重要性、购买批量、完成的促销功能、承担的风险、服务水平、履行的商业责任以及产品在分销中所经历的层次和在市场上的最终售价,等等。

鼓励中间商大批量订货,扩大销售,争取顾客,并与生产企业建立长期、稳定、良好的合作关系是实行功能折扣的一个主要目标。功能折扣的另一个目的是对中间商经营的有关产品的成本和费用进行补偿,并让中间商有一定的赢利。

(四)时间折扣价格策略

时间折扣原称季节折扣,指企业对于全年生产、季节消费的产品在消费淡季做出一定的价格折让,鼓励顾客反季节购买。但季节折扣的提法相对较为狭隘,目前不少企业为了平衡消费,对每季、每天各个时段有需求差异的产品也推出了价格折让,鼓励顾客在消费低谷阶段购买。因此,将这些因为时间差别而采取折扣的价格策略称为时间折扣价格策略。

无论是原来的季节折扣价格策略,还是时间折扣价格策略,其目的都是协调供需矛盾,减轻库存压力,加速商品流通,迅速收回资金,促进企业均衡生产,充分发挥生产和销售潜力,避免因时间需求变化所带来的市场风险。

(五)回扣和津贴

回扣是间接折扣的一种形式,它是指购买者在按价格目录将货款全部付给销售者以后,销售者再按一定比例将货款的一部分返还给购买者。津贴是企业为特殊目的,对特殊顾客以特定形式所给予的价格补贴或其他补贴。例如以旧换新折扣。

五、差别价格策略

差别价格策略,也叫价格歧视策略,是指企业按照两种或两种以上不反映成本费用的比例差异的价格销售某种产品或服务。差别价格策略主要有四种形式。

(一)基于顾客差别的价格策略

基于顾客差别的价格策略,是指企业按照不同的价格把同一种产品或服务卖给不同的顾客。例如超市和大卖场的会员价格与非会员价格有差别,会员往往会享受更优惠的价格。

(二)基于时间差别的价格策略

基于时间差别的价格策略,即企业对于不同季节、不同时期甚至不同钟点的产品或服务分别制定不同的价格。例如目前在全国许多城市推出的峰谷电价是典型的时间差别价格。以杭州市为例,每天 8:00—22:00 为用电高峰期,每度居民电价为 0.568 元,而在 22:01—07:59 为用电低谷期,每度居民电价为 0.288 元,这样削峰补谷,有利于平抑用电需求。

（三）基于地点差别的价格策略

基于地点差别的价格策略是一种因地点而异的价格策略，由于地点的差别，顾客可能享受到不同的服务品质，也因此需要支付不同的价格。例如明星演出的门票价格通常因座位地点不同而不同，体育比赛的门票也采用类似的地点差别价格策略。

（四）基于产品差别的价格策略

购买产品的过程是顾客与商品结合的过程，既然很难把顾客按其富裕程度加以分类并按不同价格向其推销同一产品，那么可以将同一类产品作不同的改进后，吸引相应的顾客。这就是基于产品差别的价格策略。例如汽车生产厂家常常用"舒适型"轿车、"豪华型"轿车、"尊贵型"轿车等来吸引不同的顾客。当然，豪华型产品所增加的成本必须远远低于其售价的增量部分，实施基于产品差别的价格策略才有意义。

以上差别价格策略的应用必须具备一定的条件：（1）市场必须是可以细分的，而且各个市场部分必须表现出不同的需求程度；（2）以较低价格购买某种产品的顾客没有可能以较高价格把这种产品倒卖给别人；（3）竞争者没有可能在企业以较高价格销售产品的市场上以低价竞销；（4）细分市场和控制市场的成本费用不得超过因实行价格歧视而得到的额外收入；（5）价格歧视不会引起顾客反感，不能违法。

六、组合产品价格策略

组合产品价格策略也称捆绑产品价格策略，所谓捆绑产品是指相关产品，即在最终用途和消费购买行为等方面具有某种相互关联性的产品。组合产品价格策略主要有以下两种。

（一）选择产品价格策略

选择产品价格策略的特点是顾客购买相关产品时，企业提供多种选择，鼓励顾客购买相关产品。一般而言，若 A 与 B 是配套使用的产品，企业将 A＋B 进行组合销售，其售价低于其单独销售的价格。例如电脑的单价为 5000 元，打印机的单价为 1000 元，若顾客同时购买这两种产品的组合，可以 5800 元成交。这种选择产品价格策略比较普遍地应用于西式快餐店的套餐，以鼓励顾客购买相关产品。值得注意的是，选择的配套产品必须具有相关性，否则是变相的搭配销售。

（二）俘虏产品定价策略

俘虏产品定价策略也称互补商品价格策略。互补商品指两种（或以上）功能互相依赖、需要配套使用的商品。俘虏产品价格策略是企业利用价格对连带消费品需求的调节功能,全面扩展销售量所采取的定价方式和技巧。具体做法是,把价值高而购买频率低的主件商品(这种商品可称为引诱品)价格定得低些,而将与之配套使用的价值低而购买频率高的易耗品(这种商品可称为俘虏品)价格适当提高。例如,耗材店常将打印机的价格定得较低,但硒鼓或墨盒的价格却不便宜就是这个道理。

七、促销价格策略

促销价格策略是指企业以各种形式把商品的价格暂时降低,以吸引顾客购买。促销价格策略包括特殊事件价格策略和招徕品价格策略等。

(一)特殊事件价格策略

特殊事件价格策略是一种借势促销的价格策略。企业往往利用一些特殊的节日或特殊的事件,将全部产品或部分产品的价格降低,以吸引顾客购买。这种促销价格策略的好处是能够有效地积聚人气,扩大销售。但在使用时必须注意节日或事件与产品的相关性,促销活动的可控性等,否则效果适得其反。

(二)招徕品价格策略

招徕品价格策略是指企业将某种产品的价格定得低于市价,并广泛宣传,引起消费者的兴趣。此策略常在经营多品类的超市、百货商店使用。它是一种牺牲个体利润来获得整体利润的定价策略,通过对部分商品降价以吸引顾客,从而带动其他商品的销售。采用招徕品价格策略时,必须注意以下几点:

1.降价的商品应是消费者常用的,最好是适合于每一个家庭使用的物品,否则就没有吸引力。

2.实行招徕品定价的商品,经营的品种要多,以便使顾客有较多的选购机会。

3.降价商品的降低幅度要大,一般应接近成本或者低于成本。只有这样,才能引起消费者的注意和兴趣,才能激起消费者的购买欲望。

4.降价品的数量要适当,太多则商店亏损额太大,太少则容易引起消费者的反感。

5.降价品应与因残次而削价的商品明显区别开来。

第四节 价格调整策略

企业处在一个不断变化的环境之中,为了求得生存和发展,有时候需要主动降价或提价,有时候又需对竞争者的变价做出适当的反应,这些都是价格调整策略。

一、降价策略

(一)企业降价的主要原因

一般来说,企业降价的主要原因无非就是成本下降、供大于求、竞争加剧、企业的定价目标调整等。

1.成本降低。如企业增加了新的生产线,生产能力大大提高,但市场却未相应扩大,此时,为了挤占竞争对手的市场份额,企业往往会主动调低产品价格。近年来,我国一些家电大企业在生产能力扩大后即挑起价格战就是出于这一原因。

2.竞争加剧,企业现有市场占有率下降。这通常发生在新进入的或已有的竞争对手采取了更具进攻性的营销策略,以挤占本企业的市场份额时。企业为防止市场份额继续丧失,不得不采取削价竞争。这是一种被动降价,但运用得当,也会对竞争对手构成巨大的反压。

3.需求减少。当经济不景气,消费者实际收入和预期收入均下降,导致购买意愿下降,需求减少时,企业往往需要降价。这在一些选择性商品上更为突出,消费者对一些可买可不买的商品会推迟购买,或选择价格较低的商品作为替代,迫使企业不得不降低商品价格,维系市场。

4.企业的定价目标调整。一般来说,企业在刚进入一个新市场时为了树立一定的市场形象将价格定得较高,而当产品逐渐进入成熟期后,产品的竞争优势不明显,加上竞争加剧,企业就会降低价格,以期获得有利的竞争地位。

以上四个方面原因中,一般来说,竞争加剧和需求下降是降价的被动原因;而成本下降和企业定价目标的调整相对来说更为主动。不管是什么原因,企业运用降价策略都要慎重。

【案例 9-3】 格兰仕自进入微波炉市场以来,多次打响降价第一枪,使其在市场上的地位不断提高。综合分析格兰仕多年来的价格策略,有以下几个显著特征:

1.价格下调幅度大。格兰仕运用降价策略时,要么不降价,要降就大幅度地降。格兰仕每次下调价格,调价幅度都在20%以上,甚至达到40%。1996年8月,格兰仕3个型号平均降价24.6%;1997年8月,17个型号降价幅度达到40%;1997年10月至11月,5个型号降价,平均降幅为32.3%;1998年7月,17个型号降价,幅度为24.3%,等等。如此高的降价幅度,在消费者心中产生了震撼效果,这也是格兰仕运用降价策略较为成功的重要因素之一。

2.降价策略多样化。格兰仕的价格调整,力度大,变化多,同时配合强大的促销攻势、媒体炒作等,使其降价活动获得较大的效果。格兰仕在市场推广方面,堪称优秀之极。每次降价活动都配合大量的媒体宣传,使降价事件尽人皆知。同时再加上其他促销手段,使降价效果达到最佳。2000年6月,格兰仕在大幅度降价的同时,开始实施疯狂赠送行动:价格在500—850元的中档"新世纪"系列买1赠8,赠品价值总计300元左右;800—950元的"黑金刚"系列买1赠14,赠品包括电风扇、微波炉用品、手表、围裙等,价值600元左右;包含有热风对流、电子菜单、旋钮码等技术含量在内的价格1000元以上的高档产品,则实行买1送15的超值赠送,赠品价值总计800元左右。此次活动截至2000年8月底,在此期间,每隔半个月将会减少一件赠品。

3.降价效果显著。由于上述特点,格兰仕的每次降价活动都取得了较好的市场效果。1996年8月,格兰仕平均降价24.6%,同时,格兰仕的市场占有率从36%上升到50.2%,增加了14.2个百分点,价格弹性系数为0.7(即价格下降1%,占有率上升0.7个百分点)。1997年10月至11月,格兰仕平均降价22.8%,占有率上升11.6个百分点,价格弹性系数为0.51。1998年7月,格兰仕平均降价12.5%,占有率上升9.4个百分点,价格弹性系数为0.75。由此可见,格兰仕的降价弹性不低于0.5,标志着格兰仕的降价效果。[①]

(二)降价策略的优点

1.对于企业来说,适当降价可以扩大销售、积聚人气、减少积压、加速资金周转,保证企业的生产与再生产正常进行。降价可以促进企业开展科技改革,降低成本,也可促进企业加强核算,提高管理水平。

2.对于广大消费者而言,企业的降价活动可以使消费者得到实惠,提高消费水平和生活品质。

3.对于整个社会来说,降价策略有利于提高国民的整体生活质量。

(三)降价策略的主要风险

1.对于企业来说,降价策略可能导致以下风险:(1)企业收益减少,无力进行研发;(2)企业与产品形象受损;(3)容易导致竞争者报复,形成恶性价格竞争;(4)渠道利润压缩,分销商失去信心。

2.对于消费者而言,降价可能产生以下问题:(1)前期消费者的利益受损;(2)消费者的决策更为困难;(3)消费者产生预期心理,认为价格会一降再降;(4)降

[①]载《销售与市场》,2000年第1期。

价降质量、降服务,直接损害消费者的利益。

3.对于国家来说,降价可能产生的问题有:(1)国家税收严重流失;(2)市场秩序混乱;(3)不利于社会财富的增加。

二、提价策略

(一)企业提价的主要原因

1.成本上升。成本和费用上涨,往往是导致企业提价的首要原因。在成本上升的情况下,若企业的产品价格不变,利润必然会降低,为了保持企业的利润水平,就必须提价。因此这种提价策略可以说是一种无奈的选择。

2.需求上升。当企业的产品供不应求,不能满足其所有顾客的需要时,企业也可以采取提价策略以抑制需求。每年春运期间,由于运力无法满足乘坐火车的顾客需要,铁路部门就采取提高火车票价以分流客源。但这种主动的提价在企业实际生产经营过程中较少运用。在需求上升时,企业首先考虑的往往是扩大生产,只有少数企业在供不应求时通过价格手段来抑制需求,从而保证产品和服务质量。

3.竞争者提价。当竞争者提价时,有些企业为了保持竞争平衡,也可能采取提价策略。这种提价策略不仅可以使企业赢得更多的利润,而且可以保持企业与产品的形象,同时与竞争者保持对等。

4.企业的定价目标调整。当企业进入市场初期后,出于生存和竞争的需要,可能将产品价位定得较低,一旦企业在市场上站稳了脚跟,其产品形象树立起来后,也有可能价格从低往高走。有些坚持"先市场后利润"定价目标的企业可能采取提价策略。

总体而言,企业运用提价策略的主要原因不外乎成本上升、需求增加等,但成本上升往往是企业提价的最主要原因。

(二)提价策略的主要方法

提价往往存在着诸多风险,顾客往往对价格较为敏感,企业必须采取相应的方法[①],使提价策略顺利实施。

1.选择正确的提价时机。一般来说,销售淡季是企业产品提价的最佳时间段,因为淡季市场需求量相对少,消费者对价格的敏感度较低,竞争产品市场表现平淡,对自身市场影响相对较弱,不会造成很大的市场冲击,有利于企业争取时间使顾客接受和适应产品的提价。

---

① 吴钟伯:《企业产品提价后如何应对竞争产品的冲击》,载中国营销传播网,2007年8月2日。

2.选择合适的提价方式。提价按是否更改产品属性,一般来说可分为两种类型。一是公开提价,即在不改变产品的品质、成分、含量、包装等属性的情况下直接提价,这种方式对消费者来说缺乏提价的直观"理由",具有强制性,消费者容易产生反感和抵制情绪,在消费时容易出现品牌的转移,从而给竞争产品留下抢占市场的机会。另一种是隐性提价,即通过改变产品功能、包装、品质,在提高产品附加值的情况下提价,这种方式由于产品属性的改变,消费者不尽了解产品的实际成本而使提价后的价格变得不透明,但是产品属性的更改会使顾客有"理由"默认和接受提高后的价格,对产品的需求不会发生较大的改变,从而减少给竞争品的可乘之机。另外在提价的操作中,单次提价的幅度不宜过大(若产品需要大幅度提价,可分批次、分阶段逐步提高),降低消费者的心理承受预期,不留给竞争品过大的价格空当,尽量减少竞争品的价格优势。还有一种方式是可以实施减量不减价的变相提价方式,即事先未告知顾客的情况下适当减少产品包装容量(但不是很明显,顾客不易察觉),减少市场的阻力,避免竞争品的冲击。如某品牌的"鲜橙多"将"直桶"型包装改为时尚的"细腰"型包装,容量由原来的 500 毫升减少到了 450 毫升,但售价维持不变,销量仍旧异常火爆。

3.产品提价要争取经销商的支持。相对竞争对手来说,厂家和经销商是利益共同体,提价成功与否直接关系到双方的经济利益。因此要争取经销商对产品提价的支持,促使经销商积极执行厂家的提价策略,主动追踪竞争产品对提价的市场反应状况,积极采取相应的销售跟进办法予以打击,阻止竞争产品在提价期间对市场的渗透和冲击。而要争取经销商的支持,关键是要满足经销商追逐利益的需要,增加经销商对打击竞争产品的费用投入,如可以从提价部分提取一定利润奖励经销商作为市场推广的费用,拟订合理的渠道批发零售差价,保证各级经销商合理的利润空间,等等。

4.做好消费者教育和促销工作,防止消费者品牌的转移。企业产品提价会给消费者直接带来利益的损失,必然招致他们情绪上的反感和购买行为上的抵制,假如提价超出其心理承受能力会出现品牌忠诚度的下降甚至品牌的转移,从而给竞争产品抢夺市场的良机。因此提价后,要对消费者进行必要的教育,说服消费者不要仅仅关注产品的价格,更应该注重产品的品牌和品质;同时在提价期间,针对终端市场开展多种形式的促销活动,给消费者适当的优惠让利,减轻消费者对价格的心理承受程度,维持和巩固他们对品牌的忠诚度。实际上保住顾客就是保住了市场,也就是抵制住了竞争产品对市场的渗透。

5.分析和发现竞争产品的弱点,采取针对性措施予以打击。价格是企业产品的重要竞争手段,提价必然削弱企业产品的竞争实力,会给竞争对手留下进攻的软肋。企业要主动了解和寻找竞争对手产品和市场的弱点,采取有效的市场手段予以打击,扭转被动的市场局面。如国内某品牌饮料企业在产品提价期间,通过对竞争杂牌产品的市场调研,发现相当数量的竞争产品均含有香精、防腐剂等对人体有害的成分,经过研究,采取相应的对策,该企业在产品标签上郑重承诺:不含香精,不含防腐剂,同时通过广告、促销等市场手段宣传不加香精、不含防腐剂的产品诉求,在消费者心目中树立了企业优质产品的形象,有效地打击了竞争对手。

企业产品提价不仅关系到产品的需求变化程度,还关系到竞争产品的市场反应程度,从而最终影响到企业产品的市场份额。因此,企业提价时,要处理好市场参与主体中企业本身、经销商、消费者和竞争对手之间的利益关系,确保企业提价目标的顺利实现。

(三)不提价的方案

在成本上涨快、消费需求不足的情况下,"不提价是等死,提价是找死",但企业可以通过一些策略来消除成本上升和需求锐减的压力。

1.压缩产品分量,价格不变。一般说来,消费者对产品的价格较计量更为敏感,企业可以利用这一消费特性,采取压缩产品分量或缩小产品尺寸、规格和型号,价格不变的方案。如《东方早报》为了降低印刷成本,把8开的大版面,改成16开的小版面,"厚度"增加了,用纸量却减少了,还解决了读者在地铁或公交车上因为报纸版面大,不方便阅读的问题。

2.使用便宜的材料或配方做代用品。很多原材料确实存在着成本低廉的替代品,但一定要考虑它的合理性。比如杯装奶茶中用冬瓜制作的椰肉替代真正的椰肉,口感和营养均差别不大,都是膳食纤维,属于含水量高的减肥产品。消费者即便了解,也不会产生很大的反感。当然,使用便宜的材料或配方作代用品并不是掺假使杂,以次充好。

3.减少或改变产品特点,降低成本。企业可以通过减少产品的一些功能或改变产品的特点来降低成本,例如家用电器在开拓农村市场时可减少一些不必要的功能,从而使产品的生产成本降低。

4.改变或减少服务项目。在成本居高不下时,有些企业为了节省成本采取减少服务项目的方式,例如超市不再提供免费塑料袋,采用收费的方式,不仅有利于环保,而且是一种降低成本的好方法。

5.使用便宜的包装材料或改用大包装促销,从而降低包装成本。企业使用便宜的包装材料或大包装促销,既可以扩大销售,还可以降低包装成本,同时也是一种环保的举措,可谓一举多得。

6.创造新的经济型品牌。在成本上升,而企业又无法对其现有产品提价时,还可以创造新的经济型品牌来赢得市场。例如,星级酒店可以通过开发经济型酒店来扩大市场,五星级酒店南京金陵饭店通过经济型酒店"金一村"在低端市场上开辟了一片新天地。

三、价格调整必须考虑的因素

(一)顾客对企业价格调整的反应

1. 顾客对于降价的反应。一般来说,顾客对于降价可能会这样理解:(1)该产品的式样老旧,将被新型产品所代替;(2)该产品有某些缺点,销售不畅;(3)该企业财务困难,难以继续经营下去;(4)价格还要进一步下跌;(5)该产品的质量下降了。

2. 顾客对于提价的反应。企业提价通常会影响销售,但是购买者对企业的某种产品提价也可能会这样理解:(1)该产品很畅销,不赶快买就买不到了;(2)该产品很有价值;(3)卖主想尽量取得更多的利润。

(二)竞争者对价格调整的反应

1. 了解竞争者对价格调整的反应。企业在考虑调整价格时,不仅要考虑购买者的反应,而且必须考虑竞争对手的反应。了解竞争对手的反应,主要通过内部资料和借助统计分析两种途径。如果企业面对着若干个竞争者,在调整价格时就必须估计每一个竞争者可能的反应。如果所有的竞争者反应大体相同,就可以集中力量分析典型的竞争者。

2. 企业应对竞争者调价的反应。在现代市场经济条件下,企业经常会面临竞争者调价的挑战。如何对竞争者的调价做出及时、正确的反应,是企业定价决策的一项重要内容。

面对竞争者的价格调整,企业必须认真调查研究如下问题:(1)竞争者为什么调价;(2)竞争者打算暂时调价还是永久调价;(3)如果对竞争者调价置之不理,对企业的市场占有率和利润有何影响;(4)其他企业是否会做出反应;(5)竞争者和其他企业对于本企业的每一个可能的反应又会有什么反应。如图9-7所示。

3. 市场领导者应对竞争者降价的具体策略。在市场上,市场领导者往往会遭到其他企业的进攻。这些企业的产品可与市场领导者的产品相媲美,它们往往通过进攻性的降价策略来争夺市场领导者的阵地。在这种情况下,市场领导者有以下几种策略可供选择。

(1)维持价格不变,其条件是:如果降低价格,会失去很多利润;维持原价不会失去很多市场份额;即使失去市场份额,当必要时会重新获得市场份额。

(2)提高被认知的质量,即维持原价,但要增加提供的产品的价值。例如,企业不是采取降价策略,而是在原价的基础上赠送部分产品。

(3)降低价格,条件是:成本因数量增加而下降;不降价会失去很多市场份额;

一旦失去市场份额,要重新获得难度很大。

(4)提高价格,同时改进质量,企业不但不降价,还要提价,同时提升产品质量,实际上是一种错位策略。

(5)推出廉价产品线反击。例如,宝洁公司的 9.90 元的"飘柔"日常护理型洗发水是针对低端市场的竞争专门推出的廉价产品。

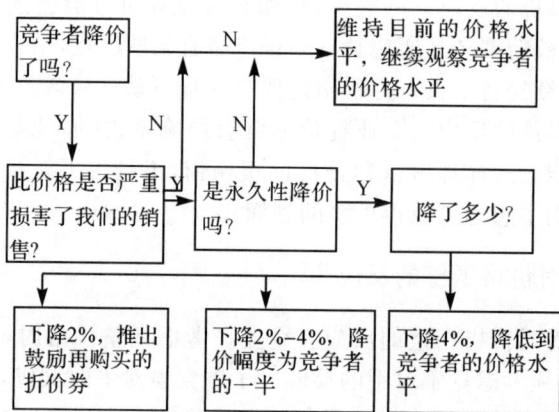

图 9-7 应对竞争者降价的价格反应程序

(三)政策管理部门对价格调整的反应

1.政府管理部门的直接反应往往是有无违犯有关价格政策,因此,企业的价格调整不能违反相应的价格法规,如《价格法》《反不正当竞争法》《反垄断法》等。

2.政府管理部门的间接反应。作为宏观管理机构,政府部门还必须观察企业的调价行为是否会损害消费者的利益,或者不利于整个行业的健康有序发展。

本章小结

在激烈的市场竞争中,价格竞争始终是企业竞争取胜的重要法宝。企业的定价必须考虑成本、需求、竞争和政策等因素,这些因素构成了企业定价的三维环境。企业在分析影响定价决策相关因素的基础上需要确定相应的定价目标和选择相应的定价方法,而这三者之间有对应关系。一般来说,考虑成本因素,定价目标是将本求利的利润目标,定价主要采取成本导向定价法;考虑影响定价的需求因素,定价目标是市场目标,采取需求导向定价法使顾客理解和接受价格,赢得更多的市场份额;考虑竞争因素,企业的定价目标是取得有利的竞争地位,企业可以通过竞争导向定价法以实现这一目标。在进行市场成本测算、需求估算和竞争产品的价格分析后,企业可制定出相应的价格。为了使价格更具赢利力、吸引力和竞争力,企业还必须采取一系列价格策略对价格进行修正,并根据企业成本、市场需求和竞争的变化对价格进行调整。在整个价格制定、修正和调整的过程中,贯穿始终的是成本、需求和竞争三大要素。

案例阅读与分析

【案例】 "好孩子"进军美国市场的定价

几年前,为了开辟美国的一次性童车市场,沃尔玛决定推出 9.99 美元/辆的童车,由于不到 10 美元的价格极其低廉,沃尔玛预计一次性童车的市场规模将达到 120 万辆。但强势的沃尔玛仍旧希望在这一廉价的童车项目中,自己能从中获得与过去相同的稳定利润,最后沃尔玛将"好孩子"的童车供货价格压缩到 6.4 美元。

按照当时"好孩子"的成本情况,"好孩子"交给沃尔玛的同类型的童车成本是 8 美元多一辆。如果按照 6.4 美元的价格来做,就意味着做一辆亏损近 2 美元,做 120 万辆就等于饮鸩止渴。

接还是不接? 接单意味着亏损可能无法承受;不接又可能是放弃"好孩子"已经在美国市场拥有的低价童车市场,甚至可能因此失去沃尔玛在全球其他市场的低价童车渠道。

"好孩子"的决策者陷入了艰难的抉择中。

"好孩子"集团总裁宋郑还最后还是决定签下这一单。他认为自己发现了美国巨大的市场容量和企业节约成本的多种方法。

由于一次性童车在款式和颜色方面没有太多的变化,通过批量采购材料和加快生产速度,在首批完成十多万辆后,通过不断的改进,生产线上每 15 秒就能完成 1 辆童车的生产,而以前是几分钟才能下线一辆童车。与此同时,"好孩子"通过改进折叠工艺,把一个标准集装箱装载的童车数量增加了近 50%,大量节省了运输成本。同时,他们还不断地摸索提高下线速度以及降低成本的方法。由此,"好孩子"童车成本由 8 美元多一辆降到了 5 美元多一点儿,这就意味着,几美元的童车消费由于价格低可以成为一次性消费。

借此,沃尔玛一次性童车市场开辟得相当成功,不仅全额采购了计划中的 120 万辆童车,而且还给"好孩子"追加了 20 多万辆的订单。这单业务,"好孩子"最后平均利润率达到十几个百分点。

"好孩子"开始换一种思维看待原有的零供关系。宋郑还认为"成熟的市场经济必然要求零售商去引导供货商"。在供过于求的市场环境中,供货商的主动权只能来自创新。"我们在美国一年销 150 万辆婴儿车,但是我们只需要和 11 家商业单位打交道。如你进入了沃尔玛,你就进入了 3800 家的连锁店。而在中国,我们一年只销 70 万辆婴儿车,但是我们要打交道的单位达到近 2000 家。"宋郑还表示,供应商的确需要按照大的零售商需求而变,因为这些大型零售商往往能掌握市场的需求。

"好孩子"开拓国际市场的另一个法宝便是过硬的质量,"好孩子"遵循国际上最严格的欧洲质量标准。可以与国家检测中心媲美的"好孩子"品质控制中心,严格检测整个生产过程,构成了其产品安全的保障体系。这种安全和品质保证体系在生产过程中,并无内外销之分。事实上,质量和设计是"好孩子"诞生 15 年来没有做什么广告而成为优秀品牌的重要原因。

在欧洲市场上,"好孩子"童车的售价在 290 至 490 欧元之间,最贵的一款售价近 700 欧元,且多数产品属于时尚、前卫的产品。2004 年"好孩子"集团年销售收入达 20 亿元,其中 75% 的产品销往美国、欧盟和日本等海外市场,获利大大高于国内市场。

2005 年,"好孩子"的销售额虽只有人民币 21 亿元,却是世界上最大的童车生产商,占据了 67% 的国内市场(2005 年数据)和 34% 的美国市场(2002 年数据)。现在,"好孩子"已经成为一个高度国际化的企业,在 40 多个国家有销售网点,70% 的产品在海外销售。

【讨论】

1."好孩子"进入美国市场的定价目标是什么?其定价策略有何可取之处?

2."好孩子"的全球市场定价策略有何特点?

3."好孩子"的成功为其他企业进入国际市场提供了哪些启示?

▶ 思考题

1.影响企业定价决策的因素有哪些?

2.企业的定价目标有哪些?它们之间有何关系?

3.企业的定价方法有哪些?试分析比较成本导向定价法与需求导向定价法。

4.举例说明企业两大新产品价格策略的利弊。

5.选择一种价格修正策略,讨论其具体运用。

6.试分析论述影响企业定价的因素、定价目标、定价方法和价格调整条件之间的关系。

第十章 营销渠道决策

得渠道者得天下。

——营销公认准则

■本章学习目标

通过本章的学习,理解营销渠道定义、功能、结构及其物流相关知识,掌握营销渠道设计的原则和方法,处理渠道冲突中出现的问题。

■本章学习重点

了解和掌握营销渠道的概念;理解营销渠道设计的原则;掌握渠道冲突管理的方法,以及物流的基本内涵。

第一节 营销渠道的含义和作用

一、营销渠道概述

营销渠道又叫营销网络或营销通路,根据斯特恩和艾尔－安塞利的定义,它是促使产品或服务顺利地被使用或消费的一整套相互依存的组织。它具有以下几层含义:(1)从渠道形态上来看,它是产品从生产者转移到消费者或用户的通路。(2)从组织关系层面来看,它是与企业外部关联的、达到企业分销目的的经营组织。(3)从使用价值来看,它是促使产品或服务顺利地被使用或消费的一整套相互依存的组织。

根据渠道服务产品的不同类型,它可以划分为消费品市场分销渠道和工业品市场分销渠道。一般而言,消费品市场分销渠道往往是长渠道,且采用密集性分销比较多,而工业品市场分销渠道则往往短渠道偏多,一般采用选择性分销或独家分销,具体见图 10-1。

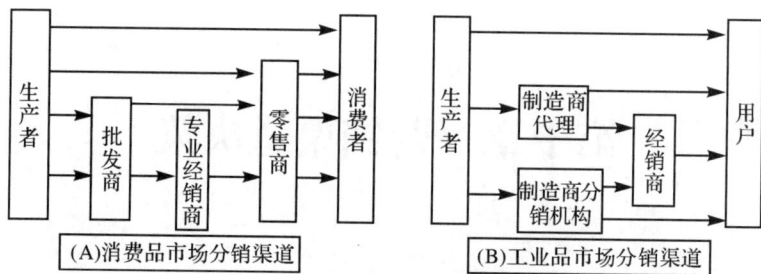

图 10-1　不同的市场的分销渠道形式

营销渠道不仅与产品类型有关,产品生命周期所处阶段不同也常常会影响到渠道的选择。

1.导入阶段及其渠道管理。包括:确保有足够渠道成员以保证充分的市场覆盖面;确保对渠道成员的供货。

2.成长阶段及其渠道管理。包括:确保渠道成员有效地将产品供应到市场中,以免阻碍销售增长的势头;密切注意渠道成员对它们所经营的其他竞争产品采取的行动,并留意挤入本企业销售渠道的其他潜在竞争者。

3.成熟阶段及其渠道管理。包括:重点关注并确保产品对渠道成员仍然颇具吸引力;研究是否有可能改变渠道结构,尤其是通过选择不同类型的中间商,以防止衰退期的带来。

4.衰退阶段及其渠道管理。包括:能否尽快淘汰那些勉强够格的分销商以避免更多的利润损失;放弃产品会不会导致部分现有渠道成员的反感。

二、营销渠道的功能与重要性

(一)营销渠道的功能

为了实现销售目的,降低生产者的成本,提高效率,营销渠道成员需要承担一些重要的功能。如图 10-2 所示。

1.信息功能。收集和传播营销环境中有关潜在与现有顾客、竞争对手和其他参与者的营销信息。

2.沟通功能。运用多种手段对所供应的货物进行说服性沟通。

3.谈判功能。尽力达成价格及有关条件的最后协议,以实现所有权转移。

4.订货功能。渠道成员向生产者进行购买,以此方式确切地传递市场信息。

5.融资功能。为负担渠道运作成本而筹集和分配资金。

6.承担风险功能。在执行渠道任务的过程中承担有关风险。

7.物流功能。产品从原材料到最终顾客的连续运输、储存等工作。

8.付款功能。买方通过银行和其他金融机构向卖方付款。

9.所有权转移功能。货物所有权从一个机构或者个人转移到另一个机构或者个人。

渠道中通常会有三种流程:正向流程从生产者向消费者前进的流程,如实物、所有权;反向流程是从消费者向生产者方向的流程,如订货、付款;双向流程是在生产者与消费者之间实现的双向流动,如信息流、谈判等。

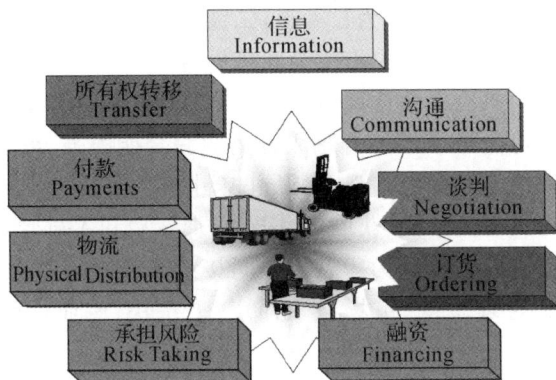

图 10-2　渠道的基本功能

(二)营销渠道的重要性

营销渠道对于企业的重要性已日益为人们所认可和接受。营销渠道弥补了企业产品、服务和其使用者之间的缺口,主要包括时间、地点和持有权等缺口。见表 10-1。

表 10-1　渠道与产品、价格、促销策略的比较

要素	3P 缺陷	渠道的优势
P1 产品策略	新品失败率高,周期短 技术的可复制性:快速转移与同质化 消费者认知差异化难:特性和质量趋同	持久的竞争优势 商业品牌可能对制造品牌的主导(DELL、沃尔玛、国美、苏宁) 成本中心:有较大的缩减空间
P2 价格策略	短暂启动市场 成本战略:非长久优势 双刃剑:规模与利益的矛盾	
P3 促销策略	信息阻塞 信息抵消 加大消费者决策难度	

三、营销渠道结构

(一)长度结构

渠道的长度即层级结构。是指按照其包含的渠道中间商(购销环节),即渠道层级数量的多少来定义的一种渠道结构。

根据包含渠道层级的多少,可以将一条营销渠道分为零级、一级、二级和三级渠道等。二级以上的营销渠道称为长渠道,二级及以下渠道为短渠道。其中,零级渠道又常被称为直接渠道,非零渠道称为间接渠道。

一般而言,长渠道具有专业化高、覆盖面广、减轻企业分销商压力、生产企业对产品的控制力弱等特点;短渠道具有每级分销商综合能力强、覆盖面小、要求企业具有较强实力、企业综合管理能力强、对渠道控制强等特点。

此外,直接渠道具有周转快、获取信息及时、储运费和人员管理费增加、市场覆盖面小、要求对产品有较强控制力等特点。间接渠道具有周转次数多、层次多、信息传递慢、储运费和管理费低、市场覆盖面广、上量快、专业性强、入市风险低等特点。

(二)宽度结构

渠道宽度是根据每一层级渠道中间商的数量的多少来定义的一种渠道结构。渠道的宽度结构受产品的性质、市场特征、用户分布以及企业分销战略等因素的影响。渠道的宽度结构分成如下三种类型。

1.密集型分销渠道,也称为广泛型分销渠道,就是指生产者在同一渠道层级上选用尽可能多的渠道中间商来经销自己的产品的一种渠道类型。密集型分销渠道,多见于消费品领域中的便利品,比如牙膏、牙刷、饮料等。

2.选择性分销渠道,是指在某一渠道层级上选择少量的渠道中间商来进行商品分销的一种渠道类型。在IT产业链中,许多产品都采用选择性分销渠道。

3.独家分销渠道,是指在某一渠道层级上选用唯一的一家渠道中间商的一种渠道类型。在IT产业链中,这种渠道结构多出现在总代理或总分销一级。东芝、三星等的笔记本产品的渠道就如此。

(三)广度结构

实际上是渠道的一种多元化选择,它可以笼统地分为直销和分销两个大类。其中直销又可以细分为几种,比如生产者直接设立的大客户部、行业客户部或生产者直接成立的销售公司及其分支机构等。此外,还包括直接邮购、电话销售、网上销售等渠道。分销则可以进一步细分为代理和经销两类。其中,单一渠道是指只采用一种渠道类型分销产品;多渠道则是指采用多条不同类型的渠道分销产品。见图10-3。

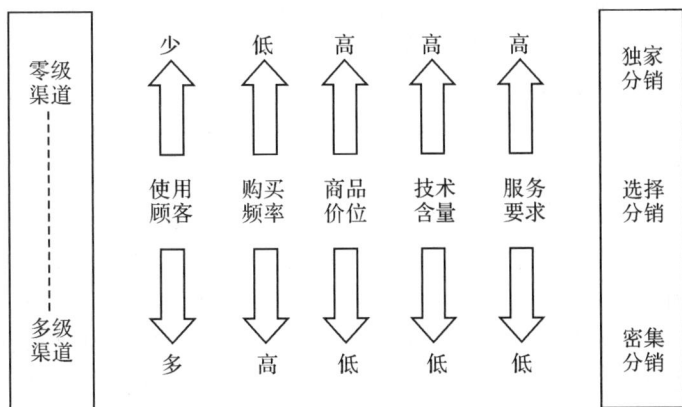

图 10-3 渠道结构概念图

第二节 营销渠道设计及管理

渠道设计是关于构建新的分销渠道或者对已经存在的渠道进行变更的决策活动。设计一个渠道要求建立渠道目标和限制因素,识别主要渠道选择方案以及对它们做出评价。

一、市场需求特征

营销人员要了解目标顾客在购买一个产品时所期望的类型与水平,了解消费者购买什么样的商品、在何地购买、何时购买、如何买。

1.批量大小。营销渠道在顾客购买中提供给顾客的单位数量。不同客户对批量要求不同,一般说来批量越小由渠道所提供的服务产出水平越高。

2.等待空间。渠道顾客等待收到货物的平均时间。顾客一般倾向快速交货渠道,这就要求更高的服务水平。

3.空间便利。营销渠道为顾客购买所提供的距离远近上的方便程度。

4.产品品种。营销渠道提供的产品花色品种宽度。一般较宽的花式品种容易得到消费者的青睐,容易满足顾客的需求。

5.服务支持。渠道提供的附加服务,比如信贷、交货、安装、修理等。服务支持越强,渠道提供的服务工作越多。

二、营销渠道设计目标

影响营销渠道的因素很多,生产者在决定选择营销渠道前,应对产品、市场及其企业本身的各种因素进行综合分析。

1.产品因素。一般来说,产品的单价越低,渠道长度就越长。反之,短的渠道长度更加经济。对于自然属性比较稳定的产品乐意使用较长的渠道,而对于易腐烂、易过时的产品应用直接渠道销售或者较短的渠道。体积笨重的产品意味着较高的运输、存放成本,应尽量使用较短的营销渠道。标准化程度越高,渠道长度越长,宽度也就越大。由于中间商对产品的性能不够了解,高技术的产品往往采用直接的销售法。

2.市场因素。如果潜在市场的规模较小,企业可以考虑使用推销员或者邮寄直接向消费者或者顾客推荐;反之,则采用较长的渠道。顾客集中度较高也可以采用直接销售方式,使用较短的营销渠道;反之,则选择较长的渠道。如果顾客购买量越大则可采用较短的渠道。

3.企业因素。渠道受着公司本身规模的限制,小企业难以获得理想中间商的支持。企业追求严格控制渠道,则公司就必须减少中间商数目。如果企业缺乏组织渠道活动的能力,则寻找能提供良好服务的中间商。

4.中间商因素。中间商能力越强,则越限制企业对渠道的选择。

5.环境因素。随着科技的飞速发展,计算机技术的应用使得企业可以通过网络直接与顾客进行交易,减少了其中的中间环节,一般使用较短的渠道。

三、渠道成员的选择

1.中间商的基本情况。如果该中间商的经营目标和经营范围与本企业在当地的经营意图和产品系列相吻合,可将其列入备选。

2.中间商的市场经验及市场反馈能力。在市场营销中,企业最重要的是要对市场情况有及时、全面、深入的了解,所以要选择的中间商应更加接近最终用户,更加了解市场动态,及时向企业提供有关市场、竞争方面的信息。

3.中间商业务设施。中间商的业务设施包括其办公地址、设备、仓储等条件。这些条件可以标志出中间商的规模和地位,也可以说明其推销条件的好坏。

4.中间商的业务人员素质。业务人员的素质高低反映了其经营能力,即中间商是否具有推销产品的能力和经验管理的水平。通过考察中间商的经营历史、客户反映、合同执行情况以及财务支付和清算情况,确定中间商的信用情况。

四、渠道成员控制

渠道成员如同员工一样需要激励,以促使其积极工作。企业要对渠道成员进行有效激励,就必须了解各个中间商的需要和欲望。根据企业与中间商之间的关系的具体性质不同,列举一些为得到合作而可采取的各种力量。

1.报酬力。没有足够的报酬力的政策,渠道中的参与者总是客观上存在着一种强烈的冲动去修改政策,以有利于自己的短期或长期利益。

【案例10-1】 北京某制药有限公司的返利政策包括五个方面:

1.销售进度返利政策。包括:(1)只要经销商在每个季度完成了当年度销售任务总量的25%,即可享受该项政策;(2)进度返利中不同品种要按不同比例执行;(3)进度返利在下一季度的第一个月末兑现,返利采用安排经销商销售人员外出观光旅游等形式来给予。

2.年度总量返利政策。包括:(1)经销商在完成当年各自的年度销售任务总量之后,不论经销商规模大小,按统一标准享受返利;(2)返利由 A 制药企业在第二个销售年度的第一个月末以现金的形式向经销商支付。

3.及时回款返利政策。包括:(1)每批及时结清货款的经销商,按月享受当月回款总额 0.5% 的及时回款返利;连续 180 天无应收账款的经销商,享受 180 天回款总额 1% 的回款返利;全年无应收账款的经销商,除以上两项之外,另外享受年度销售总量 0.5% 的回款返利;(2)以上返利为累加返利,经销商可重复享受;但如出现一次拖欠货款行为即取消所有回款返利。(3)返利金额作为组织经销商参加高级学习培训班的费用投入。

4.产品专卖返利政策。包括:(1)在同类产品中,如果经销商自愿只销售 A 制药企业的三个对应产品,即可享受该项返利政策;(2)返利在第二个销售年度以进货价格折扣形式兑现;经销商中途经营其他同类产品,该返利项目自动取消;(3)专卖返利的标准:"仲景胃灵丸"1.5%,"宝宝一贴灵"1%,"珍菊降压片"0.5%。

5.新产品推广返利政策。包括:(1)如 A 制药企业有其他新品种上市,配合密切的经销商(按要求积极组织召开新产品上市推广会,快速进行铺货,开展终端促销维护工作)除了享受以上四项常规返利之外,额外享受新产品销售额 3% 的返利;(2)新产品推广返利在年终结算,在第二个销售年度第一个月末以等价值的货车、电脑等实物形式返还。

2.强制力。中间商在不合作的情况下,生产者可威胁停止供应某些资源或者终止合作关系。在一般情况下,尤其是中间商紧密依赖生产企业时,该方法相当有效,但施压过多也会使中间商产生抵触和不满。

3.参照力。对于个人,参照力更多的是源于渠道成员的个人魅力。对于组织,参照力的概念很难用语言来表达清楚。比如,有的批发商想突出其领导地位和良好的信誉,就会相应选择好的、大的杂志社来作为参照物,意在与树立的地位形象相符合。自然,那些被选中的杂志社就具有了参照了。

4.专业知识力。渠道中的专业知识力极其普遍,很多杂志社帮助经销商进行各项经营管理。如华道公司,在全国的 17 个地市都设有办事处,办事处工作人员素质普遍较二级渠道人员素质高,能给经销商合理化的建议和帮助,帮助经销商做好市场销售工作。经销商出于对他们的专业知识的信服,往往接受其建议并做出改变。

五、渠道成员选择评价

(一)评价准则

不同行业的厂商,选择渠道成员的原则不同。市场的不同发展阶段,厂商选择渠道成员的原则也不同。但总的说来,需要遵循如下一些基本原则。

1.相互认同原则:这是最基本的原则。厂商与渠道成员之间的合作前提在于厂商与渠道成员之间的相互认同。

2.进入目标市场原则:这是最重要的原则。让厂商的产品迅速地进入到目标市场,以方便目标市场的消费者就近地购买到本厂商的产品。这就要求渠道经理、渠道总监或其他决策者在选择渠道成员时需要注意该渠道成员当前是否在目标市场拥有分销通路及拥有销售场所等。

3.产品销售原则:这是最核心的选择。厂商选择渠道成员的核心目的在于通过渠道成员帮助厂商完成营销目标,因此厂商在选择渠道成员作为合作伙伴的时候,通常都比较注重渠道成员的实际销售能力。

4.形象匹配原则:这是最普遍的原则,也就是我们通常所说的"门当户对"。一个渠道成员的形象必然代表着厂商的企业形象。对于拥有卓越品牌的厂商来说,尤其要重视对渠道成员形象的考虑。通常情况下,知名厂商总是与资金实力雄厚、商誉好的渠道成员结为合作伙伴或战略合作伙伴。比如 IBM、HP 与英迈、佳杰,IBM、HP 与神州数码等。

(二)挑选标准

选择合适的渠道成员、对照选择标准做出判断、确保入选成员最终成为正式渠道成员。

1.市场能力。经销其他品牌的产品能否达到目标卖场、铺货覆盖率达到百分之几、批发能力如何(几级批发构成)、网络能否渗透到周边市场、直销能力如何、能否控制价格等。

2.财务能力。考察注册资金、实际投入的资金是否有宽余、必备的经营设施

（仓储、运输、营业场地等）是否能够承受目前业务、给厂家付款的方式、资金周转率、利润率如何、银行贷款能力等。

3.信誉能力。同行口碑、厂家评价（合作程度）、卖场的评价（送货是否及时、促销是否到位）、当地政府、工商、税务、银行、媒体的评价。

4.管理能力。员工是否协调一致、有无长期发展战略、货物流向控制能力、公司的经营理念。

5.家庭和个人情况。业务员不要被外表迷住，分析他的性格和为人处世的态度，看看能不能与他长期合作。了解经销商个人的情况，如性格、爱好、志趣、经历等，这对接近和打动经销商很重要。

6.经营理念。最关键的一点是中间商与厂家的经营思路是否一致。厂家应尽可能地把本企业的情况、本产品的特色、本企业的经营理念、战略战术详细地介绍给中间商，看能否达成共识；倾听其对产品的看法，是否符合本企业产品市场开发思路，对其提供的意见更要仔细分析。

【案例10-2】 中国建筑工业出版社自1995年开始建立销售建筑类图书的连锁店，到目前为止，已在全国主要大中城市建立了40多个代理站，600多个连锁店、零售点，为建工版图书修筑了进入市场的"高速公路"，2000年使中国建筑工业出版社的销售额达到2.1亿元。该社在不取代原有的图书发行渠道的前提下，建立特许连锁经营的建筑书店，为建筑图书读者增加自选专业图书的新天地。该社的连锁销售网络由总部、代理站、连锁店和连锁点组成。代理站由经过筛选的、地处省会城市的持有图书二级批发营业执照的国有单位承担，并按三项考核：(1)建立连锁，经营网点是否得力（要求建立10个以上）；(2)建工版图书备货品种是否齐全，是否占其经营品种的75%；(3)年销售建工版图书码洋是否达标。要求下属连锁建筑书店全方位地销售国内出版的各种建筑图书及相关的计算机、机电等类书籍。要求各连锁店按照"七统一"的商业原则，对读者实行"零距离、零风险、零遗憾"的优质服务。随着中国建筑书店网的开通，该社还计划做大网上连锁，开展B2B、B2C的各种业务。目前该网上书店每天能接到50余份订单，读者满意率接近100%。①

六、渠道成员绩效评价

企业除了选择和激励渠道成员外，还必须定期评估他们的绩效。如果某一渠道成员的绩效过分低于既定标准，则须找出主要原因，同时还应考虑可能的补救方法。

---

①参见《新闻出版报》，2003年1月15日。

（一）绩效评估的具体措施

1.生产企业与中间商就签订的有关绩效标准与奖惩条件的契约,在契约中应明确经销商的责任,如销售强度;绩效与覆盖率;平均存货水平;送货时间;次品与遗失品的处理方法;对企业促销与训练方案的合作程度;中间商对顾客须提供的服务等。

2.除针对中间商绩效责任签订契约外,生产企业还须定期发布销售配额,以确定目前的预期绩效。生产企业可以在一定时期内列出各中间商的销售额,并依据销售额大小排出先后名次。这样可促使后进中间商为了自己的荣誉而奋力上进,也可促进先进中间商努力保持已有的荣誉,百尺竿头,更进一步。

需要注意的是,在排名次时,不仅要看各中间商销售水平的绝对值,而且还须考虑到他们各自面临的各种不同的可控制程度的变化环境、生产企业的产品大类在各中间商的全部产品组合中的相对重要程度。

（二）测量中间商的绩效办法

1.将每一中间商的销售绩效与上期的绩效进行比较,并以整个群体的升降百分比作为评价标准。对低于该群体平均水平以下的中间商,必须加强评估与激励措施。但对后进中间商中的因当地经济衰退,主力推销员的丧失或退休等因素造成绩效降低的,生产企业就不应对其采取任何惩罚措施。

2.将各中间商的绩效与该地区的销售潜量分析所设立的配额相比较。即在销售期过后,根据中间商的实际销售额与其潜在销售额的比率,将各中间商按先后名次进行排列。这样,企业的调查与激励措施可以集中于那些未达到既定比率的中间商身上。

七、营销渠道冲突管理

（一）渠道冲突的类型

1.垂直渠道冲突。是指同一渠道中不同层次渠道成员之间的冲突。一般说来垂直冲突常发生于生产者与批发商之间以及生产者与零售商之间。此时主要的冲突原因是供应商和批发商或者零售商之间的观点不同、角度不同。生产者通过高质量和统一的价格维护自己的品牌形象,而经销商可能想通过降价来促销。同时批发商、零售商压榨供应商的事件也时有发生,如某大型超市一年向供应商开出的"通路费用"就包括:无条件返利,事业部条件返利,新年、春节、劳动节、国庆节赞助金,新品最低上架费,最低店庆赞助金,新店开业补偿,最低端架赞助金,最低快讯赞助金,大宗购买最低折扣等近30项条款。见图10-4。

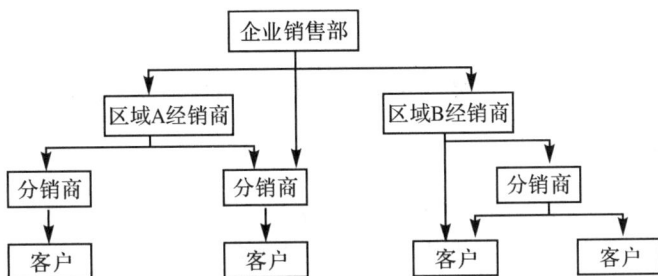

图 10-4　垂直渠道示意图

【案例 10-3】 2004 年 2 月 21 日,国美在成都发起一场空调大战,将格力零售价为 1680 元一匹的空调降价为 1000 元,零售价为 3650 元的 2 匹柜机降价为 2650 元,使得格力无法忍受,四川新格力电器的销售有限公司要求其"立即终止低价销售行为",但国美依旧我行我素,格力电器当即宣布对成都国美停止供货。最后以成都国美道歉并恢复原价告一段落。但在同年 3 月 10 日,双方矛盾激化,并扩展到全国。国美北京总部向全国分公司发了一份《关于清理格力空调库存的紧急通知》,在全国范围内停止对格力空调的销售。格力也毫不退让,宣布取消对国美的供货。①

2.多渠道冲突。指一个生产商建立了两条或两条以上的渠道向同市场出售其产品而发生的冲突。当固特异开始把它畅销的品牌轮胎通过市场零售商,如西尔斯、沃尔玛和"折扣轮胎"出售时,代销其产品的独立经销商很恼火。以至于后来为了缓解他们的不满,厂家不得不提供给他们在其他零售商那里不销售的某些特许轮胎型号。当一个渠道成员或者降低价格或者降低毛利时,多渠道冲突就会特别突出。见图 10-5。

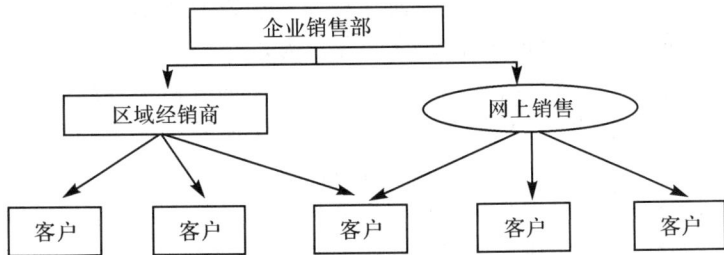

图 10-5　多渠道示意图

---

①《国美 VS 格力——一场早有预谋的渠道背叛》,载国研网,2004 年 5 月 18 日。

3.水平型渠道冲突。是指存在于渠道中同一层次的渠道成员之间的冲突。某个省市的中间商对另一个省市的中间商不满,埋怨他们在促销上过于积极,在价格上过于偏低,或者是说他们的服务不到位,损害了整体形象,等等。

(二)营销渠道冲突原因

1.角色对立。一个渠道成员的角色是指每一渠道成员都可接受的行为范围。当发生角色不一致时,一个渠道成员的行为就超出了由其他成员角色预期的可接受范围。例如,一个批发商可能遇到来自供应商的发货延迟,特别是销售旺季来临之前,这是他难以接受的。在某些情况下,当一个渠道成员对什么样的行为可接受不能肯定时,就会产生角色模糊。渠道成员需要知道其他渠道成员的预期是什么,他的责任有哪些以及他的行为是如何被评价的。又例如:特许权授予者应该向特许经营者提供广泛的经营协助以及促销支持,反之,特许经营者也应该严格按照特许权授予者的标准经营程序来经营。如果有一方偏离其既定角色,冲突就产生了。

2.资源稀缺。指因稀缺资源分配引起的冲突。例如,一家生产企业在决定采用间接销售的渠道形式后,仍然与顾客保持直接交易;另据报道,天津十大商场曾联合抵制国美天津公司开业。

3.感知差异。指一个渠道成员如何理解一种情景或如何对不同刺激作出反应。一个零售商如果觉得50%的毛利率是合适的话,那他也许会认为40%的毛利率是不公平的。例如,尽管一个小独立零售商把生产者的合作广告计划看做重要的促销工具,大零售连锁店可能会认为这种计划无关紧要。典型的还包括生产者和零售商对POP的不同观点。

4.期望差异。期望差异涉及一个渠道成员对于其他成员行为的预期。有时预测的结果是不确切的,而进行预测的渠道成员却往往根据预期结果采取行动。结果可能导致其他成员做出相应行动,而这种反应若没有先前的预测将不会产生。这就产生了一种本身自会成为事实的预言。例如:全美最大的传输维修业公司Aamco公司,其特许经销商预测随着汽车厂商提供的维修保证越来越多,他们今后的业务会越来越难做。这种业务会削减的预期使很多特许经营商迫切要求将特许使用费率从9%降到5%,同时扩大其经营区域。激烈的冲突由此引发。

5.决策权分歧。决策权分歧是指渠道成员对他应当控制特定领域的交易的强烈感受。分歧发生在渠道成员们对外在影响的范围不满意的时候。共同决策权分歧集中在零售商或生产者是否有权决定商品的最终销售价格,或生产者是否有权对销售商规定存货的水平。价格的决策正是一个典型的例子。许多零售商认为价格决策属于他们的决策领域,而有的生产者则认为他们才有权定价。

6.目标错位。目标错位是指不同渠道成员的目标可能不一致。例如,一个生产者可能为其新产品谋求更多的货架空间,以便扩大其市场份额,而零售商则关心这种新产品是否能增加销售额。典型的如零售商商品品类管理。比如,一家百货店同时销售三个品牌的衬衫,对于百货店来说,卖哪个品牌的衬衫都无所谓,而对于生产者来说,其特定品牌的销量和市场占有率决定其"生死存亡",若生产者感到零售商无视其品牌,冲突便会由此引发。

7.沟通困难。沟通困难是指渠道成员间缓慢或不精确的信息传递。目前,退换货问题极易引起渠道成员间不愉快的出现。为了减少沟通困难,可通过信息网络实现信息共享。

(三)营销渠道冲突解决方法

1.树立渠道整体经营观念。增强渠道成员的团队合作意识,树立渠道整体经营观念,使得他们充分认识到要想在一个品牌中长期赚钱,必须维护产品品牌利益,维护整个渠道体系的利益,只有渠道成员之间团结合作,共同努力,遵循渠道规程,互谅互让,才能使得其共同发展。否则,扰乱了市场,损害了消费者的客户利益,将破坏其产品在市场上的整体形象。

2.协调渠道成员工作。需要经常接触渠道成员,发现相互抱怨、延期付款或者推迟完成订货计划以及其他工作分歧,渠道管理人员应及时采取有效措施。如对一些不清楚的事情多做解释,对误解造成的分歧加强沟通,对不按规定要求进行销售活动的中间商进行批评或者制裁。发现问题及时解决,把这种冲突消灭在萌芽状态。

3.制定并执行渠道成员条件。渠道冲突往往是由于渠道成员条件制定和执行中的问题引起的。因而通过认真制定渠道成员的条件,明确渠道成员的目标和利益关系,使得各成员都严格执行所制定的条件。

【案例10-4】 中国市场广阔,各省区之间由于经济状况、消费能力及开发程度不同,产品的销售量也差异极大。由于差异的存在,总部对各省的到岸价、促销力度和给予经销商的政策也肯定有所差异。因而,各经销商根据不同策略,难免会偷偷将一地区产品窜到另一地区销售。

蓝剑集团成立了专门机构,专门查处窜货的经销商,并进行严厉的惩罚。一方面充分保护其在本区域的销售利益,另一方面则严禁其对外销货。蓝剑放弃了以往广招经销商、来者不拒的策略,开始精选合作对象,从众多的经销商中发展、扶持大客户;同时,有意识策划小经销商区域,促使其精耕细作,挖掘本区域市场潜力。[1]

———————————
[1]根据蓝剑集团新闻报道和网络资料整理。

(四)营销渠道的调整

市场环境、竞争情况和企业产品组合的变化都可能要求对其营销渠道进行调整和改变,以确保营销渠道的畅销和高效率,这种调整由小调到大调可分成三个等级。

1.渠道成员个别调整。即增减个别渠道成员,这是最小的调整。增加或者减少某一个中间商,企业要分析对产品销售、利润带来什么影响、程度如何。如企业觉得在某一目标市场增加一家批发商,不仅要考虑这么做给企业带来的直接受益,而且还要考虑其他中间商的要求、成本和情绪的影响等问题。

2.增加渠道。当在同一渠道增减个别成员不解决问题时,企业可以考虑增减销售渠道,带来直接、间接反映及效益。有时撤销一条原有效率不高的渠道比开辟一条新的渠道更加困难。

3.改进整个销售系统。这是对企业现有的销售系统、制度做通盘、最大调整,如由间接渠道改为直接渠道。这种策略对企业的市场营销组合有关因素带来了影响与变动。

第三节　渠道成员类型与职能

渠道成员主要是指介于生产者与顾客之间,参与商品交易业务,促使买卖行为发生和实现,具有法人资格的经济组织和个人(俗称中间商)。中间商是社会分工和商品经济发展的必然产物,它在商品渠道中像一座桥梁,把生产者和最终消费者连接起来。

一、中间商的地位和作用

中间商在商品由生产领域到消费领域的转移过程中,起着桥梁和纽带的作用。由于中间商的存在,不仅简化了销售手续,节约了销售费用,而且还扩大了销售范围,提高了销售效率。中间商的功能主要体现在以下几个方面。

(一)提高流通效率

如果没有中间商的存在,生产企业每一件产品都要由自己直接卖给最终消费者,那么,生产企业不仅需要庞大的销售机构和人员队伍,而且销售效率也会很低。

图 10-6 表明了使用中间商的经济效益。图 10-6(a)表示 3 个生产者直接将产品售予 4 个顾客,需要进行 12 次交易;图 10-6(b)表示在同样条件下,通过一个中间商,则交易次数降到 7 次。交易次数的减少,使得产品流通的效率大大提

高。这样,中间商的介入帮助减少了工作量。依此类推,卖者和买者的数量越多,中间商介入所减少的交易次数及节约的社会总劳动就越多。这是中间商最重要的贡献。

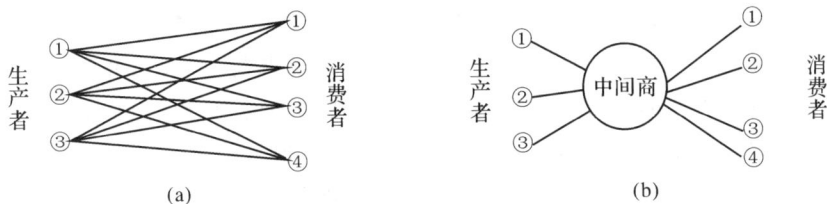

图 10-6　中间商的作用

(二)调节生产与消费之间的矛盾

中间商起着社会生产的"蓄水池"作用。一方面,中间商的存在可以缓和供需之间在时间、地点和商品数量、种类等方面的矛盾;另一方面,中间商的存在能为生产者和消费者带来方便。对消费者而言,中间商充当了他们的采购代理,中间商可以在合适的时间和地点提供所需要的产品、灵活的付款方式和条件以及周到的售后服务;而对于生产者或贸易企业来说,中间商的存在使企业的销路有了保证,降低了流通成本。

(三)有效分担企业的市场营销职能

大多数生产者缺乏将产品直接销售给最终顾客所必需的资源与能力,而这些正是中间商所擅长的。中间商由从事市场营销的专业人员组成,他们更了解市场,更熟悉消费者,对各种营销技巧掌握得更熟练,更富有营销实践经验,并握有更多的营销信息和交易关系。因此,由他们来承担营销职能,工作将更有成效,营销费用相对较低。尤其是企业打算进入某个陌生的地区市场时,中间商的帮助更为重要。

二、中间商的类型

中间商按其是否拥有产品所有权,可分为经销商和代理商;按其在产品流通过程中的地位和作用,可分为批发商和零售商。

(一)批发商

批发商是指向生产企业购进产品,然后转售给零售商、产业用户或各种非营利性组织,不直接服务于个人消费者的商业机构,位于商品流通的中间环节。批发商区别于零售商的最主要标志是一端连接生产商,另一端连接零售商,其特点是:拥有大量的货物;只大量出售,不提供零售业务;出售的物品的价格会比市面上的低。

1.批发商基本功能

(1)销售更具效果。批发商销售力量使生产商能够以较小的成本接触更多的中小客户。由于批发商接触面比较广,常常比生产商得到买方更多的信任。

(2)有效集散产品。批发商通过广泛地接触不同的生产商,可以高效率地采购、配置多种产品;迅速把产品供应给零售商和生产企业,提高顾客的采购效率。

(3)产品储存保证。批发商备有相当数量的库存,减少了生产商和零售商的仓储成本与风险。

(4)提供运输保证。由于批发商备有充分的库存,可以迅速发货,并提供相关的运输服务保证。

(5)帮助资金融通。可以为顾客提供便利的财务条件,如准许赊账,还可以为供应商提供供货等方面的资金保证。

(6)承担市场风险。批发商购进产品后,承担了经济风险。如生产供求和价格变动带来的风险、产品运输和保管中的风险、预购和赊账中的呆账风险。

(7)沟通产销信息。向供应商和顾客提供有关竞争者的产品、服务及价格变化等方面的信息。

(8)为零售商服务。经常帮助零售商改进经营管理。如培训销售人员,帮助零售商建立会计和存货控制系统。

2.批发商类型

(1)普通商品批发商。经营的商品范围较广、种类繁多,批发对象主要是中小零售商店。在产业用户市场上,直接面对产品用户。

(2)大类商品批发商。专营某大类商品,经营的这类商品花色、品种、品牌、规格齐全。通常是以行业划分商品品类,如服装批发商、酒类批发公司、专营汽车零配件的公司、仪器批发公司等。

(3)专业批发商。专业化程度高,专营某类商品中的某个品牌。经营商品范围虽然窄且单一,但业务活动范围和市场覆盖面却十分大,一般是全国性的。如服装批发商、木材批发商、纸张批发商、金属材料批发商、化工原料批发商、矿产品批发商,等等。

(4)批发交易市场。批发交易市场是介于零售业和批发业之间的一种经营业态,交易行为也不十分规范,是以批发价格对商品进行批量交易。其类型有产地批发市场、销地批发市场、集散地批发市场。

3.批发商策略

批发商面临着竞争的新力量、顾客的新需求、新技术和来自大的工业、机构及零售买主的更多的直接购买计划。因此,他们不得不制定适合的战略对策,在目标市场、产品品种和服务、定价、促销和销售地点等方面改进其战略策略。

(1)目标市场策略。批发商应该明确自己的目标市场,不能企图为每一个人服务。他们可以按顾客的规模、顾客的类型,所需要的服务或者其他标准,选择一个目标顾客群。在这个目标顾客群里,他们可以找出较有利的顾客,设计有吸引力的供应物,和顾客建立良好的关系。

(2)产品品种和服务策略。批发商的"产品"是指他们经营的品种。批发商迫于巨大的压力,花色品种必须齐全,并且要有充足的库存,以便随时供货。但是这样会影响赢利,因此批发商正在重新研究应该经营多少品种最为适当。批发商还在研究,在与顾客建立良好关系的过程中,何种服务最为重要、哪些服务可以取消、哪些应该酌收费用。这里的关键是找出一种被顾客视为是有价值的独具一格的服务组合。

(3)定价策略。批发商通常在货物成本上,按传统的比例加成,比如说20%,以抵补自己的开支。其中,开支可能占17%,余下3%就是毛利。杂货批发商的平均利润率一般在2%以下。批发商正在开始试用新的定价方法。他们可能减少某些产品的毛利,以赢得新的重要的客户。当他们能凭此扩大供应商的销售机会时,他们就会要求供应商给予特别的价格折让。

(4)促销策略。批发商主要依靠他们的销售员以获得促销目标。即使如此,大多数批发商仍然把推销看成是一个推销员和一个客户的交谈,而不把它当作向主要客户推销商品、建立联系和提供服务的协同努力。至于非销售人员促销,批发商可以从使用零售商所采用的树立形象的技术中获益。他们还需要充分利用供应商的一些宣传材料和计划方案。

(5)批发地点策略。批发商一般将批发地点设在租金低廉、征税较少的地段,以尽可能降低成本。为了控制日益上升的成本,富有进取心的批发商正在进行货物管理过程中的时间和自动化研究。其中最大的一项发展就是自动化仓库,在那里,订单被输入计算机,商品由机器自动取出,通过传送带输送到平台,并集中送货。这类自动化发展很快,许多办公室活动也实现了自动化。

(二)零售商

零售商是指将商品直接销售给最终消费者的中间商,是相对于生产者和批发商而言的,处于商品流通的最终阶段。零售商的基本任务是直接为最终消费者服务的,是分销渠道的最终环节。零售商业对整个国民经济的发展起着重要的作用。

1.零售商主要功能

(1)为消费者提供服务。零售商的营销对象是最终消费者,其基本功能是通过销售商使得购买者获得最大满足,向消费者提供适销对路的商品,并力求在时间、地点、方式上做到位,方便顾客购买。零售商为消费者提供多项服务,如实行三包,以保护出售的商品质量,由此承担商品使用的咨询和维修服务等。

(2)为生产者和批发商提供服务。零售商网点分布广,直接面对广大消费者,同时又接触大量的生产者与批发商,处于双方媒介位置上。零售商作为生产企业和批发商的推销人员,可随时向消费者提供商品信息,诱导生产者购买,了解消费者的需求和意见,及时向生产企业反馈,以改进和提供产品,满足市场需要。

2.零售商形式

(1)有店铺式零售,包括六种形式。

第一,百货商店。指综合各类商品品种的零售商店,其特点为:商品种类齐全、客流量大、资金雄厚、人才齐全,重视商誉和企业形象,注重购物环境和商品陈列。

第二,专业商店。指专门经营某一类商品或某一类商品中的某一品牌的商店,突出"专"。品种齐全,经营富有特色、个性,专业性强。

第三,超级市场。是以主、副食品及家庭日用商品为主要经营范围,实行敞开式售货、顾客自我服务的零售商店。特点是:实行自我服务和一次性集中结算的售货方式;薄利多销,商品周转快;商品包装规格化,条码化,明码标价,并要注有商品的质量和重量。

第四,便利商店。接近居民生活区的小型商店。营业时间长,以经营方便品、应急品等周转快的商品为主,并提供优质服务。如饮料、食品、日用品、报纸杂志、快递服务等。商品品种有限,价格较高,但因方便,仍受消费者欢迎。

第五,折扣商店。以低价、薄利多销的方式销售商品的商店。其特点:设在租金便宜但交通繁忙的地段;经营商品品种齐全,多为知名度高的品牌;设施投入少,尽量降低费用;实行自助式售货,提供服务很少。

第六,仓储商店。是20世纪90年代后期才在我国出现的一种折扣商店,特点是:位于郊区低租金地区;建筑物装修简单,货仓面积很大,一般不低于1万平方米;以零售的方式运作批发,又称量贩商店。通常采取会员制销售来锁定顾客。

(2)无店铺零售,包括四种形式。

第一,上门推销。企业销售人员直接上门,挨门挨户逐个推销。著名的雅芳公司就是这种销售方式的典范。

第二,电话电视销售。这是一种比较新颖的无店铺零售形式。其特点是利用电话、电视作为沟通工具,向顾客传递商品信息,顾客通过电话直接订货,卖方送货上门,整个交易过程简单、迅速、方便。

第三,自动售货。利用自动售货机销售商品。第二次世界大战以来,自动售货已被大量运用在多种商品上,如香烟、糖果、报纸、饮料、化妆品等。

第四,购货服务。主要服务于学校、医院、政府机构等大单位特定用户。零售商凭购物证给该组织成员一定的价格折扣。

(3)联合零售,包括四种形式。

第一,批发联号。是中小零售商自愿参加批发商的联号,联号成员以契约作联结,明确双方的权利和义务。批发商获得了忠实客户,零售商按比例在批发联号内进货,保证了供货渠道。

第二,零售商合作社。主要是由一群独立的零售商按照自愿、互利互惠原则成立的,以统一采购和联合促销为目的的联合组织。

第三,消费合作社。由社区居民自愿出资成立的零售组织,实行民主管理。这种商店按低价供应社员商品,或制定一定价格,社员按购物额分红。

第四,商店集团。这是零售业的组织规模化形式,没有固定的模式。它包括各行业的若干商店,一般在一个控股公司的控制下,采用多元化经营。

(4)零售新业态,包括五种形式。

第一,连锁商业。指众多的、分散的、经营同类商品或服务的零售企业,在核心企业(连锁总部)的领导下,以经济利益为连接纽带,统一领导,实行集中采购和分散销售,通过规范化经营管理,实现规模经济效益的现代流通组织形式。

第二,连锁超市。是连锁商业形式和超级市场业态两者的有机结合。它是我国现代零售业主流,在发展中进一步细分和完善。如大型综合连锁超市(GMS),主要经营大众商品,其中70%是百货,30%是食品。又如仓储式会员店连锁超市,以零售方式运作批发,采用会员制。

第三,特许经营。是一种根据合同进行的商业活动,体现互利合作关系。一般是由特许授予人(简称特许人)按照合同要求,约束条件给予被授予人(简称受许人,亦称加盟者)的一种权利,允许受许人使用特许人已开发出的企业象征(如商标、商号)和经营技术、诀窍及其他工业产权。特许经营分为:商品商标型特许经营、经营模式特许经营、转换特许经营。

第四,商业街。由经营同类的或异类的商品的多家独立零售商店集合在一个地区,形成的零售商店集中区,也有集购物、休闲、娱乐综合功能的商业街。

第五,购物中心。由零售商店及其相应设施组成的商店群体,作为一个整体进行开发和管理,通常包括一个或多个大的核心商店,并有许多小的商店环绕其中,有庞大的停车场设施,顾客来去方便。购物中心占地面积大,一般有十几万平方米。其主要特征是容纳了众多类型的商店、快餐店,集餐饮、美容、娱乐、健身、休闲于一体,功能齐全,是一种超巨型的商业零售模式。

3.零售商主要策略

过去,个别零售商通过销售特别的或独特的花色品种,提供比竞争者更多更好的服务来赢得竞争优势,但现在各零售商在服务上的分工差异正在逐渐缩小,因此许多零售商不得不重新考虑营销战略。下面我们将讨论零售商在目标市场、产品、服务、商店气氛、定价、促销和销售地点等方面的营销策略。

(1)目标市场策略。零售商最重要的策略是确定目标市场。只有当零售商确定目标市场并且勾勒出其轮廓时,它才能对产品编配、商店装饰、广告词、广告媒体和价格水平等做出一致的策略。为此,零售商应该定期进行市场信息的收集工作,以检查其是否满足目标顾客的需求,是否已成功地使自己的经营日益接近其目标市场了。

(2)产品品种和服务策略。零售商所经营的产品品种必须与目标市场可能购买的商品相一致,这已成为同类零售商竞争的一个关键原则。零售商必须决定产品品种组合的宽度(窄或宽)、深度(浅或深)和产品质量。因为顾客希望商店能够尽可能多地提供产品,使顾客拥有足够大的挑选余地。当然,顾客不仅仅是注意产品种类、型号、式样的多少,许多顾客也十分注意各种产品质量。

零售商要想在产品品种上确立自己的优势,就必须制定在保持与目标市场一致的前提下的产品差异化战略。比如,以竞争的零售商所没有的独特品牌为特色;或者公司自行设计服装在店内销售;商店还可以以新奇多变的商品为特色,带动其他商品的销售;率先推出最近或最新的商品,提供定做商品的服务也不失为一种吸引顾客的好方法。总而言之,公司需采用"人无我有、人有我好、人好我新、人新我快"的经营方法来取得商业竞争中的优势。

(3)商店气氛策略。每个商店都有一个实体的布局,使人容易或不容易走动。每个商店对此都必须精心构思,使其具有一种适合目标市场的气氛,使顾客乐于在此购买。如晚礼服专卖店的气氛应该是典雅、高贵;而运动服专卖店则应该是青春、活泼和激动人心的。

(4)价格策略。零售商的价格是一个关键的定位因素,必须根据目标市场、产品服务编配组合和竞争的有关情况来加以确定。毫无疑问,所有的零售商都希望能以高价销售商品,并能扩大销售量。但是两者往往相矛盾,这使得零售商不得不在两者间谋求一种平衡。常见的零售商也就较多地表现为高成本和低销量(如高级专用品商店)或低成本和高销量(如大型综合商场和折扣商店)两大类。

零售商还必须重视定价的战术技巧。有时零售商必须通过对某些产品标低价来招徕顾客,有时还要举行全部商品的大减价来周转资金以寻求更好地发展企业。

(5)销售地点策略。零售商店的店址选择是它能否吸引顾客的一个关键性竞争要素。大零售商必须仔细考虑这样一个问题:是在许多地区开设许多小店,还是在较少的地方开设几个大店。一般而言,零售商应该在每个城市里开设足够的商店,以便扩大商店影响,获得分销经济。零售商可在中心商业区、地区商业街、小区商业密集地点选择开设商店的地点。比如上海的第一百货商店便在南京路、淮海路等中心商业地区开设了多家分店,同时还开设了沪西店、沪太店等分店,在地区性的商业中心也占有一席之地。

第四节　物流管理

一、物流管理的性质及其重要性

有些人认为物流仅仅意味着卡车和仓库,但是现代的物流远远不止于此。物流也称实体分配,是对商品实体从起点到消费点的流动进行计划、实施、控制,在满足客户需要的同时赚取利润。

过去,实体分配通常始于工厂待销的产品,然后企业力图找到最低成本的解决方案将之交付给客户。然而,今天的营销者更倾向于以顾客为中心的物流思维,这种思维始于市场和顾客,然后倒推回工厂,甚至倒推到资源的供应者。物流不仅仅强调运出分销,还包括运入分销和反向分销,也就是说要包括整个供应链管理——在上游和下游的企业之间管理原材料、最终产品和相关信息的流动。这些企业包括企业本身和其供应商、中间商以及最终客户,如图 10-7 所示。

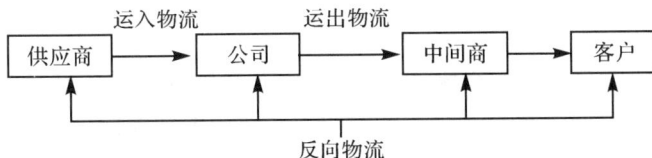

图 10-7　供应链管理

因此,物流经理的任务是协调供应商、采购代理、营销者、渠道成员和客户之间的活动。这些活动包括预测、信息系统、采购、生产计划、订单程序、存货、仓储和运输计划等。

今天的企业十分重视物流。第一,通过改善物流,公司可以提供给顾客更好的服务和更低的价格,从而获得强有力的竞争优势。第二,先进的物流可以为公司和客户节省巨额成本。据麦肯锡公司调查,中国铁路运输的产品其损毁率通常是公路运输的 3 倍。大多数的损毁都发生在运输的装卸两端——从卡车到列车车厢或从车厢到企业的装卸过程中。第三,产品品种的激增对物流管理提出了更高的要求。沃尔玛的购物中心经营超过 10 万种产品。订购、装运、存储和控制这么多的产品种类对物流管理是极大的挑战。第四,信息技术的发展为提高分销效率创造了条件。通过使用完整的供应链管理软件、基于网络的物流系统、POS 扫描器、统一的产品编码、卫星追踪设备和电子数据交货,公司可以迅速有效地对供应链中的产品、信息和资金的流动进行管理。

二、物流管理的目标

有些企业将物流目标陈述为"以最低成本,提供最大限度的客户服务"。实际上,没有任何物流系统可以同时做到服务的最大化和成本的最小化。最大消费者服务包括快速交付、大量存货、品种多样、宽容的退货政策以及其他服务——所有这些都增加了分销成本。相反,最小分销成本则意味着交付缓慢、较低的存货和更大的运输规模——这些都会降低整体的顾客服务水平。

所以,物流的目标应该是以最少的成本为顾客提供目标水准的服务。对此,公司必须识别出不同的渠道服务水平对消费者的重要性,然后为每个细分市场设定需要的服务水平。目标应该是使利润而不是销售额最大化,因此公司必须在提供更高水平的服务和增加成本之间进行权衡。有些公司与竞争者相比提供较少的服务,但其价格也要低得多。另外一些公司则提供较高水平的服务,同时索要较高价格以弥补成本的增加。

三、物流管理的内容

(一)仓储

生产和消费的周期是很少吻合的。所以,大多数公司都必须将有形产品存储起来等待销售。存储的功能弥合了购销双方在数量上和时间上的差距,保证了无论消费者何时需要都可以购买到商品。

企业必须决定存储产品的数量和种类,并决定存放的地点。企业使用的仓库越多,意味着货物能更迅速地送交顾客。但是,较多的仓库也意味着较高的仓储成本。企业储存地点和数目必须考虑顾客服务水平和分配成本之间的平衡。

企业既可以使用存储仓库,也可以使用配销中心。成本储存仓库用以存储商品以满足长期的需求;配销中心则是用以配送产品而不仅仅是存储,这些高度自动化的仓库被用来从不同的工厂和供应商处接收产品、接受订单并有效地处理订单,然后将产品尽可能快地交付给消费者。

例如沃尔玛拥有的物流网络包括全美的 78 家以及全球的另外 37 家巨型配送中心。沃尔玛销售的所有商品中，将近 84% 是通过它自己的配送中心装运配送的，这使沃尔玛对其存货拥有巨大的控制力。这些配送中心每一家一般占地都超过 90 万平方米，可以满足 165 家沃尔玛店的日常供货。激光扫描器每天要扫描超过 19 万件商品，排在传送带上有 17 千米。每个中心的 1000 多名工人每天要装卸大约 500 辆卡车。

近年来，随着技术的进步，仓储发生了巨大的变化。那些老旧的、很多层的仓库和过时的物料处理手段正在逐渐被新型的、单层的自动化仓库和先进的、由计算机控制的物料处理系统所取代，不仅提高了效率，更节省了人力。

(二)存货管理

存货管理同样影响着顾客的满意度。存货太少会导致脱销以及昂贵的紧急运输成本或生产成本，最终引起顾客的不满。存货过多，则有可能导致较高的存货成本，存货也有可能会过时。为此，在做存货决策时，管理部门必须在增加的成本与由此产生的销售和利润之间做出权衡。很多公司通过 JIT 物流系统大大降低了存货和相关的成本。在这样的体系下，生产者和零售商只保持很小规模的产品和零部件存货，通常只够几天的生产和销售。例如，戴尔公司，通常只保留 5 天的存货，而竞争者的一般水平是 40－60 天。新的存货会在需要时恰好送达，而不是被储存在那里等待使用。JIT 系统要求准确地预测及快速、频繁和灵活地交付，这可控制存货，大大节省成本。

(三)运输

运输方式的选择直接影响到产品的定价、交货的效率和货物到达时的状态——所有这些都影响着消费者的满意度。在把产品运往仓库、经销商和消费者的途中，企业有五种主要的运输方式可以选择。

铁路是最为方便、可靠的运输方式。铁路运输速度快，运载量大，受季节、气候的影响小，并有较高的连续性和准确性，适合大宗产品远程运输。

随着道路的修建，国内公路运输份额正在稳步增长，有时跨国的运输也采用公路运输方式。公路运输比较灵活、迅速，便于仓库、码头、车站等直接装卸货物，能够深入山区、农村，在缺乏河流、铁路的地区更为重要。但汽车的运载量小，运费相对较高。

航空运输在亚洲的运量不足 1%，但仍然是一种重要的运输方式。其运费比公路和铁路要贵得多，但在需要快速运达较远的市场时，是一个理想的选择。通常适用于一些易腐产品及价值高、体积小的物品。

水上运输成本最低,速度也最慢,而且有时会受到天气的影响,一般适用于运输体积大但价值低、不易腐烂的货物。

管道运输适用于输送液体、气体产品,如石油、天然气、煤气等。如西气东输工程全部为管道运输。

选择运输方式要综合考虑速度、可靠性、运载能力、可用性和成本等因素以及用较低的成本费用达到让顾客满意的目标。

▶ 本章小结

绝大多数产品并不是由生产者直接提供给最终消费者的,而是需要借助于各种执行不同功能的营销中介,这就产生了营销渠道。具体来说,营销渠道就是产品从生产者到最终消费者手中所经历的各个环节和功能的总和。渠道承担着沟通、谈判、运输等功能。此时供应商选择什么样的渠道将会直接影响到其他营销策略。根据市场需求分析和渠道设计的目标,设计不同的渠道方案。方案中包括了对渠道成员的选择和彼此关系的确定,意味着供应商对分销商在责任、义务等方面的长期承诺。方案包括渠道成员管理准则,明确的渠道成员选择的原则,成员激励机制和绩效评价等。其中最为重要的一点是解决渠道冲突,因为任何渠道在运营过程中发生冲突是不可避免的。在解决问题前应该明确冲突的类型,导致冲突的主要原因和解决渠道冲突的途径。在营销渠道中扮演重要角色的是中间商、批发商和零售商。他们经营形式多样,承担着产品分类、运输和保管等职责,有各自的服务定位和营销策略,对于供应商来说是销售专家,而对于最终消费者来说则扮演着采购代理的角色。营销渠道中还必须重视物流管理,做到在适当时间将适当数量的产品转移到特定地点,有效地传递给消费者。在物的传递过程中要明确仓储决策、存货决策和运输管理等几个重要问题。

▶ 案例阅读与分析

【案例】 安利成长与营销渠道模式选择

安利是全球大型日用消费品生产及销售商,安利(中国)是国家工商行政管理局批准的全国首批直销公司之一。安利能够在中国取得快速地成长的原因在于人员直销渠道模式。

所谓人员直销渠道模式,是指以销售人员一对一营销为主,来建立自己强大营销渠道网络的营销渠道方法。人员直销模式尤其适用于日用消费品的营销。原因在于日常消费品消费量足够大,而且消费群体十分广泛,采用人员直销渠道方式可以充分利用销售人员与消费者之间的亲人、朋友、邻里关系,快速达成对企业和产品的信任感,并且以低成本方式逐步占领广大市场,通过不断的努力,能够达到极大的市场营销覆盖面。

这是一组简单的销售数据:1998年3亿;1999年6亿;2000年12亿;2001年40亿;2002年60亿;2003年80亿。安利在6年间销售额增加了25.7倍,这当然有安利品质的功劳,但其渠道因素是决定性的,安利采用直复式营销方式。直复式营销要求在各个区域市场加店铺,这样做有利于展示安利诚实经营的社会公众形象,而且由于店铺备货充足,也给安利众多产品一个很好的展示窗口,使得各个区域市场的潜在顾客对企业的认知和认同比例大增;店铺的增加保证了产品的合理库存,因此能够及时为顾客提供所需求的产品;安利店铺的增加让营业代表有了一个共同交流促进的平台,一些好的营销理论和先进的销售方法在这里传播,很大程度上提高了营业代表的业务技巧和沟通能力,因此也巩固了营业代表队伍的忠诚度;营业代表获得了更多的教育机会,素质涵养全面改善,这些代表着企业形象的销售人员无疑使安利(中国)的社会公众形象也得以提升。

安利的"店铺+推销员"的销售方式,对物流储运有非常高的要求。安利的物流储运系统,其主要功能是将安利工厂生产的产品及向其他供应商采购的印刷品、辅销产品等先转运到位于广州的储运中心,然后通过不同的运输方式运抵各地的区域仓库(主要包括沈阳、北京及上海外仓)暂时储存,再根据需求转运至设在各省市的店铺,并通过家居送货或店铺等销售渠道推向市场。与其他公司所不同的是,安利储运部同时还兼着管理全国近百家店铺的营运、家居送货及电话订货等服务。所以,物流系统的完善与效率,在很大程度上影响着整个市场的有效运作。

但是,由于目前国内的物流资讯极为短缺,他们很难获得物流企业的详细信息,如从业公司的数量、资质和信用等,而国内的第三方物流供应商在专业化方面也有所欠缺,很难达到企业的要求。在这样的状况下,安利采用了适应中国国情的"安利团队+第三方物流供应商"的全方位运作模式。核心业务如库存控制等由安利统筹管理,实施信息资源最大范围的共享,使企业价值链发挥最大的效益。而非核心环节,则通过外包形式完成。如以广州为中心的珠三角地区主要由安利的车队运输,其他绝大部分货物运输都是由第三方物流公司来承担。另外,全国几乎所有的仓库均为外租第三方物流公司的仓库,而核心业务,如库存设计、调配指令及储运中心的主体设施与运作则主要由安利本身的团队统筹管理。目前已有多家大型第三方物流公司承担安利公司大部分的配送业务。公司会派员定期监督和进行市场调查,以评估服务供货商是否提供具竞争力的价格,并符合公司要求的服务标准。这样,既能整合第三方物流的资源优势,与其建立坚固的合作伙伴关系,同时又通过对企业供应链的核心环节——管理系统、设施和团队的掌控,保持安利的自身优势。

"店铺加雇用推销员"模式就是安利(中国)转型的最主要内容,同时也是今天公司业绩快速增长的原因之一。目前安利(中国)在中国内地拥有120家店铺,9万名活跃的销售代表推销着安利的180种产品。黄德荫总裁介绍说,目前安利(中国)拥有3300多名正式员工,预计到今年9月将再增加1200名,他们中的绝大多数将服务于安利(中国)新开的店铺,估计到年底中国内地将有180家店铺。

在2003财政年度(2002年9月至2003年8月)中,安利(中国)销售额比上年增长30%,达到10亿美元,占安利全球49亿美元销售额中的五分之一,中国超过美国和日本成为安利在全球最大的市场。①

【讨论】

1.与传统的营销渠道比较,直复式营销有什么优势和劣势?

2.安利的供应链管理有什么特色?

3.为了适应环境,安利有可能建立新的营销渠道吗?

▶▶▶ 思考题

1.什么是营销渠道?它有几种常见结构?

2.哪些因素对渠道选择有重要影响?

3.渠道成员控制的方式有哪些?

4.如何评价渠道成员绩效?

5.如何处理渠道间的冲突?

6.零售商与批发商的销售策略各有哪些?

7.物流管理包括哪几项重要内容?

---

①参见:《转型后的"雅芳"和"安利"》《安利(中国)的变革》,载中国营销传播网。

第十一章　整合营销传播决策

在这个一体化、多元化的竞争时代，营销即传播，传播即营销，两者密不可分。

——唐·舒尔茨

■本章学习目标

通过本章的学习，要求对整合营销传播及其决策因素有一个基本的了解，对广告、销售促进、公共关系和人员推销四种重要的营销传播方式有较为全面的认识，领会并掌握这些营销传播手段的特点、作用及应用技巧。

■本章学习重点

整合营销传播的决策因素；广告决策；销售促进决策；公共关系决策；人员推销决策。

作为市场营销和营销传播领域的一种新观念，整合营销传播（IMC）兴起于20世纪后期。1993年，美国西北大学唐·舒尔茨教授等人出版的《整合营销传播》一书，从理论上提出整合营销传播概念。进入21世纪之后，整合营销传播理念在市场营销实践中得到越来越广泛的应用。广告、销售促进、公共关系和人员推销既是市场营销中的主要促销手段，也是整合营销传播的重要形式。本章将从营销沟通视角，对整合营销传播决策及其特点、作用和应用技巧做较深入的剖析。

第一节　整合营销传播组合决策

现代市场营销不仅要求企业开发适销对路的产品和服务，同时还要求企业控制其在市场上的形象，设计并传播相关的外观、特色、购买条件以及产品给目标顾客带来的利益等方面的信息。整合营销传播由此应运而生，它是对营销传播的进一步发展。根据舒尔茨教授的定义，整合营销传播是发展和实施针对现有和潜在顾客的各种劝说性沟通计划的长期过程。整合营销传播的目的是对特定沟通受众的行为施加直接或间接影响。

一、营销传播组合

营销传播组合是指与现有的和潜在的顾客有关并可能为其接受的一切沟通形式。营销传播组合的构成要素可从广义和狭义两个角度来考察。就广义而言,市场营销组合中的各个因素都可归入营销传播组合,如产品的式样、包装的颜色与外观、价格等都传播了某些信息。就狭义而言,营销传播组合主要包括具有沟通性质的市场营销工作,如广告、销售促进、公共关系和人员推销等。这些传播手段各有其特殊的潜力和复杂性,需要进行专业化管理。从营销传播组合的历史发展过程看,企业最先划分出人员推销职能,其次是广告,再次是销售促进,最后是公共关系。

所谓广告,是指广告主支付一定的费用,采取非人员推销形式,通过各种媒介(如报纸和杂志、广播电台和电视台、邮寄广告、广告牌、招贴、商品目录)把产品信息传送给广大目标顾客,以促进产品销售。人员推销是指与一个或多个可能的购买者交谈,为实现销售所进行的口头陈述活动。销售促进是指能鼓励购买或销售产品及服务的种种短期诱因。公共关系是指企业在从事市场营销活动中正确处理企业与社会公众的关系,以便树立企业的良好形象,促进企业营销目标的实现。企业的营销传播组合就是由上述四种传播手段所构成的有机组合。

应该指出的是,营销传播组合的构成要素并非一成不变。随着企业营销实践的发展,总有新的传播手段不断出现。如公共关系的手段已从过去单纯的宣传扩大为企业赞助、慈善捐赠等。

二、整合营销传播预算

企业在制定整合营销传播决策时,首先会遇到两个主要问题:一是应花费多少投资用来进行整合营销传播;二是这些投资如何在众多的传播手段之间进行分配。

企业在制定整合营销传播决策之前,应科学估计用于营销传播的投入,是否比用于新产品开发、降低售价、改进分销渠道等方面的投入更为有效,否则营销传播投入就不能太多。事实上,增加新产品开发、降低售价、改进分销渠道等方面的费用支出,会使顾客在心目中感到可得到更多的实在价值,使之产生实惠感。然而,营销传播也是企业必须进行的市场营销活动之一,它可以帮助顾客认识产品、引起兴趣,进而促使其购买。并且由于营销传播的影响,顾客购买后心理上的满足感也会增强。从这个意义上讲,营销传播也是一种重要的顾客价值创造过程。因此,对于一个现代企业而言,问题不在于是否应进行整合营销传播,而在于应科学决策对整合营销传播的具体预算投入。

一般而言,在下述情况下,整合营销传播活动应比其他市场营销活动具有更大的作用,并应给予更多的预算投入。

1.当竞争者产品相似,市场领导者有意在顾客心理上造成差异印象时,应大规模地增加整合营销传播活动预算投入。

2.在产品生命周期的投入期应多增加整合营销传播活动。因为在这一阶段,顾客对产品及其用法、用途还不熟悉,需要企业进行大规模的营销传播活动来推广并引起购买者的兴趣。此外,在产品生命周期的成熟期,也要多采取营销传播活动,以维持已有的市场占有率。

3.当企业采取一些特殊的渠道和销售方式进行产品销售,尤其是采取非现场销售方式时,如网络销售、邮购方式销售和自动售货机销售等。

【案例11-1】 企业广告费和业务宣传费支出受限。2007年12月11日上午,国务院正式公布《中华人民共和国企业所得税法实施条例》。该条例自2008年1月1日起施行。条例中规定,企业发生的符合条件的广告费和业务宣传费支出,除国务院财政、税务主管部门另有规定外,不超过当年销售(营业)收入15%的部分,准予扣除;超过部分,准予在以后纳税年度结转扣除。[①]

三、确定最佳营销传播组合应考虑的因素

确定营销传播组合实质上就是企业在各种传播工具之间合理分配预算的问题。一般来讲,企业在将预算分配到各种传播工具时须考虑如下因素。

(一)产品类型

主要是指产品是消费品还是产业用品(工业品)。从西方国家市场营销发展史看,消费品与产业用品的整合营销传播组合是有区别的。广告一直是消费品市场营销的主要传播工具,而人员推销则是产业用品市场营销的主要传播工具,销售促进在这两类市场上具有同等重要程度。上述情况曾一度使不少市场营销管理人员误认为广告在产业用品市场营销上不重要、人员推销在消费品市场营销上不重要。这种观点是片面且错误的。的确,在产业用品的市场营销中人员推销通常比广告更具影响力,尤其当产品比较复杂时。但是,广告在产业用品市场营销中也执行着十分重要的职能。

1.建立知晓。不了解企业及其产品的潜在顾客可能会拒绝与推销员见面,即

---

①根据2008年5月《市场营销实务》(人大复印资料)整理。

使顾客同意与推销员见面,推销员也可能要花很多时间来描述企业及其产品。而广告则有助于省去这些麻烦。

2.便于理解。广告可以宣传产品的新特色,帮助消费者正确理解产品。

3.有效提醒。假如潜在顾客已经知道该产品但尚未准备购买,则可利用广告有效提醒消费者尽快购买该产品,且这一方式比人员推销更为经济。

4.提供线索。附有回寄赠券的广告可为推销人员提供线索,使其推销工作方向明确。

5.证明有效。推销人员可利用企业的印刷广告,证明企业及产品的有效性和合法性。

6.再度保证。广告可以提醒顾客如何使用产品,并且再度保证他们购买。

西奥多·本维特为考察企业声誉(主要靠广告建立的企业声誉)与企业销售展示在产业用品市场营销中的相对重要性,曾做过专门的实验。其主要内容是虚构一种作为油漆原料的新技术产品,并将该产品的销售展示制成不同的影片,然后让消费者代表观看。看完影片后,将这些消费者代表的反应及评分都收集起来,五周后再做一次实验。结果发现广告在产业用品市场营销过程中扮演着十分重要的角色,尤其是在产品复杂、风险大以及购买者所受专业训练少的情况下,有效的企业广告通过提高企业的声誉而对推销员的工作产生积极影响。

在市场营销实践中,正如许多产业用品的市场营销人员轻视广告作用一样,也有不少消费品市场营销人员轻视人员推销的作用。在许多生产消费品的企业里,其推销员的工作仅限于收集代理商提供的订单,再看看货架上是否有足够的存货。因此,人们一般的感觉是"推销员把产品放在货架上,而广告把产品卖掉"。但事实上,在消费品市场营销中,一个训练有素的推销员不仅可以说服代理商储存更多的企业产品,并为本企业产品提供更多的货位空间;同时还可以大大增强代理商对本企业产品的销售热情和努力程度。

(二)推式与拉式策略

企业选择推式策略还是拉式策略来实现销售,对营销传播组合也具有重要影响。

推式策略是指生产商利用推销人员或分销渠道向最终顾客推销产品。生产商将产品积极推到批发商手上,批发商又积极地将产品推给零售商,零售商再将产品推向消费者。

拉式策略是指企业针对最后消费者,花费大量的资金从事广告、公共关系等整合营销传播活动,以增进产品的需求。如果做得有效,消费者就会向零售商要求购买该产品,于是拉动了整个渠道系统,零售商会向批发商要求购买该产品,而批发商又会向生产者要求购买该产品。

不同企业对推式策略和拉式策略的偏好各有不同,这种策略选择显然会影响各种营销传播工具的资金分配。

(三)沟通任务

确定最佳营销传播组合还需考虑企业的沟通任务或传播目标。相同的营销传播工具在实现不同的传播目标上,其成本效益会有所不同。例如,尽管经营产业用品的企业花在人员推销上的费用远远高于广告费用支出,但是所有传播目标都靠人员推销一种传播工具去实现也是不切实际的。

广告、销售促进和公共关系在建立购买者知晓方面,比人员推销的效益要好得多。在促进购买者对企业及其产品的了解方面,广告的成本效益最好,人员推销居其次。购买者对企业及其产品的信任,在很大程度上受人员推销的影响,其次才是广告。购买者订货与否以及订货多少也主要受到人员推销的影响,销售促进则起协调作用。

(四)产品生命周期阶段

在产品生命周期的不同阶段,企业各类营销传播活动及其支出的效果也有所不同。

1. 在投入期,由于新产品初上市时消费者对其不认识不了解,广告与销售促进的配合使用有助于促进消费者认识、了解企业产品。

2. 在成长期,社交渠道沟通方式开始产生明显效果,口头传播越来越重要。如果企业想取得更多利润,则宜用人员推销来取代广告和销售促进的主导地位,以降低成本。

3. 在成熟期,竞争对手日益增多,为了与竞争对手相抗衡,保持住已有的市场占有率,企业必须增加营销传播投入。这一阶段可能发现了现有产品的新用途,或推出了改良产品,在这种情况下,加强销售促进活动能促使顾客了解产品,诱发购买兴趣,比单纯的广告活动更为有效。

4. 在衰退期,企业应把营销传播规模降到最低限度,以保证足够的利润收入。在这一阶段,只用少量广告活动来保持顾客的记忆即可,人员推销可减至小规模,公共关系活动可以全面停止。

由上可知,在整个产品的生命周期中,企业应采取的营销传播组合依各个阶段的不同而有所不同。总的来看,在投入期和成熟期,营销传播活动十分重要;而在成长期和衰退期,则可降低营销传播费用支出,缩小传播规模,以保证足够的利润收入。

(五)顾客所处购买阶段

顾客购买过程经历认知、理解、信任、成交及重购等阶段。在不同的购买阶段，各传播工具的成本效应也不同。广告和公共关系在认知阶段作用最大；顾客对产品的理解主要受到广告及人员推销的影响；顾客的信任主要来自人员推销；成交和重购主要受人员推销及销售促进的影响，或多或少收到提示性广告的影响。一般来说，广告和公共关系在购买者决策的初期效果最好，而人员推销和销售促进则在购买的后期效果较好。

(六)企业的市场地位

企业的市场地位不同，导致顾客对企业产品的理解不同。顾客通常希望排名靠后的企业比排名靠前的企业提供价格更低的相同品质产品或提供额外利益。因而，排名靠前的品牌做广告比销售促进可以获得更多的利益，排名靠后的企业与其把主要传播费用花在大做广告以提高知名度上，不如主要花在销售促进上，以更为切实的利益来吸引顾客。

(七)经济前景

企业应随着经济前景的变化，及时改变营销传播组合。如在通货膨胀时期购买者对价格反应十分敏感。在这种情况下，企业至少可采取如下对策：(1)提高销售促进相对于广告的分量；(2)在销售促进中特别强调产品价值及其价格；(3)通过传播各种信息告诉顾客在何处以及如何明智地购买。

第二节 广告决策

广告有着悠久的历史，它是市场经济发展的产物。在现代企业营销活动中，占有越来越重要的地位。随着市场经济的高度发展，广告作为面向企业外部社会大众的非直接接触的信息传播手段之一，在促进产品销售方面发挥着极其重要的地位。可以说，每一个强势品牌的背后都离不开广告的支撑。尤其是在消费者市场，广告无疑是应用最为广泛的营销传播工具之一。

一、广告概述

(一)广告的概念

广告顾名思义就是广而告之的意思。广告是为了某种特定的需要，通过一定形式的媒体,并消耗一定的费用,公开而广泛地向公众传递信息的营销传播手段。

　　广告有广义和狭义之分,广义广告包括非经济广告和经济广告。非经济广告指不以赢利为目的的广告,如政府行政部门、社会事业单位乃至个人的各种公告、启事、声明等。狭义广告仅指经济广告,又称商业广告,是指以赢利为目的的广告,通常是生产者、经营者和消费者之间沟通信息的重要手段,或企业占领市场、推销产品、提供劳务的重要形式。这里我们主要介绍狭义广告,它是广告主以支付费用的方式,采用一定的媒体向目标市场传播产品信息,并说服目标顾客购买的经济活动。

　　广告的传播对象是企业的目标市场消费者;广告的传播内容是产品和服务信息;广告的传播途径需通过特定媒体来实现并支付相关费用;广告的传播目的是为了促进产品销售。

　　【案例11-2】　广告是市场经济的产物,自从有了商品生产和交换,广告也随之出现。世界上最早的广告是通过声音进行的,叫口头广告,又称叫卖广告,这是最原始、最简单的广告形式。早在奴隶社会初期的古希腊,人们通过叫卖贩卖奴隶、牲畜,公开宣传并吆喝出有节奏的广告。

　　商标字号也是古老的广告形式之一。它起源于古城庞贝,如古罗马的一家奶品厂就以山羊做标记;一条骡子拉磨盘表示面包房;而一个孩子被鞭子抽打则是一所学校采用的标记。在中世纪的英国,一只手臂挥锤表示金匠作坊;三只鸽子和一只节杖表示纺线厂。

　　我国是世界上最早产生广告的国家之一。早在西周时期,便出现了音响广告。《诗经》的《周颂·有瞽》一章里已有"箫管备举"的诗句,据汉代郑玄注说:"萧,编小竹管,如今卖饧者所吹也。"唐代孔颖达也疏解说:"其时卖饧之人,吹箫以自表也。"可见西周时,卖糖食的小贩就已经懂得以吹箫管之声招徕生意。之后出现的是"悬帜"广告。《韩非子·外储说》说道:"宋人有沽酒者,升概甚平,遇客甚谨,为酒甚美,悬帜甚高著。"这是我国酒家和酒旗最早的记录。酒店开设在固定场所,为了招徕顾客,抛出一面酒旗,这也就是吸引主顾的广告形式。这种形式后来沿用不断,如唐代张籍有"高高酒旗悬江口",杜牧有"水村山郭酒旗风"等诗句。《水浒传》里也有这样描绘:"武松在路上行了几日……望见前面有一个酒店,挑着一面招旗在门前,上头写着五个字迹:三碗不过岗。"除了酒旗外,其他行业也有各种标志性的广告形式。据《费长房》中说"市有老翁卖药,悬壶于肆头",就是用葫芦作为药铺的象征性标志,悬挂街头或药铺的门前。[①]

---

　　①参见《世界上最早的广告》,载中国投资咨询网,http://culture. ocn. com. cn/2008626/File200862684.html。

（二）广告的种类

1.按广告内容不同可分为：产品广告、企业广告、公益广告。

（1）产品广告。产品广告是针对产品销售开展的广告宣传，它能够扩大商品的销售量，吸引潜在的消费者实现购买。

（2）企业广告。企业广告是通过介绍企业宗旨、文化等，向消费者提供信息，目的在于增强企业在行业、社会和消费者中的形象，建立企业声誉。

（3）公益广告。公益广告是用来宣传公益事业或公共道德的广告。它能够实现企业自身目标与社会目标融合，树立和强化企业形象。

2.按广告媒体不同可分为：视听广告、印刷广告、其他形式的广告。

（1）视听广告。视听广告的形式有电视、广播、电影、乐器音响等。

（2）印刷广告。印刷广告的主要形式有报纸、杂志、招贴、产品说明书等。

（3）其他形式广告。其他形式广告主要包括橱窗广告、标语广告、邮寄广告、路牌广告等。

3.根据广告传播的区域不同可分为：全国性广告和地区性广告。

（1）全国性广告。它是指采用信息传播能覆盖全国的媒体所做的广告，以此激发全国消费者对所做广告的产品产生需求。这种广告要求广告产品是适合全国通用的产品。

（2）地区性广告。它指的是采用信息传播只能覆盖一定区域的媒体所作的广告，借以刺激某些特定地区消费者对产品的需求，此类广告传播范围小，多适用于产品通用性差的企业和产品。

（三）广告的功能

广告功能指广告的基本作用与效能。其对消费者所产生的作用与影响可以分为以下几个方面。

1.认知功能。即消费者通过广告了解产品的质量、特点、用途、价格、购买地点、购买方式等信息。

2.心理功能。广告作为一种说服型沟通活动，能够激发消费者的购买欲望，影响购买者的购买行为。

3.引导功能。主要表现在它可以引导消费时尚，可以引导消费选择，给消费者更多考虑的余地，又可以引导消费者文明、健康的消费方式。

4.艺术教育功能。广告本身就是一种艺术作品，好的广告可以给人以美的享受。如好的室外广告可兼具美化环境的作用。另外，一些广告可以培养人们道德文明的观念、增长知识等。

二、广告决策

广告决策是企业在广告活动中进行的系列策划和控制,它包括建立广告目标、决策广告预算、选择广告信息、选择广告媒体和衡量广告效果。

(一)建立广告目标

广告目标是企业通过广告活动所要达到的目标。它是制定广告决策的首要步骤,将直接影响广告的效果。广告目标可根据通知、说服和提醒的作用分类。

1.通知性广告。它主要向目标市场介绍产品,提高消费者的认知程度,以唤起其需求,一般用在产品的开拓性阶段,即用于新产品的广告。

2.说服性广告。在产品生命周期中的成长期,企业为增强产品的竞争力,建立消费者需求偏好,一般采用说服性广告。

3.提醒性广告。在产品生命周期的成熟期,企业市场地位相对稳定,为保持消费者对产品的记忆以及稳定市场需求,提醒性广告十分重要。

(二)制定广告预算

广告预算是广告主为从事广告活动而投入的预算。在制定广告预算时,企业应考虑产品生命周期、市场份额和消费者基础、竞争与干扰、广告频率、产品替代性等关键因素。广告预算的方法主要有比例预算法、竞争对等法、量力而行法以及目标定位法等。

1.比例预算法。即按销售额的一定百分比来确定广告预算的方法,其中销售额可以是上一年的实际销售额、本年的计划销售额或平均销售额等。

2.竞争对等法。是指企业根据竞争者的广告支出决定自己广告预算的方法,其目的通常是为保持企业竞争地位。

3.量力而行法。是指企业按照自己的财务状况进行广告费用安排的方法。财务状况好则可能有较高的广告预算;反之,广告预算会降低。

4.目标任务法。是指企业根据预定广告目标达成所需的广告活动来确定广告费用的方法。一般有如下步骤:一是明确广告目标;二是确定达成广告目标所要采取的广告活动;三是计算这些活动所需要的费用。

(三)确定广告信息

一个高质量的广告必须具有真实性、针对性,同时还必须具备艺术性。欺骗性广告不仅违反商业道德,同时也会令企业丧失信誉。广告信息主要包括广告主题和广告内容。

1.广告主题。亦称广告诉求主题,是指企业须了解对消费者说些什么才能产生预期的认知、情感和行为反应,它主要包括理性诉求、情感诉求和道德诉求。

(1)理性诉求。即直接向消费者诉求理性利益,显示产品能带给消费者的功能利益,促使人们做出理智的购买选择。

(2)情感诉求。它是试图向目标顾客传播某种情感因素,如快乐、喜爱、自豪等,以激起消费者对产品的兴趣和购买欲望。

(3)道德诉求。它是从道德的角度传播是非标准,用以规范人们的行为。一般运用于公益广告。

2.广告内容。一般包括以下内容中的一条或几条。

(1)企业经营观念,如企业宗旨、经营方针、文化思想等。

(2)产品特性,如产品性能、效用、品牌、市场地位等。

(3)产品价格和支付方式。

(4)销售地点,包括企业地址、销售网络或企业电话、网址等。

(5)售后服务等其他事项。

(四)选择广告媒体

1.广告媒体是传递广告信息的载体,随着科学技术的进步,媒体的种类也在不断增加。表11-1中描述了一些主要广告媒体的特性。

表11-1　主要广告媒体的特性

媒体	优点	缺点
报纸	灵活,及时,本地市场覆盖面大,已被接受,可信度高	保存性差,传阅者少,广告版面太少,易被忽视
电视	综合视觉听觉,有感染力,能引起高度注意,触及面广	成本高,干扰多,瞬间即逝,选择性和针对性较差
杂志	地理、人口可选择性强,可信并具有一定的权威性,复制率高,保存期长,传阅者多	广告购买前置时间长,有些发行浪费导致广告无效
广播	大众化宣传,地理和人口方面选择性强,成本低	仅有声音,信息转瞬即逝,表现手法不如电视吸引人
户外广告	灵活,广告展露时间长,费用低,竞争少	观众没有选择,缺乏创新
因特网	非常高的选择性,交互机会多,相对成本低	作为新媒体,用户具有一定的局限性

2.在选择媒体时,应考虑以下因素。

(1)目标市场的媒体习惯。如对于青少年,广播和电视是最有效的广告媒体。

(2)产品。企业应根据所销售产品或服务的性质与特征而定,如妇女服装广告等在彩色印刷的杂志上最吸引人,而宝丽莱照相机广告则最好通过电视来做一些示范表演。

(3)广告内容。广告信息量大、内容多时应选择报刊、杂志等印刷媒体,广告中需展示商品外观、结构时应选择电视媒体,广告需及时传播则选择广播、电视、日报等媒体。

(4)媒体收费。不同媒体影响力不同、传播范围不同、可信度不同,收费也不同,通常电视收费高于广播,全国性报纸高于地方性报纸。

(5)媒体传播范围。选择广告媒体必须使媒体传播范围与企业目标市场范围相一致。

(五)衡量广告效果

广告效果是广告传播之后所产生的影响。这种影响可以分为:对消费者的影响,即广告沟通效果;对企业经营的影响,即广告销售效果。

1.广告沟通效果的研究目的在于分析和判断广告活动是否达成了预期的沟通目的。测定广告沟通效果的方法主要有广告事前测定与广告事后测定两种方法。

(1)广告事前测定,即在广告作品尚未正式制作完成之前进行的各种测验,包括直接评分法、组合测试法和实验室方法等。

(2)广告事后测定,主要用来评估在媒体播出广告信息之后,实际产生的沟通效果,常用方法有回忆测定法和识别测试法。

2.广告销售效果是在广告传播出之后,测定销售额和利润率的变化状况。对广告销售效果的测定主要有历史分析法和实验设计分析两种方法。现实中,导致产品销售额增加的因素很多,广告仅为其中因素之一,故要准确测定广告销售效果比较困难。但在其他影响因素较少或可控程度较高的情况下,广告对销售影响的测定会相对容易。

第三节　销售促进决策

销售促进(Sales Promotion),又译作营业推广,是指企业运用各种短期诱因鼓励消费者和中间商购买、经销或代理企业产品或服务的促销活动。销售促进是营销沟通的主要形式之一,其沟通对象包括企业和个人,它运用语言和非语言的沟通方式,在一个较短的时期内,通过大量信息的迅速传递来激发沟通对象的购买欲望。

一、销售促进的特征和作用

(一)销售促进的基本特征

1.非规则性和非周期性。典型的销售促进不像广告、人员推销、公共关系那样作为一种常规性的促销活动出现,而是往往用于短期的和额外的促销工作,其着眼点往往在于解决一些更为具体的促销问题,因而往往是非规则性、非周期性地使用和出现的。

2.灵活多样性。销售促进的方式十分繁多,除上面所提到的以外,还有贸易促销、特种价格促销、互惠、价格保证、经销津贴、奖售促销、义卖、优惠券等促销方式,这些方式各有其长处和特点,可以根据企业经营的不同产品的特点,面临的不同市场营销环境灵活地加以选择和运用。

3.短期效益比较明显。一般来说,只要销售促进的方式选择运用得当,其效果往往可以很快地在其经营活动中显示出来,而不像广告、公共关系那样需要一个较长的周期。因此,销售促进最适宜完成短期的具体目标。

(二)销售促进的作用

1.可有效加速新产品进入市场的过程。当消费者对刚投放市场的新产品还未能有足够的了解并做出积极反应时,通过一些必要的促销措施可以在短期内迅速地为新产品开辟道路。如采取欲取先予的战术,先让消费者免费试用新产品样品,来引起消费者对新产品的兴趣;采用搭配出售的办法,把新产品与其他产品一起以较低的价格搭配出售,利用原有顾客网络来扩大新产品的市场。西方商业中还常常采用退款优待的方式来鼓励消费者对新产品的第一次购买,即消费者从零售店按正常价格购买商品,然后把某种购买证明(标签等)寄给制造商,这样他可以收到制造商寄回的一定数额的货币。实践证明,这些销售促进方式对在短期内把新产品打入现有市场是行之有效的。

2.可有效抵御和击败竞争者的促销活动。销售促进是在市场竞争中抵御和反击竞争者的有效武器。在这方面,也有许多销售促进工具可供选择,如采用减价赠券或减价包装的方式来增强企业经营的同类产品对顾客的吸引力,以稳定和扩大自己的顾客队伍,抵御竞争者的侵蚀;采用购货累计折扣优待的方式来促使顾客增加购物数量和提高购货频率,商店按其在本企业购买商品的累计金额来按一定比率给顾客以价格折扣或退款优待。

3.可有效地刺激消费者购买和向消费者灌输对本企业有利的信息。当消费者在众多同类商品中进行选择,尚未作出购买决策时,及时的销售促进手段往往可以产生出人意料的效果。我们常可在百货商店看到制造厂家的代表在宣传、展示自己的产品,这都是有效的促销方法,能促使顾客做出购买决策或引起顾客的冲动性购买,并形成连锁反应。有的企业采取赠送印有本企业的名称、地址、电话号码的日历、台历、开瓶器、温度计等精美的小物品,来向消费者传递企业的有关信息,建立消费者对企业的好感,促进本企业产品的销售。

4.可有效影响中间商的交易行为。制造商常常采用多种销售促进方式来促使中间商,特别是零售商作出有利于自身的经营决策。如通过向中间商提供购买馈赠、陈列馈赠来鼓励订货,向零售商提供交易补贴来弥补零售商制作产品广告、张贴商业通知或布置产品陈列时所支出的费用,通过批量折扣、类别顾客折扣、经销竞赛等方式来劝诱中间商更多地购买和同厂商保持稳定的购销关系,帮助中间商培训销售人员、服务人员,改善促销工作等。

二、销售促进的方法

销售促进由用来刺激和强化市场需求的花样繁多的各种促销工具组成。根据销售促进的对象不同,可将其分为面向消费者、面向中间商和面向推销人员三大类别。不同类别的销售促进工具的应用范围和有效程度,与其应用环境中各种因素的复杂影响密切相关。

(一)面向消费者的销售促进方式

1.赠送样品。样品是指免费提供给消费者或供其使用的产品。企业可以采取挨家挨户送、邮寄发送、在酒店内提供、和其他产品一块附送或以广告品等形式送到消费者手中。这一销售促进方法适用于处于产品生命周期导入期的新产品推广和介绍,推广对象应是企业目标市场的最终消费者,赠送样品通常为非耐用品。

2.有奖销售。企业在销售某种产品时,对于购买产品的消费者设立若干奖励,奖给那些对号中奖的顾客,从而吸引大量顾客购买。如消费者可凭商品中的某种标志(瓶盖等)免费或以很低的价格获取一定的好处;或消费者购买商品达到一定数量可以获赠礼品;企业以抽奖或摇奖的方式抽取幸运消费者等。有奖销售的刺激性很强,常用于推销品牌成熟的日用消费品。

3.发放优惠券。企业向目标市场的部分消费者发放一种优惠券,消费者可以凭券按实际销售价格折扣购买某种商品。优惠券可以采取直接赠送或广告附送的方式发放。发放优惠券方式可以直接吸引消费者购买指定产品,适用于刺激成熟品牌商品的销量,也可鼓励买主试用新品牌。

4.特价包装和赠品销售。特价包装是向消费者以低于常规价格的优惠价销售商品的一种方法,主要是采取在商品包装上进行改装,将多个同种或不同商品组合在一起进行销售的方法。赠品销售则通过赠送便宜品、附赠品或免费品来吸引消费者大批购买。如向购买者赠送交易印花,印花积累到一定程度就可向企业领取奖品或奖金。有的包装物本身就是能重新使用的容器,这也是一种赠品。

5.商品展销。在展销会期间,商品花色品种比较齐全、名优产品较多、价格优惠、服务周到。因此,商品展销可以集中消费者的注意力和购买力,是难得的销售促进的机会和方式。

6.减价销售。减价销售是一种最直接的消费者让利行为,即在约定的时间里,为鼓励消费者购买而对商品采取的一种价格优惠措施,如节日减价、季节减价、最后销售减价、每日特定商品减价等。减价销售虽然在短时期内能够强力推进商品销售,但同时也会对企业及产品带来一定危害,如造成消费者对价格变动反应疲软、不利于企业及产品形象等,因此应谨慎采用。

【案例11-3】 2008年3月14日,国美首家家电折扣店在北京开业。国美电器北京分公司总经理阎小兵表示,虽然"低价格"一直是国美等家电卖场的拿手好戏,但此次开张的折扣店仍将给人耳目一新的感觉,这里将会集国美在北京所有卖场的过季电器、产品样机等实施高折扣销售,"价格最高不会超过8折,最低则不会封底!"阎小兵介绍,这家店里的主要商品来源将是各品牌的不应季或是老款产品。他表示,虽然这些产品已不适合在普通家电卖场陈列,但确实有很多消费者还有这种需求。不过国美方面也表示,折扣店模式对于多数消费者可能还有一个接受的过程,因为很多消费者对于家电等耐用消费品一提到折扣就想到是残次品。对此国美明确表示,折扣店的商品同样可以享受到与正常商品一样的售后服务承诺。同时商场会对各种折扣产品的折扣原因进行明示,对于一些样机甚至会标明其在卖场展示了多长时间。①

(二)面向中间商的销售促进方式

1.价格折扣。在某段指定的时期内,中间商每次购货都可获得低于价目单定价的直接折扣。这一优惠待遇鼓励经销商去购买一般情况下不愿购买的数量或新产品。中间商可将购货补贴用作广告费用、零售价减价或作为直接利润。

2.折让。企业提供折让,以此作为中间商以某种方式突出宣传产品的补偿。广告折让用以补偿为企业产品做广告宣传的中间商。陈列折让则用以补偿对产品进行特殊陈列的中间商。

①根据2008年7月《市场营销实务》(人大复印资料)整理。

3.免费商品。企业可提供免费产品给购买达到一定数量或有规模的中间商,如额外赠送几箱产品。企业也可以为中间商提供免费的附有公司名称的特别广告赠品。

4.交易会或博览会。企业可以通过举办或参加交易会或博览会的方式来向中间商推销自己的产品。由于交易会或博览会能集中大量的优质产品,并能形成对促销有利的现场环境效应,对中间商有很大的吸引力,是一种难得的销售促进机会和有效促销方式。

5.销售竞赛。企业在同一个市场上通过多家中间商来销售本企业的产品,并定期在中间商之间开展销售竞赛,在事先控制好的促销预算约束下,对销售业绩优胜的中间商给予一定的奖励,如现金奖励、实物奖励或给予较大的数量折扣。开展销售竞争有利于鼓励中间商加倍努力完成规定的推销任务。

(三)面向推销人员的销售促进方式

1.销售会议。主要是向推销人员介绍公司及产品的营销计划,详细解释公司有关广告运作的一些基本策略,以达到统一认识、密切配合、促进销售的目的。

2.人员培训。对推销人员实行培训,是提高其素质、保证销售成功的一项关键工作。培训内容不仅仅是有关商品的知识和推销技巧,还是一种全面的精神提高,主要包括敬业奉献精神培养、推销意识强化和商品服务知识。

3.宣传资料。为推销人员提供产品手册、广告招贴、价目资讯等,可以让推销人员进一步熟悉和掌握有关产品、企业和营销方面的知识,并对推销人员进行推介和宣传。

三、销售促进的决策过程

在运用销售促进的过程中,需要进行一系列的决策活动,主要包括:建立销售促进目标,选择销售促进工具,确定销售促进方案,试验、实施和控制销售促进方案,评估销售促进效果。

(一)建立销售促进目标

销售促进在总体上是受企业市场营销总目标制约的,表现为这一总目标在促销策略方面的具体化。在不同类型的目标市场上,销售促进的目标各不相同。如对消费者来说,目标为鼓励经常和重复购买,吸引新购买者试用,建立品牌知晓和兴趣,改进和树立品牌形象等;对中间商来说,销售促进目标为促使零售商购买新的产品项目和提高购买水平,鼓励非季节性购买、对抗竞争者的促销活动,建立零售商的品牌忠诚,打进新的零售行业等;对推销人员来说,销售促进的目标为鼓励对新的产品或型号的支持,刺激非季节性销售,鼓励更高的销售水平等。企业促销部门要通过多因素分析,确定一定时期内销售促进的具体目标并尽可能使其量化。

(二)选择销售促进工具

各种销售促进工具有其特点和适用范围,在选择时要考虑以下主要因素。

1.市场类型。不同的市场类型需要不同类型的促销工具,如生产者市场和消费者市场的需求特点和购买行为就有很大差异。

2.销售促进目标。特定的销售促进目标往往对促销工具的选择有着较为明确的条件要求和制约,从而规定着这种选择的可能范围。

3.竞争条件和环境。包括企业本身在竞争中所具有的实力、条件、优势与劣势及企业外部环境中竞争者的数量、实力、竞争策略等因素的影响。

4.预算分配。市场营销费用中有多少用于促销费用,其中又有多大份额用于销售促进,往往也对销售促进工具的选择形成一种硬约束。

此外,同一销售促进目标可以采用多种销售促进工具来实现,这就有一个销售促进工具的比较选择和优化组合问题,以实现最优的促销效益。

(三)制定销售促进方案

在确定销售促进的目标和工具后,应着手制定具体的销售促进方案了。在制定过程中,以下几点是需要注意的。

1.比较和确定刺激程度。要使销售促进取得成功,一定程度的刺激是必要的。刺激程度越高,引起的销售反应也会越大,但这种效应也存在递减的规律。因此,要对以往的促销实践进行分析和总结,并结合新的环境条件确定适当的刺激程度和相应的开支水平。

2.选择销售促进对象。如决定销售促进范围的大小、哪类人是主要目标等。选择的正确与否会直接影响促销的最终效果。

3.销售促进媒介的选择。如确定有多少用来放在包装中,多少用来邮寄,多少放在杂志、报纸等广告媒介中,而这些又涉及不同的接收率和开支水平。

4.销售促进时机的选择。销售促进的持续时间过短,很多应获取的利益不能实现;持续时间过长,又会引起开支过大和损失刺激购买的力量,并容易使企业产品在顾客心目中降低身价。

5.销售促进预算的分配。即销售促进预算在各种促销工具和各个产品间的进一步分配。

(四)试验、实施和控制销售促进方案

销售促进方案需要进行必要的试验,来判断促销工具选择是否适当、刺激程度是否理想、现有途径是否有效。试验可采取询问消费者、填调查表、在有限的地区内试行等方式进行。经试验同预期相近时,便可进入实施阶段。在实施中要关注市场反应,并及时进行必要的销售促进范围、强度、频度等调整,以保持良好控制并顺利实现预期效果。

(五)评估销售促进效果

评估销售促进效果是一项重要而困难的工作。评估销售促进效果最普通的方法是比较促销前、促销期间和促销后的销售变化。如一个企业在销售促进之前享有 6％的市场份额,在销售促进期间激增至 10％,在销售促进刚刚结束之后落到 5％,过了一段时间又上升到 7％。这就表明这次销售促进活动吸引了新的购买者并刺激原有购买者增加了他们的购买数量,促销结束后销售的回落是消费者消费他们的存货引起的。如果这一市场份额只是达到原有水平,那么它表明这次促销仅是改变了需求的时间模式而没有改变总需要。促销人员也可以采用消费者调查的方法来了解事后有多少人能回忆起这项销售促进活动,他们如何看待这次活动,有多少人从中得益,它如何影响他们后来的品牌选择行为,等等。销售促进效果的评估还可以通过变更刺激程度、促销时间和促销媒介来获得必要的经验数据,供比较分析并得出结论。

第四节　人员推销决策

人员推销是指企业运用推销人员直接向目标市场推销产品或服务的一种营销传播和促销活动。这里的推销人员包括推销员、市场代表、商店售货员以及其他直接同顾客接触的销售人员。人员推销是一种典型的以销售为目的、以人际沟通为主要途径、以语言沟通为主要手段的销售沟通方式。在人员推销活动中,推销人员、推销对象和推销品是三个基本要素。前两者是推销活动的主体,后者是推销活动的客体。通过推销人员与推销对象之间的接触、洽谈,将推销品推销给推销对象,从而达成交易,实现既销售产品,又满足顾客需求的目的。

一、人员推销的特点

(一)人员推销的优点

人员推销不仅是一种全效性的传播工具,具有产品信息的及时传播和反馈等优点,同时还是一种了解顾客动态信息的最重要和最可靠途径。优秀推销员的传播作用是任何其他营销传播形式所无法比拟的。

1.信息传递的双向性。作为一种营销传播和促销方式,只有人员推销这种形式能够实现双向信息沟通。一方面,它可以把企业的有关信息传递给最终用户和中间商,也就是推销对象;另一方面,推销人员通过和推销对象面对面的接触,可以把推销对象有关企业、产品、品牌、竞争对手方面的信息传递或反馈回来。通过这种双向信息沟通,企业可以及时、准确地了解到市场方面的有关情况和信息,起到了重要的信息源的作用,为企业营销决策的调整提供依据。

2.推销目的的双重性。企业派推销人员向推销对象推荐各种产品与服务,其目的不仅是尽可能多地实现产品销售,同时还可以在这一过程中了解相关市场信息。因此,人员推销的目的有两种,一是推销商品,二是市场调研。企业在派推销人员进行推销和信息沟通时,应要求推销人员定期或不定期地提交市场调查报告,这是企业建立市场营销信息系统、建立顾客档案的一项基础性的重要工作。推销人员源源不断地从推销对象那里获取的大量信息,有利于建立、修改或完善企业的市场营销信息系统。

3.推销过程的灵活性。通过人与人之间面对面的接触,推销人员可以及时地回答推销对象对企业和产品各个方面的质疑,消除推销对象、最终用户的疑虑。同时,在面对面接触的过程中,双方还可以针对产品价格、付款时间、交货地点等问题进行灵活机动的洽商,这对交易的达成是非常有利的。这种有针对性的灵活的推销方式,可以提高人员推销的效果。

4.友好协作的长期性。由于推销人员和推销对象经常接触,相互之间容易结成深厚的友谊。这种友谊的建立,可以为进一步建立贸易合作伙伴关系奠定深厚的基础。除推销产品外,推销人员还可以为顾客提供售前、售中和售后服务,解决顾客的各种疑问,提高顾客满意度,这是其他促销形式所不具备的优点。所以,人员推销这种形式要求推销人员注重关系营销,注重友好关系的建立、维系与发展。

(二)人员推销的缺点

1.推销成本较高。由于每个推销人员直接接触的顾客数量有限,销售面窄,特别是在市场范围较大的情况下,人员推销的开支较多,这就增大了产品销售成本,一定程度上减弱产品的竞争力。

2.对推销人员的素质要求较高。人员推销的效果直接取决于推销人员的素质高低,且随着科学技术的发展,新产品层出不穷,对推销人员的素质要求越来越高。要求推销人员必须熟悉新产品的特点、功能、使用和保养、维修等知识、技术。因此,培养和选择理想的、能胜任其职位的推销人员比较困难,花费也大。

二、人员推销的形式和策略

(一)人员推销的基本形式

1.上门推销,是最常见的人员推销形式。一般由推销人员携带样品、说明书和订单走访顾客,推销产品。这是一种推销人员积极主动接触顾客的推销形式,可以针对顾客的需要提供有效服务,方便顾客。

2.柜台推销,即由接待人员对进入商店的顾客推销产品。商店的营业员是广义的推销人员。柜台推销与上门推销正好相反,它是等客上门式的推销方式。

3.会议推销,指利用各种会议向与会人员宣传和介绍产品,开展推销活动,如各种订货会、展销会、新闻发布会等。这种形式具有群体推销、接触面广、集中成交、交易额大的特点。

(二)人员推销的基本策略

1.试探性策略,又称"刺激—反应"策略,即推销人员运用刺激性手段引发顾客产生购买行为的策略。推销人员事先设计好能引起顾客兴趣、能刺激顾客购买欲望的宣传介绍语言,在交谈中观察顾客反应,并根据顾客反应改变相应策略,再次观察顾客反应,如此反复,诱发顾客购买动机。

2.针对性策略,又称"配方—成交"策略,即推销人员在了解顾客某些资料的情况下,有针对性地进行宣传介绍,使顾客产生购买行为的推销策略。利用这一策略应注意说服要讲到点子上,让顾客感到推销人员是真心为自己服务,从而产生强烈的信任感,愉快成交。

3.诱导性策略,又称"诱发—满足"策略,即运用能激起顾客某种需求的说服方法,诱发引导顾客产生购买行为。这是一种创造性推销策略,运用这种推销策略,要求推销人员具有较高的推销艺术,因势利导,唤起顾客需求;并不失时机地宣传介绍产品,诱导顾客购买。

三、人员推销的任务

现代市场营销活动中,人员推销的任务更为复杂,不仅仅是将产品推销出去,归纳起来,有如下几条。

1.寻找顾客。推销人员负责寻找新顾客或者主要顾客。最重要的是寻找和发现潜在顾客,吸引新的顾客,开拓新的市场,提高市场占有率。

2.信息传播。推销人员应熟练地将公司产品和服务的信息传递出去。要善于向现实的和潜在的顾客传递产品(服务)信息,努力提高产品(服务)在顾客中的知名度。

3.推销产品。与顾客接洽、演示产品、回答顾客的疑问,并达成交易。

4.提供服务。推销人员要为顾客提供各种服务——对顾客的问题提供咨询意见,给予技术帮助,安排资金融通,加速交货。

5.从事市场调研。推销人员直接接触顾客,能及时收集他们的意见、要求和建议以及竞争对手的情况和市场的新动向。因此,推销人员在推销过程中,应善于收集市场信息,并定期做出报告,为企业营销决策提供依据。

6.分配产品。推销人员要根据市场供求状况,合理安排和分配货源,尽量满足顾客的需求。

四、人员推销技巧

(一)上门推销技巧

1.找好上门对象。推销人员可以通过商业性资料手册或公共广告媒体寻找重要线索,也可以到商场、门市部等商业网点寻找顾客名称、地址、电话、产品和商标。

2.做好上门推销前的准备工作。推销人员要对产品、服务的内容材料要十分熟悉、充分了解并牢记,以便推销时有问必答;同时对顾客的基本情况和要求应有一定的了解。

3.掌握"开门"的方法。推销人员要选好上门时间,以免吃"闭门羹",可以采用电话、传真、电子邮件等手段事先交谈或传送文字资料给对方,并预约面谈的时间、地点。也可以采用请熟人引见、名片开道、与对方有关人员交朋友等策略,赢得顾客的信任。

4.把握适当的成交时机。推销人员应善于体察顾客的情绪,在给顾客留下好感并获得其信任时,抓住时机发起"进攻",争取签约成交。

(二)洽谈艺术

推销人员应注意自己的仪表和服饰打扮,给顾客一个良好的印象。同时,言行举止要文明、懂礼貌、有修养,做到稳重而不呆板、活泼而不轻浮、谦逊而不自卑、直率而不鲁莽、敏捷而不冒失。

在开始洽谈时,推销人员应巧妙地把谈话转入正题,做到自然、轻松、适时。可采取以关心、赞誉、请教、炫耀、探讨等方式入题,顺利地提出洽谈的内容,以引起顾客的注意和兴趣。

在洽谈过程中,推销人员应谦虚谨言,注意让顾客多说话,认真倾听,表示关注与兴趣,并做出积极的反应。遇到障碍时,要细心分析,耐心说服,排除疑虑,争取推销成功。在交谈中,语言要客观、全面,既要说明优点所在,也要如实反映缺点,切忌高谈阔论、"王婆卖瓜",让顾客反感或不信任。

洽谈成功后,推销人员切忌匆忙离去,这样做,会让对方误以为上当受骗了,从而使顾客反悔违约。应该用友好的态度和巧妙的方法祝贺顾客做了笔好生意,并指导对方做好合约中的重要细节和其他一些注意事项。

(三)排除推销障碍的技巧

1.排除顾客异议障碍。若发现顾客欲言又止,推销人员自己应少说话,直截了当地请对方充分发表意见,以自由问答的方式真诚地与顾客交换意见。对于一时难以纠正的偏见,可将话题转移。对恶意的反对意见,可以"装聋扮哑"。

2.排除价格障碍。当顾客认为价格偏高时,推销人员应充分介绍和展示产品、服务的特色和价值,使顾客感到"一分钱一分货";对低价的看法,应介绍定价低的原因,让顾客感到物美价廉。

3.排除习惯势力障碍。实事求是地介绍顾客不熟悉的产品或服务,并将其与他们已熟悉的产品或服务相比较,让顾客乐于接受新的消费观念。

【案例11-4】　销售人员的阶别可以分为以下15类。

1.茫然无措:不知道为什么要选择进入销售行业,每日苦恼自己的职业,最终黯然离场。

2.大惊失措:整日幻想销售工作的优势,深入销售职业后大惊失措,又不甘心立即退场。

3.垂头丧气:生活所迫,不得不从事销售工作,把销售当作混饭吃的手段,日复一日,碌碌无为。

4.暴跳如雷:从来不承担销售失败的责任,一有问题不是推三阻四,就是怨天尤人,骂声连连。

5.苦不堪言:有上进心,没责任心;有销售方向,没销售准备;常被拒之于门外,乞求"上帝"怜悯。

6.漠漠无语:被动地等待顾客上门,哀叹生活不幸、工作不幸、时机未到。

7.口干舌燥:热心销售,却以自我为中心,以推销为目的,哄骗诱导一切可用的力量达成自己的目标,却因为处事做人的问题导致业绩一般。

8.死不悔改:做事一成不变,不愿意去学习,仅局限于在不同的公司和岗位上不停地重复错误的销售方式。

9.屡战屡败:机遇未到,努力不够,经验不足,十个顾客有七个不要,两个蒙对,一个不知所为。

10.屡败屡战:追求完美,力求人人都是自己的顾客。为达目的,软硬兼施,不择手段。

11.平淡如水:销售成为一种本能,好像是生存的必需品,直到自己销售生涯结束为止。

12.渐入佳境:以销售为乐,广交朋友,每日享受销售所带来的物质或精神上的快乐。

13.步步高升:不断学习,不断挑战,为自己规划职业生涯并完成自己的人生目标,成为销售尖子或成为销售管理者。

14.快乐人生:销售成为一种快乐,并将快乐带给每一个自己认识的人或认识自己的人,自由工作,名利双收。

15.大道无痕:他们的举手投足,魅力无限;所到之处,人人仰慕;身价惊人,却无欲无求。[①]

五、人员推销的步骤

(一)寻找潜在顾客

人员推销的第一步是识别和鉴定预期顾客。潜在顾客指有需求并有能力购买的个人或组织。推销人员可以通过以下方法寻找潜在顾客。

1.要求现有顾客推荐或介绍。

2.在贸易展览会上展出,吸引来客访问。

3.加入潜在顾客所在的组织或协会,以接触他们。

4.通过电话、邮件或因特网寻找。

5.从事能引人注意的演讲或写作活动。

6.阅读报纸、杂志等各种资料或向商业名单销售公司处购买名单。

(二)准备工作

推销人员首先应尽可能多地了解预期顾客的情况,掌握其对产品的需求点以及一些个人性格特征、兴趣爱好,以确定相应的推销策略;其次要确定选择哪种拜访方法(面对面拜访、电话拜访、信函拜访等)以及相应的拜访时机;最后还要准备如何应对顾客可能提出的疑问。

---

①参见《销售人员的阶别》,http://bbs.21manager.com/dispbbs-119967-0.html。

（三）接近顾客

推销人员应该知道初次与顾客交往该如何会见和向顾客问候,使双方关系有一个良好的开端,这包括推销人员的仪表、开场白和随后谈论的内容;推销人员要建立和谐的洽谈气氛,做到轻松自然;应该在开场白之后巧妙地把谈话引入正题,适时顺利地提出洽谈内容,引起顾客的注意和兴趣。

1.讲解和示范。推销讲解有三种方式:(1)固定法:即将各个要点背熟,到时直接讲给顾客听的讲解方式。这种方法使顾客处于被动地位。(2)公式化方法:先了解顾客的需要和购买风格,然后在运用一套公式化的方法去向该顾客推销介绍。(3)需要满足法:它是通过鼓励顾客多发言以了解顾客的真正需要为起点,然后有针对性地进行推销介绍。

在运用以上三种方法时,推销人员可以借助于样品、宣传资料、音响和录像带、图片等更好地示范和介绍产品,大大增强推销人员可信度和影响力。

2.应对异议。在与顾客交谈过程中,难免会遇到顾客表现出心理抵触或逻辑抵触。面对这些抵触情绪,推销人员应采取积极的方法,仔细聆听,请顾客说明他们反对的理由,巧妙地将对方的异议转变成购买的理由。

（四）达成交易

有些推销人员不能达到这一阶段,或者在这一阶段做得不好,往往是由于他们缺少信心,或对要求顾客订购感到心中有愧,或不知道什么时候是达成交易的最佳心理时机。推销人员需要学会如何从顾客那里发现可以达成交易的信号,包括顾客的动作、语言、评论和提出的问题等。

推动交易的主要方法包括:选择恰当的成交时间;要求或说服顾客立即订货;重复强调购买的利益或不购买会遭受的损失;给予特定的成交劝诱,如免费加量优惠或赠送礼物等。

（五）跟进和维持

在交易达成之后,推销人员就应着手进行各项工作:交货时间、购买条件、回收款项及其他事项等。给予顾客一定的指导和服务,保证顾客能够使用产品,提高顾客满意度,从而建立良好的客户关系。

第五节 公共关系决策

公共关系是企业在从事市场营销活动中正确处理企业与社会公众的关系,

以便树立企业的良好形象,促进企业营销目标的实现。当今竞争是一种注意力的竞争、传播的竞争和关系的竞争。公共关系通过综合运用消费者沟通、新闻媒体沟通、语言和非语言沟通等多种商务沟通策略和手段,来协调企业与各种利益相关者之间的关系,并在顾客、政府组织等社会公众中创立和维护良好的企业形象。

一、公共关系的主要特征

公共关系是现代市场营销活动中的重要组成部分。较大型的公司一般都采用具体的步骤来管理与关键公众的关系,它们大多有一个公众关系部门,监视组织的各种公众,发布信息和传播,以建立良好信誉。与其他促销手段比较,公共关系的特征表现如下。

1.强调较大范围的有效沟通。公共关系活动的对象主要是一个企业或组织面临的涉及组织内部和外部的公共的、社会的关系,包括企业与消费者、中间商、竞争者、政府机构、金融机构、企业股东和员工等的关系。公共关系活动应强调在如此大的范围内和复杂的关系网络中进行有效的沟通。

2.对促销产生间接性作用。公共关系的促销功能更多地表现为它能提高企业的知名度、塑造企业的良好形象,从而直接促进企业产品的销售。通过企业公共关系达成促销目的,经历了一个树立企业形象的环节。企业首先推销自身,在公众中树立良好的信誉,继而促进产品的销售。

3.是一种长期性活动。公共关系着手于平时努力,着眼于长远打算。公共关系的效果不是急功近利的短期行为所能达到的,需要连续的、有计划的努力。企业要树立良好的社会形象和信誉,不能拘泥于一时的得失,而要追求长期的稳定的战略关系。

4.是一种信息沟通、创造"人和"的艺术。公共关系是企业与其相关的社会公众之间的一种信息交流活动。企业从事公关活动,能沟通企业上下、内外的信息,建立相互间的理解、信任与支持,协调和改善企业社会关系的环境。公共关系追求的是企业内部和企业外部人际关系的和谐统一。

5.以创造良好的企业形象和社会声誉为目标。一个企业的形象和声誉是其无形的财富。良好的形象和声誉是企业富有生命力的表现,也是公关的真正目的所在。企业以公共关系为促销手段,是利用一切可能利用的方式和途径,让社会公众熟悉企业的经营宗旨,了解企业的产品种类、规格以及服务方式和内容等有关情况,使企业在社会上享有较高的声誉和较好的形象,促进产品销售的顺利进行。

【案例11-5】　2008年5月18日晚,央视一号演播大厅举办的"爱的奉献——2008抗震救灾募捐晚会"总共筹资逾15亿元。其中,中国饮料业巨子加多宝——罐装王老吉以1亿元人民币的国内单笔最高捐款,诠释了这个时代最值得树立的民族企业精神。作为王老吉生产商的加多宝集团,多年来一直隐身于公众视野。这家港资大型专业饮料生产及销售企业,1995年推出第一罐红色罐装王老吉,随后在短短的几年时间里,王老吉的销售额从1亿到几十亿高速增长。2008年3月,国家统计局、中国行业企业信息发布中心发布的数据更显示,王老吉2007年销售额50亿元,占据了"2007年度全国罐装饮料市场销售额第一名"的市场地位。[①]

二、公共关系的作用

公共关系是一种"内求团结,外求发展"的营销传播艺术,是一项与企业生存发展休戚相关的事业。其作用主要表现在搜集信息、检测环境、咨询建议、决策参谋、舆论宣传、创造气氛、交往沟通、协调关系、教育引导、社会服务等方面。

1.搜集信息、监测环境。信息是企业生存和发展必不可少的资源。运用各种公关手段可以采集各种信息,监测企业所处的环境。企业公关可采集到的信息有:产品信息、企业形象信息、企业内部公众信息、其他如国内外政治经济科技等方面的变化。

2.咨询建议、决策参谋。公共关系的职能是利用所搜集到的各种信息,进行综合分析,考察企业的决策和行为在公众中产生的效应及影响程度,预测企业决策和行为与公众可能意向之间的吻合程度,并及时、准确地向企业决策者进行咨询,提出合理可行的建议。

3.舆论宣传、创造气氛。企业可通过公共关系将有关信息及时、准确、有效地传送给特定的公众对象,为企业树立良好形象创造良好的舆论气氛。如公共活动能提高企业的知名度、美誉度等,能够控制和改变对企业不利的舆论。

4.交际沟通、协调关系。企业作为一个开放系统,不仅内部各种要素需要相互联系、相互作用,也需要与外部环境进行各种交往沟通,使企业内部的信息有效地输向外部,使外部信息及时地输入企业内部,使企业内外相互协调。协调关系,不仅需要协调企业内外的关系,还要协调企业内部关系,如企业与员工之间的关系、各部门之间的关系等。

5.教育引导、社会服务。公共关系教育和服务的职能指通过广泛、细致、耐心

---

① 夏勇峰:《要喝就喝王老吉:加多宝集团的成功市场营销策略》,载《企业文化》,2008年7月。

的劝服性教育和优惠性、赞助性服务,来诱导公众对企业产生好感。对企业内部,公关部门代表社会公众,向社会内部成员输入公关意识,诱发内部各部门及全体成员都重视企业整体形象和声誉。对企业外部各界,公关部门代表企业,通过劝服性教育和实惠性社会服务,使社会公众对企业的行为、产品产生认同。

三、公共关系的主要工具

1.公开出版物。企业依靠各种传播材料去接近和影响其目标市场。它们包括年度报告、小册子、文章、视听材料、商业信件和杂志,去接近和影响其目标市场。

2.事件。企业可通过安排一些特殊事件来吸引对其新产品和该企业其他事件的注意。这些事件包括记者招待会、讨论会、郊游、展览会、竞赛和周年庆祝活动以及运动会和文化赞助等,以接近目标公众。

3.新闻。发展或创造对企业和其产品或人员有利的新闻。新闻的编写要求善于构想出故事的概念,广泛开展调研活动,并撰写新闻稿。公关人员应争取宣传媒体录用新闻稿和参加记者招待会,这往往需要营销技巧和人际交往技巧。

4.公益和赞助活动。企业可通过向某些公益事业或具有重大影响的社会活动捐赠一定的金钱,以提高企业声誉和影响力,并获取社会公众对企业的好感。

5.形象识别媒体。在一个高度交往的社会中,企业需要努力去获得高的关注度。因此企业应努力创造一个公众能够迅速辨认的视觉形象。视觉形象可通过公司的标志、文件、小册子、招牌、名片、建筑物、制服标记等来传播。

四、公共关系的工作程序

开展公共关系活动,其基本程序主要包括调查、计划、实施、检测四个步骤。

1.公共关系调查。它是公共关系工作的一项重要内容,是开展公共关系工作的基础和起点。通过调查,能了解和掌握社会公众对企业决策与行为的意见,可以基本确定企业的形象和地位,可以为企业检测环境提供判断条件,为企业制定合理决策意见。

2.公共关系计划。公共关系是一项长期性工作,合理的计划是公关工作持续高效的重要保证。制定公关计划,要以公关调查为前提,依据一定的原则,来确定公关工作的目标,并制定科学、合理而可行的工作方案,如具体的公关项目、公关策略等。

3.公共关系实施。公关计划的实施是整个公关活动的"高潮"。为确保公共关系实施的效果最佳,正确地选择公共关系媒介和确定公共关系的活动方式是十分必要的。公关媒介应根据公共关系工作的目标、要求、对象和传播内容以及经济条件来选择;确定公关的活动方式,宜根据企业的自身特点、不同发展阶段、不同公众对象和不同公关任务来选择最合适的活动方式。

4.公共关系的检测。公关计划实施效果的检测,主要依据社会公众的评价。通过检测,能衡量和评估公关活动的效果,在肯定成绩的同时,发现新问题,为制定和不断调整企业公关目标、公关策略提供重要依据,也为使企业的公共关系成为有计划的持续性工作提供必要的保证。

本章小结

整合营销传播是发展和实施针对现有和潜在顾客的各种劝说性沟通计划的长期过程。整合营销沟通的目的是对特定沟通受众的行为实施影响或直接作用。营销传播组合主要包括具有沟通性质的市场营销工作,如广告、销售促进、公共关系和人员推销等。广告是为了某种特定的需要,通过一定形式的媒体,并消耗一定的费用,公开而广泛地向公众传递信息的营销传播手段。广告的传播对象是企业的目标市场消费者;广告的传播内容是产品和服务信息;广告的传播途径需通过特定媒体来实现并支付相关费用;广告的传播目的是为了促进产品销售。销售促进是指企业运用各种短期诱因鼓励消费者和中间商购买、经销或代理企业产品或服务的促销活动。销售促进的沟通对象包括企业也包括个人,它运用语言和非语言的沟通方式,在一个较短的时期内,通过大量信息的迅速传递来激发沟通对象的购买欲望。人员推销是指企业运用推销人员直接向目标市场推销商品或劳务的一种营销传播和促销活动,它是一种典型的以销售为目的、以人际沟通为主要途径、以语言沟通为主要手段的销售沟通方式。公共关系是企业在从事市场营销活动中正确处理企业与社会公众的关系,以便树立企业的良好形象,促进企业营销目标的实现。它通过综合运用消费者沟通、新闻媒体沟通、语言和非语言沟通等多种商务沟通策略和手段,来协调企业与各种利益相关者之间的关系,并在顾客、政府组织等社会公众中创立和维护良好的企业形象。

案例阅读与分析

【案例】　淘宝网上商店的整合营销传播策略

一　网店内部的营销传播策略

销售促进

(1)免邮费。店主可以根据买家所购买商品的数量来相应地减免邮费,让消费者从心理上觉得就像在家门口买东西一样,不用附加任何其他的费用。

(2)打折。一是不定期折扣,如在重要节日进行优惠,店主应选择价格调节空间较大的商品参加活动;二是变相折扣,如采取"捆绑式"销售等。

(3)赠品。选择合适的赠品应注意:第一,不要选择次品、劣质品,这样做只会适得其反;第二,选择适当的能够吸引买家的产品或服务;第三,注意赠品的预算,不可过度赠送而造成成本加大。

(4)会员、积分。会员不仅可享受购物优惠,同时还可以累计积分,用积分免费兑换商品,以吸引买家再次购买,以及介绍新买家。

(5)红包。是淘宝网专用的一种促销道具,各卖家可灵活制定红包的赠送规则和使用规则。此种手段可增强店内的人气,使客户在短期内再次购买。

(6)积极参与淘宝网主办的各种促销活动。参与活动的卖家会得到更多的推荐机会,店主要经常到淘宝网的首页、支付宝页面、公告栏等关注淘宝举行的活动,并积极参与。

信用评价

信用评价是会员在淘宝网交易成功后,在评价有效期内(成交后 3—45 天),就该笔交易互相做出评价的一种行为。一方面,网店的信用级别会对消费者的购买决策产生影响;另一方面,买家在交易后会对卖家所给的信用评判表示关注。因此,店主要诚信经营,提升自己的信用度和信用级别;同时每次交易后,要对买家作三级评判。

二 网店外部营销传播策略

三管齐下 专攻搜索引擎

(1)商品名称——30 个汉字尽可能包括商品更多的信息。如店内一款商品的名称为"韩国/专柜正品/The face shop /金盏花系列/ 毛孔收缩乳液"。这个名称中包含了"专柜"、"正品"、"韩国"、"The face shop"、"金盏花系列"、"毛孔收缩乳液",只要买家在首页输入以上任何一个关键词,都有可能搜索到这款商品。

(2)定时发布——保证商品处在搜索结果的首页。定时发布就涉及"发布时间"的问题。根据淘宝网店的统计显示:9 点—10 点、16 点—18 点、20 点—22 点,这三个时段是相对的人流高峰期。

(3)橱窗推荐——巩固加强,确保万无一失。橱窗推荐是指在所售商品中选取 15 个在店内推荐橱窗栏中进行展示,以此来吸引买家。

促销策略 销售联盟

对于销售商品的性质相同、价位区间相同、网店的目标顾客也相同的网店可以采取竞争品协同营销的策略,即销售联盟。也就是让许多的竞争网店联合成为集群,同时通过网店内友情链接将这些竞争网店链接起来。

网店推广　　在淘宝社区和论坛发帖 回帖

在淘宝社区论坛发布有吸引力的帖子是提高店铺知名度和人气的一种方法，即以作者的身份发布帖子，阅读帖子的人越多，店铺被点击的概率就会越高；另一种方法是在论坛的好帖后面跟帖，也能做到宣传网店的效果。

网络广告　　广告推荐位和淘宝旺旺

(1)广告推荐位。广告推荐位是将有限的区域划分"出售"，性质与道路两旁的平面广告相似。目前，淘宝网的广告位分为三种：社区首页广告(需 50 个银币)、论坛广告(需 20 个银币)、站内短信广告(需 30 个银币)。

(2)淘宝阿里旺旺。店主在选择广告媒体时不应忽视淘宝网所特有的即时通讯软件——阿里旺旺。店主通过旺旺向老顾客和潜在顾客发送店铺或商品信息，也可就产品和服务方面的问题进行互动交流。在旺旺上发布的信息要将文字生动化，以引起消费者的兴趣，同时制作直接点击链接。

【讨论】

1.淘宝网上商店主要采用了哪些销售促进方法？它们的作用主要是什么？

2.淘宝网上商店主要采用了哪些外部营销传播策略？为什么要采用这些策略？

3.与传统的制造业企业和零售业企业相比，网络环境下的整合营销传播策略呈现出哪些主要特征？

思考题

1.确定最佳营销传播组合应考虑哪些因素？

2.销售促进的方法有哪些？

3.在销售促进过程中应注意哪些问题？

4.如何进行广告决策？

5.公共关系的功能有哪些？

6.简述人员推销的基本形式和策略。

7.人员推销的任务有哪些？

8.综合比较销售促进、广告、公共关系和人员推销的优缺点。

第十二章 战略规划与营销管理

当一个组织搞清楚其目的和目标时,它就知道今后要往何处去。问题是如何通过最好的路线达到那里。公司需要有一个达到其目标的全盘的、总的计划,这就叫战略。

——菲利普·科特勒

■ 本章学习目标

通过本章学习,了解企业战略与营销战略,市场营销组织及营销控制的相关概念,掌握营销战略规划的步骤及战略选择形式,能够针对企业面对的不同营销环境选择营销组织形式,并对营销计划的执行进行营销控制。

■ 本章学习重点

营销战略规划;营销组织结构设计;营销控制手段。

第一节 市场导向的战略规划

一、企业战略与营销战略

(一) 企业战略

战略这一在管理学界中至关重要的概念,至今还没有一个公认的定义。企业战略可分为广义与狭义两种:广义的企业战略,包括企业目标和达到目标的方法;而狭义的企业战略,则仅涉及达到目标的手段和方法。

企业战略一般具有以下几个特征。

1.全局性。它指以企业全局为研究对象,根据企业整体发展需要来确定企业的总体目标,规定企业的整体行动,追求企业的整体效果。

2.长远性。指企业战略的着眼点是企业的未来而不是现在,是为了谋求企业的长远利益而不是眼前利益。企业战略着眼于企业长期生存和长远发展的思考,确立了远景目标。围绕远景目标,企业战略必须经历一个持续、长远的奋斗过程,除根据市场变化进行必要的调整外,制定的战略通常不能朝令夕改,具有长效的稳定性。

3.纲领性。指企业战略所确定的战略目标和发展方向是一种原则性和总体性的规定,是对企业未来的一种粗线条设计,是对企业未来成败的总体谋划,而不是纠缠于现实的细枝末节。

4.系统性。企业战略围绕远景目标设立阶段目标及各阶段目标实现的经营策略,以构成一个环环相扣的战略目标体系。同时,根据组织关系,企业战略由决策层战略、事业单位战略、职能部门战略三个层级构成一体。

5.风险性。指企业战略考虑企业的未来,而未来具有不确定性,因而企业战略必然具有风险性。企业做出任何一项决策都存在风险,战略决策也不例外。只有深入地进行市场研究,准确预测市场发展,合理设立企业的远景目标,人、财、物等资源调配得当,科学选择战略形态,制定的战略才能引导企业健康、快速地发展。否则,将可能危及企业的生存。

(二)营销战略

企业的营销战略是企业为了在动态市场的激烈竞争中求得生存和发展,通过分析外部环境和内部条件,对市场营销活动制定较长时期的全局性的行动方案。企业规划营销战略的目的是使企业站在战略的角度,提高企业对不断变化的市场营销环境的应变能力。

企业营销战略要求企业一方面必须根据环境状况、资源供应和利用这两个总的约束条件,确定未来一定时期能够实现的营销战略目标;另一方面,企业要确定一个使企业的资源能被充分利用,能使市场需要被充分满足的行动方案,即在营销战略制定中对于实现目标的方法要进行优化。

(三)企业战略与营销战略

1.企业战略的层次

(1)总体战略。是指公司层面的战略,也称为公司战略。它要求从公司的全局出发回答"我们的业务是什么"这类问题,并确立各个业务(如果企业的业务是多元化的话)之间的资源配置方案,以实现公司整体的战略意图。

(2)经营战略。也称竞争战略,它着眼于各个战略业务单位(Strategic Business Units,SBU),回答"这个业务如何击败竞争对手赢得市场",并要求企业根据具体的情况筛选出最能体现企业竞争优势的业务,从而为企业实现可持续竞争做好准备。

(3)职能战略。即职能部门战略,又称职能层战略。职能战略是为贯彻、实施和支持总体战略与业务单位经营战略而在企业特定职能管理领域内制定的战略,包括市场营销、生产、人力资源、财务、研究与开发等职能。每一个职能战略都要服从于所在战略经营单位的经营战略以及为整个企业制定的总体战略。

2. 企业战略与营销战略的关系

在企业战略管理体系中,营销战略通常被界定为一种职能战略。但若在更高层次去理解市场营销,应该认为营销战略是企业战略的核心或主体。企业的基本使命就是赢利和发展,并为相关的主体承担相应责任;企业之所以能存在,主要是因为它能为社会提供有用的产品和服务。营销的基本使命是要在企业与顾客之间建立长期互利的交换关系。显然,营销的使命是与企业使命最为一致并最能体现企业存在的价值的。营销战略的一个基本问题就是要确定企业以什么产品进入什么市场。或粗或细地去理解产品和市场问题,就可以发现营销战略实际贯穿于企业总体战略、经营单位战略和职能部门战略等多个战略层次之中。

二、企业营销战略规划

近百年的企业营销实践表明:营销管理的一个关键因素是设计能够指导营销活动的具有远见和创造性的营销战略与计划。当人类社会跨入 21 世纪以来,随着科学技术,特别是信息传播技术的迅猛发展,导致市场边界不断扩大,消费者需求日益多元、多样与多变,产品生命周期却越来越短,市场竞争形势瞬息万变,企业经营环境正面临着前所未有的变革。企业营销战略必须适应这一环境的发展与变化。

(一)认识和界定企业的使命

1. 认识企业的使命

企业使命(enterprise mission)的确定及阐述是营销战略规划过程中重要的第一步,企业使命的阐述为整个企业的战略制定和实施指明了方向。企业使命是企业核心价值观的载体与反映,是企业生存与发展的理由,是企业一种根本的、最有价值的、崇高的责任和任务,它回答的是"我们要做什么、为什么这样做"的现实问题。

企业在认识其使命时,都应该明确地回答以下几个问题:我们的企业是干什么的?我们的顾客是谁?我们对顾客的价值是什么?我们的业务将是什么?我们的业务应该是什么?通过对这些问题的分析与回答,基本上能够明确地指出企业的使命。

2.界定企业的使命

思考企业使命的结果是形成企业使命说明书(mission statement),通过企业使命说明书来界定并向企业成员、顾客与公众传递企业的使命。企业需要重视培养每一个员工的使命感。使命感可引导他们明确目标、方向和机会,使之朝着同一个组织目标而工作。

3.企业使命说明书的主要内容

一般认为,规范的企业使命表述应当包括以下九个方面的内容。

(1)顾客。谁是企业的主要顾客?

(2)产品或服务。企业的主要产品或服务是什么?

(3)市场。企业主要在哪一个地区或行业展开经营?

(4)核心能力。企业的核心能力是什么?

(5)对企业生存、增长和赢利的关切;对近期、中期、远期经济目标抱什么态度?

(6)经营哲学。企业的基本理念、价值观和愿望是什么?

(7)自我认识。企业对自身如何认识? 自己的长处和竞争优势是什么?

(8)对公众形象的关注。企业期望给公众塑造一个怎样的企业形象?

(9)对相关利益者的关心。企业要为顾客、员工、股东等相关利益者做出怎样的贡献?

(二)确定企业的战略业务单位

企业在确定了企业使命与任务后,要对企业内现有的每一项业务进行分析,以确定各业务在公司未来的地位和走向。在现代营销观念的指导下,企业必须以市场导向来界定企业的业务,即要把企业经营看成是一个顾客需要的满足过程,而不是一个产品生产过程。如中国移动曾是一家以提供语音业务为主的电信运营商,宣称是中国的"移动通讯专家",但该公司适应消费者需求变化,将公司定位为中国的"移动信息专家",成为主要经营移动话音、数据、IP 电话和多媒体业务的综合电信运营商。

大多数企业,即使是一些较小的企业都可能同时或准备经营若干项业务。例如某企业原来从事服装制造业,后来又经营金融业务、生物医药产业,近几年受房地产市场繁荣的影响还从事房地产业。由于企业从事的业务不但多样化,而且差异性较大。企业需要在划分了不同的业务活动领域后,建立战略业务单位。

所谓战略业务单位,是指具有单独任务和目标,并可以单独制订计划而不与其他业务发生牵连的一个经营单位。一个战略业务单位可以是企业的一个部门或一个部门内的一个产品系列甚至是某个特定的产品,有时又可能包括几个部门、几类产品。区分战略业务单位的主要依据,是各项业务之间是否存在共同的经营主线,即目前的产品(或市场)与未来的产品(或市场)之间有无内在联系。

一个理想的战略业务单位应该具备以下特征。

1.有独立的业务。它是一项独立业务或相关业务的集合体,但在计划工作中能与企业其他业务分开而单独作业。

2.有不同的任务。它有区别于其他业务单位的具体任务,大目标相同,从不同的方向去努力。

3.有自己的竞争者。在各自的领域都有现实的或潜在的对手。

4.掌握一定的资源。掌握企业分配的资源的控制权,以创造新的资源。

5.有自己的管理班子。它往往有一位经理,负责战略计划、利润业绩,并且控制影响利润的大多数因素。

6.能从战略计划中得到好处。它有相对的独立权,能按贡献分得应有的利润和其他好处。

7.可以独立计划其他业务。可以扩展相关业务或新的业务。

(三)制定企业的业务单位组合

战略业务单位确定后,企业管理层就要为每个业务单位制定适当的战略目标,许多企业视集合在一起的战略业务单位为业务单位组合(business unit portfolio)。由于企业资源的有限性,企业必须以有限的资源保证具有良好市场发展潜力的业务单位的发展,不得不削减其他一些较弱的业务项目的资源投入。

在规划分析企业业务投资组合时,主要使用以下两种模式。

1.波士顿矩阵(市场增长率/市场占有率)

波士顿矩阵模型是波士顿咨询公司(BCG)于1970年提出的一种规划企业产品组合的方法(见图12-1)。

图12-1中,纵坐标市场成长率表示该业务的销售量或销售额的年增长率,用百分比表示,并认为市场成长率超过10%就是高速增长。横坐标相对市场份额表示该业务相对于最大竞争对手的市场份额,用于衡量企业在相关市场上的实力。用数字0.1(该企业销售量是最大竞争对手销售量的10%)—10(该企业销售量是最大竞争对手销售量的10倍)表示,并以相对市场份额为1.0为分界线。八个圆圈代表企业的八个业务单位,它们的位置

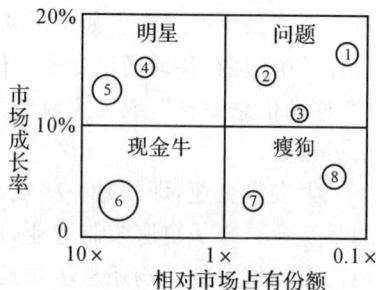

图 12-1 波士顿矩阵图

表示这个业务的市场成长和相对市场份额的高低;面积的大小表示各业务的销售额大小。

(1)波士顿矩阵模型将一个企业的业务分成四种类型:问题、明星、现金牛和瘦狗。

第一,问题业务指高市场成长率、低相对市场份额的业务。这往往是一个企业的新业务。为发展问题业务,企业必须建立工厂,增加设备和人员,以便跟上迅速发展的市场,并超过竞争对手,这些意味着大量的资金投入。

第二,明星业务指高市场成长率、高相对市场份额的业务。明星业务是由问题业务继续投资发展起来的,可以视为高速成长市场中的领导者,它将成为企业未来的现金牛业务。但这并不意味着明星业务一定可以给企业带来滚滚财源,因为市场还在高速成长,企业必须继续投资,以保持与市场同步增长,并击退竞争对手。

第三,现金牛业务指低市场成长率、高相对市场份额的业务。现金牛业务是成熟市场中的领导者,它是企业现金的来源。由于市场已经成熟,企业不必大量投资来扩展市场规模,同时作为市场中的领导者,该业务享有规模经济和高边际利润的优势,因而给企业带来大量财源。

第四,瘦狗业务指低市场成长率、低相对市场份额的业务。一般情况下,这类业务常常是微利甚至是亏损的。瘦狗业务存在的原因更多是由于感情上的因素,虽然一直微利经营,但像人对养了多年的狗一样恋恋不舍而不忍放弃。

(2)在明确了各项业务单位在企业中的不同地位后,就需要进一步明确其战略目标。通常有四种战略目标分别适用于不同的业务。

第一,发展战略。继续大量投资,目的是扩大战略业务单位的市场份额。主要针对有发展前途的问题业务和明星中的明星业务。

第二,维持战略。投资维持现状,目标是保持业务单位现有的市场份额。主要针对强大稳定的现金牛业务。

第三,收获战略。实质上是一种榨取,目标是在短期内得到最大限度的现金收入。主要针对处境不佳的现金牛业务及没有发展前途的问题业务和瘦狗业务。

第四,放弃战略。目标在于出售和清理某些业务,将资源转移到更有利的领域。这种目标适用于无利可图的瘦狗和问题业务。

2.通用电器分析矩阵(多因素业务组合)

通用电器公司分析业务或产品组合的方法称为"战略业务规划网络"(Strategic Business Planning,简称"GE"法)。这种方法认为,除市场增长率和相对市场占有率之外,还需要考虑更多的影响因素。这些因素可分为两大类:市场吸引力和企业的战略业务单位的竞争能力(见图 12-2)。

矩阵图中的圆圈代表企业的战略业务单位,圆圈的大小表示各个战略业务单位所在行业的规模,圆圈中的阴影部分表示各个业务的市场占有率。每项业务的评定主要依据市场吸引力与业务的竞争能力,这两个变量对评定一项业务具有重要的营销意义。企业如果进入有发展前途的行业,并拥有在行业中获胜的竞争能力,它就可能获得成功,若缺少其中一个条件,则很难取得预期的效果。

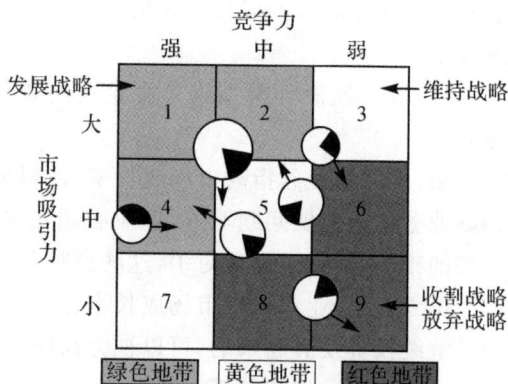

图 12-2　GE 矩阵图

多因素业务组合矩阵依据市场吸引力的大、中、小,竞争能力的强、中、弱分为九个区域。它们组成了三种战略地带。

(1)绿色地带。左上方 3 个方格,即"大强""大中"和"中强"三档。这个区域的市场吸引力和业务单位的竞争能力都最为有利。对于该区域的业务单位,企业应采取"发展"战略,增加资源投入,促进其发展。

(2)黄色地带。对角线上的 3 个方格,即"小强""中中"和"大弱"三格。这个区域的市场吸引力和业务单位的竞争能力,总的来说都是中等水平。对该区域的业务单位应采取"保持"战略,保持原投入水平和市场占有率。

(3)红色地带。右下方 3 个方格,即"小中""小弱"和"中弱"三格。这是市场吸引力和业务竞争能力都弱的区域。对该区域的业务单位应采取"收割"或"放弃"战略,不再追加投资或断然收回投资。

(四)制订企业新业务的增长战略

企业制订新业务增长战略的动因主要有两个。一方面,在对现有业务单位进行重新组合后,需要发展一些新业务,以代替被淘汰的业务;另一方面,当企业发现了新的市场机会,现有的业务难以匹配这些机会,与企业的目标存在差距时,将形成战略计划缺口,企业就需要开辟新的业务,扩大现有的经营领域,弥补出现的战略计划缺口(见图 12-3)。

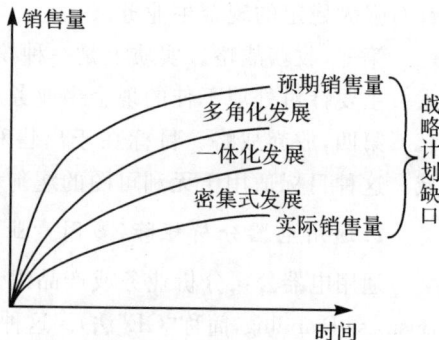

图 12-3　战略计划缺口

1. 密集式成长战略

当一个特定的市场(或产品)还存在发展潜力时,企业可以采用密集式增长战略。该战略包括:

(1)市场渗透。即通过各种营销手段促使现有顾客增加产品的购买数量,使更多的潜在顾客、从未使用过该产品的顾客购买,也可以吸引竞争对手的顾客购买。

(2)市场开发。即努力开拓新市场扩大现有产品的销售量。实现形式主要有扩大现有产品的销售区域、在现有销售区域内寻找新的细分市场等。

	现有市场	新市场
现有产品	市场渗透	市场开发
新产品	产品开发	多角化增长

图 12-4 产品/市场矩阵

(3)产品开发。通过向现有市场提供新产品或改进的产品,满足现有市场上消费者的不同需求,从而扩大产品销售,实现业务增长(见图 12-4)。

2. 一体化成长战略

当所在行业仍有前途时,企业可以重新融合供应链以提高效益,实行不同程度的一体化经营,实现业务增长。

(1)后向一体化。即企业收购、兼并上游的供应商,拥有或控制自己的供应系统。如饮料生产企业收购果园,实现原材料的自给自足。后向一体化既可以给企业增加收益,又可以减少受制于上游供应商的风险。

(2)前向一体化。即收购、兼并下游的中间商,拥有或控制自己的销售渠道;或将产品线向前延伸,从事原来由顾客经营的业务。如服装制造企业自办服装专卖店,销售本企业生产的服装产品。

(3)水平一体化。即企业收购、兼并原有的竞争对手,或实行各种形式的联合经营,扩大经营规模与实力,实现业务增长。

3. 多角化成长战略

如果企业在原有经营框架内已经无法发展,或在原经营框架之外有更好的机会,企业可以选择多角化成长战略。

(1)同心多角化。即企业利用原有的技术、特长、经验等发展新产品,增加产品种类,从同一圆心向外扩大业务经营范围。如电冰箱生产企业增加冰柜的生产。

(2)水平多角化。即企业利用原有市场或顾客,采用不同的技术来发展新产品,增加产品种类。如原来生产婴幼儿奶粉的企业,现在准备生产婴儿童装、学步车等产品。

(3)综合多角化。指企业以新业务进入新市场,新业务与企业现有的技术、市场及业务没有联系。如服装生产企业从事房地产项目、生物工程项目的开发与生产。

第二节　市场营销组织设计

再好的战略、策略、计划和人员都必须有一个平台来进行整合，才能发挥最大的效果，营销组织正是团队发挥最佳力量的聚合剂和决定基础。如果缺少完善的、高效率的营销组织结构与机制，企业的营销战略与计划很难实现。

一、营销组织概述

(一)营销组织的含义

组织是人们为了实现某一特定的目的而形成的系统集合。组织存在的三个要素，即共同的目标、协作的意愿和良好的沟通，其中共同目标是组织存在的前提。

市场营销组织是企业为了实现企业战略目标、营销计划、履行营销职能，由有关人员协作配合而形成的有机的、协调的结构系统。营销组织对实现企业营销活动的各种要素和人们在工作过程中的相互关系进行组合、配置。

(二)营销组织的目标

营销组织的目标大体有三个方面。

1. 对市场需求做出快速反应。企业的营销环境是动态的，营销组织需要不断适应外部环境的变化，提高企业对外部营销环境的应变能力。企业通过营销调研部门、销售部门的一线销售人员、中间商或商业研究机构等合作伙伴了解市场信息。在对信息进行分析评估的基础上，企业高层决策者对重新开发新产品、产品生产、销售甚至储运等工作进行综合调整。

2. 使营销效率最大化。为了提高企业对市场的反应速度，更好地为消费者服务，需要企业内部各职能部门(如生产、营销、研发、人事、财务等部门)的共同参与和配合，也需要营销部门内部各成员与岗位的协调。营销组织要充分发挥其协调和控制的职能，从而达到营销效率最大化。

3. 代表并维护消费者利益。现代市场营销观念的核心是消费者利益至上，为了更有效地维护消费者的利益，营销组织需要承担更多的职责。尽管企业有市场调研人员、客户服务部门等机构与人员了解消费者需求，维护消费者的利益，但企业仍需要在营销组织层面上，以确保消费者利益不受到损害。

二、营销组织的演变

企业的市场营销部门是随着市场营销管理哲学的不断发展演变而来的。大致经历了单纯的销售部门、兼有附属职能的销售部门、独立的市场营销部门、现代市场营销部门、现代市场营销公司五个阶段(如图12-5所示)。

1.单纯的销售部门。20世纪30年代以前,西方企业以生产观念作为指导思想,大部分都采用这种形式。一般而言,所有企业都是从财务、生产、销售和会计这四个基本职能部门开展的。财务部门负责资金的筹措,生产部门负责产品制造,销售部门通常由一位副总经理负责,管理销售人员,并兼管若干市场营销研究和广告宣传工作。在这个阶段,销售部门的职能仅仅是推销生产部门生产出来的产品,生产什么、销售什么;生产多少,销售多少。产品生产、库存管理等完全由生产部门决定,销售部门对产品的种类、规格、数量等问题,几乎没有任何发言权,如图12-5(a)所示。

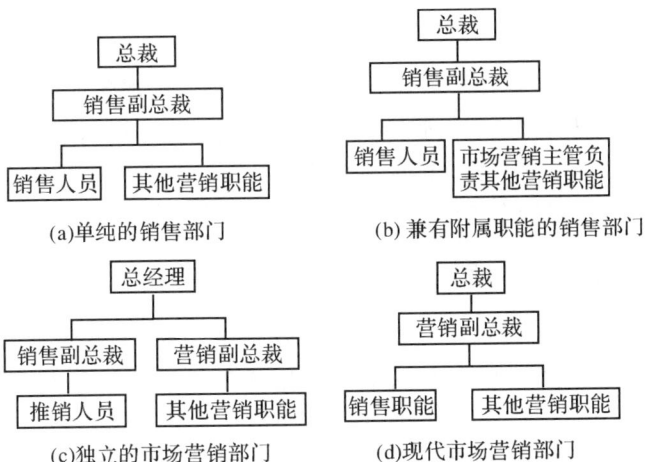

图 12-5　营销组织的演变过程

2.兼有附属职能的销售部门。20世纪30年代大萧条以后,市场竞争日趋激烈,企业大多数以推销观念作为指导思想,需要进行经常性的市场营销研究、广告宣传以及其他促销活动,这些工作逐渐变成为专门的职能。当工作量达到一定程度时,便会设立一名市场营销经理负责这方面的工作,如图12-5(b)所示。

3.独立的市场营销部门。随着企业规模和业务范围的进一步扩大,原来作为附属性工作的市场营销研究、新产品开发、广告促销和为顾客服务等市场营销职能的重要性日益增强。于是,市场营销部门成为一个相对独立的职能部门,作为市场营销部门负责人的市场营销副总经理同销售副总经理一样直接受总经理的领导,销售和市场营销成为平行的职能部门,如图12-5(c)所示。但在具体工作上,这两个部门是需要密切配合的。这种安排常常使用在许多工业企业中,它向企业总经理提供了一个全面或多角度分析企业面临的机遇与挑战的机会。

4.现代市场营销部门。尽管销售副总经理和市场营销副总经理需要配合默契和互相协调,但是他们之间实际形成的关系往往是一种彼此敌对的关系。销售副总经理趋向于短期行为,侧重于取得眼前的销售量;而市场营销副总经理则多着眼于长期效果,侧重于制定适当的产品计划和市场营销战略,以满足市场的长期需要。销售部门和市场营销部门之间矛盾冲突的解决过程,形成了现代市场营销部门的基础,即由市场营销副总经理全面负责,下辖所有市场营销职能部门和销售部门,如图12-5(d)所示。一般来说,市场营销经理的任务是确定市场机会准备市场营销策略并计划组织新产品进入,销售活动达到预订目标,而销售人员则是负责实施新产品进入和销售活动。

5.现代市场营销企业。一个企业仅仅有了上述现代市场营销部门,还不等于是现代市场营销企业。现代市场营销企业取决于企业内部各种管理人员对待市场营销职能的态度,只有当所有的管理人员都认识到企业一切部门的工作都是"为顾客服务","市场营销"不仅是一个部门的名称而且是一个企业的经营哲学时,这个企业才能算是一个"以顾客为中心"的现代市场营销企业。

三、营销组织设计原则

1.组织结构应体现营销导向。在设计营销组织时,管理者必须首先考虑满足市场需求,服务消费者所必需的市场营销任务。以此为基础,才能建立组织结构。

2.设立组织必须以活动,而不是人为中心。组织设计首先应是"事事有人做",而不是"人人有事做"。要考虑工作需要和工作特点,做到因事设职,因职用人。但这并不意味着组织设计可忽视人的因素,忽视人的特点和人的能力。

3.权责必须匹配。任何人完成工作,都必须配置相应的资源与工具。职责就是任务,做什么事,做到什么程度,横向、纵向的关系及完成任务应配备的权限。在营销组织设计中,职责应落实到每一个人,并授予个人相应的权力。

4.经理控制幅度必须合理。原则上,营销经理的控制幅度应当小一些,一般不超过6—8人。然而,为了提高组织对市场的响应时间,组织结构扁平化已成为趋势,这将导致每一管理层级更宽的控制幅度。

5.组织必须稳定而不失弹性。组织结构应该是既严谨但又不规定得过死,具有一定的弹性,能适应新情况的变化。组织设计应力求严谨中求宽松,恰到好处的理想境界。

6.各种活动应平衡协调。在营销管理中,必须在营销部门与企业其他非营销部门之间、营销部门内部（如市场部与销售部）、营销活动各项事务之间保持有效的协调。

四、营销组织的基本类型

(一)职能型营销组织

这是最常见的营销部门组织形式,即在营销副总裁的领导下,由各营销功能专家担任经理,执行某一方面的营销职能。他们分别对营销副总裁负责,由营销副总裁负责协调各项营销活动(见图 12-6)。

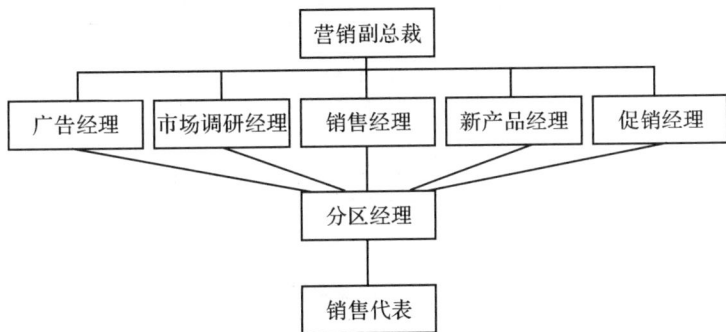

图 12-6 职能型营销组织

职能型营销组织的优点表现在:一方面行政管理简单,各职能部门责任明确,便于管理;另一方面,由于职能经理有权下达命令,人员专业化优势和职能经理的计划和项目能够得以执行。但是,随着企业产品品种的增加和市场的扩大,这种组织形式越来越显示出其效益低下的不足。

1.由于没有特定的部门为每种产品和每个市场作出详细的计划,会出现计划不完善,甚至使未受到各职能经理偏爱的产品或市场被忽视,从而影响产品的销售。

2.各个职能部门为了获得更多的预算和较高的地位而产生竞争,导致营销副总裁协调各部门的工作难度加大。

3.销售人员会受到多头管理,当直线经理与职能经理的领导出现不一致时,组织的效率会受到影响。

职能型营销组织经常出现在一些产品和市场多样化的大公司。提高组织效率的关键在于限制拥有职能性直线权力的经理数目。

(二)地区管理型营销组织

如果企业的营销范围很广,通常都按照地理区域来安排其销售队伍。如在销售部门设有全国性销售经理,下有华东、华南、华北、西北、西南、东北等大区经理,每个大区又可以按行政区域设置区域市场经理(如省级经理)、地区市场经理和销售代表(见图12-7)。

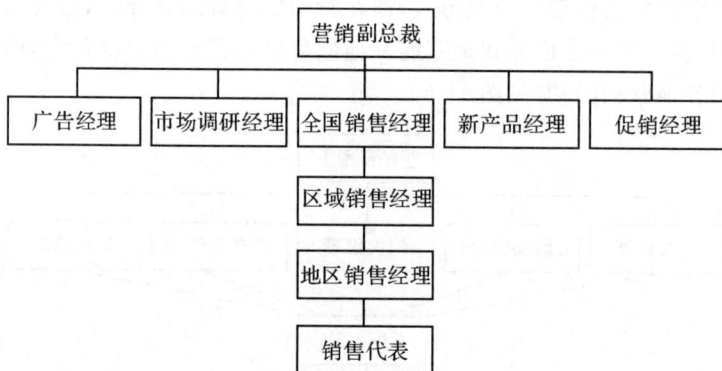

图 12-7　地区管理型营销组织

销售部门按地区划分会使企业在许多方面受益。这种组织结构能较好地覆盖整个市场,也能较好地控制销售团队和销售活动。通过任命一位有限细分市场的经理,企业就能适应地区竞争的挑战和按地区情况调整战略。区域经理们也就能更迅速地为顾客服务和处理问题。

地区管理型营销组织有一个缺点,即营销活动专业程度不高。每位区域经理除了管理销售团队外,还必须进行广告、促销和市场调研等一系列营销活动。

(三)产品(或品牌)管理型营销组织

生产多种产品或拥有多个品牌的企业,往往按产品或品牌建立市场营销组织。在一名产品(或品牌)经理的领导下,按每类产品(或品牌)分设一名经理,再按每种具体品种设一名经理,分层管理。如果一个企业经营的各种产品差别大、产品的数量多,超过了职能型组织所能控制的范围,就适合采取产品(或品牌)管理型营销组织(见图12-8)。

1. 产品(或品牌)管理型营销组织的优点

(1)产品(或品牌)经理能将产品营销组合的各要素较好地协调起来。

(2)产品(或品牌)经理能及时地对其所管理的产品(或品牌)在市场上出现的

```
                    ┌──────────┐
                    │ 营销副总裁 │
                    └────┬─────┘
      ┌──────────┬───────┼───────┬──────────┐
┌─────────┐┌──────────┐┌──────────┐┌──────────┐┌────────┐
│ 广告经理 ││市场调研经理││产品总经理││新产品经理││促销经理│
└─────────┘└──────────┘└────┬─────┘└──────────┘└────────┘
                       ┌──────────┐
                       │ 产品线经理 │
                       └────┬─────┘
                       ┌──────────┐
                       │产品项目经理│
                       └──────────┘
```

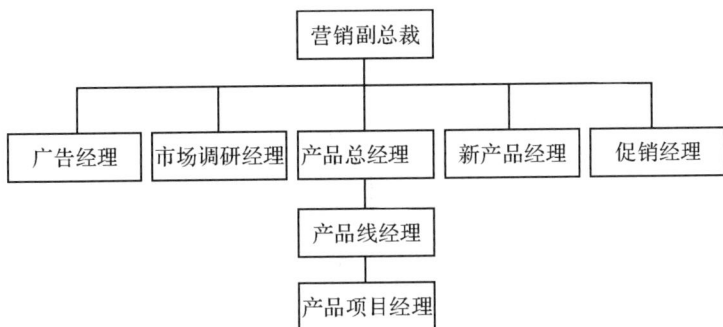

图 12-8   产品管理型营销组织

问题作出反应。

(3)由于有专门的产品(或品牌)经理负责,那些不太重要的产品(或品牌)也不会被忽视。

(4)由于产品(或品牌)经理几乎涉及企业的每一个领域,因而为培训年轻的管理人员提供了很好的机会。

2.产品(或品牌)管理型营销组织的主要缺点

(1)容易产生一些冲突或摩擦。由于产品(或品牌)经理权力有限,在同其他职能部门合作时,往往被看成是低层管理者而不被重视。此外,各产品(或品牌)经理在争取企业资源支持时,难免会产生冲突。

(2)产品经理虽然能成为自己所负责产品方面的专家,但对其他方面的业务却往往不够熟悉。

(3)费用增加。由于产品(或品牌)管理人员的增加而导致人工成本的增加。同时,企业还要继续增加调研、促销等方面的专家,进一步加重了企业的负担。

(4)品牌经理任期通常很短,因此企业的营销计划也只能是短期的,从而影响了产品长期优势的建立。

(四)市场管理型营销组织

许多公司按客户的类型、客户行业或分销渠道划分销售部门的直线权力。每一行业的销售经理对其领导的销售队伍拥有直线权力。直线经理之外不设辅助人员,每组销售人员按照客户群销售其产品大类中的所有产品。由于市场专业化与顾客导向的理念都强调了消费者为中心的营销观念,近几年来,市场管理型营销组织逐渐多了起来(见图 12-9)。

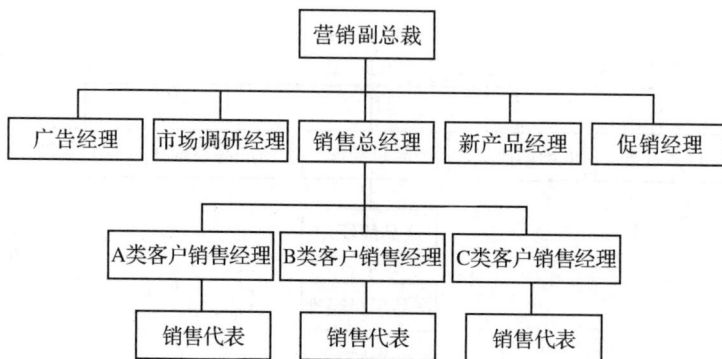

图 12-9　市场管理型营销组织

虽然市场管理型营销组织克服了产品专业化的一些缺点和渠道间的利益冲突，但仍存在一些局限性。这种类型导致区域覆盖重叠，因此增加了营销成本。此外，该类型在所有产品线上的销售会丧失产品专业化的优势。

（五）产品—市场管理型营销组织

这是一种既有产品经理，又有市场经理的两维矩阵组织。当企业面向不同市场、生产多种产品，在确定营销组织结构时经常面临两难抉择：是采用产品管理型还是市场管理型；能否吸收两种形式的优点，扬弃它们的不足之处。解决这个难题的办法是将两者有机地结合起来。产品经理的主要精力集中在如何改进产品质量，以争取更多的顾客；市场经理则主要关心各自市场的需求，考虑以什么营销组合去满足这些市场的需求（见图 12-10）。

	A 市场经理	B 市场经理	C 市场经理
产品 1 经理			
产品 2 经理			
产品 3 经理			

图 12-10　产品—市场管理型营销组织

这类营销组织吸收了产品与市场管理型营销组织的优点，但不可避免地造成组织管理成本过高、易产生矛盾与冲突等新问题。大多数经理认为，只有对那些十分重要的产品和市场，才值得设置专业的经理人员。也有一些经理认为这种管理所带来的效益必定大于所花的代价，因此不必为矛盾冲突和费用问题担心。

【案例 12-1】 联想自 20 世纪 90 年代初成立以来,共经历过四个比较大的战略发展阶段,伴随着企业战略的转移,为支持战略目标的有效达成,均对组织结构进行了大幅度的调整。

1. 汉卡时代。20 世纪 90 年代初,以自主研发联想汉卡和国外计算机产品代理成功之后,联想转向了个人电脑制造。进入个人电脑制造决定了联想集团后来的成功。联想在品牌上的投入造就了联想 PC 的成功,后者又反过来强化品牌,联想进入越来越强的正循环。此时公司采用了如图 12-11(a)所示的组织结构。

2. Legend 阶段。1994—1995 年间,联想集团逐渐缩减过去包括程控交换机、打印机等方向繁多的技术研发,在经历了两年的以贸易为重点的发展之后,1996 年柳传志正式提出联想的发展模式由"技工贸"转向"贸工技"。历史证明,这一选择强化了联想在个人电脑相关业务上的成功。如图 12-11(b)所示。

3. 杨元庆阶段。2001 年 4 月,联想按自有品牌和分销代理两大核心业务,分拆为新的联想集团和神州数码集团。联想集团设计了三层产品业务链。第一层是提供现金流的台式电脑、笔记本和主板机业务;第二层是增长业务,包括服务器、手持设备以及外设;支撑未来发展的第三层业务,属于服务类业务,包括信息运营、IT服务等。迄今为止,台式电脑依然是联想最核心的业务。神州数码选定的未来发展方向是"IT 服务",试图突破单纯的分销代理业务。如图 12-11(c)所示。

4. Lenovo 阶段。2004 年杨元庆梦想挤入 100 亿美元的行列,重新确定核心业务为 PC 及相关产品(笔记本、服务器、外部设备等)。如图 12-11(d)所示。[1]

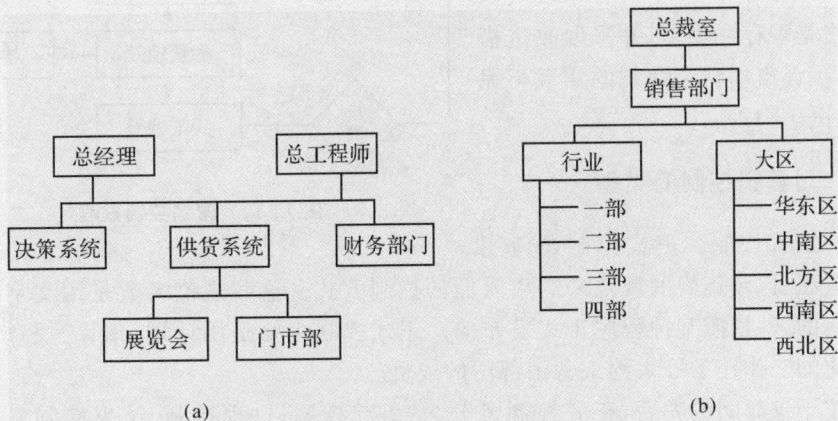

(a)

(b)

---

[1] 屈云波:《营销方法》,企业管理出版社 2005 年版,第 524—526 页。

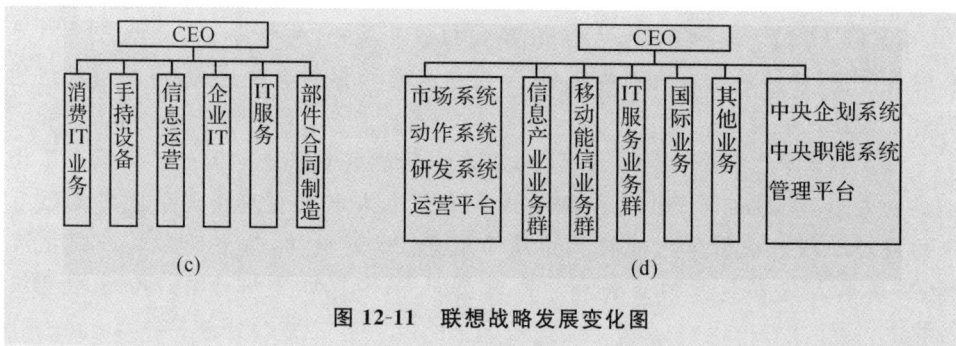

图 12-11　联想战略发展变化图

第三节　市场营销控制

企业的营销计划与方案能否实现的关键在于执行,但在执行的过程中由于企业内外部环境等不确定性因素的存在,难免会出现偏差。因此,需要对营销计划的执行情况进行监测、检查,即进行有效的营销控制。

一、营销控制概述

(一)营销控制的含义

市场营销控制,是指市场营销管理者采取控制步骤检查实际绩效与计划之是否存在偏差,并采取改进措施,以确保市场营销计划的实现与完成(见图 12-12)。

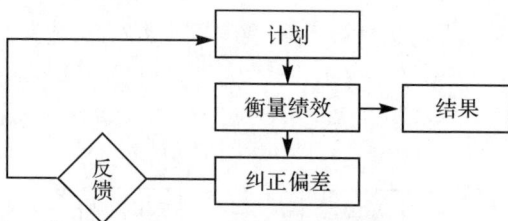

图 12-12　营销控制过程

(二)营销控制的类型

1. 正式控制。正式控制是使用比较成型、比较正规的规范来约束人们的控制方式。这些规范多数是用文字的形式表达的,并依照某种程序正式发布的。正式控制主要是用计划、预算、规章制度及量化的工作任务等来约束营销部门的成员。

按干预时间的先后,正式控制可分为:事前控制、过程控制、结果控制三种形式。其中,事前控制是在企业营销活动开展之前进行的控制,一般包括战略计划、标准制订、人员规划、培训、销售预算等;过程控制是指在企业营销活动实施过程中,对活动中的人和事进行指导与监督;结果控制是在营销活动结束以后,对本期的资源利用状况及其结果进行总结。

2.非正式控制。非正式控制是指使用不那么成型的规范来约束人们的控制方式。营销团队中常常运用道德、信任、群体压力、企业文化、愿景等一类看不见、摸不着但却感觉得到的手段来约束其成员。总体上非正式控制常常不是基于契约，而是基于人们的共同意识和认同感。

(三)常用的营销控制手段

常用的营销控制手段主要有年度营销计划控制、赢利能力控制、效率控制和营销审计四种(见表 12-1)。

表 12-1　常用的营销控制手段比较表

控制类型	主要负责人	控制目的	方法
年度营销计划控制	高层管理部门	检查计划目标是否实现	销售分析、市场份额分析、费用—销售额比率分析、财务分析等
盈利能力控制	营销审计人员	评价营销活动的赢利情况	赢利:各区域、产品、品牌、目标市场等
效率控制	直线和职能管理层营销审计人员	评价和提高经费的使用效率	效率:销售队伍、分销、广告等促销活动
战略控制	高层管理者营销审计人员	检查公司是否在市场、产品和渠道等方面找到最佳机会	营销审计、营销效益等级评价、道德与社会责任等

二、年度营销计划控制

所谓年度营销计划控制,是指企业在本年度内采取控制步骤,检查实际绩效与计划之间是否有偏差,并采取改进措施,以确保年度营销计划规定的销售、利润和其他目标的实现与完成。

年度营销计划控制过程分为四个步骤。

1.确定年度营销计划中的月(或季)的销售目标,这是控制的基点。

2.建立反馈系统,监督年度营销计划的实施情况。

3.衡量绩效与目标之间的偏差,发现较大的偏差,并找出其中原因。

4.采取纠偏措施,缩小计划与实际之间的差距。

年度营销计划控制可以运用以下几种方法来衡量计划的执行绩效。

（一）销售分析

1.销售差异分析。该方法主要用于分析各个不同的因素对销售绩效的影响效果。

【案例12-2】 某年度计划要求第一季度销售4000件产品,价格1000元/件,即销售额400万元;在该季度结束后,只销售了3000件,且销售价格为800元/件,即实际销售额240万元。问:绩效的降低有多少归因于价格下降?有多少归因于销售数量下降?

[分析]总的绩效偏差＝3000×800－4000×1000＝－1600000元

因数量下降的差异＝（3000－4000）×1000＝－1000000,占62.5%

因价格下降的差异＝－1600000－（－1000000）＝－600000,占37.5%

当然销售差异分析也可按以下公式来计算:

售价下降的差距＝$(Sp - Ap)Aq$

销售减少的差距＝$(Sq - Aq)Sp$

式中,Sp—计划售价,Ap—实际售价,Sq—计划销售量,Aq—实际销售量。

[结论]第一季度销售额下降的主要原因是由于销售数量下降引起的,故应仔细核查为什么不能达到预期的销售量。

2.微观销售分析。该方法主要用于分析未能达到预期销售额的特定销售单位（区域、品牌、目标客户群等）,见表12-2。

表12-2 某企业的微观销售分析表

	A 区	B 区	C 区	总计
预期销售额(元)	150000	50000	200000	400000
实际销售额(元)	140000	52500	107500	300000
完成情况	93%	105%	54%	75%
与预期的差距	－7%	＋5%	－46%	－25%

通过分析表12-2可知,C区是导致销售额未达到预期值的主要原因,因此,需要对C区进行调查,找出绩效不佳的原因。

（二）市场占有率分析

通常,企业的销售绩效并未反映出相对于其竞争企业的经营状况如何。如果企业销售额增加了,可能是由于企业所处的整个经济环境的发展,或可能是因为其市场营销工作较之其竞争者有相对改善。市场占有率正是剔除了一般的环境影响来考察企业本身的经营工作状况。如果企业的市场占有率升高,表明它较其竞争者的情况更好;如果下降,则说明相对于竞争者其绩效较差。

市场占有率分析主要有以下几个指标:

1.整体市场占有率

(1)整体市场占有率=本企业销售量/产业总销售量×100%

(2)整体市场占有率=本企业销售额/产业总销售额×100%

使用这种测量方法必须作两项决策:第一是要以单位销售量或以销售额来表示市场占有率。第二是正确认定行业的范围,即明确本行业所应包括的产品、市场等。

2.目标市场占有率

目标市场占有率=本企业销售额/目标市场总销售额×100%

企业可能有近100%的目标市场占有率,却只有相对较小百分比的全部市场占有率。企业只有在目标市场上占据有利地位后,才能谋求更大的全部市场占有率。

3.相对市场占有率Ⅰ(相对于三个最大竞争者)

相对市场占有率Ⅰ=本企业市场占有率/3个最大竞争者市场占有率×100%

如某企业有30%的市场占有率,其最大的三个竞争者的市场占有率分别为25%、15%、10%,则该企业的相对市场占有率Ⅰ是30/50=60%。

一般情况下,相对市场占有率Ⅰ高于33%即被认为是强势的;低于33%则是弱势。

4.相对市场占有率Ⅱ(相对于市场领导竞争者)

相对市场占有率Ⅱ=本企业的销售额(量)/最大竞争者销售额(量)×100%

相对市场占有率Ⅱ超过100%,表明该企业是市场领导者;相对市场占有率Ⅱ等于100%,表明企业与市场领导竞争者同为市场领导者;相对市场占有率Ⅱ的增加表明企业正接近市场领导竞争者。

(三)营销费用率分析

营销费用率是市场营销费用占销售额的比例。营销费用包括推销员费用、广告费、促销费、市场调查费、营销管理费,等等。在销售额一定的情况下,营销费用越低,企业的效益就越好。营销费用率分析的目的是监督营销费用的支出情况,确保其不超出年度计划的预算。

营销费用率＝营业费用/销售收入

其中营业费用是指企业在销售产品、提供劳务等日常生产经营过程中发生的各项费用以及专设营销机构的各项经费。

营销费用率反映了取得一定的销售收入所需付出的营销成本,其高低可作为反映企业营销效率的重要指标。该比率受各种随机因素的影响而上下波动,一般允许有适当的偏差。但如果波动超出正常范围,就应引起注意,如果及时采取措施,便可控制住费用的上升趋势。

(四)顾客满意度追踪

企业建立专门机构来追踪其顾客、经销商以及市场营销系统其他参与者的态度,对于营销控制过程中分析原因、寻找调整措施,将是十分必要的。顾客态度追踪分析一般要做三方面的工作。

1.建立听取意见制度。企业对来自顾客的书面的或口头意见应该进行记录、分析,并做出适当的反应。对不同的意见应该分析归类汇编成册,对意见比较集中的问题要查找原因,加以根除。企业应该鼓励顾客提出批评和建议,使顾客经常有机会发表意见,才有可能搜集到顾客对其产品和服务反映的完整资料。

2.固定顾客样本。有些企业建立由一定代表性的顾客组成的固定顾客样本,定期地由企业通过电话访问或邮寄问卷了解其需求、意见和期望。这种做法有时比听取意见更能代表顾客态度的变化及其分布范围。

3.顾客调查。企业定期采取随机抽样调查的方法,让被抽取的随机顾客回答一组标准化的调查问卷,其中问题包括员工态度、服务质量等。通过对这些问卷的分析,企业可及时发现问题并尽早解决。

三、赢利能力控制

除了年度营销计划控制以外,企业还需要运用赢利能力控制来测定不同产品、不同销售区域、不同顾客群体、不同渠道以及不同订货规模的赢利能力。由赢利能力控制所获取的信息,有助于管理人员决定各种产品或营销活动是扩展、减少还是取消。

(一)营销成本

营销成本直接影响企业利润,它由如下项目构成。

1.直接推销费用:包括直销人员的工资、奖金、差旅费、培训费和交际费等。

2.促销费:包括广告媒体成本、产品说明书印刷费用、赠奖费用、展览会费用和促销人员工资等。

3.仓储费用：包括租金、维护费、折旧、保险、包装费和存货成本等。

4.运输费用：包括托运费用等。如果是自有运输工具，则要计算折旧、维护费、燃料费、牌照税、保险费和司机工资等。

5.其他营销费用：包括营销管理人员工资和办公费用等。

上述成本连同企业的生产成本构成了企业的总成本，直接影响到企业经济效益。其中，有些与销售额直接相关，称为直接费用；有些与销售额并无直接关系，称为间接费用。有时两者也很难划分。

(二)赢利能力的考察指标

取得利润是任何企业的最重要的目标之一。企业赢利能力历来为营销管理人员所高度重视，因而赢利能力控制在营销管理中占有十分重要的地位。在对营销成本进行分析之后，特提出如下赢利能力考察指标。

1.销售利润率。一般来说，企业将销售利润率作为评估企业获利能力的主要指标之一。销售利润率是指利润与销售额之间的比率，表示每销售一百元使企业获得的利润，其公式是：

销售利润率＝本期利润/销售额×100％

但是，在同一行业各个企业间的负债比率往往大不相同，而对销售利润率的评价又常需通过与同行业平均水平来进行对比。所以，在评估企业获利能力时最好能将利息支出加上税后利润，这样将能大体消除由于举债经营而支付的利息对利润水平产生的不同影响。因此，销售利润率的计算公式应该是：

销售利润率＝税后息前利润/产品销售收入净额×100％

这样的计算方式，在同行业间衡量经营水平时才有可比性，才能比较正确地评价营销效率。

2.资产收益率。资产收益率是指企业所创造的总利润与企业全部资产的比率。

资产收益率＝本期利润/资产平均总额×100％

与销售利润率的理由一样，为了在同行间有可比性，资产收益率可以用以下公式计算：

资产收益率＝税后息前利润/资产平均总额×100％

其分母之所以用资产平均总额，是因为年初和年末余额相差很大，如果仅用年末余额作为总额显然不合理。

3.净资产收益率。净资产收益率是指税后利润与净资产所得的比率。净资产是指总资产减去负债总额后的净值。这是衡量企业偿债后的剩余资产的收益率。

净资产收益率＝税后利润/净资产平均余额×100％

其分子之所以不包含利息支出,是因为净资产已不包括负债在内。

4.资产管理效率。资产管理效率可通过以下比率来分析。

(1)资产周转率。该指标是指一个企业以资产平均总额去除产品销售收入净额而得出的全部资金周转率。

资产周转率＝产品销售收入净额/资产平均占用额×100％

该指标可以衡量企业全部投资的利用效率,资产周转率高说明投资的利用率高。

(2)存货周转率。该指标是指产品销售成本与存货(指产品)平均余额之比。

存货周转率＝产品销售成本/存货平均余额×100％

这项指标说明某一时间内存货周转的次数,从而考核存货的流动性。存货平均余额一般取年初和年末余额的平均数。一般来说,存货周转率次数越高越好,说明存货水准较低,周转快,资金使用率较高。

资产管理效率与获利能力密切相关。资产管理效率高,获利能力相应也较高。这可以从资产收益率与资产周转率及销售利润率的关系中表现出来。资产收益率实际上是资产周转率和销售利润率的乘积:

资产收益率＝(产品销售收入净额/资产平均占用额)×(税后息前利润/产品销售收入净额)

＝资产周转率×销售利润率

四、营销效率控制

假如赢利能力分析显示出企业关于某一产品、地区或市场所得的利润很差,那么紧接着的问题便是有没有高效率的方式来管理销售人员、广告、销售及分销。

(一)销售人员效率控制

企业应对销售人员效率进行控制,各地区的销售经理需要记录本地区内销售人员效率的几项主要指标:

1.每个销售人员每天记录平均的销售访问次数。

2.每次会晤的平均访问时间。

3.每次销售访问的平均收益。

4.每次销售访问的平均成本。

5.每次销售访问的招待成本。

6.每百次销售访问而订购的百分比。

7.每期间的新顾客数。

8.每期间丧失的顾客数。

9. 销售成本对总销售额的百分比。

企业可以从以上分析中发现一些非常重要的问题,例如,销售代表每天的访问次数是否太少;每次访问所花时间是否太多;是否在招待上花费太多;每百次访问中是否签订了足够的订单;是否增加了足够的新顾客并且保留住原有的顾客。当企业开始正视销售人员效率的改善后,通常会取得很多实质性的改进。

(二)广告效率控制

企业对广告效率进行控制,应至少做好如下统计:

1. 每一媒体类型、每一媒体工具接触每千名购买者所花费的广告成本。

2. 顾客对每一媒体工具注意、联想和阅读的百分比。

3. 顾客对广告内容和效果的意见。

4. 广告前后对产品态度的衡量。

5. 受广告刺激而引起的咨询次数。

企业高层管理者可以采取若干步骤来改进广告效率,包括进行更加有效的产品定位、确定广告目标、利用计算机来指导广告媒体的选择、寻找较佳的媒体以及进行广告后效果测定等。

(三)促销效率控制

为了改善销售促进的效率,企业还需进行促销效率控制。为此,管理层应该对每一销售促进的成本和对销售的影响做记录:

1. 由于优惠而销售的百分比。

2. 每一销售额的陈列成本。

3. 赠券收回的百分比。

4. 因示范而引起咨询的次数。

企业还应观察不同销售促进手段的效果,并使用最有效果的促销手段。

(四)分销效率

分销效率主要是对企业存货水准、仓库位置及运输方式进行分析和改进,以达到最佳配置并寻找最佳运输方式和途径。

效率控制的目的在于提高人员推销、广告、销售促进和分销等营销活动的效率,营销经理必须关注若干关键比率,这些比率表明上述营销职能执行的有效性,显示出应该如何采取措施以改进执行情况。

五、营销审计

(一)营销审计的界定

营销审计指对企业或企业中的一个业务单位的营销环境、营销目标、营销战略乃至营销活动所作的全面、系统、独立和定期的检查。其目的在于发现企业营销中的问题和可能的市场营销机会,以提出企业营销的行动计划,改善企业的营销运作,提高企业的营销效率。

(二)营销审计的特征

1.全面性。一般来说,营销审计是一项全面的活动,审计的范围可能涉及一个企业几乎所有的营销活动。

2.系统性。营销审计包含一系列完整有序的步骤和科学方法的分析诊断工作。营销审计包括对企业的营销环境、营销制度和各种营销策略和方法进行诊断,并根据诊断结果,提出短期的和长期的改进措施。

3.独立性。营销审计不是单纯的由企业或组织所进行的自我审计,它往往是一项独立于接受营销审计的企业之外的工作。

4.定期性。不能仅仅将营销审计视为一剂帮助处于困境之中的企业摆脱困难的"特效药",而应当将其视为一项定期的常规管理工作。

(三)营销审计的内容

1.营销环境审计

企业的营销活动需要与企业所处的外部与内部环境相适应,环境因素是企业营销决策的基础,只有对环境进行分析,才有可能制定科学的营销战略。因此,环境分析是否正确,需要经过营销审计的检验。此外,在实施企业营销战略的过程中,营销环境也在动态地变化,这种变化对既定的营销战略有何影响,也必须通过营销审计来确认。如果环境的变化超过了营销战略适应的范围,则需要对营销战略进行修订。

2.营销战略审计

营销战略审计主要对企业的使命与战略业务单位、业务组合与增长战略、目标市场的选择、市场竞争战略、营销组合策略等问题进行审计。企业的营销战略应建立在对企业目标、市场、环境、竞争者、内部资源的全面认识基础上,使营销目标、营销环境与企业资源三者之间达到动态平衡,这是制定营销战略的基础。

3.市场营销组织审计

市场营销组织审计,主要是评价企业的市场营销组织在执行市场营销战略方面的组织保证程度和对市场营销环境的应变能力。包括:企业是否有坚强有力的市场营销主管人员及其明确的职责与权利;是否能按产品、用户、地区等有效地组织各项市场营销活动;是否有一支训练有素的销售队伍;对销售人员是否有健全的激励、监督机制和评价体系;市场营销部门与采购部门、生产部门、研究开发部门、财务部门以及其他部门的沟通情况以及是否有密切的合作关系等。

4.市场营销系统审计

(1)在市场营销信息系统方面。对于顾客、潜在顾客、批发商和经销商、竞争对手、供应商和各类公众,市场营销信息系统能否产生精确、充足、及时的市场发展变化的信息? 公司的决策制定者们是否要求进行足够的市场调研? 他们是否利用调研结果? 公司是否会采取最好的方法去进行市场预测和销售预测?

(2)在市场营销规划系统方面。市场营销规划系统是否构思精密,使用有效? 市场营销人员是否拥有决策支持系统? 市场营销规划系统能否预测销售目标和销售定额?

(3)市场营销控制系统方面。市场营销控制程序是否保证年度计划目标的实现? 管理部门是否定期分析产品、市场、地区、分销渠道的赢利能力? 是否定期检查市场营销成本和生产能力?

(4)新产品开发系统方面。公司是否很好地组织了收集、形成和筛选新产品构思的工作? 公司在开发一个新的产品构思前是否进行了足够的理论研究及业务分析? 公司在推出新产品前是否进行了市场预测?

5.营销赢利能力审计

(1)赢利能力分析。公司的不同产品、市场、地区及分销渠道的盈利能力如何? 公司是进入、扩展还是收缩或退出某些细分业务?

(2)成本效益分析。某些市场营销活动是否费用超支? 能否采取削减成本的措施?

6.市场营销功能审计

(1)产品方面。产品线的目标是什么? 它们是否合理? 现有产品线是否与这些目标相适应? 产品线是应向上扩展或收缩,还是就向下扩展或收缩,或是两种方法都用? 哪些产品应该被剔除? 哪些产品应增加? 购买者对公司和竞争者的产品的质量、特征、式样、品牌名称等方面的了解程度和态度如何? 哪些地区的产品和策略需要改进?

(2)价格方面。定价目标、政策、策略和程序是什么? 公司在多大程度上按成本、需求、竞争情况来定价？顾客是否认定公司产品的价格与产品所提供的价值相当？管理部门对价格需求弹性、经验曲线效率及竞争对手的价格和定价政策了解多少？价格政策在多大程度上与批发商、经销商、供应商的需求以及政策法规相一致？

(3)分销方面。分销的目标和策略是什么？是否有足够的市场覆盖面和服务？分销商、经销商、厂商代表、经纪人、代理商和其他渠道的效率如何？公司是否应考虑改变自己的分销渠道？

(4)广告、销售促进和公共关系方面。公司的广告目标是什么？这些目标合理吗？广告上是否花费了适当的费用？广告主题和广告政策是否有效？顾客和公众是如何看待广告的？是否合理地选择了广告媒体？公司内部是否有足够的广告工作人员？是否有足够的销售促进预算？是否有效而充分地利用了销售促进工具，诸如样品、赠券、展示、销售竞赛等？公关关系部的工作人员能否胜任，是否具有创造力？公司是否充分利用了直接的资料来进行市场营销？

(5)销售人员方面。销售人员的目标是什么？销售队伍的规模是否足以实现公司的目标？销售人员是否按照正确的专业原则进行组织？有无足够的销售经理来指导地区销售代表？销售人员的工资水平和结构能否提供充分的激励和奖励作用？销售人员是否显示了高水平的士气、能力和努力？确定销售额和评价绩效的程序是否完全？公司的销售人员与竞争对手的销售人员相比有何不同？

7.营销审计的基本流程

(1)在企业中形成一种开放的心态，为建立学习型组织奠定基础，避免封闭式的管理模式，要做到这一点主要是通过与外部的交流来实现，既可以请进来，也可以走出去，以便对本企业在营销领域的现状，在本行业中(或跨行业)属于什么样的层次有一个客观的认识，从而发现自己的问题和差距，具体方法包括培训班、交流会、讨论会，等等。

(2)借鉴财务审计的思路和方法，通过营销审计这种手段发现企业在营销管理领域的薄弱环节，及时发现现有的问题和潜在的问题，特别是营销管理的流程问题和监控问题。

(3)聘用独立的第三方机构进行营销审计工作，以便做出公正客观的审计报告，并提出改进意见和建议。

通常，审计结果可以分成重大问题（A）、比较严重问题（B）、轻微问题（C）三类，按照轻重缓急可以分成非常紧急（a）、比较紧急（b）、一般情况（c）三级。最后，根据问题的严重性和紧迫性的组合来制定下一步的实施计划。

当然，如果企业愿意的话，借用外脑，请营销领域的实战专家或顾问提供进一步的咨询服务，参与下一步的改进方案设计，并监督项目实施，跟踪项目进展，建立完善的营销管理流程,从而从根本上提高企业的营销管理透明度。

本章小结

在企业战略管理体系中,营销战略是一种职能战略。营销管理的一个关键因素是设计能够指导营销活动的具有远见和创造性的营销战略与计划。合理规划企业的营销战略,主要由确定企业使命与战略业务单位、制定企业业务单位组合与企业新业务增长战略等工作组成。

企业制订营销战略与计划后,需要通过科学地安排企业的人、财、物等各项战略资源进行配置与实施,而一个完善、高效的营销组织对企业营销战略与计划的实现至关重要。一般企业的营销组织结构主要有职能型、地区管理型、产品(或品牌)管理型、市场管理型、产品—市场管理型五种基本类型。每种营销组织结构都各有利弊,企业应根据市场、产品及营销职能的实际情况合理进行选择与调整。

企业的营销战略与计划能否实现的关键在于执行,但在执行的过程中由于企业内外部环境等不确定性因素的存在,难免会出现偏差。为了保证营销战略与计划的实施,应该对营销战略与计划的执行情况进行监测与检查,即进行合理控制。企业的营销控制可以分为正式控制与非正式控制两种,其中常用的正式营销控制手段主要有年度营销计划控制、赢得能力控制、效率控制和营销审计四种。

案例阅读与分析

【案例】 旭日升的变革之痛

人们记忆中的旭日升“冰茶”是 1993 年开始以一个供销社为基础发展起来的饮料巨头,初期发展迅猛。1995 年,旭日升“冰茶”销量达到 5000 万元。1996 年,这个数字骤然升至 5 个亿,翻了 10 倍。在市场销售最高峰的 1998 年,旭日升的销售额达到了 30 亿元。旭日升的成功很大程度上是因为它选择了一个百姓熟悉而市场或缺的切入点,并创造了一个全新的“冰茶”概念。

1999 年,旭日集团确定“冰茶”为集团产品特有名称,并在工商局注册。另外,创业早期,旭日集团在全国 29 个省、市、自治区的各大城市密集布点,建立了 48 个旭日营销公司、200 多个营销分公司,编织起了庞大的营销网络。短短几年间,旭日集团一跃成为中国茶饮料市场的龙头老大。

旭日升的成功引来了众多跟风者的竞争。康师傅、统一、可口可乐、娃哈哈等一群“冰红茶”“冰绿茶”相继出现在了消费者的面前。旭日升“冰茶”的独家生意很快就被分食、弱化了。2001 年,旭日升的市场份额从最初的 70%跌至 30%,销售额也随之大幅下降。

伴随着产品先入者的优势被削弱,治理上的问题也就越来越多地暴露出来。

据介绍,在渠道建设方面,不论进入哪一个城市,不论什么职位,旭日集团都从冀州派遣本地人马。但是治理这些网点的制度规范却很滞后。总部与网点之间更多的是激励机制,少有约束机制。集团采取按照回款多少来考核工作。有报道说,有些从集团派出的业务人员为了达到考核要求,私自和经销商商定:只要你答应我的回款要求,我就答应你的返利条件;可以从集团给你要政策,甚至答应你卖过期产品。更有些业务人员,主要的精力,除了催款和许诺,就是和经销商一起坑骗企业。

面对如此严重形势,旭日集团开始了变革。变革的力度可以用"大破大立"来形容。第一步是企业高层大换血。目标是将原来粗放、经验主义的治理转为量化、标准化治理。集团引进了 30 多位博士、博士后和高级工程师,开始接手战略治理、市场治理、品牌策划和产品研发方面的工作。其中集团的营销副总经理就是可口可乐中国公司的原销售主管。第二步是把 1000 多名一线的销售人员重新安排到生产部门,试图从平面治理向垂直治理转变。集团总部建立了物流、财务、技术三个垂直治理系统,直接对大区公司进行调控,各大区公司再对所属省公司垂直治理。这样的人员调动是集团成立 8 年来最大的一次。第三步是把集团的架构重新划分为五大事业部,包括饮料事业部、冰茶红酒事业部、茶叶事业部、资本经营事业部和纺织及其他事业部,实现多元化经营。

令人想不到的是,大刀阔斧的变革并没有让产品的市场表现有所好转,相反,组织内部却先乱了。自 2001 年开始,如日中天的旭日升开始明显地滑落,2002 年下半年,旭日升停止铺货。一度风光无限的"旭日升"渐渐成为人们脑海中的一个回忆。①

【讨论】

1. 旭日集团改革失败的原因主要是什么?

2. 旭日集团营销组织改革有何合理之处? 哪些措施是不合理的?

3. 你对旭日集团的营销组织改革有何建议?

▶ 思考题

1. 分析企业战略与企业营销战略之间的关系。

2. 什么是营销组织? 建立营销组织有何目的?

3. 说出比较独立的市场营销部门、现代市场营销部门与市场营销企业之间的异同。

4. 联系实际,分析各种市场营销组织类型的优势与不足。

5. 营销组织有哪几种类型? 它们各有何特点?

---

① 改编自《反思旭日升的变革伤痛》等资料,载世界经理人网站。

第十三章 网络时代的市场营销

在互联网作为信息和通讯媒体而高速发展并被普遍接受的今天,没有哪一项企业的职能像营销职能一样,能够发生如此深刻的变革。互联网作为产品/服务信息一体化媒体(网页)、互动通讯的工具(电子邮件)以及交易的市场(电子商务),对市场营销实践所产生的影响,远远大于工业革命中所诞生的印刷技术,也大于 20 世纪以来出现的无线电与电视技术。

——Jagdish N. Sheth,Abdolreza Eshghi,Balaji C. Krishnan

■ 本章学习目标

通过本章学习,了解企业数字化经营环境的特征,知道消费者在线购买行为的类型、特点,懂得合理运用企业与在线消费者进行网络沟通的工具以及具体开展 B2C 和 B2B 网络营销的策略步骤。

■ 本章学习重点

了解互联网技术给商业模式带来的变化;研究网上消费者的购买决策过程;掌握线上沟通与线下沟通的差异以及营销策略工具在网络环境的应用。

万维网是互联网建筑大师蒂姆·伯纳斯-李(Tim Berners-Lee)的神奇发明,它彻底改变了人们收集及传递数字文本、图标、声音和图像的方式,很多企业都将它作为通向世界、融入全球经济的桥梁,更多的企业则是利用它作为市场营销的强力工具。从全球范围来看,经济全球化、基于网络的 IT 技术和企业电子商务发展三者间的互动推动着网络经济新秩序的生成,缔造出了许多新的只属于互联网时代的商业模式。从传播角度看,互联网为企业营销人员和消费者提供了互动和个性化的机会,不久的将来,互联网营销将成为几乎所有营销活动的重要组成部分。[①]

---

①科特勒、凯勒:《营销管理》,格致出版社 2012 年版,第 510 页。

第一节 互联网对营销的影响

Hoffman 和 Novak 认为,互联网成为营销者的焦点基于以下理由:(1)消费者和企业正在大幅度和快速地增长网上生意的数量;(2)市场倾向于选择去中心化、多对多的网络而不是中心化、封闭的环境来开展电子商务;(3)存在超媒体的万维网环境代表了更为广阔的在线服务背景;(4)网络给予广告、营销甚至直接产品和信息服务更加有效的渠道[①]。企业的营销战略、促销工具、客户管理方式等面临着如何利用网络技术进行改造和替代的挑战。

一、网络经营环境的特征

互联网的独特特性以前所未有的力量改变着企业的经营环境和经营方式,如互联网消除的时间局限使得不同地区雇员可以进行研发合作,互联网的媒介技术让消费者可以在自己家中购物而无须逛街,互联网的无限虚拟容量让零售店可以24 小时全天候开放。换句话说,网络经济将会根本性地改变商业逻辑(见表 13-1),电子商务就是这一改变的载体。

表 13-1 传统商业逻辑与新兴商业逻辑的特征比较

传统商业逻辑	新兴商业逻辑
工作流程循序渐进	工作流程的各个环节同时进行
官僚体系的组织结构	分工协作的组织结构
各个部门分工明确	各个部门整合工作
规律性的决策方式	知觉式的决策方式
工作程序至上	依不同情况灵活变动
适应竞争规则和环境	反应于或改变竞争规则和环境
生产—销售模式	感知—反应模式

1.市场性质变化。网络技术和电子商务手段,使得产品的生产者能够更多地直接面对消费者,中间商的作用将会逐渐淡化。其次,虚拟化市场的产生,补充甚至替代了长期存在的实体市场(physical market)。而且,互联网技术提供了企业与每个客户联系的通道,市场可以进一步划分为个体市场。

---

①D. L. Hoffman & T. P. Novak, *Marketing in Hypermedia Computer-Mediated Environments*: *Conceptual Foundations*. In *Journal of Marketing*, 1996, 60(July): 50—68.

2.生产方式变迁。旧经济逻辑以制造业管理为基础,而新经济逻辑立足于信息和信息产业的管理之上,拥有最佳信息系统和市场情报的竞争者,终将成为市场的赢家。传统生产方式基于规模经济和标准化产品,是一种"先产后销"的方式,而网络经济下企业的基本生产方式特征是实时响应,完全改变了企业竞争的时空观,从时间上实时企业会邀请客户界定出他们的广义需求,从空间上虚拟企业将彻底打破地理上的限制。

3.市场主导权迁移。互联网的运用正逐步减少和消除因信息不对称和高昂的信息获取成本给消费者带来的困扰和不便。市场主导权开始由生产者向消费者转移,市场逐步演变为买方市场。顾客开始控制信息检索过程、浏览网站的时间、价格/产品的比较、需要联系的人员以及购买决策。

4.价值创造逻辑革新。互联网为企业价值创造提供了新的机遇和方式。杰弗里等指出新经济下主要有两种一般的"价值类型"[①]:封闭价值(trapped value)和新生价值(new-to-the-world value)。前者可以通过创造高效的市场(如,eBay 几乎可以帮助每个人在任何的范围内通过拍卖或固定的价格交易)、建立更高效的价值体系(如联邦快递将客户服务转移至网上,客户可以实现货运跟踪)、提供更方便的接入方式(如 Guru 可以在短时间内帮助客户找到各行业的专家)和瓦解当前的定价能力(如 www.Bizrate.com 让在线消费者比较不同商店的价格和服务质量)得以释放;后者可以通过客户化供给(如"我的 Yahoo")、全面扩大使用面(如 www.Keen.com 创造了全新的寻求和提供建议的市场)、建立社区,使更多的人跨越时空相互结合和引入全新的功能和顾客体验来创造。

5.企业组织结构的变革。21 世纪随着环境动态性和知识性增加,原来层级的企业组织结构正解体为一系列网络形式,包括内部网络(internal network)、垂直网络(vertical network)、市场间网络(intermarket network)和机会网络(opportunity networks)。营销的结果日益由企业网络的竞争来决定而不是企业之间的竞争[②]。所以,越来越多的营销活动职能是管理组织内和组织间的关系为特征。

二、基于互联网的电子商务模式

电子商务最初表现形式为电子买卖,销售是人们在 Web 上唯一能得到的体验。随着在 Web 上添加更多商务内容和类型,IBM 公司提出了"电子商务"(e-businesses)概念,定义为"一个安全、灵活、集成的途径,它通过将商务核心运营

---

①杰弗里·雷波特、伯纳德·贾沃斯基:《电子商务》,中国人民大学出版社 2004 年版。

②R. S. Achrol & P. Kotler, *Marketing in the Network Economy*. In *Journal of Marketing*, 1999, 63 (Special issues):146－163.

系统与过程同互联网技术提供的简便与普及相结合,交付不同的商务价值"。电子商务模式描述了企业如何利用互联网和现代信息技术从事价值创造活动的方式。

总体来说,基于互联网诞生的新商务模式可以分为纯互联网模式和混合式两类,前者如亚马逊、Ebay、雅虎等;后者则是在传统业务领域基础上向互联网迈进的互联网商务模式,如 Sony 的娱乐网站、美林进军网络经纪业务。除此之外,许多其他学者对互联网商务模式从各个角度进行了归纳,如罗帕(Rappa)和迪姆尔斯(Timmers)将互联网的电子商务模式分为经纪商模式(brokerage model)、广告商模式(advertising model)、信息媒体模式(information media model)、销售商(merchant model)、生产商模式(manufacturing model)、合作附属模式(affiliate model)、社区服务模式(community model)、内容订阅模式(content subscribed model)和效用模式(utility model)。国内学者吕本富和张鹏在网络热潮年代曾经总结出"77 种网络经济创新模式",如 B-B 模式、网上金融、网上销售、网上拍卖/买、网络软服务、网络硬服务、数字商品提供者、技术创新、内容服务、网络门户、网上社区、旁观者等 12 大类共 77 种[①]。但是,不管商业模式如何分类,其终极目的依然为顾客创造实际的价值,否则就难以长久生存。

因此,任何在线的企业经营模式都必须思考核心的四个组成部分:(1)针对目标顾客的价值主张或价值组合;(2)在线业务是提供产品、服务或信息,还是三者兼而有之;(3)独特而稳定的资源系统;(4)收入模式。如 Google 公司靠其独创的搜索引擎技术奠定了网络门户的地位,电子港湾公司开发了网上拍卖技术,从而开创了网上拍卖模式,亚马逊公司独创的"一次点击"(One-click)和顾客数据收集等多项技术使它成为了电子商务的象征,Priceline.com 公司同样基于独创技术前所未有地设计出顾客逆向购买模式。在今天的网络经济中,技术创造了商务模式;反过来,商务模式又推动了技术创新的步伐。技术创新和商务模式创新之间的互动构成网络经济发展的正反馈循环。

在网络经济兴起的过程中,商务模式之所以受到如此的重视,对传统企业来说是因为网络经济时代将诞生与传统工业经济时代完全不同的新的生产方式,企业面临转型以应对环境变化的挑战;对新兴互联网企业来说是获取创业资金、启动公司,以创新技术解决传统经济中低效环节或者提供创新服务,并获得自身发展空间的问题。

三、营销过程的数字化

所谓网络营销,实际上是把信息技术融入传统营销活动中。互联网以及其他

[①]吕本富、张鹏:《77 种网络经济创新模式》,载《IT 经理世界》2000 年第 5 期。

的各种新技术在三个方面影响着传统的营销活动。第一,他们提高了传统营销工作的效率;第二,网络技术改变了许多营销战略;第三,互联网从根本上改变了消费者的消费行为。

从过程管理角度看,营销是有利益地识别、预测和满足顾客需求的管理过程。公司完全可以把因特网作为现代营销概念的一部分,利用互联网支持组织向顾客和其他利益相关者提供产品和服务的整个职能和过程。希伯勒(Hiebler)等将此营销过程细分为了解市场和顾客、在设计产品和服务时考虑顾客与市场、销售产品和服务、在产品交付和服务中考虑顾客、提供客户服务和管理客户信息这几个过程。每一个过程都是一个大范围的能力类别[①]。在这每一个过程里都具有数字技术来替代营销过程的机会。如第一个主要过程了解市场和顾客中,现在许多企业都运用在线技术对顾客进行调查,利用网络来搜集市场信息;再比如电子机票的发明和采用则替代了产品交付环节,让预定和旅行次序完全数字化。企业完全可以借助网络和 IT 技术来重新设计营销过程以利用数字能力,进而将营销结构重新定义,然后再加以延伸[②]。

如果将在线营销置于网络经济和电子商务的背景,我们注意的焦点是理解作为一种战略营销管理工具,在整个营销过程中更为广泛的应用,而不应只当成沟通和销售的工具。基于此视角来定义在线营销(online marketing)才不至于狭隘地理解因特网在营销过程中所发挥的真正潜能。因此,本章的定义在线营销是运用因特网和相关的数字技术来实现营销目标和支持现代营销理念,它应该将公司的网站与在线促销技术结合起来,如搜索引擎、标题广告、电子邮件和来自其他网站的链接与服务,通过这些技术获得新的顾客和向现有的顾客提供服务,从而有助于建立顾客关系。

第二节　在线消费者

互联网给诞生于网络一代的消费者行为带来巨大变化,比如,消费者可以在网络中轻易搜寻到替代产品信息;很多消费者慢慢形成在亚马逊、当当网购物的习惯;人们可以通过论坛发帖、口碑评论、视频广告等发布产品的广告信息;借助于网络消费者开始要求定制化产品等。越来越个性化的消费者从被动接受商品到主动寻求商品,再到主动参与商品的创造过程。企业与消费者之间的交易活动与性质

---

①[美]沃德·汉森:《网络营销原理》,华夏出版社 2001 年版,第 53—54 页。
②[美]菲利普·科特勒:《科特勒营销新论》,中信出版社 2002 年版,第 3 页。

发生了显著的变化。

一、网络用户的特征

伴随着 PC 的普及与互联网技术的不断进步,全球网络用户强劲增长。截至 2010 年 12 月,全球网民突破 20 亿大关[①],而中国网民规模就达到 4.2 亿人,网购用户 1.61 亿人,年增 48.6%。

根据网民不同的网络应用,刘易斯总结出 5 类网络使用类型。(1)直接信息获取者。这类用户直接在网上寻找产品、市场或休闲信息。(2)间接信息获取者。这类用户常被称为"冲浪者",他们喜欢浏览并点击各种链接而转换页面。(3)直接购买者。这类顾客在网上购买特定的商品,提供产品和价格比较的经纪人网站是他们必定会访问的。(4)便宜货搜寻者。这类用户想从网上找到商家促销信息,如免费样品和奖品。(5)娱乐信息搜寻者。这些顾客从网上获得互动交流的快乐,他们找寻音乐、参与游戏、网上聊天。

中国互联网研究中心根据中国网民的网络应用数量、在互联网上的时间花费,将中国网民划分为三大序列、七大群体。

1.重度用户序列。他们无论在使用的网络应用数量还是在上网时长上都远高于网民总体的平均水平。具体有:网络依赖群,他们是互联网最忠实的用户;网络商务群,此群体在电子商务、在线炒股、旅行预订等应用上的特征明显强于搜索引擎、即时通信、电子邮件等基础应用;网络社交群,他们在具有社交特征的应用上的比例明显高于其他群体,在即时通信、博客、论坛/BBS、交友网站等社区类网络应用上的渗透率明显偏高。

2.中度用户序列。中度用户的网络应用数量和上网时长与总体水平接近。从使用的网络应用判断,他们可能是轻度用户向重度用户的过渡群体,主要是电子邮件、即时通信等基础应用。

3.轻度用户序列。他们在上网时间和应用数量上都远低于平均水平,同时他们也是网龄最小的用户。自我展示群,此群体中的用户 100% 拥有博客;非主流网游群:此群体中的网民 100% 玩网络游戏;网络浅尝者,此群体在各个应用上的群体特征都不突出,他们使用的网络应用数量最少,但是他们却是年龄最大的群体,平均年龄达到 32 岁。此群体显示了互联网向高年龄群体的扩张。

网民生活形态研究发现:越是重度用户,对互联网作为生活助手的价值认可度越高,同时他们对互联网的信任与安全性认可度也较高;另外不可忽视的一点是:越是

---

①详见 http://news.iresearch.cn/charts/91430.shtml,2009-03-04。

重度用户,对互联网可能产生的社会隔离认同度越高。今后消费者在网上受到影响实现消费的行为会越来越多。研究显示,不同人群使用万维网的方式各不相同。

二、在线购买行为模型及心理特征

对于网络营销者来说,研究顾客行为的影响要素是非常重要的,因为网站需要满足来自不同文化和不同背景用户的需求,用户使用网站的熟练程度也不同,不同客户群其网络购买行为也有自己的显著特征。

斯泰勒描述了四种消费者购买行为,它利用包括因特网在内的一系列媒介,进行深入的家庭拜访,从而研究出了这些行为类型,包括品牌聚焦型、价格敏感型、特征了解型和建议引导型。柯索里等提供了一个更为复杂、更为系统的在线行为分类。他们建议公司采用这样一种细分方式,考察用户对公司品牌的认知度水平是高还是低,使用者是在寻找特定信息还是在冲浪,由此划分出以下类型:专家(对品牌很了解,并寻找特定信息)、流浪者(两者都不是)、冒险家(很熟悉品牌,但不寻找任何特定信息)和调查者(不熟悉品牌,但寻求特定信息)[①]。这些学者建议,当设计网站时,市场营销者应该向目标受众中的每类使用者提供适当的信息和导航帮助。

基于原有顾客购买的响应层次模型,从顾客网站使用和接受的观点看,网站用户从知道该网站到最后购买经历了多个阶段。这类模型比较适用于顾客重复拜访的网站,而对于顾客只拜访一次网站做一次购买的情形则不太适合。因特网对顾客在购买进程的各个阶段中提供的支持也应该考虑。从阶段 1 到阶段 6 网民使用网站的相关沟通效率逐步递增。

1.产生认知(针对需求、产品和方位)。传统方式都是通过大规模的媒介广告来创造顾客对需求的认知,这方面企业需要将顾客的注意力转到网上,让顾客需要时就会想到该品牌,如卖书的亚马逊、卖电脑的戴尔、卖婴儿用品的红孩儿。

2.宣传特征、利益和品牌。一旦顾客意识到了自己对某种产品的需求,就会开始考虑产品的特征和他要从该产品获得的收益。他开始浏览各种网站寻找供应商,利用中介网站搜索该商品的评估。

3.产生拉动。一旦顾客积极搜索某产品,网站营销者必须考虑顾客选择搜索引擎的方式,确保公司及其产品得到显著的展示。

4.帮助作出购买决定。网站的一大显著特征是能够以较低的成本卸载大量的

[①]D. Kothari, S. Jain, A. Khurana & A. Saxena, *Developing a Marketing Strategy for Global Online Customer Management*. In *International Journal of Customer Relationship Management*, 2001, 4(1): 53—58.

内容。在这里,品牌内容的宣传也非常重要,因为顾客倾向于从具有良好声誉的供货商处购买商品。

5.方便顾客购买。一旦顾客做出购买决定,网站应该能够提供标准的信用卡服务。

6.为产品使用提供支持、维护交易关系。网络同样需要 E-mail 等手段维持客户关系。

进行网上购物的消费者由于缺少现场的体验和销售人员的现场引导,其购买行为表现出线上的诸多特征。在对中国最大的 C2C 购买平台淘宝网的买家的调查中,有些行为特征表现得非常明显。如,淘宝网买家一般都喜欢淘便宜货;不喜欢成为新商品的第一个试验品;喜欢跟风,越是买的人多,关注这件商品的人就越多;很多买家在皇冠级的卖家店铺会一句话都不问,直接拍下商品,付款,并等着收货,而面对只有一两颗红心、级别不高的卖家会详细地盘问。但是对李宁产品的网络销售调查发现,在淘宝网与李宁公司官网的网络消费者中,同样存在区别,前者更加关注价格便宜,后者更加关注网络购物的便利而非只有价格。

三、产销合一与合作生产

基于互联网把企业和顾客之间的联系更加紧密,企业可以把以前大量的匿名顾客整合到产品创新程序中来,让顾客共同创造和设计。这种方式不同于一般的在线市场研究,消费者不仅被询问他们的观点,而且贡献他们的创意和问题解决技能,最为明显的是 IT 领域的开放资源社区(open source development community)和企业的新产品开发社区。在传统制造领域同样如此,Piller 等发现虚拟社区中产生的顾客知识、对协作设计共同创造的支持以及建立信任降低顾客风险感知的三大应用,同样可以帮助解决大规模定制中的"集中混乱(mass confusion)"问题[1]。类似企业的案例如 P&G 会邀请消费者参与新产品如香波、婴儿护理、点心、健康护理和宠物营养等的设计、测试和启动。

在互联网的社会中,出现了托夫勒在《财富的革命》中提出的"prosumer"概念,中文译为"产销合一者",它刻画那些仅以自己的消费为生产目的的生产者的理性行为,这种违背经济学社会分工规律的现象在互联网极大地降低交易成本的情况下得以出现。产销合一者特别适用于知识社会和体验经济,每一个人的消费和生产都是个性化的,DIY(由自己拼装)正是这一理念的反映。

---

[1] F. Piller, P. Schubert, M. Koch & K. Moslein. *Overcoming Mass Confusion: Collaborative Customer Co-design in Online Communities*. In *Journal of Computer-Mediated Communication*, 2005,10(4).

第三节　在线沟通与促销

传统的大众模式为了适应大规模生产和低成本的需要,利用大众媒体进行"一对多"的沟通模式,通过电视、电台、广播、杂志、报刊、户外广告等方式将信息传给潜在庞大的顾客群。而另一种个体的"一对一"沟通模式则通过销售人员完成,是复杂产品和服务最好的办法。而基于互联网的沟通模式,Hoffman 和 Novak 称之为超媒体沟通,信息沟通是完全基于网络界面的互动沟通(包括机器互动和人员互动),而不是原先信息发送者和接受者的直接沟通[①]。万维网上既可以进行一对一的类似个人接触的沟通,也可同其他购买者在论坛上进行多对多的交流。互联网是一种互动实时的媒介,它能够将所有的营销手段都结合起来,非常有效地向顾客提供有关信息和建议,实施"实时营销"。而所运用的沟通工具更是层出不穷,给企业营销者提供了非常多的组合选择(见图 13-1)。有媒体人士认为,2008年奥巴马竞选胜利一个最为重要的原因是巧妙地利用各种网络传播手段接触到了大量传统媒体所无法接触到的潜在年轻选民。下面将着重阐述在线沟通的各种工具。

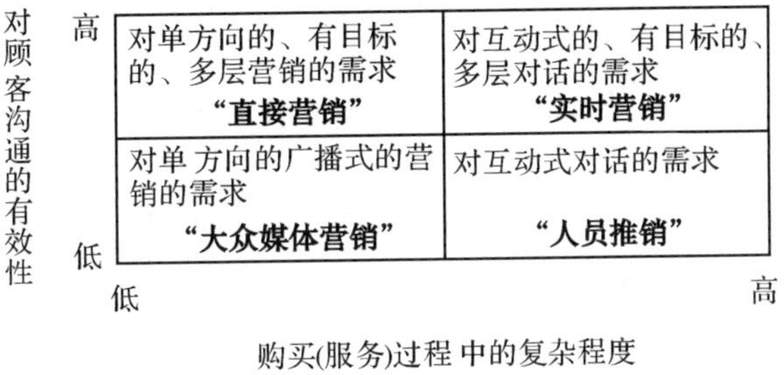

图 13-1　互联网与传统沟通模式比较[②]

一、互联网形象展示(公司网站)

本节首先想要强调通过"在线展示"进行的市场营销活动。访问者的在线体验不只受到网站本身的影响,网站只是顾客能够看到的,网站背后要有数据库、资讯

[①]D. L. Hoffman & T. P. Novak, *Marketing in Hypermedia Computer-Mediated Environments : Conceptual Foundations.* In *Journal of Marketing* ,1996,60(July):50-68.

[②][英]亚历克斯·伯奇、[美]菲利普格·格伯特、[德]德克·施奈德著,杨哲慧等译:《电子零售时代》,机械工业出版社 2002 年版,第 143 页。

管理、产品配送等一系列支持系统的存在,这些对于提供高质量的在线服务是非常重要的。

企业形象设计和展示现在除了传统媒体和实体物品如办公大楼、零售店铺外,随着网络消费者的成长,在万维网上的企业形象设计愈加重要,而对于一些纯互联网企业来说,网络是顾客及其他相关利益团体的唯一接触点,互联网上的形象展示更加重要。公司的 URL 应出现在产品包装、电视、电台及印刷媒体等传统的大众媒体广告上,要保证网站被搜索引擎搜索到,将 URL 和公司标志整合起来加入到各种说明材料中,这些对提高网站的口碑非常有用。

(一)首先要确定目标

利用网络空间设计来显得与众不同,网站可以作为销售手册、产品展示厅、招聘广告或者顾客接触点。这些目标包括吸引访问者,营造有趣的网站让访问者流连忘返,说服访问者按网站的链接来寻找信息,创建一个与企业一致的形象,增强访问者对组织的正面形象,与访问者建立信任关系等。可口可乐的网站中有一个如可乐瓶一样的企业形象标志,因为它的定位是让人相信其可乐的正宗;而百事可乐的网站中心是各种营销活动的链接,因为它的定位是年轻人。

(二)网站的差异性设计

网站整体设计必须具有自己的风格和独特的形象,几乎所有的网站都有各种标准信息的链接,如组织的历史、目标、产品信息、财务信息、反馈等,但关键是这种信息的展示和链接方式。网站设计时要充分利用互联网的交互特性,鼓励顾客包括各相关利益体的在线对话。

(三)满足访问者需求

访问者访问网站具有不同的原因,如为了了解产品,购买商品或者了解组织的信息等,要满足需求广泛的顾客是非常困难的,带来极大的技术复杂性。所以,网站要充分地增加网站的灵活性,提供有帧和无帧的版本,考虑到有些浏览器无法看到图形界面,提供纯文字版本。设计好的网站可为访问者提供多种信息格式,比如财务报表有 HTML 格式、Adobe PDF 文件和 Excel 表格。

二、在线广告

在线广告是网站将顾客的浏览率和注意力转化为赢利模式的最主要的途径。搜索广告将广告与用户在搜索引擎中输入的关键词联系起来,这是谷歌公司的生存之本。据艾瑞统计,2011 年中国网络广告市场规模达到 512 亿元人民币,环比增长近 40%[①]。随着目标消费者在网络上投入的时间越来越多,许多企业都在广告预算的比例中增加了网络方面的投入,如可口可乐、麦当劳等相继增加在各网站投放广告的比例。

(一)网络广告的目标

作为新兴的"第四类媒体",网络广告(Web Ad.)是一种新兴的广告形式,可定义为确定的广告主以付费方式运用互联网媒体对公众进行劝说的一种信息传播活动。在网络广告中,最为显眼和重要的是标题广告(旗帜广告)。当人们点击后就会进入一个小网站或者一个嵌套广告,不直接进入公司或品牌的网站,而是进入广告所在网站上的相关主页。标题广告的最后一页通常都被设计成鼓励进一步行动的直接回应网页。

标题广告的功能不仅仅是为了获得网站流量,营销经理通过广告活动可以实现好几种目标。

1.传递内容。典型例子就是通过点击标题广告引导进入给出更多信息的公司网站。

2.能够完成交易。加入一个点击链接,可引导进入一个类似旅游网站或者网上书城的商业网站。在这里放置广告就是为了引导直接销售。

3.形成态度。与公司品牌一致的广告可以帮助增强人们对品牌的认识。

4.索要式反应。一个广告可能被设计用来识别新的顾客或者作为双向沟通的开始。在这种情况下,一个交互广告可能会鼓励使用者键入其电子邮件地址。

5.加强持续力。也可以作为一种关于公司和它的服务以及可以通过联结进入网站销售促销的题目。

"网站广告联盟"是为了能够将分散的顾客访问量整合起来,许多不同媒介的独立网站结合起来,每一个网站都由广告经纪人来安排标题广告。网站作为广告网络一员,它们不用直接和要在其网站上播放广告的各类公司打交道。亚马逊拥有 30 万个联合网站,并在网站上提供标题广告,当用户点击后就会通过他们的网站进入亚马逊的网站。国内如速 8 经济酒店、凡客诚品等除了在主要门户网站投放广告以外,重要的就是通过广告联盟来投放广告,将长尾的网络访客转化为自己的潜在顾客。

(二)网络广告的评价

在网络营销分析专家们看来,网民每次点击,都潜藏了自身需求信息。例如,

---

①参见 http://a.iresearch.cn/shujufenxi/20120727/177752.shtml。

首页进入、页面停留、浏览路径、具体点击以及商品订购行为等。通过深入分析这些点击,研究网民潜藏的需求,这对广告主进行科学的广告营销具有重要意义,也是网络营销所特有的优势。当前目标顾客在百度、Google 等搜索引擎搜寻相关信息时企业已经能做到精准推销。

在网络广告大量投放时,如何检测网络广告的成本和效益、评价网络广告效果同样提上日程。一般公司在购买大众媒体广告时,以千人成本法(CPM)来衡量,而网络广告由于互联网的交互性质、访问者统计的复杂性使得其衡量方法一直以来没有一种广为大家认可的定价方法。有的公司通过测量点击进入网站并首次购物的顾客数量,来替代原来每单位广告费带来的点击量指标。

随着网络的发展和电子商务应用要求的提高,在线企业需要对顾客网上信息进行分析而不仅仅是流量的统计分析,例如网上行为(网址的使用、导航类型、持续时间和浏览频率)、在线购买信息、网上提交信息,对这些信息的有效利用需要一个强大的信息分析软件。Broadbase 的软件产品 E-business Performance Management 与 Broadvision 紧密结合,依靠 Broadvision 网络登录文件格式分析网站的点击流量,Broadbase 允许基于用户定义进行分段,并支持信息采集技术,诸如决策树、新近访问、频率及货币价值分析。

三、网络论坛与虚拟社区

(一)虚拟社区形式

虚拟社区的最初形态可追溯于 1976 年的电子信息交换系统(ELES);而 20 世纪 80 年代诞生的新闻公告板(BBS)成为最早的虚拟社区形式[1];到 90 年代中期,万维网开始出现聊天室、邮件组、新闻公告板等各种社区形式,某种程度上这些后续网上社区都可以看成 BBS 公告板功能的分离,进而形成独立的互联网应用。上述这些社区形式都是基于 Web 1.0 技术,在内容创造上侧重于编辑对频道内容的整合。到了 21 世纪初新出现的博客日志、社会交友网络(SNS)社区等则把虚拟社区的发展推向 Web 2.0 时代,进入一个新的发展阶段(参见表 13-2)。

[1] S. Balasubramanian & V. Mahajan. *The Economic Leverage of the Virtual Community*. In International Journal of Electronic Commerce,2001,5(3):103—108.

表 13-2　虚拟社区实体形态一览

社区类型	社区名称	内容
电子论坛 E-forums/BBS （Web 1.0 时代）	邮件组 E-mail lists	指围绕某个特定主题设计的一个邮件列表，通常公司用来维护客户关系。其中一个成员可以把一个信息发给全体成员，如《魔戒》粉丝组成的邮件组
	公告板 website bulletin boards	是公司赞助的站点，参与者可以张贴和阅读有关公司产品和服务的信息
	新闻组 usenet newspaper	每个新闻组有着自己的主题兴趣，如 Linux、业余爱好、特定产品和品牌即时
	聊天系统 real-time online-chat systems	参与者进行实时聊天。国外著名的是 ICQ，中国市场一统天下的则是 QQ 和 msn
	基于网络聊天室 web-based chat rooms	在网站开辟出的许多各种主题的实时聊天室
博客类社区 （Web 2.0 时代）	SNS 网站	专指旨在帮助人们建立社会性网络的互联网应用服务，主要有个人空间的展示和交友功能
	博客社区	Blog 是个人撰写网络日志并能与他人进行交流，集丰富多彩的个性化展示于一体的综合性平台
	维基类社区	维基类网站放开信息内容的修改权，让每个访问者都可以进行修改

（二）虚拟社区的商业用途

虚拟社区作为互联网诞生后发展出来的新型沟通媒介、网络空间聚集地以及自我组织的实体，成为新时期计算机环境（CME）下企业和潜在消费者沟通与连接的主要渠道。作为最早预见到虚拟社区商业价值的学者，Hagel 和 Armstrong 在他们写于 20 世纪 90 年代的畅销书 *Net Gain：Expanding Markets Through Virtual Communities* 中指出："成群有共同兴趣和需求的人聚集到网上，他们被与有相似意向的陌生人分享社区感的机会所吸引……但是，虚拟社区不仅仅是社会现象，群组聚集的起因是共同兴趣，而形成的结果是大规模的购买力，这主要在于社区允许成员交换诸如产品价格和质量的信息"[①]。在商业实践中，许多企业已经意识到虚拟社区在培养客户关系和激发顾客创造行为等方面的价值，并着手制定消费者社区的营销计划，引起营销者最大兴趣的就是"品牌社群"的组建和经营。如，意大利的

[①] Ⅲ J. Hagel & A. G. Armstrong, *Net Gain：Expanding Markets Through Virtual Communities*. Boston：Harvard Business School Press，1997.

摩托制造商 Ducati 利用虚拟社区在每个营销环节邀请顾客交流产品设计;俄罗斯照相机厂商 LOMO 邀请全球消费者参与摄影爱好者社区(enthusiasts community),丰富其社区的图像档案,参加全球快照比赛等;如中国粉丝网在短短一年多时间里吸引 850 万用户,所拥有的庞大粉丝群让诺基亚、力士、Nike 等品牌相继"折腰",纷纷在粉丝网与自己赞助的明星社区合作成立品牌粉丝团,借由粉丝网组织的各种社区活动,进行产品推广活动,大大节省了营销成本。

(三)虚拟社区的管理

虚拟社区并不能自我支持而是需要相当程度的维护与管理。Hagel III 和 Armstrong 提出社区管理者像园丁一样的三种职责:播种、施肥和除草。"播种"是建立虚拟社区,等待社区的进一步发展;"施肥"是为社区的发展和新产品的开发提供必要的资源;"除草"表示为网站彻底地扫除破坏性的行为和无人光顾的聊天室。具体来说,网络社区的建设者为了更好地经营好网络社区的内容,必须完成以下任务。

1. 目录。可以链接到与特定组织或活动相关的其他网页,甚至其他相关信息的网站。

2. 主题搜索。在线社区由于庞大的内容,最好能够对社区的精华进行组织,并提供搜索功能。

3. 会员分级和其他会员内容。成员所产生的内容必须能方便操作并由社群管理者来张贴。如与该社区有关商品与服务评比资料将会引起许多会员的兴趣。

社群建设者在除了以上相关领域具有深度的知识和资源外,可以再添加其他附加信息,以吸引会员增加网站停留时间,这些内容包括:新闻(财经、体育、政治等)、天气、星座、健康、各种专门的讨论会(关于目标行业、职业或其他有吸引力的领域);另外,还可提供一些社区的扩展功能来增加对用户的吸引力,如通讯录、日历、联系管理员、其他相关软件的应用等。

四、电子邮件

作为在线沟通组合的一部分,电子邮件是网络沟通最为起初和主要的沟通方式,也是网站提供最为主要的服务。据市场分析机构 The Radicati Group 在 2008 年的一项新研究显示,目前托管的电子邮件账户将近 16 亿户,在未来 4 年内将增长近 40%。美国直销委员会(DMA)发布的 2008 年美国广告主网上营销的主要方式数据发现:电子邮件营销是美国广告主最常使用的网上营销方式,75.8%的广告主使用电子邮件营销;而另一项 Smith-Harmon 发布的 2008 年零售电子邮件年终相关数据显示,2008 年 12 月美国零售商发送给消费者的促销电子邮件多达 14.6 封/人。

对于现代组织,电子邮件的影响也日益增加。电子邮件成为企业内部沟通和外部营销的最为主要手段。电子邮件对于营销人员而言,具有沟通的诸多独特优点:它拥有及时性、针对性、可说明性和相对廉价的优点;它是一种推式沟通工具。因此,营销人员可以设计适当的针对性信息给目标消费者或者期望消费者。信息到达接收者的邮箱使其不会被忽略,即使接收者决定删除这封电子邮件,邮件标题也一定会被阅读,推销的目的也已基本达到。2008 年美国电子邮件用户对来自商家邮件的态度对比数据发现,越来越多的美国电子邮件用户乐意接收来自商家的许可式邮件,这一比例从 2005 年的 69% 提高到 84%;同时,近六成的受调查用户表示,来自曾去购物过的商家的邮件会改善自己对该商家的印象,57% 的受调查用户在进行网上购物时会回想起曾收到的来自商家的邮件①。

在售后服务和客户关系维护方面,电子邮件也起着重要作用。木星通信公司调查了 125 个网站对客户电子邮件的处理情况。调查结果表明,46% 的网站要么 5 天后做出回答,要么根本就不回答,或者连电子邮件地址都未粘贴在网站上。另外一个研究项目调查了在《财富》杂志上排名前 100 家企业对电子邮件的处理情况,结果表明 23% 的公司网站根本不支持电子邮件联系方式,另外的 77% 虽然可以通过电子邮件进行联系,但有 1/3 的公司 3 个月后才做出回答。

五、搜索引擎

Google 目前已经超越微软成为互联网时代市值最高的公司,其核心在于掌控了网民访问互联网的搜索入口。据统计,80% 的网络用户运用搜索引擎查找信息。由于大部分用户都喜欢选择在搜索结果中列于最上端的网站,尤其是在第一屏出现的公司。所以,搜索引擎优化(SEO)已经成为营销领域的关键问题,优化公司在搜索引擎上的位置,成为企业在网络时代接触到目标客户最为重要的网络推广工作。

付费搜索或点击付费广告几乎占据了互联网广告的半壁江山。中国最大的搜索引擎百度借此推出了"竞价排名"服务,公司可以根据愿意支付的点击费用来决定在搜索结果中出现的排名的位置。而 Google 则坚持用页面的链接次数来决定网页的排名,保持搜索结果的质量和公正性,同时开辟搜索页面的右侧广告位来付费。一般的搜索结果中,35% 都是有关产品或服务的。在付费搜索中,营销人员对搜索关键词进行竞价,这些关键词代表着消费者想要的产品或消费兴趣。当一个

---

①参见《美国用户乐于接收许可式电子邮件》,http://news.iresearch.cn/charts/92123.shtml,2008 年 3 月 19 日。

消费者使用百度或谷歌时,营销人员的广告就会出现在搜索结果的上方或下方。

六、社会化媒体

社会化媒体是消费者之间或消费者同公司之间分享信息、图片、音频和视频信息的方式。由网民个体掌控的 Web2.0 自媒体所主导的网络传播正在对传统企业与顾客的沟通模式与效用发生根本变革,这是在线媒体最新出现的一种传播形式。

传统营销传播强调目标要瞄向消费者,但信息是由企业经过精心的设计与编码后,传递给被动接受的消费者。然而,在网络上每一个网民个体不仅是信息的接受者,还可以同时成为信息的发送方,特别是当网络媒体从 Web1.0 向 Web2.0 转化时,原来以门户网站和频道编辑力量为主的信息传播方式,开始转向更为自如的以网民个人空间和博客为主的社区传播方式。Berthon 教授等在最近的《加利福尼亚管理评论》上指出,技术已经让消费者为他们自己和别人行使起营销功能和任务(著名的"4P"),消费者本身已经成为营销者。他们可以利用便利的媒体制作软件来轻松地创造内容,让自己成为视频广告的"发送者",然后通过口碑相传成为其传播者(这些顾客创造广告与传统广告的区别见表 13-3)。在他们看来,消费者在 eBay 的交易评价、Aamzaon 的购书评论等可称之为顾客创造的第一波基于文字的广告信息,而在 Youtube、优酷等视频网站出现的网民个人制作的视频内容则是第二波基于视频交流的广告信息。根据 Berthon 等在 2008 年统计,美国网民创造的在 Youtube 上流传的广告中,可口可乐有 97 个、微软有 74 个,其他还有迪斯尼、麦当劳等。在中国网民创造广告的历史上,谁也无法忘记一个纯粹由个人制作和传播的短片《一个馒头引发的血案》给电影《无极》带来的杀伤力,网民个人的传播力战胜了企业正规的宣传战。如今纯粹由民间个人制作和传播的山寨新闻联播、山寨春晚在 2009 年粉墨登场,开始进军传统政府主导的新闻领域,网络舆论的指向正成为企业声誉、社会事件的重要风向标。

表 13-3　传统广告与顾客创造广告信息比较①

	传统广告信息	顾客创造广告信息
广告制作	非个人化	个人化创造
广告性质	正面的	可能正面的、也可能负面的

---

①P. Berthon, L. Pitt & C. Campbell, *Ad Lib*: *When Customers Create the AD*. In *California Management Review*, 2008, 50(4): 6—29.

续表

	传统广告信息	顾客创造广告信息
传播方式	单向的,企业将设计好信息传递给顾客,顾客被动接受	互动的,基于顾客的社会网络进行人际传播,顾客自愿参与传播
收费方式	向广告者征收空间和时间,付费沟通	社区和 Youtube 等传播都是免费的
接触方式	媒体主导和强化	顾客会主动搜寻

第四节　B2C 在线营销

亚马逊网站开辟了 B2C 领域电子零售的先河,它证明了大范围的选择(超过250 万个书名)与较低的价格(绕过中间环节,使得价格更为合理)及舒适的购物感受(进入选择及订购都非常容易),结合起来能够实现巨大的网上销售量[①]。随着消费者持续浏览时间的增加和网络购物习惯的养成,互联网作为全新的企业与顾客之间的沟通媒介和零售渠道,不管是传统企业还是新兴的购物网站,都在全力开辟 B2C 交易市场。据赛迪顾问统计,2008 年仅中国市场整个 B2C 交易额达到1776 亿元的市场规模,C2C 交易达到 744 亿元。

一、在线品牌的决策

开展面向消费者的网络销售,首先需要确立如何创建在线品牌。决策考虑主要基于以下几点:第一,企业创立的商业计划或者经营模式必须是一种新的、独特的方式为顾客创造价值;第二,企业必须有一个知名度高的 URL 地址;第三,在电子商务快速变化环境中,从理念到品牌到资金,必须能够在网络市场快速确立和执行,从而建立先行优势。

(一)网上使用新品牌

1. 企业在互联网建立业务时倾向于新的、现代的品牌来吸引网络一代。英国一家养老金提供商 Prudential 在网上创办在线银行时为了吸引网上购买者,取了一个怪名字"Egg"。早期的互联网商店需要一个在技术上使用方便、有现代感的品牌名称。

[①] [英]亚历克斯·伯奇、[美]菲利普格·格伯特、[德]德克·施奈德著,杨哲慧等译:《电子零售时代》,机械工业出版社 2002 年版,第 23 页。

2. 新的互联网名称可以避免对原有品牌的损害。网上业务和传统业务常常需要不同的战略和人员组织,企业原有业务越大,当它向网络转型时所受到的冲突也就越大。一个传统的零售商可能以"优质高价"著称,而网上可能不得不以低价来开拓网络空间市场。其次,企业使用另外的名称即使提供在有形商店没有的新产品,也避免了与分销渠道之间的冲突。最后,开拓网络业务常常面临巨大的风险,面对众多网络商的残酷竞争,如使用不同的品牌,即使网上业务失败了,也避免对企业原有核心业务造成冲击,一个独立的在线品牌可以起到一种缓冲作用。

3. 着眼于在全球范围之内运营互联网品牌。高度带有国别特征的网络名称将成为企业品牌国际化的障碍。

(二)沿用老品牌

但从 1998 年后,许多原有市场的领导者如迪斯尼、李维、Gap、Eddie Bauer 等利用自己的品牌进军互联网,也取得了成功。最近的研究表明,互联网上老品牌的首次购买率和重复购买率要高于新的互联网品牌,老品牌享有顾客信任的优势。以下情况可以沿用老品牌。

1. 公司的原有品牌在对抗竞争中处于有利地位。公司传统品牌在相应的细分市场中占有一席之地,能够有力地阻击新进入者。比如新华书店在消费者心目中具有广泛的知名度,在购买行为上也常常是首选,关键是如何能够快速地开拓网上图书销售领域,而不是行动迟缓,等待像当当网、卓越网在网上站稳脚跟,让年青一代的购书者只知道新华书店的实体商店,而不知其网上销售。

2. 老品牌能起到协同作用。顾客的购买行为具有巨大的惯性,很多消费者依然遵循传统的购买模式。互联网作为一种能帮助顾客进行购买决策的信息媒体,能够对企业的营销活动起到必要的推动作用。比如,网上商店与生产商的电视广告或者与零售商的报纸插页广告联系在一起,就可以相互促进。

3. 网上使用老品牌有利于自有品牌的保护。

【案例13-1】　贝塔斯曼面对亚马逊等网上书店的竞争,开始创立自己的网上书店,新的网上书店设定的战略目标是要成功打入美国市场,产品品种也不限于图书。经过慎重的考虑,取名"bol"。这个名称会使人联想起互联网上占据领导者地位的服务提供商美国在线,所以天生享有市场流通和成功的优势。末尾的"ol"两个字母通常表示"online",因而与互联网联系在一起;字母"b"可以代表"Books"或"Bucher"或者"bertelsmann",况且免去了长写的麻烦。最后,"bol"在各国都是一个中立的术语,不会给它所属的合资企业带来任何麻烦。

但贝塔斯曼在美国与 Barnes & Noble 组成的合资公司在美国开设的网上书店使用 barnesandnobel.com 作为自己的网站名,因为亚马逊在网络图书销售领域的领导地位使得创建一个新品牌十分困难,想要迎头赶上最好的办法是借助一个原有的知名品牌。在 Barnes & Noble 买不到的产品在 barnesandnobel.com 可以买到,这样避免了与 Barnes & Noble 原有渠道的冲突。

二、在线销售形式

网上商店是 B2C 电子零售最主要的形式,他们通过互联网将商品卖给顾客,因此他们是传统零售行业和邮购目录公司最直接的竞争对手。电子零售在刚开始出现时以直销低价和丰富品种来招徕顾客,以弥补其送货慢的天生缺陷。首先大胆进入电子零售的是纯互联网公司如亚马逊、CDnow 等,传统的零售巨头如巴诺斯、贝塔斯曼等由于转型的痛苦和艰巨都是在前者获取巨大的网络注意力后才不得不面对新型业务模式的挑战,跟着开辟自己的网上销售渠道。

(一)网上低价的原理

零售业的收益率取决于两个要素:商店赚的利润和周转存货次数。百货店毛利率最好,但存货周转慢,折扣店虽然毛利率低但周转快,而网络零售商由于没有自己的存货,因此可以以极低的价格来销售。而且,电子零售相对于传统零售不需要构建自己的店面、招募人员以及耗费大量的促销费用。

(二)网上传递的价值

电子零售不仅仅是经营创新,在向顾客传递价值上也超出了原有零售模式的约束。以前所有的零售模式可以用两个指标:"价格"和"传递的价值"来衡量。"传递的价值"可以看做是便利性、产品范围和服务等多种因素的结合,"价格"当然是消费者所支出的金额,两者呈同步增长趋势,这样也就削弱了最终顾客所能感知的价值,而电子零售则在实现低价的同时能够传递高的顾客价值。但是,在网上商店也有很多现场的购物体验是无法享受的,对于一些需要实地感知和现场氛围的商品,传统零售商店拥有不可替代的优势。

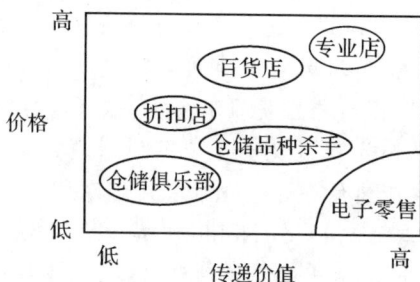

图 13-2　零售业模式:两种指标的权衡①

(三)网上商店业态

购物网站与实体商店给予顾客完全不同的购物体验。伯奇等②指出成功的网上商店必须处理好内容、社区和商务这三个因素的相互作用,只有将这三个因素置于各项任务之首,才能创造吸引顾客的购物环境。内容是指必须向适当的顾客提供令他们感兴趣的信息;社区是维护顾客忠诚于该网站的关系手段;而商务是网站运营商最后需要考虑的如核心产品范围、营收模式等。

最初网上商店定位于一般消费者能够对产品属性作清楚判断的一般性商品组合,如书籍、CD 等,但面对行业的激烈竞争,一些商店将商品组合转向更加复杂但效益更加高的商品,如服装、珠宝,以维持较高利润。在形式上除一些独立的制造商开的网上商店外,网上逐渐发展出一种类似于百货商店的"虚拟购物中心",从单一的商品扩展到别的产品线和业务领域。亚马逊、当当网就从原先的图书领域扩展到现在的 CD、家用电器、礼品,甚至医药品。这类购物中心必须要有一个明确的主题,如 The Knot 就是一个非常成功的专门提供婚庆用品与服务的网站,国内的红孩儿网站专注于婴儿用品。

目前,网络商店也如传统零售业一样,往两个方向发展,一是朝综合的百货经营策略,如当当网从书、CD、小型电器延伸到其他综合性产品;二是朝专业化零售店发展,在产品组合的深度上取胜。然而,由于网络商店的无限性,它可以兼有专业店的商品深度和综合店的商品广度。另一方面,网上商店为了保证自身能够做

---

①〔英〕亚历克斯·伯奇、〔美〕菲利普格·格伯特、〔德〕德克·施奈德著,杨哲慧等译:《电子零售时代》,机械工业出版社 2002 年版,第 17 页。

②同上,第 161—188 页。

到在恰当时间交付,开始向"鼠标＋水泥"形式转化,如亚马逊在全国建立自己仓储。

三、网上销售决策过程

建立一个网上商店或者电子零售商店,本质上就是创办一个企业。接下来运营者考虑的将是具体网上销售业务的决策,即如何能够吸引顾客来顺利访问网站,如何鼓励顾客的首次购买决策,又如何维持和发展网上与顾客的销售合作关系,不断扩大销售额。整个决策过程可以分为四个步骤。

(一)建立访问量——吸引顾客

网上销售的第一步是如何吸引顾客在网上畅游或搜寻时成功地访问到自己的网站,否则就如偏僻山坳里的乡村小店永远鲜有顾客光临。常见的策略如投放标题广告,确保网站出现在各个搜索引擎、门户网站和网络向导上,或与合作伙伴交换链接等。

(二)激励首次购买——赢得顾客

顾客在访问网站后,如何才能将其网上行为从一般浏览转向购物,也就是顾客的"网上购物行为",是目前许多营销学者研究的热点。网上商店的观感效果是电子零售品牌塑造的重要因素,内容、社区、商务和便利构成了顾客的购物环境,是刺激顾客发生购物行为的主要因素,更重要的是如何建立顾客对于网上商店的信任关系,特别是个人隐私和所交付信用卡的安全保障。

在线购物首先是一种视觉感受,优美的网站设计可以得到顾客的青睐,促进产品的销售。在线游戏给顾客带来的娱乐享受同样也能吸引顾客。有评论员认为,Windows的成功很大程度上归功于软件中包含的红心大战和扫雷游戏。最好的一种方式是产品展示本身带有娱乐性,吸引顾客的参与。如 Eddie Bauer 的试衣间网站,顾客可以像做游戏一样穿上模特身上的衣服,并尝试不同的服装搭配。Lastminute.com 宾馆网站可以让顾客在订房前先虚拟浏览一下房间,包括浏览宾馆的外观效果、周围情况、大厅、游泳池,还有所订的房间。

(三)建立忠诚关系——维护顾客

当顾客具有了第一次购物经历后,留下的顾客资料可以供网站发展客户关系;如果这次购物经历基本满意,先前网站一步步艰辛的努力所促成的首次交易将为网站建立领先一步的竞争优势,因为顾客对网站的初步信任将成为顾客选择另外一家网站的转换成本。所有行动的目的是长久地赢得顾客的偏好。

(四)促进顾客社区发展

顾客喜欢那种归属于一个社区的感觉。充分利用虚拟社区的各种特点,通过BBS/顾客评论,甚至个人空间等形式,让顾客能够与其他顾客作充分地交流,促进顾客间共同利益的发展,这是促进顾客忠诚的最有力武器。

【案例 13-2】 1994 年,杰夫·贝索斯(Jeff Bezos)在创建他的互联网梦想时,列出了 20 种可能在互联网上畅销的产品,最后他选择了图书。因为它知道图书属低价商品,易于运输,且顾客购买时并不一定需要当面检查。从而贝索斯发现了图书网络销售的战略机会,成就了亚马逊。1998 年,亚马逊又开始销售音像光盘和录像带,现在仍然在不断扩展产品线,已经开始销售小家电、软件、艺术收藏品、家用器具和玩具等,还有意于尝试网上医药、百货、宠物商店以及出售运动商品。1999 年 9 月,它创建了 Z-shops 作为购物中心,允许第三方在亚马逊购物空间内建立个人商店进行交易。亚马逊的战略目标是成为一个网上购物中心

亚马逊发明了销售伙伴计划,让各种不同专题的网站同亚马逊同样专题的图书建立链接,亚马逊将因这种链接带来的销售额的一定百分比返还给这些网站作为回报。亚马逊被公认为是网上顾客关系管理的专家,其销售额的 70% 来源于重复购买的顾客。鼓励顾客发表书评,可以追踪顾客的购货记录并让顾客推荐相关书籍、音像光盘或录像带。

亚马逊在网上有 10 万个广告护栏(标题广告),并且建立了一个拥有 1 万个合作伙伴的网络系统,成为网上最大的滚滚富商。贝佐斯为员工制定了三条基本规定,它代表了亚马逊的主要精神。

1. 时刻围着你的顾客转(关注你的顾客)。关注你与顾客接触的整个经历,不断改进业务流程。

2. 记住网络仍处于初期阶段。寻找新的机会与可能性。

3. 让每一个顾客都感到满意。[①]

第五节 B2B 在线营销

不管是托夫勒对未来趋势的前瞻,还是迈克尔波特等战略大师对技术的理解,他们都认为 IT 技术正改变着商务活动的本质。研究显示,所有的企业都在围绕着

---

① [英]亚历克斯·伯奇、[美]菲利普格·格伯特、[德]德克·施奈德著,杨哲慧等译:《电子零售时代》,机械工业出版社 2002 年版,第 22—25 页。

互联网进行转型,Dell、Cisco 等几乎完全把企业构架于互联网之上,他们的销售、营销、订单管理、顾客投诉、供应链等都可以在互联网完成。

一、B2B 交易方式

B2B 的网上销售行为因为是双方之间成熟、老练和持久的比较和谈判行为,具有专业采购的性质,而且供求双方为了深化和结构这种长期合作,降低交易成本,常常进一步利用 IT 系统的投资如 ERP、EDI、SCM 等来锁定这种长久的合作关系。这种关系根据主导者的不同,可以分为三种模型。

(一)卖方主导的一对多模型

卖方开发了自己的因特网网站,发展自己产品的在线商店,允许大量的购买方浏览和采购它们的在线产品。卖方的目录既可由中介人(电子市场)通过因特网链接,又可以通过签订真实的合同而被列为"首选供应商"而获得。卖方模型的优势是:能开发并维护自己的目录;劣势是由于商店是普通的门户网站,很难和卖方的后勤财务系统实现统一。

(二)买方主导的一对多模型

买方维护多个供应商的商品服务目录及数据库,并负责所有交易公司的采购和财务系统。大部分系统能够把采购订单和电子发票连接一起,提供电子基金转移实时结算功能,而且通过 ERP 系统,工作流程和批复过程实现自动化。买方管理安排最明显的优势是使采购部门能够控制在线目录上可获得的产品和服务,也能把系统直接与职员挂钩:设置数量限制、价格上限和其他标准。这种模型适合大型企业集团的联合采购,市场权利由买方掌握,卖方获得销售合同的关键是与买方之间除了产品以外的网上交易关系是否便利、安全、迅捷,服务是否周到,网下的配送是否及时等因素。

(三)独立的第三方电子市场

这种独立的门户网站和交易社区可以分为垂直和水平两种。

1. 垂直电子市场通常限定于某个特定行业(如钢铁、化工、服装、汽车等),常由一个或多个本领域内的领导型企业联合发起或支持。它们凭借行业经验、广泛的商业网点和财务冲击的力量很快就成为垂直电子市场的关键群体。Covisint 是福特、通用、克莱斯勒之间的强强联合,在化工领域,行业巨头英国石化、壳牌、Dow、拜尔和杜邦建设了一个在线化工产品社区,该社区提供了所有与化工有关的项目交易;在零售业中,西尔斯与家乐福和五个资本合伙人联合建立了全球网络交易场所(Global Net Xchange)。

2.水平交易社区关注于广泛的商品目录,超越一般行业限制。这对大部分交叉行业组织来说很普通。它一般由电子采购软件集团或这些间接商品和服务供应商类型的特定领域内的领导者发起成立。W. W. Graninger(一个强大的 MRO 供应商集团)是水平交易社区的典型例子,www. Graninger. com 于 1999 年 5 月开业,提供了 6个主导行业 56 万多个商标名称的 MRO 供应品,活跃着 150 万个在线订购客户。

二、互联网对 B2B 交易影响

供应商通过互联网和 B2B 电子市场可减少销售渠道、降低调查费用、与渠道商建立更紧密的合作伙伴关系,促进价格的交换和集团优势降低供应链成本。因特网技术对 B2B 交易的影响体现在让整个交易过程更简洁,购买者从频繁的上网中可以更多地获取产品信息,购买群体的结构将发生变化:购买功能将使组织简化并更有效率,供应链的重新构造成为可能。

(一)掌握更充分信息的购买者

采购商则可利用先进的搜索引擎找到新的合格的供应商,通过平衡各供应商的关系减少直接或间接的供应链成本。另外,购买商还可利用动态模式,如拍卖和竞标,寻求有效的供应源和卖点。如 www. BuyerZone. com 提供的购买向导,使得客户能够容易地对其企业的所有需求进行评估,并迅速做出正确的购买决策。中国的阿里巴巴让成千上万的中小企业者可以在网络寻找交易伙伴。在因特网时代销售人员面对的挑战是触手可及的信息让购买决策过程中的购买者更加强大。

(二)采购功能使企业简化并更有效率

借助因特网工具的电子数据交换方案使得组织中参与采购决策的人员可以接触更多供应商数量,可以使企业简化并更有效率。3M 公司过去办公材料中每个订单的平均成本为 120 美元,采用电子采购后,预计可使采购成本降至 40 美元,而且几乎完全根除了返工及其他错误,订单内部周期也降至 1 小时以内。Aberdeen Group 的报告指出,在它们所调查的公司中,电子采购系统已经使平均交易成本由 107 美元降到了 30 美元,响应的平均周期也由 7.3 天降低到了 2 天。许多公司报告说,减少的交易成本是传统电话、传真订货的 75%。

(三)供应链的再造:因特网技术越来越多地用来提升企业效率和降低成本

用于物流、付款和税收的新工具提高了供应链的透明度,减少了物流的费用,增加了库存周转次数,增进了制造和采购过程的整体效率。电子采购降低了采购的日常成本。调查显示,采购原料总成本的 40% 来自与处理、管理订单有关的交易成本。在线采购不但便宜快捷,而且有望减少开列账单以及订单的失误(大约减少到 2%)。

(四)反向采购是基于互联网诞生的一种交易方式

传统交易过程是由卖方发起的。反向营销的概念则在 20 世纪 80 年代中期被第一次提出来。在这个概念中,买方通过使卖方意识到他们的购买需求而首先发起交易。因特网技术的采用使得企业可以进一步开发反向营销模型。通用电气在电子拍卖中引入新的供应商,通过供应商的竞争和公开的电子投标机制使自己的成本降低;www.Priceline.com 则采用了反向拍卖的模式。

三、B2B 电子市场

2007 年阿里巴巴 B2B 业务的上市价值,证明了 B2B 电子商务平台所蕴涵的模式力量。以阿里巴巴商务模式为标志,大量以"中国"带头的行业垂直电子市场如中国化纤网、中国五金网、中国化工网、中国服装网等开始诞生并且赢利[①]。这些行业 B2B 电子市场,利用自己买卖双方聚集的信息优势和便利交易的流程协作功能,为广大中小企业搭建了跨国交易的商务平台。这些网站具有明确的商务目的,清晰的商务价值,稳定的营收模式。

B2B 电子市场作为匹配买方与卖方、便利他们之间交易的网上中介,它为两者都提供了潜在的巨大利益,买方借助 B2B 电子市场可大量降低采购成本,卖方则可进一步扩大顾客基础,触及新的利润客户。许多分析家认为 B2B 电子市场将支配企业未来电子商务的发展。Forecasts 预测到 2008 年末企业花费在 B2B 电子交易投资将达到 13340 亿美金,从 2005 到 2008 平均每年以超过 40% 的速度在增长。

(一)B2B 电子市场的发展

B2B 电子市场模式的出现,满足了企业在虚拟空间中交易机制的需要。从全球 B2B 电子市场模式演变的时代背景来看,大致经历了三个阶段。

1. 初始 B2B 电子市场的动力来自于受风险资本赞助的 Dot com 公司,称为 3PXs(third-party changes)。从 1998 到 2000 年,大量新进入者不断涌入,它们专注于经营能提供标准产品的单个行业,如阿里巴巴、Chemdex,也有多种行业的 Freemarkets 等。但从 2000 年末到 2002 年,随着网络泡沫破灭和资金枯竭,大量

---

① 陆雄文、楼天阳、阎俊:《论 B2B 电子市场的模式、价值诉求与战略途径》,载《研究与发展管理》,2008,20(6):23—30.

B2B 电子市场迅速倒闭或被兼并。根据 Day 等对 8 个行业电子市场的时间序列纵向研究,只有 43% 的独立交易市场(independent exchanges)存活下来①。

2. B2B 电子市场发展的第二波由砖块加水泥 BAM(Brick-and-Mortar)公司引发,它们意识到自己能比纯 Dot com 公司提供更多价值,并且需要去控制新出现的网上中介渠道(reintermediation)后,开始联合组建产业电子市场 ISMs(Industry-sponsored Marketplaces),如三大汽车巨头成立的 Covisint。

3. 第三波则是继 ISMs 后产生的私立交易网络 PTNs(Private trading networks),一般由某个产业巨头单独发起,这样可以更好地控制商业机密,建立长期供应关系,是一种一对多的垂直电子市场。

(二)B2B 电子市场的价值诉求

经济理论的学者从交易成本切入,认为 B2B 市场带给参与者便利交易的市场功能(market-oriented functionalities),如市场聚集、匹配供需等;而信息科学的学者主要从信息系统角度阐述 B2B 市场的协作功能(collaboration-oriented functionalities),如提供行业知识的增值服务,深入供应链的管理,产品定制化,协作计划、预测和补充(CPFR)等。

(三)B2B 电子市场的战略挑战

B2B 电子市场存在三个缺陷:第一,它让供应商竞价,买者获得最低价格的价值主张与现时提倡双赢的买卖关系背道而驰;第二,B2B 电子市场给卖者带来利益微不足道;第三,对于多数 B2B 电子市场的商业模式,还没有完全找到赢利的途径。B2B 电子市场要成功的前提是企业广泛的参与与接受,但是它目前面临企业自身采购系统替代、关系利益和低接受度的三个挑战。

针对上述 B2B 电子市场存在的问题,Day 等从历史上新兴产业演化规律的分析中得出结论,技术进步常提供两种市场机会,一种是突破性(real breakthrough)的市场,另外一种对现有观念重组(re-formulations)的市场,以此为两端,形成电子市场的机会光谱,每个 B2B 电子市场根据目标顾客的消费行为、对传统企业资源的利用程度、对网络技术价值捕获程度、第一行动者优势等 6 个要素来定位自己在机会光谱中的位置和服务方向,据此导出三种可能的成功者,第一是重组细分市场的适应生存者(adaptive survivors),第二种传统企业可兼并的获得性现任者(ac-

---

① G. S. Day,A. J. Fein & G. Ruppersberger. *Shakeouts in Digital Markets:Lessons from B2B exchanges*. In *California Management Review*,2003,45(2):131—150.

quisitive incumbents)，第三种就是利用先动者优势服务创新市场的纯新创企业（pure-play winners）。对于跟随者的战略，作者指出由于其资源缺乏和竞争劣势，最好的选择是存活战略待机而变，找到一个竞争压力较弱的细分市场，而不是沉迷于创业激情不愿接受跟随者的地位。

在电子市场选择的战略发展途径上，总体而言具有两个方向：流量和流程。Le 根据聚集和协作两个纬度提出了一个矩阵，并指出了从初创时的电子市场到电子市场领导的三种途径：市场流量优先（Liquidity early），流程整合优先（process integrationfirst）、流量和流程整合（liquidity and process integration simultaneously）①。这三种途径分别适应三种不同的模式。对于第三方独立市场，首先吸引关键多数的用户来建设流动性上的领导地位，然后扩展到协作功能来巩固用户的忠诚和支持市场领导地位。提高流量不仅是增加买方和买方数目，还要增加他们的交易量；对于私人交易网络，流程整合是协作核心，通过杠杆利用既存关系和关注于一对多环境中的一小群商业伙伴，这条途径在更大管理范围内保持流程整合，当然，这种系统整合的基础设施和技术是复杂、高成本和演进的。第三条途径"流动性和流程整合同时进行"似乎逻辑上适合产业联合市场，由于大型产业巨人是创立者，它不用担心电子市场的流动性，聚集和协作都不是问题，处于供应链的中心，其作用就是促进交易数据、产品描述、流程整合、CPFR 执行的数据的统一标准化。Brunn 等为电子市场战略构建了一个类似寺庙的综合框架，它建立的基石是定位、管制、功能、技术和伙伴，而为了获得成功，需要解决的两个问题就是如何提升流量与捕获新价值。

▶ 本章小结

本章针对网络营销环境和 IT 力量对企业营销战略与职能的改变，阐述了企业在网络营销时所开创的电子商务模式和所使用的促销工具的特征。首先，企业的战略制定根植于对环境的互动与匹配，而网络环境和电子交易的形式已经让企业传统的价值创造逻辑发生根本变革；其次，针对消费者行为的在线变化，营销者必须重新解读网络一代基于互联网的购买决策模型；再次，介绍了当前互联网环境下众多使用的互联网促销工具，如在线广告、虚拟社区、电子邮件、社会媒体等，这些都是企业在网络环境下与目标消费者沟通不可或缺的工具，关键是如何将之与传统促销工具结合；最后，本章介绍了企业开展 B2C 和 B2B 网络营销的基本战略制

---

①T. T. Le. *Pathways to Leadership for Business-to-business Electronic Marketplaces*. In *Electronic Markets*，2002，12(2)：112－119.

定过程。本章试图指出,当前基于营销环境所发生的变化比以前任何时代都要迅猛与不确定,企业必须在战略、组织和工具三个层面都能够适应网络,才可能很好地利用网络化和数字化能力,达成与目标消费者沟通与销售目的。

▶▶▶ 案例阅读与分析

【案例】 中国原创 PPG 电子商务模式的兴衰与启示

销售的爆炸式增长和风投的青睐使得"PPG 模式"成为 2007 年服装业最具想象力的商业神话,谁也无法想象一个成立仅两年(到 2007 年 10 月)的电子商务公司,每天可卖掉 1 万件衬衫,而 2006 年国内市场占有率排第一的雅戈尔日均销售衬衫是 1.3 万件。他们又一次创造了全新的综合直销、目录销售和 B2C 的电子商务模式,继承了戴尔模式定制与低价的精髓。

五百多名员工和三个仓库是这家服装品牌厂最主要的资产。作为一家既无自己的加工工厂,又无自己的销售门店的直销公司,PPG 每天上万件的衬衫订单,全部依靠 24 小时的呼叫中心和互联网来完成。而雅戈尔 2006 年仅为其 1500 多家零售门店所付出的渠道费用就高达 3500 万元。

在过去的一年里,PPG 的广告投放可谓挥金如土:在国内多家主流报刊媒体动辄半个版面的彩色广告长达数月,在电视黄金时段随处可见的"YES!PPG"的广告,PPG 每月广告投放额都是千万元以上。"我们是服装行业的戴尔。"在 PPG 首席营销官赵奕松看来,这个传统的产业正在他们手中焕发出奇异的神采:"广告投放当天,马上就有销售。"他们把传统媒体上的广告作为自己的品牌展示门店。

吸引消费者购买的 PPG 广告最初的诉求是:来自美国和欧洲的产品品质好,没有中间商,价格便宜,近三个月的无条件换货保证,快捷的订货发货流程。

据统计,2007 年 PPG 的衬衫销售额达到 10 多亿。数据显示,40% 的订单来自回头客。在目前的 PPG 销售收入中,目录销售占到了总收入的 70%。其中北京和上海消费者从网络和呼叫中心购物的比例都已经超过了 50%。

PPG 的商业模式初期无疑是成功的,迅速发展了大量的新客户。业内观察人士指出,相比于雅戈尔等传统服装强势企业,两家公司的优势完全不同。雅戈尔的强项在于其基础深厚的面料生产基地、设计团队和现实店铺,而且雅戈尔拥有 2000 多家店铺和一群牢固的购买者。PPG 的优势在于模式创新,因为没有工厂和店铺负累,"轻公司"PPG 在 2007 年销售增长是 2006 年的 50 倍,良好的市场表现,不仅使 TDF、JAFCO Asia 两家风险投资公司在 2006 年对其第一次投资之后,进行第二次追加投资,更吸引了美国 KPCB 风险投资公司首次对其进行大量投资。

但是,到 2007 年底,PPG 过度的广告投放对利润的侵蚀、顾客对产品质量投诉的持续上升、与供应商的官司迟迟不能解决,这些对品牌形象的损害以及各种负面新闻等终于将这个模式开创者拖向分崩离析。

2007年底,一个新的PPG的模仿者"凡客诚品(VANCL)"正式上线,成为PPG彻头彻尾的模仿者和跟随者。但是,它也在进一步吸取PPG倒台的教训,开始注重服装的品质,完善质量检测和品质控制程序,而不是如PPG一样简单外包;在销售环节为更加贴近消费者,选择自有物流配送和物流外包相结合的方式;在广告投放上也不是像PPG一样大肆挥霍,而是主攻互联网这种低成本广告,通过有选择的网站联盟进行投放,每销售出一单商品,VANCL给网站联盟代理公司16%—18%的分账费。

然而,"PPG模式"依然面临着来自市场和竞争者的诸多考验。国内西服、衬衫等男装销售排行第一和第四的雅戈尔与报喜鸟正试水网络直销,当当网也开始售卖各种服装,未来的竞争不仅是模式的竞争,还是营销策略、产品品类等更加细分领域的竞争。

【讨论】

1.PPG电子商务模式当初成功的原因是什么? 导致其失败的因素又是什么?

2.凡客诚品对PPG商务模式做了哪些改进与完善?

3.雅戈尔等传统企业进军B2C电子市场将会面临哪些问题?

4.雅戈尔和凡客诚品在网上售卖男装的优势和劣势各是什么? 你看好哪种前景? 理由是什么?

思考题

1.什么是电子商务模式?

2.电子商务模式的主要构成因素是什么?

3.我们身边"80后""90后"的网购行为特征有哪些?

4.网络消费者的购买决策过程与传统购买行为的差异在哪里?

5.虚拟社区具体在企业中的用途有哪些? 请举例说明。

6.电子邮件为什么依然是当前企业最为有效的直销手段?

7.面对顾客制作的广告,企业应该如何应对?

8.当前企业的在线广告实际应用有哪些形式?

9.网络零售商店应如何才能吸引顾客访问?

10.B2B交易最基本的模式是什么?

11.B2B电子市场未来的发展途径有哪些? 阿里巴巴的战略模式未来会受到哪些挑战?

第十四章　全球化时代的市场营销

世界上已经不存在单一国家的经济,而其他国家无论作为一个市场还是竞争者都是不可忽视的。即使大学的商学院除了训练其学生以国际化方式思考问题外什么也不做,它们也已经成功地完成了一个重要任务。

——惠普公司前首席执行官 John Young

■ 本章学习目标

通过本章学习,了解企业走向国际市场的动因、国际市场营销与国内市场营销以及国际贸易相互比较所表现出的区别与特点,了解国际市场营销演化的进程,熟悉国际营销环境的内容及其对国际营销活动的影响,掌握企业进入国际市场的战略选择以及国际市场营销的基本策略。

■ 本章学习重点

国际营销环境分析;国际市场进入战略决策;国际营销组合策略。

随着经济全球化的加速,特别是我国加入世界贸易组织以来,广大企业直接面对着"国内市场国际化、国际竞争国内化"的严峻现实。企业如何把握国际市场营销的特点,积极开展国际营销活动,在国内市场正确应对国际大公司的进攻,同时努力开拓国际市场、积极参与国际竞争,分享经济全球化的利益,已经成为紧迫而现实的课题。

国际市场营销是跨国界的企业市场营销活动,其在营销环境分析、目标市场选择、市场进入战略以及营销组合决策等方面,具有鲜明的国际特点。本章主要对国际市场营销的上述内容进行阐述。

第一节 国际营销及其特点

一、国际市场营销的内涵

国际市场营销是国内市场营销的延伸与扩展,是指企业跨越国界,以国际市场为目标市场的营销行为和过程,亦即一国的企业跨越了本国国界,以其他国家和地区作为目标市场,对产品和服务的设计、生产、定价、分销、促销活动,通过主动交换以满足需求、获取利润的行为和过程。具体说来,国际市场营销的概念包括以下几个方面。

1.国际市场营销的主体。国际市场营销的主体是各种类型的国际市场营销企业,包括跨国公司、国际性服务公司、进出口商等,其中跨国公司在现代国际营销中发挥着最积极、最重要的作用。

2.国际市场营销的对象。国际市场营销的对象是国际区域乃至全球的消费者,国际市场营销的核心就是满足国际消费者的需求。由于各国的社会文化、经济发展水平的环境存在较大差别,国际消费者比之国内消费者的需求也更为复杂多样。

3.国际市场营销的客体。国际市场营销的客体是产品和服务。随着科技进步以及市场经济的发展,产品和服务的范围越来越广泛,一切实体产品、资本、技术以及其他服务都属于国际市场营销的范畴。

4.国际市场营销的目的。国际市场营销的根本目的是利润。如同其他企业一样,国际市场营销企业的根本目的是获得最大化的利润。当然,在具体的操作中,围绕利润最大化的目的,国际市场营销企业在不同的情况下会选择市场占有率最大化、产品质量最优化等具体目标。

二、企业开展国际市场营销的动因

由于经济发展水平不同,处于不同发展阶段国家的企业进行国际市场营销的动因不尽相同。一般而言,企业从事国际营销的根本动因可以归结为对经济利益最大化的追求。具体来说,企业开展国际营销活动主要有以下动因。

1.市场扩张动因。企业在国内市场充分发展的基础上,往往具有向外扩张的冲动,这是由资本的本性决定的。企业扩张表现为产品、服务、技术、资本的扩张。企业国际营销的动因起初可能是通过向国外出口产品和服务来扩大其市场份额,从而获取更多的利润;进一步,可能是通过技术乃至资本的输出,在更深层面上实现生产要素的国际市场营销,从而实现企业向国际市场的扩张。

2.规避风险动因。积极开展国际市场营销可以在本国经济不景气时积极开拓国际市场,寻求有利的市场机会,在一定程度上避开国内市场饱和与竞争过度给企业带来的损失。同时,对于跨国公司来说,开展多国的市场营销,可以在全球范围内选择有利的市场机会,保证企业的健康发展。

3.利用资源动因。企业参与国际竞争有利于获得国内经济发展中的自然资源、资金、技术和管理经验,使企业更接近国际市场,能更及时地把握国际市场需求动态和竞争状况等信息资源,从而进行更科学有效的国际营销决策。

4.政府政策动因。政府通过政策鼓励企业开展国际市场营销,是因为通过企业的国际营销可以加速企业成长壮大、平衡进出口贸易、参与国际分工,从而促进本国经济发展。

三、国际市场营销的特点

(一)国际营销与国内营销的区别

国际营销与国内营销的基本原理相同,但由于国际营销活动需要跨越国界,因此更为复杂和困难。国际营销与国内营销的差别主要体现在以下几个方面:

1.营销环境存在较大差异。国际营销与国内营销最主要的差异不在于营销概念上的不同,而是在于实施营销计划的环境不同。各国由于特定的社会文化、政治法律和技术经济环境不同,因此市场需求千差万别。国内营销是在企业更为熟悉的营销环境中开展,国际营销则在一国以上的不熟悉的营销环境中开展,同时还受国内宏观营销环境的影响。面对两个层次的不可控因素,国际营销人员必须不断地自我调整,逐渐适应这些因素,实现企业的目标。

2.营销过程的风险性大大增加。由于国际市场营销是进行跨国界的交易活动,对很多情况不易把握,其产生的风险如信用风险、汇兑风险、运输风险、政治风险、商业风险等要远远大于国内市场营销。

3.营销竞争更加激烈。进入国际市场的企业都是各国实力强大的企业,参与的国际竞争比之国内市场的竞争更为激烈。在国际市场上,营销的参与者与国内也有很大不同,除国内市场竞争的常规参与者外,政府、政党、有关团体也往往介入营销活动中;政治力量的介入,使国际市场的竞争更加微妙,竞争的激烈程度也比国内市场大为提高。对于发展中国家的企业来说,参与国际竞争必然要承受巨大的竞争压力。

4.营销战略及营销管理过程更复杂。由于各国营销环境差异大,各国消费者需求又存在巨大差别,国际营销战略计划要有多种方案,营销管理过程更加复杂和困难。如制定国际营销战略计划及进行营销管理,既要考虑国际市场需求,又要考虑市场竞争状况,还要考虑本企业的情况;如果是多国公司,需要考虑企业的决策中心对计划和控制承担的责任应当达到什么程度,其分支机构对计划和控制承担的责任又应达到什么程度等。

(二)国际营销与国际贸易的比较

把国际市场营销界定为国际贸易的企业行为,本身就点明了国际市场营销与国际贸易这两个范畴既有联系又有区别。

国际市场营销与国际贸易具有相互联系或相同性质的一面,是因为两者涉及的都是以获取利润为目的而进行的跨国界的经营活动。两者的理论基础都是早期的"比较利益学说"及"国际产品生命周期理论",都是以商品与劳务作为交换对象,且面临相同的国际环境。

当然,两者也存在明显的区别。

1.商品的交换主体不同。国际贸易是国与国之间的产品或劳务的交换,交换主体是国家,国家是国际贸易的组织者。国际营销是企业与企业之间的产品或劳务的交换,交换主体是企业,由企业组织国际营销,买主可能是国家、企业或个人,还可能是本企业的海外子公司或附属机构。

2.商品流通形态不同。国际贸易的商品流通形态是跨越国界型,其参加交换的产品或劳务必须是从一国转移到另一国。国际营销的商品流通形态则多样化,产品既可以跨国界,也可能不需要跨国界,而是在国外直接投资建立工厂进行生产和销售,在这种情况下,企业产品并未发生跨国界交换,但企业所进行的市场营销活动则是跨国界的异国型营销或多国型营销。

3.国际营销活动较国际贸易更富于主动及创造精神。国际贸易往往较被动,坐等外国客户上门,出口从接到进口商的订单开始,以货物送达到外国进口港或交货给国外中间商而告终。国际营销不仅适应国际市场需求,提供适销对路的产品,而且创造新的需求。其作业流程是在企业接受订货之前,着手进行国际市场调研,了解国际营销环境,分析国外消费者需求及购买行为,发掘营销机会,确定目标市场,制定国际营销战略与策略,对国际营销过程进行管理,积极主动争取国外进口商的订货,当商品销售出去后,为顾客提供售后服务,并反馈顾客的意见和要求。

四、国际市场营销的发展阶段

企业跨国营销的发展同世界经济一体化及本国市场经济的发展紧密相连,其发展大致经历了这样的过程,即国内营销—出口营销—国际营销—多国营销—全球营销。从目前现实看,众多国家仍处于国际营销阶段,少数经济发达国家的跨国公司已进入全球营销阶段。

1.国内营销(domestic marketing)。这是前国际营销阶段。在该阶段,企业的目标市场主要在国内,其内部既未设专业的出口机构,也不主动面向国际市场,只是在外国企业或本国外贸企业求购订货时,产品才进入国际市场。这类企业的产品虽然进入国际市场,但显然是被动而非主动营销,因此属于前国际市场营销阶段。这类企业持有典型的本国中心论的理念,认为企业的目标市场是国内市场,进入国际市场是一种偶然的行为。

2.出口营销(exporting marketing)。这是企业进入国际市场的初级阶段。其目标市场是国外市场,企业将在国内生产的产品销售到国外,满足国外市场需求。在这一阶段,产品与经验成为发展出口营销的关键。同时,国际营销者还要研究国际目标市场,使产品适应每个国家的特殊要求。

3.国际市场营销(international marketing)。这是企业进入国际市场的成长阶段。国际市场营销是将国内营销策略和计划扩展到世界范围。在国际营销早期阶段,企业往往将重点集中于国内市场,实行种族中心主义或本国导向,即企业不自觉地将本国的方法、途径、人员、实践和价值观用于国际市场上。随着企业从事国际营销的经验日益丰富.国际营销者日益重视研究国际市场,实行产品从国内扩展到国外的战略。

4.多国营销(multinational marketing)。这是国际营销的高级阶段。多国营销的早期称为多母国营销(multidomestic marketing),即在多个国家建立较为独立的子公司,各子公司独立运作,在不同的国别市场上形成不同的产品线及营销策略。多国营销的进一步发展称为多区域营销(multiregional marketing),即按区域进行国别整合,形成不同的国际区域市场,建立区域营销形象,在不同的国际区域市场上形成不同的产品线及营销策略。这类企业持有的当然是国际市场中心论的理念,只不过早期具有多国中心论的色彩,后期具有国际区域中心论的色彩。

5.全球营销(global marketing)。这是国际营销的发达阶段。它是将全球市场视作一个统一的市场,将企业的资产、经验及产品集于全球市场。进一步摈弃多国营销中产生的成本低效和重复劳动,实行全球范围内的资源整合,以求全球范围内的收益最大化。这类企业持有的仍然是国际市场中心论的理念,其全球中心的色彩尤为明显(见表14-1)。

表14-1　中国企业国际营销发展阶段特征对比①

阶段	主要进入方式	主要的公司战略	主要的营销策略
1979－1990年 出口营销为主的阶段	出口贸易	OEM(贴牌授权生产) 通过外贸公司或利用海外营销渠道	订单生产 "推"的策略

①何佳讯:《中国企业国际营销进展:阶段特征与战略转变》,载《国际商务研究》2005年第2期。

续表

1991—2001 年 OEM 为主的营销阶段	出口、合资、海外直接投资	OEM＋自有品牌 自建渠道 海外设厂	价格和规模竞争 当地化营销 "推"与"拉"的策略作用并行
2002 年至今跨国并购热兴起的阶段	出口、合资、海外直接投资、国际战略联盟	OEM＋反向 OEM＋自有品牌 跨国并购 海外上市	品牌收购 品牌识别国际化 差异化营销 "拉"的策略地位上升

第二节 国际营销环境研究

一、国际人口、经济和自然环境

人口、经济和自然环境是决定一个国家市场规模,进而影响一国市场吸引力的重要因素。企业在进入某一国家的市场时,首先应对该国的人口、经济和自然环境等因素作全面的了解。

(一)人口环境

人口是组成市场的最基本因素。一个国家的人口总量、人口增长率、人口结构和人口分布等因素,一方面影响到该国的市场需求特点,如需求总量、需求水平、需求结构、需求心理等,进而对企业的国际营销活动产生制约和影响;另一方面,某些人口因素直接影响企业的营销行为和效率。例如,人口的分布将直接影响企业的分销成本,而人口的增长则会对劳动力的资源及其成本产生影响。世界各国在各项人口指标上差异较大,因此,企业在进入某一国市场前必须对该国的人口环境作全面、细致的考察,从而采取相应的营销对策。

(二)经济环境

经济环境是制约和影响企业营销活动的最主要因素。一个富裕的小国有时比一个贫穷的大国更具有市场吸引力。对某一国家经济因素的考察主要包括以下几个方面。

1.经济体制。世界各国经济体制不尽一致,有以公有制为主体的经济,也有以私有制为主体的经济。在市场经济体制中,各国的具体组织形式和经济调控程度也不尽相同。在国际市场营销中,首先要对东道国的经济体制予以充分了解,才能制定相应的营销策略。

2.经济发展水平。一国的经济发展水平决定了其经济实力及其购买力水平。衡量一国经济发展水平一般采用国民生产总值(GNP)以及国内生产总值(GDP)等指标。国民生产总值(gross national product)是指一国在一定时期内所有部门所生产的产品和服务的总价值。它等于国内生产总值加上来自国外的劳动报酬和财产收入减去支付给国外的劳动者报酬和财产收入,是综合反映全部社会经济活动的一项重要指标。

国内生产总值(gross domestic product)是指一个国家或地区所有常住单位在一定时期内(通常为一年)生产活动的最终成果。国内生产总值能够全面反映全社会经济活动的总规模,是衡量一个国家或地区经济实力,评价经济形势的重要综合指标,世界上大多数国家都采用这一指标。人均GDP则真正反映一国国民的生活丰裕程度及其购买力水平。

3.市场规模。市场规模主要由人口和收入水平决定。从人口方面看,总人口是最主要的指标。一般来说,人口总量与需求总量成正比,总人口数越大,总需求量也越大。此外,人口增长率、人口的区域分布、人口的年龄结构、人口的性别结构及家庭数目等因素,对需求也会产生不同程度的影响。从收入方面看,收入水平制约着市场规模。国民收入水平是衡量一个国家总体经济实力和购买力的重要指标,个人可支配收入、个人可自由支配收入则与商品购买力呈正比。

4.产业结构。各国产业结构因经济发展水平不同而呈现出极大的差异,大致可分为原始农业型、原料输出型、工业发展型和工业发达型四大类。一般认为,原始农业型国家主要从事农业生产,基本属于自给自足的自然经济,少有商品推销机会;原料输出型国家的某种自然资源十分丰富,但其他资源贫乏,因而以该种自然资源的出口换汇便成了其国民经济的支柱,对生活消费品的进口依赖性很强;工业发展型国家是众多的工业化初期已建立一定工业技术基础的国家,它们需要先进的设备和本国无力生产的关键性中间产品;工业发达型国家大多是高技术产品、资金、技术的出口国,但又是大量传统商品的最大市场。由此可以看出,这四类不同产业结构的国家各自出口的项目与货物很不相同,对进口货物的需求也各不相同,因而对各国营销的内容和方式也应有所区别。

5.基础结构。一个国家的能源供应、交通运输、通信设施以及商业基础设施等基础结构状况,与国际市场营销活动有着密切的关系,这些基础结构越是完善、数量越多、业务质量越高,就越能促进营销活动的顺利实施。

6.经济周期。经济周期(business cycle)是市场经济中出现的经济扩张与紧缩交替更迭、循环往复的经济现象。虽然各国经济学家对经济周期产生的原因以及分期都有不同的看法,但经济周期的存在却是一种客观现象。一般而言,在经济复苏和繁荣阶段,投资增加,经济活跃,国际营销的机会相对较多。反之,在经济萧条和危机阶段,投资减少,风险加大,国际营销的机会也相对较少。

(三)自然环境

一个国家的自然环境因素包括地形、地貌、气候特征和自然禀赋等,它们不同程度地影响着企业的国际营销活动。如由于气候条件不同,不同国家的需求结构与需求习惯有较大差异,要求企业采取有针对性的营销活动。

近年来,由于生态环境的不断恶化,某些国家,特别是发达国家,以保护环境为由制定了一系列贸易保护措施,使得外国产品无法进口或进口时受到一定限制,从而形成绿色壁垒。目前绿色壁垒主要有以下几种形式:强制性技术水平标准、环境措施、认证制度、绿色包装和标签制度等。我国企业必须深刻认识绿色壁垒对企业开展国际营销影响的严重性,全面树立绿色营销意识,积极开展 ISO9000 系列以及 ISO14000 系列的认证活动,把握国际市场动向,努力提高科技水平和环保水平,不断开发符合标准要求的产品。

二、国际社会文化环境

在国际市场营销中,每个国外市场都有一个与本国市场不同的文化和行为。世界各国社会文化的差异,决定了各国消费者在购买行为、消费方式、需求指向等方面都具有较大差别。在一个国家行之有效的营销策略,在另一个国家未必可行。因此,开展国际市场营销除了考虑成本优势以外,更要重视文化上的适应性的研究。国际市场营销活动中,分析一国的社会文化环境主要从以下几个方面进行。

1. 物质文化。物质文化是指人类创造的物质产品,包括生产工具和劳动对象以及创造物质产品的技术。物质文化环境对国际营销的影响是多方面的,例如东道国传播媒介的方式和完善程度,直接影响到广告促销的方式选择和效果。如果在一个绝大多数人用全自动洗衣机洗衣服的国家,推销肥皂和机用洗衣粉的效果肯定不会一样。

2. 语言文字。语言文字是人类交流沟通的主要载体,深刻而精细地反映着某种文化的实质和差别。在国内市场营销中,语言的障碍尚无太大问题。但在跨国界营销中,如不熟悉东道国语言,或不能准确表达自己的意愿,就会产生沟通障碍,无法进行销售宣传,难以达到营销目标。

3. 宗教信仰。宗教信仰是一种重要的意识形态。在当今世界上的各种宗教及其教派中,存在不同的教义、宗教节日、禁忌,从而对信徒的价值观念和消费需求形成巨大的约束。在宗教色彩浓厚的地区,撇开宗教因素的营销将寸步难行。

4. 价值观念。价值观念是人们对事物的态度和评估标准。不同国家和民族以及同一民族不同的文化教育,都会影响价值观念的变化。不同的价值观对人们的消费习惯和审美标准有很大影响,从而制约企业的营销决策。

5.教育水平。一个国家的教育水平与其经济发展水平密切相关。教育水平的高低往往与消费结构、购买行为联系在一起,受教育程度高的消费者,一般从事较良好的职业并有较高的购买力,对产品质量、品牌等因素考虑较多;反之,可能仅有较低的购买力,对产品品牌的选择力度也要弱一些。

6.社会组织。社会组织是人们之间相互联系和沟通的方式。最基本的社会组织形式有家庭亲属关系、特殊利益集团、社会阶层和相关群体,不同社会组织对于国际营销有着不同程度的影响。在一些不发达的非洲国家,家庭规模仍然很大,家庭成员之间联系比较紧密,心理上彼此依赖,经济上相互扶持,许多消费决策都是从大家庭的范围和规模来考虑的。

7.民风民俗。一个社会、一个民族传统的风俗习惯对消费嗜好、消费方式起着决定性的作用。因此,国际营销企业在不同国家销售产品、设计品牌、广告促销时,都要充分考虑该国特殊的风俗习惯。

三、国际政治法律环境

当今世界各个主权国家的政治法律制度有很大差别,进入国际市场的企业会受到这些因素的影响和制约。

(一)政治环境

1.国际关系。国际营销企业在国际营销过程中,必然会与东道国以及其他国家发生业务往来,也会与企业所在国有着千丝万缕的关系。因此,东道国与企业所在国之间、东道国与其他国家之间的国际关系状况,也必然会影响国际市场营销活动。

2.政治体制。在国际市场营销中,首先要考虑所进入国家或地区的政治体制状况。政治体制的差异决定了国家的政治主张和经济政策的差异,进而影响和制约国际市场营销活动。

3.政党体系。不同的政党执政,决定了国家的政治主张和经济政策会有所差异。例如,英国工党主张实行外汇管制,而保守党则更加青睐自由贸易政策,两党的交替执政会引起政府政策的变化。

4.政治稳定性。一个国家的政治稳定必然伴随持续稳定的经济政策,有利于企业的正常经营;相反,一个国家政局不稳定、政府频繁更迭、人事频繁变动,甚至发生政变、战争等动荡因素,则会影响经济发展,给国际市场营销企业带来严重的不确定性。甚至是重大经济损失。

5.政治风险。政治风险来源于东道国未来政治变化的不确定性以及东道国政府对外国企业未来利益损害的不确定性。包括:总体政局风险,即企业对东道国政治制度前景认识的不确定性;所有权/控制风险,即企业对东道国政府注销或限制外商企业行为认识的不确定性;经营风险,即企业对东道国政府在生产、销售、财务等经营能力方面采取控制性惩罚认识的不确定性;转移风险,即企业对东道国政府限制经营所得、资本的汇出和货币贬值的认识的不确定性。

(二)法律环境

现代企业在市场经济中的行为主要由法律来规范和约束,企业在进行国际市场营销活动时必须了解国际法律的有关因素,才能依法经营,避免不必要的法律纠纷。

1.国际公约。国际公约是两国或多国之间缔结的关于确定、变更或终止它们权利与义务的协议。一国只有依法定程序参加并接受某一国际公约,该条约才对该国具有法律约束力。进行国际市场营销活动的企业,必然要遵循有关国际公约,才能在经营中获得法律的保护。

2.国际惯例。国际惯例是指在长期国际经贸实践中形成的一些通用的习惯做法与先例。它们通常由某些国际性组织归纳成文,并加以解释,并为许多国家所认可。国际惯例虽然不是法律,但在国际商贸活动中,各国法律都允许各方当事人选择所使用的惯例。一旦某项惯例在合同中被采用,该惯例便对各方当事人具有法律约束力。

3.涉外法规。东道国的涉外法规是每个进入东道国的企业必须遵守的。这些涉外法规主要有三个方面:一是基本法律,如外资法、商标法、专利法、反倾销法、环保法、反垄断法、保护消费者权益法等;二是关税政策,包括进口税、出口税、进口附加税、差价税、优惠税等税种的设置以及关税的征收形式,如从量计税、从价计税和混合计税、选择计税等;三是进口限制或非关税壁垒,如进口配额制、进口许可证制、进口押金制、进出口国家垄断以及各种苛刻的商品检验技术标准等。所有这些法律、法规,国与国之间都不尽相同,有的差别很大,因此,在进行国际市场营销活动时,必须了解东道国的法律法规的性质和具体内容,才能进行最有成效的营销活动。

4.国际商业争端解决途径。在国际营销活动中,难免要发生争议。发生纠纷,双方可以通过友好协商解决。协商解决不了的问题,还可以通过法律诉讼、贸易仲裁等途径加以解决。为了降低不确定性因素,避免不必要的矛盾,国际营销者在签订合同时应该确定解决商业争端的途径以及适用的法律依据。

四、国际金融和贸易环境

(一)国际金融环境

国际营销作为一种跨国界的经营活动,与国内营销所面临的环境有较大的差别。其中一个很大的差别就在于国际营销涉及国际间的货币周转与流通。因此，国际营销需要面临的一个重要环境就是国际金融环境。

与企业国际营销联系紧密的国际金融环境是与汇率有关的环境因素。汇率（foreign exchange rate）一般指各种货币间的换算比率。1944年，西方盟国在美国布雷顿森林召开会议，确定了以美元为中心的固定汇率制度。1973年，固定汇率制度彻底崩溃。目前，世界上绝大多数国家都实行浮动汇率制度。

汇率变动直接影响着企业的国际营销：(1)汇率变动会影响产品的进口和出口。如果一国货币升值，会减少国际市场的需求，进而减少出口的规模；同时会扩大国内市场对进口产品的需求，进而增加产品进口。如果一国货币贬值，会增加国际市场的需求，进而增加产品出口；同时会抑制对国际市场的需求，进而减少产品进口。(2)汇率变动会影响国际投资的流向。如果一国货币升值，会促进本国企业进行海外投资，同时抑制国外企业向本国的投资。如果一国货币贬值，有利于吸引海外投资流向本国，同时抑制本国企业向海外投资。(3)汇率变动会影响国际营销企业的财务经营状况。

2007年以来，美国次贷危机爆发，继而蔓延至全球市场，对国际金融环境造成了巨大的负面影响。在世界各国政府积极应对危机的同时，国际金融环境也正逐步走向深刻的变革。这场国际金融环境的变革将会对企业开展国际营销活动带来深远的影响。

(二)国际贸易环境

国际营销面临的贸易环境最主要的是贸易政策、经济全球化与世界贸易组织、世界多极化与区域经济合作。

1.国际贸易政策。各国的贸易政策对产品进出口的干预和限制不同，直接影响国际营销。综观各国贸易政策，基本上分为自由贸易和保护贸易两种类型。自由贸易政策强调产品在国内外市场上自由贸易，国家对进口产品不加干预和限制，对出口产品也不给予特权和优惠。保护贸易政策强调国家对产品进出口贸易的调节和干预，制定措施限制进口以保护本国市场，同时制定补贴和优惠措施以鼓励出口。

一般而言，发达国家由于经济实力强、产品具有较强的竞争能力，主要采取自由贸易政策或自由化倾向的政策；而发展中国家由于产业基础较弱、生产技术落后、产品竞争力弱，往往采取贸易保护政策。以往的贸易保护往往对进口产品采取较高的关税税率。随着经济发展以及参与世界贸易谈判的限制，以技术贸易壁垒为特征的非关税壁垒已成为贸易保护的主要形式。非关税壁垒具有更大的灵活性、隐蔽性和针对性。

2.经济全球化与世界贸易组织。近二十年来，世界经济全球化逐渐明显，已成为一种不以国家利益或意愿为转移的必然趋势。科学技术的进步、信息网络的发展、低成本宽带通信能力的增强,对经济全球化趋势的发展起到了不可低估的推动作用。经济全球化以各国国内市场国际化为依托,其发展又进一步促进了国内市场国际化及其国际分工程度的提高。

世界贸易组织(World Trade Organization,WTO)的前身是关税与贸易总协定(GATT)。GATT 是由缔约国签订的关于调整缔约方对外贸易政策和经济贸易政策方面的相互权利和义务的国际多边协定,自 1947 年签订以来,对降低关税、调节贸易关系、促进经济发展发挥了极为重要的作用。WTO 自 1995 年正式运转,取代GATT 担当起协调全球贸易组织成员的角色。WTO 管辖范围包括已签订的货物、服务、知识产权的有关协议以及贸易争端程序与规则等,为组织成员处理相关协定、消除贸易摩擦提供了一个有效的制度框架。

3. 世界多极化与区域经济合作。自 20 世纪"冷战"结束以来,美国无疑已发展成为唯一具备超级大国一切因素的国家,但美国试图建立一种单极体制的努力,无疑会刺激所有地区大国争取世界多极化的努力。随着美国霸主地位的动摇、西欧经济实力的迅速增长,亚洲太平洋地区正在成为新的世界经济中心,一个世界多极化发展的趋势正在逐步形成。

在多极化发展过程中,在国际经济活动中存在的一个重要趋势是国际区域经济合作及其国际区域经济组织的蓬勃发展。例如,最有名的区域经济组织有欧洲联盟、北美自由贸易区、东南亚国家联盟等。区域经济组织的发展,有利于促进本地区经济增长,提高参与国家的福利水平。在关税和市场准入方面,区域经济组织对组织外的国家采取相同的贸易政策,而对组织内的成员国家给予相互优惠的政策。

区域经济合作除了采取就某些项目合作等较为松散的形式外,还可以采取自由贸易区、关税同盟、共同市场、货币联盟、政治联盟等不同层次的较为紧密的组织形式。

第三节　国际市场进入战略决策

一、国际目标市场选择

(一)国际市场细分

国际市场是一个庞大的、多变的市场,为了选择目标市场,首先要根据各国顾客的不同需要和购买行为,对国际市场进行细分。

国际市场细分要遵循三个步骤:首先对全球市场进行宏观细分,决定应该以哪些国家为目标市场;其次,在宏观细分的基础上实施微观细分。确定在所选择的目标国家市场中为哪些顾客群体服务;最后,按照一定的标准评估国际市场细分的有效性。

对国际市场进行的宏观细分,亦即国别细分,可以帮助企业将全球范围内的众多国家进行归类,具有相似环境特征的国家被纳入同类细分市场,对之采用大约一致的营销策略。细分全球市场既可以采用地理区域、经济发展水平、社会文化等单变量,也可以采用多变量组合。

在具有相似环境特征的几个国家市场中开展营销活动,还需要针对消费者需求差异进一步细分市场,也就是国际市场微观细分,也称类别细分,具体内容可参见第七章。

(二)选择国际目标市场

在国际市场细分的基础上,企业要决定为之服务的目标市场以及在目标市场上采用何种营销战略,这些问题都与目标市场选择有关。

在进行国际目标市场选择时,除了考虑市场的规模和成长性、市场竞争结构、企业的目标和资源能力这三个因素外,还需要考虑每个细分市场的进入和运行成本及风险与进入障碍等。企业在综合考虑了上述五大标准的基础上,再选择适宜的目标市场。

(三)国际市场定位

这是为国际营销的产品和服务在目标市场上寻求有利的市场位置,在消费者心目中创造产品或企业的独特个性即全球市场定位的过程。企业在定位战略的选择上依然可以采用直接对抗定位、避强定位和再定位战略,然后通过设计国际营销"4P"组合,向国际目标市场传递其定位。

二、进入国际市场的方式

企业开展国际营销必须决策以何种方式进入全球市场。根据风险和控制程度的大小,有三类进入战略可供选择:一是出口进入方式;二是合同进入方式;三是投资进入方式。

(一)出口进入方式

出口进入方式通常为刚刚开展全球营销的企业所采用,其风险和控制程度都很小,比较适合实力有限、缺乏全球营销经验的企业运用。出口进入方式又可以分为间接出口和直接出口。

1. 间接出口。间接出口指通过中间商,将每国生产的产品销往国外。有三种间接出口方式可以采用:第一种是由本国对外贸易公司买断产品后,再转手销往国际市场;第二种是委托本国出口代理商代为办理出口商品等事宜;第三种是经由外国驻国内的销售机构转售到国际市场。

2.直接出口。直接出口指直接将产品出口到国际市场。可以通过国外经销商、国外代理商、设立驻外办事处以及建立国外营销子公司等方式开展直接出口。

(二)合同进入方式

合同进入方式指通过非股权契约将专利、商标、专有技术和著作权等授予国外合作方使用,而得以进入国际市场的一种方式。相对于出口方式,合同进入方式风险较大,对经营活动的控制也更强。该方式一般可以通过许可证贸易、特许经营、管理合同和合同生产等方式实现。

(三)投资进入方式

投资进入方式是指通过投资在国外生产产品,并在国际市场销售产品的全球市场进入方式。投资进入方式面临的经营风险最高,但对经营活动的控制程度也最强。企业可以采取独资或合资方式实现投资进入全球市场,这种方式对企业实力、风险控制力、国际营销经验等要求都很高。

【案例 14-1】 中国的电信设备生产商华为技术有限公司在开拓美国市场方面正在取得进展,此前由于来自西方同行的竞争以及涉及国家安全等敏感性的问题,华为一直难以打开美国市场。

华为现已赢得了一份向有线电视服务提供商 Cox Communications Inc. 旗下手机业务的网络基础设施建设提供设备的合同。此外华为还入围了 Clearwire 公司一份无线网络设备合同的最后竞逐,这份合同的金额有可能更大。

总部位于华盛顿州 Kirkland 的 Clearwire 正在为其拟建设的一个无线宽带网络挑选供应商,这一网络 2010 年以前将覆盖美国 1.2 亿人,其网速与有线网络目前的数据传输速度相当。除华为公司外,其他最后入围 Clearwire 这份合同竞逐的厂家包括摩托罗拉公司(Motorola Inc.)、三星电子公司(Samsung Electronics Co.)和诺基亚西门子通信公司(Nokia Siemens Networks)。Clearwire 最终选定的供应商可能不止一家,目前尚不清楚供货合同的金额有多大。

如果华为赢得 Clearwire 这份合同,将有可能做成它在美国市场迄今最大一笔业务,但这要看华为从这份合同中分得的份额有多大。合同要求提供的产品包括手机信号发射塔运行设备。在拿下 Cox 这份合同之前,华为在美国的电信基础设施市场上只与 Leap Wireless International Inc. 这家专业的无线运营商做成了一单生意。华为及中兴通讯等中国的电讯设备生产商一直难以打入美国市场,因为阿尔卡特朗讯（Alcatel-Lucent）、摩托罗拉和爱立信（Telefon AB L. M. Ericsson）等知名企业在这一市场一直居主导地位。

政治和国家安全问题是中国厂家在美国市场遇到的巨大挑战。一些分析师们说，一些美国公司之所以不愿意挑选中国公司作供货商，是怕丢掉美国政府的合同。美方正是以担心国家安全为由去年否决了华为收购美国公司 3Com Corp. 的交易。研究公司 CreditSights 的电信设备分析师 Ping Zhao 说，公平也罢，不公平也罢，美国可能确实对中国企业存在歧视，特别是在这些公司想通过收购当地企业进入美国市场的时候。不过，随着美国运营商纷纷寻求既能减少设备支出又能使暴增的短信和视频流量得到顺畅处理的办法，中国厂商有可能在美国市场上扮演更重要的角色。

华为和中兴通讯在那些通讯网络还是白纸一张的发展中国家一直做得更成功。华为目前在欧洲市场上也已成为主要的电信设备供应商，赢得了大量合同。此外，该公司还在加拿大取得了立足点，正在为 BCE Inc. 旗下的 Bell Canada 及 Telus Corp. 建设通讯网络。[1]

第四节　国际营销组合决策

一、国际营销产品策略

（一）国际营销中产品的标准化和差异化

国际市场营销中的产品概念与一般市场营销中的产品概念是一致的，它是一个广义的、整体性的概念。产品是指人们向市场提供的能够满足消费者或用户某种需求的任何有形物品和无形服务的总和。在国际市场营销中，产品策略首先要解决的是产品的标准化与差异化问题。

1. 产品的标准化策略。国际产品的标准化是指企业向全世界不同的国家或地区的不同市场提供相同的产品，其实施前提是市场全球化。自 20 世纪 60 年代以来，社会、经济和技术的发展，使得世界各国和地区之间的交往日益频繁，相互之间的依赖性日益增强，消费者需求也具有越来越多的共同性。

---

[1] Amol Sharma & Sara Silver：《华为的美国路》，载《华尔街日报》网站，2009 年 3 月 26 日。

对于企业来说运用标准化的产品参与全球竞争具有重要的意义。首先,产品标准化策略可使企业获得规模经济,降低产品的研究、开发、生产、销售等费用。其次,在全球范围内销售标准化产品有利于树立产品在世界上的统一形象,强化企业的声誉,提高企业的知名度。最后,产品标准化还可以使企业对全球营销进行有效的控制。

2.产品的差异化策略。国际产品差异化策略是指企业向世界范围内不同国家和地区的市场提供不同的产品,以适应不同国家或地区市场的特殊需求。产品差异化策略是为了满足不同国家或地区的消费者由于所处的环境不同而形成的对产品的多样化需求,这种策略更多的是从国际市场上消费者个性的角度来生产和销售产品的,能更好地满足消费者需要。但是,实施这种策略对企业有较高的要求。首先,企业要鉴别各个市场上消费者的特征,应该具有较高的市场调研能力。其次,要针对不同的消费者的需求特征设计不同的产品,对研发能力要求也较高。最后,是生产和销售的产品种类增加,管理的难度有所增加。

(二)国际市场产品生命周期

产品从投入市场到最终推出市场的全过程称为产品的生命周期,一般要经历四个阶段:导入期、成长期、成熟期、衰退期。但是,当把产品的生命周期扩展到国际市场上时,同一产品在各个国家市场上出现的时间是不一致的。由于科技水平和经济发展阶段不同,同一产品在各个不同国家生产、销售和消费的时间存在差异。

国际产品生命周期一般有以下运行规律:发达国家率先研制、开发出来新产品,并在国内市场上销售,然后逐步向较发达国家、发展中国家出口,并转向其他新产品的开发,从别的国家进口原材料满足国内需要。一些发展中国家则是先引进新产品进行消费,然后引进或开发技术进行生产,最后将产品出口到原产国。

美国哈佛大学商学院教授雷蒙德·弗龙以产品生命周期理论为基础,提出了"国际市场产品生命周期"理论,他将产品生命周期划分成三个阶段:新产品的发明阶段、产品成长和成熟阶段、成熟期和产品的标准化阶段。由于经济发展程度不同,发达国家、较发达国家、发展中国家进入这三个阶段的时间先后也不同。

国际市场产品生命周期说明了同一种产品在不同国家间生产和消费的过程,反映了不同国家市场机会的差异性,对企业进行国际营销具有重要的意义。第一是为企业指明了可以利用产品在不同国家市场所处的生命周期不同,调整市场结构,转移目标市场,延长产品生命周期。第二是指明了企业可以利用产品生命周期理论不断地调整产品结构,及时推出新产品。第三是为发展中国家企业指明了可以利用生命周期理论引进发达国家的新产品,进行消化吸收,并将之出口到原产国。

（三）国际产品延伸、适应和创新策略

国际产品延伸策略是一种对现有产品不加任何变动，直接延伸到国际市场的策略。这一策略的核心是在原有生产基础上的跨国界规模扩张，即在产品功能和外形的设计上、在包装广告上都保持原有产品的面貌，不做任何改动，不增加任何产品研制和开发费用，只是将现有产品原封不动地打入国际市场。对企业生产要求规模经济、市场需求具有同质性的产品，在国际市场营销中往往采用产品延伸策略。

国际产品适应策略是对一种现有产品进行适当变动，以适应国际市场不同需求的策略。这一策略的核心是对原有产品进行适应性更改，即一方面保留原产品合理的部分，另一方面对某些部分做适当更改，以适应不同国家顾客的具体需要。产品更改通常包括功能更改、外观更改、包装更改、品牌更改。在消费者需求不同、购买力不同、生产技术不同的情况下，或者说在异质性的国际市场上，企业的国际市场营销往往采用国际产品适应策略。

国际产品创新策略是一种全面开发设计新产品，以适应特定国际目标市场的策略。国际产品创新策略的核心是产品的全面创新，即在产品功能、外观、包装、品牌上都针对目标市场进行新产品的开发。在市场具有独特的巨大需求、企业技术规模较大、市场竞争激烈的情况下，往往特别强调采用产品的创新策略。

（四）国际营销产品品牌、商标和包装策略

一般来说，国际营销品牌决策有三种策略可以选择：一是全球统一品牌策略；二是单一品牌调整策略；三是不同品牌策略。采用全球统一品牌策略可以获得规模经济效益，并节省营销费用，还易于形成统一的全球形象。如果品牌很难被翻译成当地语言，或者需要赋予品牌更为浓厚的当地文化色彩时，就要适当调整品牌，这就是单一品牌调整策略。为全球不同市场推出不同品牌的产品，则是不同品牌策略，此策略可以为企业获得本土化的极大优势，但同时又会增加企业的营销成本，也不利于形成全球统一形象。

国际产品品牌设计的过程中除遵循一般性原则外，还要特别注意：（1）符合各国消费者的传统文化和风俗习惯；（2）符合国际商标法和目标国商标法的规定。

产品的包装设计不但要美观、大方、实用、经济，而且要准确地传递产品信息，与产品价格相适应，同时还要考虑国外目标市场的需求状况。

二、国际营销定价策略

(一)影响国际市场营销定价的因素

国际市场环境比之国内市场更为复杂,其定价受诸多因素影响。

1.价格升级。除生产成本外,产品的国际市场营销成本还包括关税和其他税收、国际中间商成本、运费及保险费以及营销业务费等,导致价格比原产国国内要高出许多。

2.国外法规。关税和非关税壁垒、《反倾销法》《反托拉斯法》《价格控制法》《产品安全法》等国外法规,对产品定价有诸多影响。

3.国际市场供求及竞争。国际市场基本属于买方市场,竞争激烈,企业在制定国际营销产品价格时,必须考虑市场供求及竞争状况。

4.经济周期与通货膨胀。国外市场经济的周期变动会导致不同产品的价格升降;通货膨胀会增加产品成本,引起产品价格上升。

5.汇率变动。国际市场营销活动中使用的计价货币是可以选择的,在实行浮动汇率的情况下,汇率变动使产品价格相对发生变动,从而极大地影响营销的收益。

6.倾销。当产品在海外市场的售价低于国内市场的售价时,就容易被认为是倾销,从而导致国际营销目标市场国政府的反倾销指控。目前,各国政府越来越重视反倾销问题。任何一个从事国际营销的企业都应当避免受到反倾销指控,否则在日益严厉的《反倾销法》下将会遭受很大的损失。

7.灰色市场。是指同一产品在不同地区的售价存在差异,使得低售价区域的经销商将产品运往高售价区域销售,以获得更高的利润。长期以来,它是困扰企业营销的一个重要问题,它不仅引起企业各销售渠道间的冲突,而且会严重影响到企业的利润。由于国际间同一产品的价格差异更为明显,灰色市场对从事国际营销的企业来说,也就更容易出现,从而造成的损害也更为突出。

(二)国际市场营销的定价策略

1.统一定价策略。企业的同一产品在国际市场上采用同一价格。这一方式简便易行,但难以适应国际市场的需求差异和竞争变化。

2.多元定价策略。这一策略是指国际营销企业对同一产品采取不同价格的策略。采用这一策略时,企业对国外子公司的定价不加干预,各子公司完全根据当地市场情况做出价格决策。这一策略使各个国外分支机构有最大的定价自主权,有利于根据市场情况灵活机动地参与市场竞争,但易于引起内部同一产品盲目的价格竞争,影响公司的整体形象。

3.控制定价策略。企业对同一产品采取适当控制价格,采用这种策略是为了利用统一定价与多元定价的优点,克服其缺点。对同一产品的定价实行适当控制,既不采用同一价格,也不完全放手由各子公司自主定价,而是对内部竞争进行控制,同时又准许企业根据市场状况进行灵活定价。这一策略既使定价适应了市场变化,又避免了企业内部的盲目竞争,但采用这一策略也会增大管理的难度和成本。

4.转移价格策略。是指国际营销企业通过母公司与子公司、子公司与子公司之间转移产品时确定某种内部转移价格,以实现全球利益最大化的策略。采用这一策略,母公司与子公司、子公司与子公司之间转移产品时,人为提高内部结算价格,造成总公司内部此企业利润或亏损转移到彼企业的状况,但从整体上使总公司的利益达到最大化。转移价格策略常用的方法为:

(1)当产品由 A 国转到 B 国时,如 B 国采用从价税且关税高,则采取较低的转移价格,以减少应缴纳的关税。

(2)当某国所得税较高时,进入该国的产品价格定高,转出该国的产品价格定低,以少缴纳所得税。

(3)当某国出现高通胀时,也采用高进低出的转移价格,避免资金在该国大量沉淀。

(4)在外汇管制国家,高进低出的转移价格既可避免利润汇出的麻烦,又可少缴纳所得税。

转移价格策略有利于实现企业整体利益的最大化,但可能会损害某些国家的利益。

三、国际营销分销策略

(一)国际分销系统结构

企业把自己的产品和服务通过某种途径或方式转移到国际市场消费者手中的过程及因素构成国际分销系统。在国际分销系统中一般包含三个基本因素:制造商、中间商和最终消费者。进行国际市场营销的企业管理分销渠道主要是为了有效地将产品从生产国转移到销售国市场,参加销售国市场的竞争,获取利润。一般情况下,一个分销过程要经过三个环节:一是国内分销渠道内的流通环节,二是从国内市场进入国外市场的环节,三是进口国的分销渠道。

(二)影响企业选择国际分销渠道的因素

国际分销渠道和国内分销渠道一样有直接渠道和间接渠道之分。国际分销渠道的长度是指产品或服务从生产者到最终顾客或消费者所经过的渠道层次数。产品从生产企业流向国际市场最终顾客过程中,每经过一个中间商就形成一个层次,层次越多,分销渠道越长。分销渠道的宽度是指渠道的各个层次所使用的中间商数量。分销渠道所使用的中间商数量越多,渠道就越宽;否则,就越窄。

但是,企业选择渠道并不是随意的,选择的过程中要受多种因素的制约。主要有六种因素。

1.成本。包括开发渠道的投资成本和维持渠道的成本。在进行渠道选择时,企业必须在成本和效益之间做出权衡和选择。

2.资金实力。企业开发渠道需要一定的资金支持,如果自己建立销售渠道,费用就比较高;如果采用独家分销,费用就比较低。

3.控制程度。若企业想要很好地控制渠道,就要采用短、窄渠道;否则,就采用长、宽渠道。

4.渠道的覆盖面。对市场覆盖面主要考虑三个因素:一是在渠道覆盖的每个市场能否获得最大可能的销售额;二是是否有合理的市场占有率;三是能否取得满意的市场渗透率,以确定能否为企业带来合理的效益。

5.特性。进行国际市场渠道设计时,必须考虑企业自身的特性、产品特性和东道国的市场特性、环境特性等。

6.连续性。进行渠道设计时必须考虑渠道的连续性。

(三)国际分销渠道的长度、宽度和渠道成员

国际分销渠道长度与国内分销渠道类似,按照是否存在中间商,可以划分为直接分销渠道和间接分销渠道。根据所涉及中间商层次多少,国际间接分销渠道又可以分为一级渠道、二级渠道和三级渠道。同样,依照所使用同级中间商数量多寡,全球分销渠道可以分成宽渠道和窄渠道,与之相关的三种分销策略是:密集分销、选择性分销和独家分销。国际分销渠道成员除了有生产商和顾客外,还由国内中间商和国外中间商构成。国内中间商包括进出口贸易公司、国内批发公司和国内代理商等,国外中间商包括国外进口中间商、国外进口代理商和兼营进口中间商等。

【案例14-2】　迪拜有为数不少的专业产品批发市场,诸如汽配、服装、纺织品、鞋类箱包、手机配件、建材五金,等等,而建材五金批发市场无疑是众多市场中最为

活跃的市场之一。不同于国内的专业市场,迪拜所有的市场都是自发形成的,在沿迪拜湾的一片狭小空间里,每条街面都可以成为连接亚非大陆的货物场,每个店面都可以成为中转交易平台。

在经营方式上,印巴人喜欢代理制,在市场里转悠,随处都可以看到英国的涂料、意大利的锁具、德国的工具、日本的电机等,这些国际品牌都是由各自独立的经销商运作,有些品牌可能还不止一个经销商。

中国商人喜欢自销形式,以现货对现金。很多企业抛开中间商环节,直接来到迪拜设立门面或办事处。这种方式极大地刺激了整个市场的神经,由于厂商自销所具备的价格优势,直接影响了整个市场价格的稳定性。当然中国商人中运用代理制的也不乏其人。但这种代理仅为一般代理或者是形式上的代理,受代理条款约束程度很低,更多的仅为松散型合作方式。一旦产品为普通常规产品或技术含量较低产品,代理的生存空间就比较脆弱,任何自销形式都会对其造成正面冲击。

如何平衡这两者之间的关系,还要看企业的具体目标而定。国内曾有一家锁具工厂,在众多地区有一般代理,但价格一直被压得很低。参加迪拜展览后发现市场利润空间比想象中大,最后决定直接入驻设点。这样一来,原代理的部分客户放弃代理而主动向该工厂门面进货,门面与代理形成一种竞争关系,最后致使代理转向其他国内供应商。最后该工厂只得适时调整政策,在价格上区别对待,才挽回了一些主要的代理客户。

宁波一家灯具工厂为更好地利用代理的销售网络,尽管已经进驻迪拜,但主动避开正面冲突,以办事处方式经营,取得代理的信任并开始推广其产品,从而花费相对较少的时间将产品打入这个市场。①

(四)国际分销渠道的管理

国际分销渠道的管理主要是指确定国际分销的目标,制定渠道策略,选择渠道成员,激励、评价、控制渠道成员以及改进渠道的过程。渠道管理的核心是对中间商进行管理。在国际市场上各种因素非常复杂,各国的分销体系、政治、经济、文化等差别很大,没有统一的方法。但企业在确定了国际分销目标后,首先,应认真地选择中间商,从财力、绩效、市场覆盖率、信誉等各个方面进行认真选择;其次,还要制定科学的评价标准,评价中间商的市场销售状况,根据一定的标准进行奖惩;最后,还要对渠道适时地进行调整,以适应不断变化的环境需要。

---

① 刘明娜:《在迪拜市场如何做中国生意》,载《中国经营报》2005 年 6 月 10 日。

（五）国际实体分销

国际实体分销是指产品实体从生产者手中送到消费者手中的国际空间移动过程。国际实体分销的基本功能在于在方便的时间和地点向国际市场消费者提供所需要的产品,其实质是为国际营销提供后勤支持。有效的国际实体分销不仅能够降低国际营销成本,也能够提高为消费者服务的水平,更能为企业带来全球竞争优势。国际实体分销涉及的主要内容有:国际订单管理、国际库存管理、国际仓储管理和国际运输管理等。

四、国际营销促销策略

国际市场促销的主要任务是实现国际营销企业与外国顾客之间的沟通。国内市场促销策略中有关广告宣传、人员推销、销售促进、公共关系的策略,很多同样适用于国际市场促销。但是,由于国际市场营销环境的复杂性,国际市场促销策略的运用比之国内市场要复杂得多。

（一）国际广告

国际营销企业的产品进入国际市场初期,广告通常是促销的先导,它可以帮助产品实现预期定位,也有助于树立国际营销企业的形象。

国际广告促销要注意以下几个问题。

1.广告限制因素。在国际市场上进行广告活动,有诸多限制因素需要国际营销企业认真分析,以便择善而行:一是法律限制,不同国家对广告有不同法规,须遵守这些国家的广告法及有关法规;二是媒体限制,不同国家广告媒体的可利用性、质量、覆盖面及成本不同,须根据媒体情况做出适当选择;三是观众限制,不同国家的居民有自己的价值准则和审美观、宗教信仰,须认真进行分析,使广告真正切合当地消费者的需求动机及文化背景。

2.广告标准化及差异化。广告标准化是指在不同的目标市场对同一产品进行同一广告,这种选择突出了国际市场基本需求的一致性,并能节约广告费用,但缺点是针对性不强。广告差异化则充分关注国际市场需求的差异性,对同一产品在不同目标市场进行不同的广告,针对性强但广告成本较高。

3.广告管理。国际广告管理方式有集中管理、分散管理、集中管理与分散管理相结合三种方式。在这三种方式中,集中管理有利于总公司控制成本;分散管理使广告决策权分散到国外子公司,有利于开展差异化广告促销;集中管理与分散管理相结合,则试图按目标市场的具体情况,分情况采取集中或分散的管理方式,使国际广告形成有效地管理方式。

（二）国际人员推销

在国际市场上，人员促销因其选择性强、灵活性高、能传递复杂信息、有效激发购买欲望、及时反馈信息等优点而成为国际营销中不可或缺的促销手段。然而，国际营销中使用人员促销往往面临费用高、培训难等问题，因此在使用这一促销手段时应招聘有潜力的优秀人才，严格培训并施以有效的激励措施。

1.营销人员来源。营销人员主要有三个来源：（1）是企业的外销人员，其优势是易与企业沟通，忠诚度高；（2）是母公司所在国移居国外的人员，其优势是懂得两国的语言和文字；（3）是国外当地人员，其优势是在当地有一定社会关系，且熟悉目标市场的政治经济和社会文化。

2.营销人员培训。对营销人员的培训集中在适应性和技能性两个方面：（1）是要使营销人员熟悉当地的社会、政治、经济、法律，特别是要适应当地的文化，包括价值观、审美观、生活方式、宗教信仰、商业习惯等；（2）是要使营销人员熟悉营销的技能和技巧，提高他们市场营销的能力。

3.营销人员激励。除对营销人员进行精神激励外，在物质上可采用以下激励方式：（1）是固定薪金加激励；（2）是佣金制；（3）是固定薪金与佣金混合制。

（三）国际销售促进

国际销售促进是广告和人员推销这两种促销方式的有力补充，在一些传播媒体不发达的国家或地区，开展销售促进活动往往可以替代广告的作用。例如在拉丁美洲的一些国家，很多农村无法被媒体覆盖，百事可乐和可口可乐都组织了"游艺巡回车"到农村去促销产品。当这些巡回车在某个村落停下时，也许会放一场电影或者提供一些其他的娱乐活动，而只要在当地零售商即时购买一瓶未打开的可乐就可以观看。这种促销手段使得这两个品牌几乎家喻户晓，也鼓励了零售商扩大商品的进货量。

（四）国际公共关系

国际公共关系与以上几种促销方式相比，是一种间接的促销手段，它也许不会产生立竿见影的效果。但对树立企业良好的形象以及企业的未来发展起着十分重要的作用。国际营销公共关系的对象比国内营销更加复杂，因此在国际范围内开展公共关系活动也就更具有挑战性。其中，加强企业与东道国政府的关系显得尤为重要，因为任何一个国家为了保护本国利益，对外国公司都会设置或多或少的障碍。此外，加强与当地媒体的联系，改善与当地消费者的关系也是国际公共关系活动中的重要内容。

▏▶ 本章小结

　　国际市场营销是指企业跨越国界,以国际市场为目标市场的营销行为和过程。国际市场营销与国内营销、国际贸易既有联系又有区别。依据国际营销开展的程度,国际营销可划分为不同的发展阶段,全球营销是国际营销的发达形式。国际营销产生的动因有市场扩张、规避风险、利用资源、政府政策几个方面。国际市场营销环境可以分为国际人口、经济和自然环境、国际社会文化环境、国际政治法律环境、国际金融和贸易环境等。企业在选择国际目标市场时,要以国际市场细分为基础,充分考虑目标国市场规模、市场增长、交易成本、竞争及风险程度等因素。企业一般可以采取出口、合同、投资等方式进入国际市场。国际市场营销活动受双重环境,尤其是各国环境的影响,使营销组合策略复杂得多,难度也大得多。在产品策略方面,国际市场营销面临产品标准化与差异化策略的选择。在定价策略方面,国际市场定价不仅考虑成本,还要考虑不同国家市场的需求及竞争状况,而且其成本还包含运输费、关税、外汇汇率、保险费等。此外还要考虑各国政府对价格调控的法规。在分销策略方面,国际营销企业不仅面临对国内出口商的选择,还要对国外中间商进行选择。在促销策略方面,广告、人员推销、销售促进和公共关系策略更复杂,实施难度更大。

▏▶ 案例阅读与分析

　　【案例】　品牌国际化,东方元素——李宁公司独特的国际化线路

　　以品牌国际化推动市场的国际化,以东方元素突出市场形象,李宁品牌在过去十年走出一条特立独行的品牌国际化路线。

一　试水国际化

　　早在 1998 年,李宁公司就开始了品牌国际化的努力。1997 年,李宁公司已经成立 8 年,此前一路凯歌,稳坐国内行业首位。而当年,受亚洲金融风暴影响,业绩大幅下滑。李宁公司就此意识到跨国公司抵抗区域性经济危机的能力较强,于是开始试水国际市场。

　　1999 年,李宁公司成立国际贸易部,当年 8 月,组团参加在德国慕尼黑举办的ISPO体育用品博览会,除了树立国际品牌形象,主要目的之一是与海外经销商接触,以便征战欧洲市场。

　　接着,李宁公司聘请了来自意大利、法国、韩国的一流设计师、版师以及专业的开发管理人才,加强市场调研和设计开发力量。从此,"李宁"系列产品,从 T 恤衫到运动背包,都注入了一种更活泼的风格。

2001 年,公司开始尝试赞助国外体育队伍。在当年 11 月举行的世界体操锦标赛上,除了中国代表团外,李宁公司还赞助了法国、西班牙等代表团。此外,李宁公司在各大赛事上赞助的国家还有意大利、捷克等,涵盖了足球、篮球、体操等运动项目。

李宁本人对市场国际化为公司"咸鱼翻身"报以很大的希望。但是,创新并非总是能带来好处,让李宁感到意外的是,事实上,公司初期密集的国际化行动总体效果并不理想。就在李宁公司国际化一度进展不前的同时,国内行业竞争情况变得严峻。

然而,这场来得太早的国际化并非全无好处,李宁公司和德国 SAP 公司建立了合作关系,建立了与国际同步的先进 ERP 系统、内部股权整理等规范化管理体系。给李宁公司留下了更为规范化的管理框架。国际化的思路也让李宁公司得到了一批精明强干的来自跨国企业的空降兵,为李宁下一步发展做好人才储备。

二 先打造国际品牌 再开拓国际市场

当李宁公司基本放弃国际化,更为专注国内市场之后,2003 年,李宁公司悄然跨过"10 亿元销售额"门槛;2004 年,李宁公司上市了。之后,李宁公司再次尝试国际化。而收缩海外市场,成为李宁公司在国际化道路上关键转折中的一个重要因素。

2005 年,李宁公司决定"先打造国际品牌,再开拓国际市场"。公司 CEO 张志勇认为:"这种做法与其他中国企业的低价倾销方式不同,我们希望先提升品牌的附加值。"

2007 年初,张志勇明确地指出了公司对国际化不断深入的思考:"如果连本土市场都赢不了对手,到国外结局会怎么样,结果可想而知。"张志勇说,李宁公司要想真正走出去,在产品创新与品牌营销方面形成的核心竞争力必须加强,财务状况一定要更好。

从李宁公司的篮球项目国际化上就可以看出,品牌的国际化是个连贯的行为,而其中运用国际资源为最为关键。

2006 年 9 月,"李宁"获得了一个意外胜利:身披"李宁"战袍的西班牙男篮首次杀入男篮世锦赛决赛,出人意料地战胜了欧洲冠军希腊队。西班牙国家篮球队这匹黑马成了世界冠军,顺理成章地,赞助商"李宁"也成为男篮世锦赛上最大的商业赢家。

李宁公司也成为首家赞助篮球世界冠军的中国企业。早在 2004 年,李宁公司与西班牙男篮签订了为期 4 年的合约,这家欧洲篮球队不够知名。业内估计李宁公司的赞助合约费用不会太高。李宁公司认为:"这是一笔有眼光且非常划算的买卖。"

2008年奥运会上,西班牙男篮再次给予李宁公司极大的品牌曝光率机会,这支队伍在与美国梦八队进行的男篮冠亚军决赛中,表现顽强,以微弱分差败北,夺得了奥运会第二名的佳绩。此外,在奥运会上,夺得第三名的阿根廷男篮以及美国乒乓球队都身披李宁战袍。

赞助之外,在国内,李宁公司大打"非奥运营销"牌。自2007年1月1日起至2008年12月31日止,央视体育频道所有出镜记者都穿着李宁公司提供的产品。依靠多年合作关系,李宁公司借助央视在中国范围内强大的影响力进而扩大了自己的影响。

李宁公司也赞助了中国射击、体操、跳水、乒乓球四支奥运夺金"梦之队"。而这四支队伍也果然不负众望夺得多枚奖牌,让中国队以及他们身上的李宁牌标志在全世界电视机前"露脸"。

这些国际化的体育运动资源,让李宁公司获得了良好的品牌曝光效果。将其品牌国际化极大地进行了推进。

三 用中国元素诉求全球市场

体育用品已经变为人们在赛场外展现时尚潮流的方式,时尚化也在逐步改变着整个体育行业的游戏规则。

2005年底到2006年初,李宁找到了自己产品设计中赖以制胜的法宝——东方元素。"李宁"牌包含的东方文化也可以很时尚、很炫酷。

2005年,李宁牌签约NBA球星达蒙·琼斯后,达蒙·琼斯选择了"飞甲"作为自己的战靴,参加NBA比赛。达蒙·琼斯的评价是:"除了舒适,浓郁的东方特色让他'在球场上能够与众不同'。"

这款鞋的设计灵感来源于战国时期武士的铠甲,所以鞋面设计主要是模仿铠甲片,鞋身搭扣上的图案是夔龙纹,这也是一种取材于古代青铜器的古老纹饰。鞋口处添加了一圈黑色漆皮,增加了现代感。为了配合东方元素,鞋底采取中国古代青铜器的造型,而放弃了常用的"人"字纹。这款鞋整体效果浑朴古拙,透出一股霸气。

2006年10月"飞甲"获得了有工业界奥斯卡之称的"iF China 2006工业设计大奖赛"纺织与时尚类大奖。

为产品添加了包括东方文化元素、技术含量等一系列创新元素之后,李宁品牌与国内同类体育产品拉开了近20%的价格差距。

李宁公司通过最初茫然的市场国际化阶段,到第二个国际化的举棋不定阶段,直至明白了作为一家品牌公司,国际化的目标应是先品牌国际化,再市场国际化,从而真正摸索到了可行的国际化方向,大幅提升了品牌的市场价值。

在2007年,李宁公司宣布了未来的国际化发展计划:2009—2013年李宁公司仍然把中国市场作为最重要的战略市场,预计营业额每年都保持35%—40%的成长率,这些都为最后的"决战"做准备。

李宁战略计划里清晰地写着:2013—2018年,李宁公司的目标是成为世界前5位的体育品牌公司。①

【讨论】

1.李宁公司在国际化进程中采取了什么品牌战略?有何可取之处?

2.试分析和评价本案例中李宁公司的国际营销战略。

思考题

1.企业开展国际市场营销的主要动因是什么?

2.国际市场营销与国际贸易相比有何区别和联系?

3.国际市场营销的发展阶段有哪些?

4.影响企业国际市场营销的文化因素有哪些?

5.企业进入国际市场的方式有哪些?各有什么优缺点?

6.国际市场营销的产品策略有哪些?

7.国际市场营销组合策略与国内营销组合策略有什么不同?

---

① 虞立琪:《李宁的国际化之路》,载《中欧商业评论》2009年2月刊。

第十五章 营销伦理与道德营销

营销伦理：中国商人和企业家急需补上的一门必修课。 ——编者语

■本章学习目标

通过本章学习，了解后营销时代的基本特征和营销伦理产生的必要性；掌握营销伦理和道德营销的基本概念和相互关系；能联系实际掌握实施道德营销的基本流程和基本组合。

■本章学习重点

市场营销伦理的本质与特性；道德营销的概念与意义；道德营销模式。

第一节 市场营销伦理概述

营销活动的本质是满足和创造顾客的需求，目的是为了实现企业的经济效益。和任何其他经济活动一样，营销活动同样有着自身的道德标尺和伦理维度，如果营销活动偏离道德和伦理的底线，对顾客、他人和社会必将带来严重伤害和危害。近年来我国出现的"齐二假药案"、阜阳"毒奶粉"、"牙防组"事件、"苏丹红"事件、"SK Ⅱ"事件、"三聚氰胺"事件等不道德营销事件就是例证。在这些事件中，既有中国企业也有跨国企业，既有国有企业也有民营企业，既有大规模企业也有中小型企业。我们必须面对这样的现实：传统的营销理念已经难以支撑现代企业的发展，现代社会已经进入后营销时代（人们不仅关注顾客需求，更加关注更加道德地满足顾客需求），营销伦理与道德营销成为后营销时代的重要关键词。

从哲学的角度来看，万事万物都是普遍联系的，市场营销与伦理同样密不可分，这一点可以仅从伦理与市场营销的定义方面就得到证明。一般认为"伦"即人伦，指人与人之间的关系，"理"即道理和规则，"伦理"就是处理人与人之间利益关系的行为规范。而"市场营销"，正如菲利浦·科特勒在《市场营销管理：分析、计划与控制》一书中曾明确提出的那样："市场营销就是个人和组织通过创造

以及同其他个人和组织交换产品和价值而满足需要和欲望的一种社会的和管理的过程",反映的是一种个人和组织与其他个人和组织的利益关系,其必然会受到作为"处理人与人之间利益关系的行为规范"的伦理的调节。这就要求市场营销学理论要像关注营销利润一样关注诸如"维护顾客的正当权益""人与自然的和谐"以及"社会责任"等目标,亦即需要对市场营销学的一些重要范畴(如消费者需求、产品、市场战略等),除了从"经济"的角度去考虑之外,更须从"伦理"的角度加以审定和评价;要求市场营销者在营销活动中既要遵守法律,也要自觉接受伦理道德的约束。

营销伦理就是营销主体在从事营销活动中所应具有的基本的道德准则,这种道德准则甚至可以追溯到春秋战国时期的"君子爱财,须取之有道"的义利观,西方早期的实利论与道义论之争论,也与市场营销的伦理内涵有关。其实,市场营销活动总是由不被人们所直接观察到的伦理准则所约束和影响的。没有任何一家企业可以靠欺骗或坑害顾客等道德败坏手段而能达到长久兴旺发达的。

事实上,在市场营销活动中的每一个环节都与营销伦理规范息息相关,对市场营销活动进行科学的伦理学分析,探索出市场营销的义利统一之道,对我国企业进行市场营销活动具有有效的理论指导和现实意义。

一、营销伦理的本质及其特性

营销伦理(marketing ethics)是商业伦理学的一个应用分支,是指对营销策略、营销行为及营销活动的道德判断标准,即判断企业营销活动是否符合消费者及社会的利益,能否给广大消费者及社会带来最大幸福的一种价值标准。营销伦理涉及企业高层管理者、营销经理和一般营销人员的道德问题,因为他们的道德水准将影响企业的营销行为。营销伦理影响到企业各个方面的活动,包括营销策略的制定,目标市场的选择,产品策略、价格策略、分销策略以及促销活动中的人员推销、广告、营业推广等等策略的制定和运用。

营销伦理虽然是管理伦理的一个方面,但营销活动有其自身特点。因此,营销伦理自然有其独特性。

1.外显性。企业要想实现自己的目的,获得收益,必须通过营销活动向外输出产品(或提供劳务)。但能否得到社会承认,这不仅是营销技巧问题,而且还是营销伦理水平问题。

2.广泛性。任何企业的产品都具有一定范围的消费者(或中间商)。企业规模越大,产品越多,市场占有率越高,其营销伦理的影响面也就越广。

3.直接性。消费者一旦购买某种商品(或接受某种服务),或中间商经营某种商品,便与该商品的生产者构成了一种权利与责任的关系,即形成了直接的利益共同体——企业的营销伦理就直接约束着这一利益共同体。

4.互动性。因为消费者(或中间商)与企业间有着直接的利益关系,因此,营销伦理的作用不是单向的,表现出一种典型的互动性。这种互动的结果要么产生共鸣,要么此消彼长,但必定会同时作用于双方。

5.持久性。一般情况下,企业都会按照一定的营销伦理水平来培养一定层面的消费者(或中间商),并极力维护这一既有的利益共同体,保持或扩大市场占有率,实现利润的稳定增长。实践表明,较高的伦理水平能给消费者带来超值的享受,并使消费者(或中间商)产生一种长期的、由衷的信赖感。

二、营销伦理的主要功能

企业营销行为除了经济上可行、法律上允许外,还存在伦理观念上的行为是否正当的问题。什么产品可以生产,什么产品不可以生产,生产的产品以什么手段到达消费者(或中间商)的手中,企业是否讲诚信,是否视顾客为上帝,营销手段是否具有合理性与合法性等,都涉及营销伦理问题。在市场经济条件下,客观上要求企业必须在一定的营销伦理观念指导下加以解决。不仅如此,营销伦理还对企业具有一定的约束规范作用,能够使企业行为趋向完善。它对企业的生存和发展具有重要意义。

1.约束功能。这是营销伦理的首要功能。法律的约束是强制的,刚性的,是企业皆知的,但营销伦理的约束作用不一定为企业所认识,因为在一个企业的营销系统中,营销人员(包括营销战略制定者、营销策略实施者)常会自觉或不自觉地产生一种以“我”为中心的利己主义倾向,受其支配着的营销活动,虽不违反法律规定,但却有可能无意中损害其他企业或消费者(或中间商)的利益。这既不符合现代营销观念的要求,也不符合营销伦理的要求。营销伦理使营销人员能够在没有规章的约束或专人监督、检查的情况下,仍能够为企业,为顾客尽心尽力。忠诚可信、认真负责、顾全大局、顾客至上的营销伦理,不仅能增加企业的营销力、竞争力,而且还能培养一批具有自我约束能力的高素质的营销人员。

2.拓市功能。企业产品销售离不开人。企业开拓市场,往往是先见其人,后见产品。营销人员是以企业代表的身份与消费者(或中间商)打交道的,透过营销人员的外显行为可以看到企业整体水平。营销人员的伦理水平越高,其产品越能为消费者所认可和接受。很显然,这对企业积极地开拓市场是极为有利的。

3.维系功能。企业绝非是孤立的经济实体,它的存在和发展离不开其他企业和广大的消费者(或中间商)。营销伦理有助于维持企业与企业间,企业与消费者(或中间商)之间已形成的利益共同体,有助于维护正常的交易秩序,减少摩擦,降低交易成本。在营销活动中,人们通常所想到的是各种契约,即通过法律途径来维护企业与消费者(或中间商)的交易关系。然而,法律的维护至多是一个重要的外部条件,其作用毕竟有限。况且,企业与消费者(或中间商)之间订立契约本身是一项复杂而专业的工作,双方都很难做到万无一失。因此,企业与消费者(中间商)之间的关系,除了凭借法律途径来维护外,营销伦理就很自然地发挥了其维系作用。

4.补充功能。任何事物未来发展都带有一定的不确定性,营销活动更是如此。主要是因为消费市场是在不断变化的,再周密的策划也可能出现纰漏。隐含于企业、消费者和社会之间的不成文的社会道德规范——营销伦理能弥补契约的不足。我们很容易发现,许多企业往往能在没有严肃的有形的契约的情况下,进行着正常的、友好的业务往来,这是因为大家都在遵守着共有的"行规",其本质就是营销伦理。当然,在此绝不是提倡无契约的经济往来,而是强调营销伦理对营销活动能起到补充作用。

5.塑造功能。营销伦理有利于塑造企业形象,这已被众多的企业营销实践所证实。良好的企业形象是企业的"形"与"神"的统一。优质产品、华丽包装、合理价格至多是企业最终的外在表现形式,而企业精神、营销伦理则是企业形象的真正内涵所在。营销伦理贯穿于整个营销活动之中,营销人员不仅仅是销售产品,服务顾客,而且还在通过自己的言行,传播企业精神,实现营销伦理的升华,从而塑造出良好的企业形象,让顾客确实体验到企业存在和发展的价值。如果不在一定的营销伦理观念指导下进行营销活动,仅仅以"自我"为中心地向消费者(或中间商)推销"形式产品",这是投机主义的表现,不可能维持长期关系,更谈不上企业形象的塑造。

三、市场营销伦理的理论基础[①]

(一)罗斯(W. D. Ross)的显要义务理论(the prima facie duty framework)

这一理论由英国人罗斯提出。罗斯在1930年出版的《"对"与"善"》一书中,系统提出了关于"显要义务"或"显要责任"的观念。该理论解释为在一定的时间、一定的环境中人们本能地认为合适的行为,即在大多数场合不需要仔细推敲,人们便明白自己应当做什么和怎样做,但发生冲突时,人们凭借正确的直觉,会作出优先的履行的选择。包括六项基本内容:诚实、感恩、公正、行善、自我完善、不作恶。

[①]甘碧群、符国群:《关于市场营销的道德界限》,载《商业经济与管理》1995年第5期。

1. 优点:鼓励营销人员如实履行凭借直觉意识所应承担的责任和义务,并强调这些责任和义务贯穿营销活动的全过程,避免只问结果不问过程的片面性。

2. 缺点:将营销中的道德责任和义务完全归结为正常人的直觉和意识的反映,难免带有主观色彩。

(二)加勒特(T. Garrctt)的相称理论(the proportionality framework)

这一理论由加勒特于1966年提出。该理论认为应该从目的、手段和后果来判断一种行为是否符合道德,并提出了"大恶"和"小恶"、"相称理由"的概念。"大恶"是指导致某个组织或个人丧失某些重要能力的行为;"小恶"是指虽对他人物质利益造成损害,但不会导致受损害方丧失某些重要行为能力的人;"相称理由"是指行为人所意欲的善的效果超过可能发生的但不为人所希望的恶的效果。该理论认为作为行为的目的和手段,倘若是为了给他人造成"大恶"或"小恶",那么行为是不道德的;即使目的和手段无可挑剔,但是如果预见了行为将导致"大恶"或"小恶"之类的副作用发生,则应当有足够的"相称理由"来解释,否则行为将是不道德的。

1. 优点:综合的考察方式为营销道德合理性的判断提供了思考框架;要求营销人员不要从事会给他人造成利益损害又提不出正当理由的营销活动;提出了"大恶""小恶"观点,提醒营销人员将道德建设的重点放在有可能发生严重不道德行为的活动领域。

2. 缺点:带有主观臆断的含糊不清的色彩。

(三)罗尔斯(Rawls)的社会公正理论(the social justice framework)

由哈佛大学伦理哲学家罗尔斯于1971年提出。罗尔斯是著名的研究正义和公平的社会学者,他试图从一种被称为"起始位置"的状态出发,来构建一个理想的社会公正系统。起始位置是指社会中的每个人并不知道自己将来在社会上居于哪一个层次,处于什么样的地位,只有这样才会对权利和义务作出合理的安排。该理论遵循自由原则和差异原则。

自由原则是指在保持社会和谐、稳定的条件下,最大限度地使人们行使同样平等的权利,尽可能让每一位成员享受更多的自由。

差异原则是对自由原则的一种修正和补充,要求任何社会的制度安排一方面普遍适合社会的每一个成员,另一方面要使社会底层的人们优先获得最大的利益,不应出现强者剥夺弱者而使弱者更弱的状况。

1. 优点:公正原则强调了人的权利与责任,任何消费者都有权选择安全、可靠的产品和服务,企业的营销活动应尊重和维护这些权利。差异原则要求树立道德公正的营销观念,重视处于弱势地位消费者的需求。

2.缺点:两条原则有时会相互矛盾,依然不能有效解决营销活动中的道德冲突。

【案例 15-1】 从 20 世纪 90 年代初开始,中国葡萄酒行业的发展驶入了快车道,经过十几年的快速增长,取得了显著的成绩。到 2004 年,完成产量 36.73 万千升,实现销售收入 74.37 亿元,实现利润 8.45 亿元。但是,在一个充满生气的行业背后,涌动的是企业在利润驱使之下的短期过度攫取行为。从 2002 年开始,中国葡萄酒行业可以说进入了一个"多事之秋"。"九问张裕""解百纳商标争议""洋垃圾事件""通化假酒案""十问华夏""王朝橡木桶事件"以及近期所引发的"年份酒丑闻"等等一系列被媒体聚光的"焦点"都凸显出中国葡萄酒市场竞争环境的不理性与不规范。由于中国消费者固有的饮酒习惯,可支配收入的限制以及葡萄酒消费文化的滞后,不少的葡萄酒消费者在购买决策和消费过程中也会受到生产企业的引导和培育,在总体消费者心理弱势存在的前提下,部分葡萄酒生产和销售企业对一些营销手法的"滥用",最终在一定程度上导致一系列"行业丑闻"的曝光,给消费者对于整个葡萄酒行业的信心造成一次次的挫伤。在这个充满生机而又浮躁的市场环境之下,要与消费者实现长远的"共赢"局面,我们的企业应该有什么样的反思和诘问呢?

众所周知,市场营销是在可获利的前提下识别并满足消费者的需求。也就是说,企业在通过为消费者的需求提供解决方案的过程中来获取利润,而企业为了从竞争中胜出就需要制定一系列的营销决策来达到这一目标。但在另一方面,企业要通过产品的价值实现自身的利润目标,一个不可或缺的前提就是要建立起企业与消费者之间的信任关系,这就要求企业的一系列商业行为遵循一定的道德伦理规范,我们把它称之为商业伦理。商业伦理在企业营销决策过程中的应用与体现,我们称之为营销伦理。

中国葡萄酒作为一个新兴的行业,企业的营销手法翻新花样无可厚非,但也应该有所为而有所不为。因此,导入营销伦理观念,是任何中国葡萄酒企业无法回避的课题。[1]

第二节 道德营销概述

新营销模式的诞生都有着经济社会发展的历史背景,继生产观念与产品观念

---

[1]唐文龙:《中国葡萄酒企业,须树立营销伦理观念》,载《酿酒》,2005 年 11 月 21 日。

之后,市场营销观念的提出与当时的工业发展和市场的扩大有着密切的联系。20世纪50年代,随着市场供应的增加和买方市场的出现,消费者对商品的需求层次越来越高,于是"以消费者的需求为导向,生产能满足顾客需求的产品以实现企业组织目标"的现代市场营销观念得以诞生。20世纪70年代后,随着消费者保护主义运动、环境保护主义运动以及政府对市场监管的加强,企业的活动与社会道德责任联系越来越密切,后营销时代的到来要求企业不得不关注企业本身的社会责任与道德问题。

一、道德营销概念辨析

(一)道德营销的内涵

1.道德营销的概念

道德营销是合乎道德的营销,它要求企业在经营活动中坚持义利统一,将社会利益、企业利益及其他相关者利益很好地结合,达到一个很好的统一。道德营销是企业坚守营销伦理的途径和表现。但很多人将道德营销与绿色营销、公益营销相混淆,将两者等同于道德营销,其实它们之间有很大的区别。也有学者认为道德营销是指个人和组织在通过产品和价值的交换,实现自身利益的行为中,对道德、良知与正义的向往和坚持的一种社会活动过程。由于道德的核心理念就是善,因此,概括地说,道德营销就是以善取利。

2.道德营销与绿色营销、公益营销的区别

(1)道德营销与绿色营销。所谓绿色营销,是指企业以环境保护观念作为其经营哲学思想,以绿色文化为其价值观念,以消费者的绿色消费为中心和出发点,力求满足消费者绿色消费需求的营销策略。环境和资源问题是人类共同面临的两个重大问题。保护环境和资源就是保护人类自身。绿色营销作为营销工作者对环境和资源问题的积极响应,对消费者、对社会都是非常有益的,从长远看,对企业也是有好处的。毫无疑问,绿色营销是一种道德营销。但是,道德营销不只是绿色营销,两者不能画等号。道德营销的范围更广,除了环境保护,节约资源外,还要求诚实、公平、人道地对待顾客及其他利益相关者。一个不注重绿色营销的企业,很难说是实行道德营销的企业,而实行了绿色营销的企业,其营销行为未必都是合乎道德的。

(2)道德营销与公益营销。公益营销是指通过开展公益事业而进行的营销活动。从事公益活动表达了企业的一片爱心,同时也赢得了良好的声誉。目前,许多企业意识到从事公益事业对企业经营具有战略意义,它们把从事公益事业与企业经营联系起来。对许多公司来说,公益营销已成为一种整合公益事业和品牌形象、公司形象的长期策略,它不仅提供了品牌差别化的机会,而且也是增强员工自豪感和满意度的有效手段。然而,企业的中心任务是为社会提供产品和服务,从事公益活动不是企业必须做的事。一个企业即使没有采用公益事业营销,也不影响其实行道德营销。纵然一个企业开展了公益事业营销,也不能保证其他营销活动是道德的。公益事业营销只是一种营销策略和手段,如果在公益事业营销过程中有误导、欺骗等行为,那么这种公益事业营销本身就存在道德问题。

3.实施道德营销的意义

实行道德营销是由企业在社会中的独特使命决定的。社会赋予了企业生存和发展的权利,有权利就应有相应的责任。企业是社会的一分子,企业目的的决定依据应该是企业在社会中的使命、职责,而不仅仅是所有者的利益要求,更不是管理者、普通员工或其他某个利益相关者的利益要求。企业在社会中的主要职责就是为社会提供产品和服务,通过这种行为实现自身的生存和发展。当然,这种价值实现要通过合乎法律和道德伦理的方式来获得。

从道德本源来看,道德是人类维持生产、分配、交换等活动的秩序以及协调人们之间利益关系客观需要的产物。这就从根本上决定了任何社会的经济活动都要有道德的调节。道德是所有社会经济活动秩序不可或缺的条件之一,从道德调节利益关系的重要功能来看,在市场经济中,人们的利益关系非但没有消除,反而更加复杂和明显,人们之间的利益矛盾和冲突更加频繁和突出。因此,作为调节人们利益之间关系的道德,仍是市场经济社会必不可少的调节力量。由此可见,市场经济活动领域离不开道德的调控。

二、实施道德营销对企业和社会的作用

(一)道德营销对企业的作用

道德营销是企业发展的必然选择。现代市场营销战略绝不意味着企业仅仅从自身的要求出发,通过努力扩大生产规模或推销已经生产出来的产品和服务,力图建立与消费者的长期、互信和合作的关系,从而实现企业的可持续发展。显然,现代市场营销战略要求企业领导者必须把建立在合理伦理观基础上的价值体系看做是衡量营销组织杰出性的基石,坚持义利统一的价值观,积极主动地推行诚信、公平、责任的道德准则,即实行道德化的营销管理。实施合乎道德的营销方式,对于企业的发展有重要的战略意义。

1.有助于提高和改善企业营销组织效率。道德营销所坚持的基本价值和原则,往往构成企业营销文化的核心部分,使企业的员工形成群体意识,并且影响着

营销人员,引导他们的行为符合道德的要求。因为道德营销坚持以人为本,能够最大限度地激发员工的积极性。

2.有助于增强企业的市场竞争力。实施道德营销能提高顾客的满意度,增加企业寻求战略合作的机会,塑造良好的企业形象。

3.有助于实现企业的可持续发展。企业的可持续发展,是当代企业必须确立的经营理念,也是企业追求的基本目标之一。实现企业的可持续发展,关键是培育企业的可持续发展能力,这种能力除了企业必须具备技术替代、产品替代等能力外,还包括制度替代、文化替代等能力,而道德能力则是企业可持续发展中必须具备的基本能力之一。

(二)实施道德营销对社会的作用

1.有助于提高人们的生活水平。企业产品质量的提高,对环境、生态的日益关注和保护不仅提高了人们的生活质量,而且改善了人们的居住环境。

2.有助于社会的稳定发展。不道德营销大量存在会造成社会的恐慌,人们会对企业、政府和社会产生不信任的态度,对社会的稳定造成不利影响。道德营销则反之。

3.有助于市场经济的稳定和可持续发展。实施了道德营销,企业的发展环境、资源的有效利用、竞争力等方面都会得到很大的改善,整个市场经济也会随之得到稳定、持续的发展。

【案例 15-2】 商界将会流行一个词,叫道德产品。事实上,这种流行在全球范围正在变成一种潮流。比如从 2007 年 1 月起,英国餐厅的所有豆原料都从经过热带雨林联盟认证的农场获取,这个联盟是为农民提供可持续发展生计的非营利性组织。由此,这种咖啡也获得了另一名声:"道德产品"——生产这种产品的过程必须是"道德"的。

2006 年,整个英国购物者的道德支出总额为 20 多亿英镑,而英国的一些商场开始销售一系列由"公平贸易组织"认证的产品。所谓公平贸易即指发展中国家的农民从其产品的销售中获得较高的收入。与此形成对比的是,2004 年沃尔玛公司就曾因为出售"非道德"产品,在美国遭到起诉。

中国的王石也在呼吁,万科要做"道德住宅":"万科过去主要开发中高档住宅,但现在也开始逐步与政府,开发一些经济适用房,满足中低收入的消费者群体,其出发点并非赢利角度的考虑,而是把万科的产品打造成一种道德产品,提高万科品牌声誉。"为什么要这样做,王石提了一个词,叫"利益相关者"。

从概念上讲,"道德产品"不是什么新词。《经济法》中对道德产品有明确的定义。那就是指人们在各种社会活动当中取得的非物质化的道德价值,比如,荣誉称号、嘉奖、表彰，等等。但我们知道，获得的道德称号并不能够制止不道德的行为，中国乃至世界范围内有多少知名公司在明知故犯？

所以，近年来兴起的"道德产品"，并不是意义上的"道德产品"，而是消费市场意义的道德产品：消费者在购买环节团结起来，以对抗制造商或销售商的强势或欺诈——由消费者自己建立NGO（非政府组织），由NGO对销售的产品进行认证，然后消费者拒绝非认证产品，或者提倡购买认证产品！

这种结合将会在消费领域掀起一场革命，这场革命的实质在于销售卖点的转移：从此产品的功能价值或者品牌价值，将首先取决于企业在道德层面的立场，取决于你的销售人员在客户价值层面的正义感。[①]

第三节　道德营销模式

道德营销是一种营销观念与方式，它强调的是一种以道德责任为基础的营销模式，目的是为了企业的长期战略的实现，通过关注企业长远的发展利益，为企业的发展赢得大量的社会资源。道德营销与网络营销、整合营销、定制营销、关系营销、权力营销、互动营销等一样都是种营销模式的创新，都是为了适应新的形势而提出的创新营销模式，但与它们所不同的是道德营销注重的是长远的利益，可持续的发展，不仅仅是以实现企业利益的最大化为目的，它是对单纯以利益驱动为目的的策略或技巧性营销模式的否定，它是关注社会道德责任价值的深层次的营销创新。

道德营销模式并不是那种否定追求赢利这一企业本质的无私的营销模式，与其他营销模式一样，道德营销也是为了企业的利益，但不是为了眼前的利益而牺牲企业的长远利益。它具有策略性与战略性的统一，眼前利益与长远利益的统一，理论意义与可操作性的统一等特点。

一、道德营销模式的基本构成

1.实施的主体。道德营销的实施不仅仅需要企业的努力，还需要整个社会大环境作为支撑。正如《道德的人与不道德的社会》一书所言，如果社会上没有形成一个很好的道德氛围，那么企业实施道德营销也是不可能的。因此，在构建的道德营销模式中，不应只包括企业，还应该有政府、消费者及各种相关利益者甚至是全民都应该参与到其中，来共同促进一个营销新理念的发展。

---

① 详见于光栋博客，http://www.umgr.com/Blog/Default.aspx? usrId＝5318。

2.企业实施道德营销的流程。企业实施道德营销应该从上到下逐步实施,企业的领导者首先应该树立起道德营销的观念,再将这种观念融入到企业的管理中,采取各种措施来提高企业每个员工的道德意识。

3.道德营销组合。如同市场营销"4P""6P""4C"等组合一样,道德营销也应有自身的营销组合,以更好更有效地满足目标市场。

二、道德营销模式理念的基础——义利统一的价值观

道德营销模式的核心价值基础在于它的义利统一的思想,义是指道义、正义、社会公共利益或道德法则,而利一般是指物质经济利益,也包括精神文化利益。所以说义利关系实质是道德原则与经济利益之间的关系。它包含三重结构:公益与私益;人道与物用;公平与效率。义利关系是中国传统经济思想中一个十分重要的经济理论问题,中国传统的义利观主要是以义制利的思想,它是指用追求长远利益与整体利益来制约和代替眼前利益的义利思想,随着儒家思想逐渐取得正统地位而为统治者所接受,以义制利的思想成为中华民族的宝贵精神财富与优良传统,虽然目前社会出现许多见利忘义的经营行为,但那只是个别,大多数人在义利面前的选择是重道义、重公益、重正义的。义利统一是道德营销的核心价值,它与中国传统的经营思想是一致的,它的内在统一性是道德营销在我国存在与发展的内在动力。

事实上,企业追求利润自然无可厚非,但关键是要道德地追求利润,不仅要追求短期利润,更要追求长期利润。著名徽商胡雪岩就深谙"义利"的辩证关系,至今"戒欺"的牌匾仍悬挂在胡庆余堂的"中堂"。舍义取利,不可能得到长利,企业不可能持续发展。

德国著名的经济伦理学家科斯洛夫斯基曾对企业如何对待求利与求义的关系作过考察,并将其分为三类。一是"行为人能够无条件地按照道德进行交易。他把道德行为和个人行动都视为经济利益,把公共利益视为他个人的利益,即他按照道德进行交易不受其他人的影响"。这类企业往往把求义与求利绝对等同起来,甚至可以为了求义不惜损害自身的利益。这类企业所作出的行为选择虽然在道义上值得称颂,但由于偏离了企业经济活动本身的直接价值指向,因而在经济活动中缺乏现实性和普遍性。二是"个人能够无条件地按照道德进行交易。如果其他人或大多数人也这样做,他准备遵守道德规则,如果他感觉只有他一个成了'傻瓜',他就自己破坏规则"。这类企业并不是康德式的义务践履者,它往往把求利置于求义之上,认为求义必须得利,也就是说,企业是否按照社会公认的道德要求从事经济活动,是有条件的,而这个条件从根本上讲就是不得损害企业求利的最低限度。三是"追求自身的最大利润,最佳情况是所有其他人都遵守规则,只有他自己不遵守规

则"。这类企业在行为选择上极具投机性,是典型的"逃票者",既希望享受因社会整体道德秩序良好而使自己的交易成本有所降低所带来的好处却不愿支付任何代价,又企图获取由于自己对社会道德规范的违背而使别人的交易成本有所提高所带来的额外收益却想逃避惩罚。

根据科斯洛夫斯基对企业作出经济行为的道德条件所作的考察,我们可以得出这样的结论:在现实经济生活中,绝大多数企业出于对自身利益的权衡,往往会选择第二种情况,总希望通过自己对社会道德规范的遵循以实现利益最大化的目标,而将第一种情况和第三种情况予以排斥。因为第一种情况即求义不计成本的非现实性,必然导致企业在激烈的竞争中被淘汰出局;而第三种情况即求利不择手段的反道德性,也会使企业因受到社会舆论谴责和法律制裁而加大成本支出,从而丧失竞争能力,同样会被淘汰出局。然而,就第二种情况而言,企业在经济行为的选择中自觉求义择善也并非没有条件、没有限度,这个条件和限度就构成企业一切经济行为的伦理限度[①]。

三、道德营销组合

道德营销模式不仅是一种强调整体性的战略营销,同时它也是一种强调实战作用的战术营销。根据道德营销模式的特点可以建立相应的道德营销模式图。如图 15-1 所示。

1. 道德观(morality)。道德观指的是企业经营者对社会的道德责任感,是企业经营者所拥有的核心道德价值观念。它是企业道德营销的基础与核心,道德营销正是基于这种道德价值而开展的营销活动。它是对道德问题评价、分析与决策的指导原则与核心。

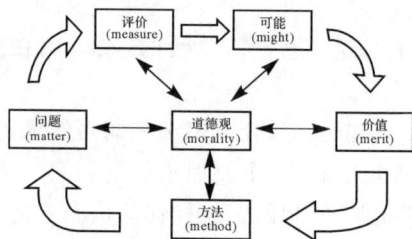

图 15-1　道德营销模式——"6M"模型

2. 问题(matter)。道德问题是道德营销模式分析的起点与目的,它是指人们所关注的企业发展与社会发展道德矛盾的焦点,道德营销模式的分析流程都是围绕它而开展的,目的也是为了更好地解决它。

3. 评价(measure)。道德评价是道德营销模式分析的第一步,道德评价是根据一定的道德评价原则对道德问题产生的原因、所涉及的道德关系以及道德问题的严重程度进行相应的分析与判断。

[①] 杨文兵:《论企业经济行为的伦理限度》,载《社会科学》2001 年第 8 期。

4.可能(might)。任何道德问题的发展态势都有很多种可能,这主要取决于道德问题性质本身与人们对道德问题的关注程度以及企业是否能及时采取相应措施去解决。一般有三种可能发展趋势:一是道德问题得到解决,恢复原始状态;二是道德问题得不到有效解决甚至根本不受到重视,最后恶性发展,影响企业声誉与形象;三是道德问题得到完美解决,进而推动企业道德建设的发展,提高企业道德形象与公关形象,有利于企业长远发展。

5.价值(merit)。这里的价值是指道德问题本身的价值与可取之处,道德问题多数是企业经营中的道德矛盾关系,是不利于企业发展、有损企业形象的。但在对道德分析过程中可以发现道德问题本身所含有的价值与优势,它可以是提醒人们不再犯道德层面错误的警钟,也可以是暴露企业管理中的某些细节问题,甚至可以利用道德矛盾提升企业形象。对道德问题进行分析的目的也在于寻找道德问题本身所含的价值。它是我们采取解决道德问题方法的关键。

6.方法(method)。根据对道德问题价值的发掘,我们可以找到相应的解决方法与手段,具体的手段方法各有不同,但可以将其基本分类如下:企业营销管理者的道德垂范;建立企业道德制度规范;进行企业道德教育学习;加强企业道德组织建设①。

道德营销基本模型由以上六个部分组成,外围的五个部分围绕着一个核心道德价值观,在解决道德问题的同时,为企业的长期发展提供良好的道德支持与动力。道德营销是围绕着道德问题展开的,通过对它的评价、分析与解决,发现道德问题隐含的道德营销关系。道德问题与道德营销关系的明确是道德营销过程的重点。企业道德问题的解决过程与企业形象提升的过程一致,它的不停循环为企业的发展提供源源不断的动力。

四、实施道德营销的环节

1.企业树立诚信营销观念。在杜绝营销不道德行为的问题上,企业自律是根本。企业不仅是经济组织,还是社会组织,所以企业在不断追求自我生存发展的同时,也要承担一定的社会责任。这就要求企业在进行营销活动时,要把消费者的需求、企业的利益和整个社会的长远利益结合起来考虑。企业必须认识到,不道德行为所能带来的利益只是暂时的,只有自觉遵守道德规范,树立自己在消费者和社会公众心目中的良好形象,才是企业发展的长远之计。诚信经营塑造的企业形象和品牌价值是企业最宝贵的无形资产,必将给企业带来长远的经济利益。企业树立

---

① 王方华、周祖成:《营销伦理》,上海交通大学出版社 2005 年版,第 10—30 页。

诚信营销观念,就要视消费者为上帝,坚持顾客至上。只有以消费者的利益为中心,企业才能诚实守信,不做欺骗消费者的不法行为。诚信不仅是企业生存之本,更是企业营销之道。再好的营销策略失去了诚信,就不是成功的营销策略。诚信本身就是最好的营销策略。

2.消费者树立正确的消费观念。消费者通常在市场交易中处于弱势地位,由于对商品信息的掌握不充分而受到不道德营销行为的侵害。要防止市场营销中的不道德行为,使自己免受侵害,消费者必须提高自身素质,树立正确的消费观念,增强自我保护意识,积极与违法的不道德营销行为作斗争。作为消费者,一方面,面对琳琅满目的商品和强大的广告宣传攻势以及低价的诱惑,一定要保持清醒的头脑,做到理性购买,使不道德的企业及其商品在没有市场的情况下,被自然淘汰;另一方面,在自己的利益受到侵害时,要积极诉诸法律,使不道德企业受到应有的惩罚。只有广大消费者都积极地行动起来,抵制市场营销中的不道德行为,营销不道德行为才能得以抑制。

3.执法部门加大监管执法力度。道德是法律的前提基础,法律是道德的保证,两者相辅相成。市场经济是法制经济,完善的法律体系对规范市场营销主体行为具有重要意义。法律法规不仅为治理企业的营销不道德行为提供依据,而且使企业有了参照的底线。近年来,我国颁布了一系列法律、法规来规范和约束企业的营销活动,涉及经济合同、商标、价格管理、广告、产品质量、不正当竞争、消费者权益等方面。但在法律上仍然存在一些空白或模糊之处,给不法企业钻漏洞、打擦边球提供了机会;违法成本偏低也鼓励了一些企业的不道德行为。政府监管部门如工商行政、物价、计量、技术监督部门必须加大执法力度,严厉处罚违法行为。只有当不讲诚信的企业为其行为付出沉重代价时,企业在营销中的不道德行为才能得以有效制止。

【案例15-3】 在如今的传媒时代,广告堂而皇之地早已成为我们生活中的必需品,媒体的每一个受众不仅是广告的观赏者,同时也担负着消费者的重任。有义务的存在,就有权利的呼声,消费者有权要求广告在社会中承担起相应的社会责任和商业道德。面对众多竞争对手的博弈和厮杀,恶意攻击类广告正逐渐成为商家们打击对手、进行产品宣传的必要手段。

2004年底,联想携IBM PC迅速崛起为东方的一颗新星,大有和戴尔、惠普形成中国PC界三足鼎立之势,戴尔、惠普岂有将天下分与他人之愿。2005年,向来以温文尔雅的"惠普之道"著称的惠普公司,首先向联想放了一支冷箭,即在中国台湾地区推出了广告"连想,都不要想"。福无双至,祸不单行。戴尔的一则楼宇广告在业界引发轩然大波:一名售货员卖出一支冰淇淋,中间却被一位肥胖的中年人拿走，并舔了一口才递给消费者。这则广告看似毫无新意，实则包藏祸心，中年人无疑暗指 PC 企业的分销商，而联想凭借本土的优势在中国拥有最庞大的 PC 分销商队伍。戴尔意欲提醒消费者：在电脑到消费者手中之前，早已被分销商占了便宜，而以直销为主要销售方式的戴尔公司，显然不存在"舔一口"的问题。

战斗，让联想一次次接受洗礼，并积累了大量经验。2008 年初，苹果和联想先后推出了各自的超薄电脑产品 MacBook Air 和 ThinkPad X300。联想为了成功抢夺市场，决意以惠普、戴尔之道来对付苹果。广告中，联想用 Everything else is just hot air（其他所有一切不过是热"空气"，hot air 意指吹牛）的广告词直指苹果 MacBook Air，打出了 No-Compromise（绝不妥协，不打折扣）的字样，并将光驱显露出来，指出 X300 拥有 3 个 USB 接口；而苹果 MacBook Air 不仅无光驱配置，而且只有 1 个 USB 接口。广告中，联想对苹果可谓招招攻在要害之处，下手毫不留情。

前面的真实故事让我们认识到商场的硝烟弥漫，联想收购 IBM PC 业务以来，戴尔和惠普的恶意攻击类广告开始通过各种途径疯传起来，以打击这一国际新秀为己任。

戴尔在接受记者就此问题的提问时曾说，这是一种美国式的幽默，在国外早就有此传统。而惠普在声称其攻击性广告只是个别地区的行为时，则引出了一个"典故"，即很多年以前，做惠普打印机代理的联想，曾有过一个随处可见的广告："买惠普找联想，想都不用想。"所以，在惠普看来，现在把这个创意修改成"连想，都不要想"，也算是引经据典了。

但无论戴尔和惠普如何为自己的广告进行解释，其打击联想品牌的嫌疑还是洗脱不掉。当时惠普攻击联想的广告播出后，曾受到多方质疑，因为这种含沙射影的攻击形式，很容易引起消费者的反感，并受到社会对其商业道德的质疑。而这一次，联想充分吸收了惠普的教训，采用"用事实说话"的方式，不仅恰到好处地指出了苹果这一款电脑的缺点，同时也简单明了地体现了自身的优势。但联想显然也出现了失误，即在广告中十分明确地出现了苹果品牌的标志，为这则广告的攻击性打下了更为深刻的烙印，同时也为苹果指责联想的这一做法，授以口实。如果苹果真的对这则广告追究起来，也不排除因为侵权而诉诸法律的可能。[①]

▶ 本章小结

本章重点介绍了后营销时代市场营销伦理建设的重要性和必要性，对市场营

---

① 张瑶瑶：《V-marketing》，载《成功营销》，2008 年 10 月 14 日。

销伦理的本质、功能、理论基础进行了探讨；对道德营销的概念和意义进行了简要介绍；对道德营销模式进行了重点分析和论述。

▶ 案例阅读与分析

【案例】 皇明的公益营销

皇明太阳能集团是目前世界上最大的可再生能源供应商，年推广太阳能热水器约 300 万平方米，相当于整个欧盟的总和、比北美的两倍还多。皇明集团主要产品主要包括太阳能热水器、全太阳能锅炉、太阳能与建筑结合、太阳能高温热发电、太阳能光伏发电、玻璃真空集热管、温屏节能玻璃、太阳能光电照明、太阳能空调等。皇明始终引领行业的发展潮流，它拥有 460 项国家专利，先后承担和参加六项国家"863"项目、一项国家"火炬计划"项目、一项国家"双高一优"项目。并自主研发、世界独家掌控"三高""四高太阳芯"真空管和高温发电集热钢管等太阳能光热技术。

一 皇明集团的公益营销

皇明集团是中国太阳能产业的先行者、中国能源环境立法的推动者、世界太阳能工业化体系的开拓者。

启动中国太阳能产业

早在 1997 年，太阳能市场在中国几乎是一片空白，99% 的中国人都不知道太阳能到底为何物的时候，皇明人抱着"为了子孙的蓝天白云"的美好远景，开展了其公益营销活动，进行了大规模的、地毯式的太阳能公益科普行动，大量散发科普资料，为公众讲解以太阳能为主题的科普知识，并提供咨询服务。在 1996 年创办的《太阳能科普报》，累计发行达一亿份。自 1997 年起先后又发动的"科普万里行""太阳能售后服务万里行"和"百城环保行"等活动，每年有数千员工和经销商在全国各地数千个市、县、镇，举办数万场次太阳能科普展示、销售、服务咨询为一体的绿色风暴活动，创造了世人瞩目的"8122 读数"，即："科普万里行活动"行程达 8000余万公里，累计推广太阳能约 1000 万平方米，节能折合标准煤 2000 多万吨，减少相应污染物排放近 2000 万吨。按使用寿命 15 年计算，节约的能源比一个中原油田产的油还多。

皇明太阳能集团的科普活动有力地启蒙了中国的太阳能市场，探索出了适合中国国情的太阳能发展道路，并催生了一个富有竞争力和巨大市场潜力的太阳能产业。

推动中国能源环境立法

皇明集团董事长黄鸣被誉为"太阳能教父"，他是中国太阳能行业唯一的全国人大代表，《中华人民共和国可再生能源法》的主要提案人。他联合56名全国人大代表向人大常委会提交了环保节能议案，2005年2月28日，全国人大常委会第十四次会议表决通过此议案，于2006年1月1日正式颁布实施。

他还在全国率先提出"G（绿色）能源替代"战略，建议用太阳能光热替代农业、工业、生活、建筑等热能，大力推动能源的可持续利用，促进经济社会的可持续发展，并被列入国家可再生能源发展规划。

开拓世界太阳能工业化体系

2006年5月5日，皇明集团董事长黄鸣应联合国总部的特别邀请，向参加联合国第14届可持续发展大会的各国政府代表和国际组织的专家学者们，介绍中国太阳能工业体系的创新经验与商业化推广模式，为世界太阳能发展提供了参照依据。皇明不仅完全自主创造了一套完整的太阳能产品工业化生产体系，为世界太阳能大规模、标准化、规范化生产打下基础；而且在技术研发、市场开拓、管理、服务等方面健全完善了产业链系统化建设，成为我国少数几个拥有完全自主知识产权的民族产业之一。

奉献社会公益事业

多年来，皇明集团一直把关爱贫弱、奉献社会作为企业的社会责任，始终热心为国家社会公益事业作贡献，先后向贫困学校、弱势群体、海岛部队、西沙驻军等捐款捐物不计其数。

在2006年的全国"两会"上，黄鸣建议国家推动"新能源·新农村"的工程，推动解决1亿农民洗澡难问题，成为"两会"的热点之一。并与"中华健康快车"基金会合作，启动"农村贫困学校太阳能浴室工程"，计划用10年时间，建设10000个农村学校太阳能浴室，解决1000万师生健康洗浴难题。

二　皇明集团公益营销效果

皇明集团通过良性的循环模式有效地开展其公益营销："企业进行科普知识教育—启动太阳能市场—企业获得利益—建立太阳能工业体系—促进太阳能市场发展"，通过"市场的建立与发展—新观念形成（节能节煤）—颁布相关行业政策—推动市场前进"，在企业获得利益后再反哺社会"进行公益活动—进一步促进市场"。

皇明集团所进行的公益营销活动，给皇明集团带来了非常显著的效果。如对太阳能科普知识的普及，虽然花费了很多的财力、物力与人力，但是效益却是成本的好几倍，它使得皇明集团在太阳能行业中成为市场的领导者，处于遥遥领先的地位，这在一定程度上为太阳能行业设定了很大的进入壁垒。

皇明集团的完全创新模式在2006年被中央党校列为教学案例,成为全国列入该校的第一个民营企业案例。这是企业的荣誉,无形资产的增加。

皇明集团的公益营销,为企业赢得了无数的荣誉。董事长黄鸣先生被誉为"中国太阳能产业化第一人",获2005年"CCTV中国经济年度人物提名奖"、"2006中国绿色年度人物"奖、世界自然基金会2007年"中国可再生能源杰出贡献奖"、"2007年中国制造业十大领袖",被评为"全国最佳商业模式"第一名,还获得"中华慈善事业突出贡献奖",等等。这些都是企业的无形资产,树立了良好的品牌形象和企业形象。

皇明集团凭借现有的优势,在山东省德州市,击败来自美国、日本、意大利的竞争对手,成功申办2010年世界太阳城大会。德州成为世界可再生能源"洛桑"的梦想将成为现实。

坚持不懈的公益活动不仅使皇明集团在行业中树立了绝对威信、吸引了大量的消费者和经销商,并且通过建立同企业价值链相结合的公益机制,使皇明集团实现了基业常青。从此案例中,深刻体会到乔·马尔科尼(Joe Marconi,2005)所说的"多行善举必得益",即使在实行的过程中会有很多阻碍,但是凭借两颗心——"公益之心"与"营销之心"相结合,必定会出现奇异的火花。①

【讨论】

1. 你认为皇明实施公益营销的成功之处在哪里?它与一般性的传统营销有哪些区别?

2. 什么样的企业适合实施公益营销战略?

▶ 思考题

1. 什么是市场营销伦理?其本质和特征如何?

2. 市场营销伦理的功能有哪些?

3. 道德营销与绿色营销、公益营销的区别是什么?

4. 道德营销模式的价值观基础是什么?

5. 道德营销组合的六大要素是什么?

6. 联系实际谈谈如何实施道德营销。

---

① 详见皇明太阳能集团官方网站,http://www.himin.com。

参考文献

[1] [美]菲利普·科特勒,等.营销管理[M].梅清豪,译.上海:上海人民出版社,2006.

[2] [美]菲利普·科特勒,等.市场营销原理[M].何志毅,译.北京:机械工业出版社,2006.

[3] [美]菲利普·科特勒.科特勒营销新论[M].高登第,译.北京:中信出版社,2002.

[4] [美]菲利普·科特勒,等.营销管理[M].卢泰宏,等译.北京:中国人民大学出版社,2009.

[5] [美]拉菲·穆罕默德.定价的艺术[M].蒋青,译.北京:中国财政经济出版社,2008.

[6] [美]迈克尔·波特.竞争战略[M].姚宗明,林国龙,译.北京:生活·读书·新知三联书店,1988.

[7] [美]迈克尔·波特.竞争优势[M].陈小悦,译.北京:华夏出版社,2005.

[8] [美]托马斯·弗里德曼.世界是平的[M].赵绍棣,黄其祥,译.北京:东方出版社,2006.

[9] [美]汤姆·纳格,约翰·霍根.定价战略与战术[M].王佳茜,龚强,译.北京:华夏出版社,2008.

[10] [美]特伦斯·A.辛普.整合营销沟通[M].熊英翔,译.北京:中信出版社,2003.

[11] [美]唐·E.舒尔茨,等.整合营销沟通[M].孙斌艺,张丽君,译.上海:上海人民出版社,2006.

[12] [英]亚历克斯·伯奇,[美]菲利普格·格伯特,[德]德克·施奈德.电子零售时代[M].杨哲慧,等,译.北京:机械工业出版社,2002.

[13] [美]约瑟夫·W.韦斯.商业伦理:利益相关者分析与问题管理方法[M].符彩霞,译.北京:中国人民大学出版社,2005.

[14] [美]维恩·特普斯特拉,拉维·萨拉特.国际营销[M].郭国庆,等译.北京:中国人民大学出版社,2006.

[15] [美]瓦拉瑞尔·A.泽丝曼尔,玛丽·乔·比特纳.服务营销[M].张金城,白虹,译.北京:机械工业出版社,2004.

[16] [美]沃德·汉森.网络营销原理[M].成湘洲,译.北京:华夏出版社,2001.

[17] 陈邦跃.产品第一,品牌第二[M].北京:中国经济出版社,2009.

[18] 陈守则,王竟梅,戴秀英.市场营销学[M].北京:机械工业出版社,2008.

[19] 冯炜,范钧.商务沟通与谈判[M].杭州:浙江人民出版社,2008.

[20] 甘碧群.市场营销学[M].武汉:武汉大学出版社,2002.

[21] 高朴.道德营销论——后营销时代经营思想研究[M].南京:江苏人民出版社,2005.

[22] 郭国庆,钱明辉.市场营销学通论[M].北京:高等教育出版社,2007.

[23] 郭国庆.营销理论发展史[M].北京:中国人民大学出版社,2009.

[24] 郭国庆.营销学原理[M].北京:对外经济贸易大学出版社,2008.

[25] 顾春梅.国际市场营销管理学[M].杭州:浙江人民出版社,2002.

[26] 黄静.产品管理[M].北京:高等教育出版社,2001.

[27] 黄沛,张喆.市场营销学[M].北京:北京师范大学出版社,2007.

[28] 何永祺,张传忠,蔡新春.市场营销学[M].大连:东北财经大学出版社,2008.

[29] 江雪莲.现代商业伦理[M].北京:中央编译出版社,2002.

[30] 寇小萱,王永萍.国际市场营销学[M].北京:首都经济贸易大学出版社,2005.

[31] 兰苓.市场营销学通论[M].北京:机械工业出版社,2008.

[32] 李怀斌,周学仁.市场营销学[M].大连:东北财经大学出版社,2007.

[33] 吕一林,岳俊芳.市场营销学通论[M].北京:科学出版社,2005.

[34] 卢泰宏.消费者行为学:中国消费者透视[M].北京:高等教育出版社,2005.

[35] 陆娟,乔娟.市场营销学[M].北京:清华大学出版社,2008

[36] 欧阳润平.义利共生论——中国企业伦理研究[M].长沙:湖南教育出版社,1999.

[37] 涂永式,李青.国际市场营销[M].广州:广东高等教育出版社,2005.

[38] 汪涛.组织市场营销[M].北京:清华大学出版社,2005.

[39] 万后芬等.市场营销学教程[M].北京:高等教育出版社,2003.

[40] 王方华.市场营销学[M].上海:上海人民出版社,2007.

[41] 王方华,周祖成.营销伦理[M].上海:上海交通大学出版社,2005.

[42] 王淑琴.市场营销伦理[M].北京:首都师范大学出版社,1998.

[43] 王海云.市场营销学[M].北京:经济管理出版社,2008.

[44] 吴健安.市场营销学[M].北京:高等教育出版社 2007.

[45] 吴泗宗.市场营销学[M].北京:清华大学出版社,2008.

[46] 吴勇.市场营销[M].北京:高等教育出版社,2008.

[47] 吴照云,等.战略管理[M].北京:中国社会科学出版社,2008.

[48] 卫军英.整合营销传播[M].北京:首都经贸大学出版社,2006.

[49] 项保华.战略管理——艺术与实务[M].上海:复旦大学出版社,2007.

[50] 闫国庆.国际市场营销学[M].北京:清华大学出版社,2007.

[51] 赵国柱,等.市场营销学——理论与应用[M].北京:中国物资出版社,2003.